（第3版）

中华人民共和国海船船员培训大纲熟悉训练资源

船 舶 辅 机

（大管轮）

大连海事大学交通运输教材研究所 组织编写

轮机专业

大连海事大学出版社

DALIAN MARITIME UNIVERSITY PRESS

图书在版编目（CIP）数据

船舶辅机：大管轮／大连海事大学交通运输教材研
究所，中国海事服务中心编. — 3 版. — 大连：大连海
事大学出版社，2025. 6. — ISBN 978-7-5632-4700-4

Ⅰ . U664.5

中国国家版本馆 CIP 数据核字第 2025HE3299 号

大连海事大学出版社出版

地址：大连市黄浦路523号　　邮编：116026　　电话：0411-84729665（营销部）　84729480（总编室）

http://press.dlmu.edu.cn　E-mail：dmupress@ dlmu.edu.cn

大连天骄彩色印刷有限公司印装　　　　　　　　大连海事大学出版社发行

2021 年 2 月第 1 版	2025 年 6 月第 3 版	2025 年 6 月第 1 次印刷

幅面尺寸：184 mm×260 mm　　　　　　　字数：542 千　　　　印张：21.75

出版人：余锡荣

责任编辑：陈青丽　　　　　　　　　　　　　　　　　责任校对：史云霞
封面设计：解瑶瑶　　　　　　　　　　　　　　　　　版式设计：解瑶瑶

ISBN 978-7-5632-4700-4　　　　定价：60.00 元

第 3 版

前 言

"中华人民共和国海船船员培训大纲熟悉训练资源"(以下简称"训练资源")自首版发行以来,深受广大航海教育培训机构、航运企业及海船船员的重视与欢迎。作为衔接船员培训和船员适任能力要求的重要载体,"训练资源"第1版和第2版在过去的实践中,紧密围绕海船船员培训大纲的核心要求,坚持以船员岗位能力培养为导向,为国内船员培训体系的有效实施提供了坚实支撑,已成为课堂教学与学员自学不可或缺的权威参考资料。"训练资源"结构清晰、重点突出、贴近实践,对系统掌握知识要点、顺利通过考试成效显著,在提升我国海船船员专业素养和能力方面发挥了基础性作用。

基于"训练资源"前两版的成功经验,结合教学单位、考评专家及一线船员宝贵意见,大连海事大学交通运输教材研究所启动了"训练资源"第3版的全面修订工作。本次修订严格遵循2021年《中华人民共和国海船船员培训大纲》和2022年《中华人民共和国海船船员考试大纲》的要求,秉持一贯的严谨性和实用性原则,旨在更好地服务于新形势下航海人才培养的需要。本次修订的主要特点体现在以下几个方面:

1.内容体系的与时俱进与精准对接。密切关注行业最新发展趋势和规范要求,在严格遵循现行有效公约、国内法律法规的原则下,对教材内容进行细致的梳理、补充和更新,确保所有知识点、能力要求与现行培训大纲和考试大纲保持高度一致,强化对大纲理解深度和广度的覆盖。同时对近年来大纲中进一步强调的关键知识点和技能要求进行了着重阐释和充实。

2.知识内涵的充实完善与深度优化。在保持原有优秀框架的同时,分别对驾驶、轮机、电子电气专业分册内容进行了系统的优化提升。结合近年来航运技术和管理实践的发展,以及对操作流程、安全要求的深入理解,修订组对相关章节进行了逻辑重构与内容深化,增加了对关键概念、基本原理和典型操作场景的更深入的解析,力求内容更加精炼、准确、易懂,更好地满足学员深度学习和能力内化的需求。同时对前两版中的表述进行了全面的规范化和精炼化处理。

3.实践导向的持续强化与案例更新。强化训练资源的实践性和应用性特点。参考最新的事故案例分析和行业经验总结,对各类船舶实际操作情境的描述、应急处置程序以及典型设备操作要点的讲解进行了更新和细化,力求使学员能够更直观地理解抽象理论在实际工作中的应用,有效培养其分析问题、解决实际问题的职业能力。

4.教学适用性的整体提升与交互呈现形式。充分考虑不同层次培训对象的需求和教学过程的规律,在内容组织、重点强调、互动设计等方面进行深度优化。通过合理布局章节内容、醒目展示关键要点,并融入互动元素,以交互呈现的形式,便于教师灵活授课、学员高效学习,有效提升教学实用性与资源吸引力。

新版"中华人民共和国海船船员培训大纲熟悉训练资源"包括:

《航海学》(船长/大副)(第3版)

《船舶操纵与避碰》(船长/大副)(第3版)

《船舶结构与货运》(大副)(第3版)

《航海英语》(船长/大副)(第3版)

《船舶管理》(船长/大副)(第3版)

《航海学》(二/三副)(第3版)

《船舶操纵与避碰》(二/三副)(第3版)

《船舶结构与货运》(二/三副)(第3版)

《航海英语》(二/三副)(第3版)

《船舶管理》(二/三副)(第3版)

《主推进动力装置》(大管轮)(第3版)

《船舶辅机》(大管轮)(第3版)

《船舶电气与自动化》(轮机长/大管轮)(第3版)

《船舶管理》(轮机长/大管轮)(第3版)

《轮机英语》(轮机长/大管轮)(第3版)

《船舶动力装置》(轮机长)(第3版)

《主推进动力装置》(二/三管轮)(第3版)

《船舶辅机》(二/三管轮)(第3版)

《船舶电气与自动化》(二/三管轮)(第3版)

《船舶管理》(二/三管轮)(第3版)

《轮机英语》(二/三管轮)(第3版)

《船舶电气》(电子电气员)(第3版)

《船舶机舱自动化》(电子电气员)(第3版)

《船舶管理》(电子电气员)(第3版)

《信息技术与通信导航系统》(电子电气员)(第3版)

《电子电气员英语》(电子电气员)(第3版)

新版"中华人民共和国海船船员培训大纲熟悉训练资源"一书一码,刮开封底上的贴码,用手机微信扫描二维码登录,即可享受"海大 e 出版"平台服务,可在线刷题,可组卷模拟考试,亦可扫描书中"参考答案"后的"解析"二维码获得答案解析。

本次修订工作得到了各海事管理机构、各海事院校资深教师、航运企业专家、山东中航海事技术服务有限公司的大力支持和悉心指导,他们提供了许多富有建设性的意见和建议,为本教材质量的提升提供了重要保障。在此,谨致以最诚挚的谢意!

大连海事大学交通运输教材研究所

2025 年 3 月

 扫码学习《深入学习贯彻党的二十大精神　加快建设交通强国　当好中国式现代化开路先锋》

第 2 版
前 言

"中华人民共和国海船船员培训大纲熟悉训练资源"是大连海事大学交通运输教材研究所在深入解读《海船船员培训大纲》的基础上,研究中华人民共和国海事局公布的大纲训练资源,针对海船船员适任考试的特点组织编写的。自问世以来,受到广大考生的一致好评。

为有效履行《1978 年海员培训、发证和值班标准国际公约马尼拉修正案》,进一步规范海船船员的培训、发证工作,提高培训质量,提升海员业务素质,交通运输部于 2021 年发布了《海船船员培训大纲(2021 版)》,对海船船员的适任要求,培训的理论知识、实践技能,评价标准及学时等做出了详细规定。为实施高素质船员队伍建设,进一步提升海船船员适任能力,加强考试管理,根据《中华人民共和国海船船员适任考试和发证规则》和《海船船员培训大纲(2021 版)》,中华人民共和国海事局编制了《海船船员考试大纲(2022 版)》并于 2022 年 7 月发布。

为了更加有效地帮助考生理解和掌握《海船船员培训大纲(2021 版)》《海船船员考试大纲(2022 版)》的要求,大连海事大学交通运输教材研究所在"中华人民共和国海船船员培训大纲熟悉训练资源"的基础上,对照大纲,对变化较大的驾驶专业、轮机专业、电子电气专业分册的内容进行了有益的增减,并对训练资源的部分内容进行了解析。新版"中华人民共和国海船船员培训大纲熟悉训练资源"更贴近海船船员适任考试实际,紧密结合我国有关海船船员职业培训的最新规定,针对性强,实用性强,知识点全面,易于学员学习、理解,是海船船员参加适任考试、培训必不可少的参考书。

新版"中华人民共和国海船船员培训大纲熟悉训练资源"包括:

《航海学》(船长/大副)(第 2 版)

《船舶操纵与避碰》(船长/大副)(第 2 版)

《船舶结构与货运》(大副)(第 2 版)

《航海英语》(船长/大副)(第 2 版)

《船舶管理》(船长/大副)(第 2 版)

《航海学》(二/三副)(第 2 版)

《船舶操纵与避碰》(二/三副)(第 2 版)

《船舶结构与货运》(二/三副)(第 2 版)

《航海英语》(二/三副)(第 2 版)

《船舶管理》(二/三副)(第 2 版)

《主推进动力装置》(大管轮)(第2版)

《船舶辅机》(大管轮)(第2版)

《船舶电气与自动化》(轮机长/大管轮)(第2版)

《船舶管理》(轮机长/大管轮)(第2版)

《轮机英语》(轮机长/大管轮)(第2版)

《船舶动力装置》(轮机长)(第2版)

《主推进动力装置》(二/三管轮)(第2版)

《船舶辅机》(二/三管轮)(第2版)

《船舶电气与自动化》(二/三管轮)(第2版)

《船舶管理》(二/三管轮)(第2版)

《轮机英语》(二/三管轮)(第2版)

《船舶电气》(电子电气员)(第2版)

《船舶机舱自动化》(电子电气员)(第2版)

《船舶管理》(电子电气员)(第2版)

《信息技术与通信导航系统》(电子电气员)(第2版)

《电子电气员英语》(电子电气员)(第2版)

新版"中华人民共和国海船船员培训大纲熟悉训练资源"一书一码,刮开封底上的贴码,手机微信扫描二维码登录,即可享受"海大 e 出版"平台服务,可在线刷题,可组卷模拟考试,亦可扫描书中"参考答案"后的"解析"二维码获得答案解析。

新版"中华人民共和国海船船员培训大纲熟悉训练资源"的出版和编写得到了各海事管理机构、航海院校培训机构、航运企业的关心和帮助,特致谢意。

大连海事大学交通运输教材研究所

2022 年 12 月

第 1 版
前　言

　　为有效履行《1978 年海员培训、发证和值班标准国际公约》,进一步规范海船船员的培训、发证工作,提高培训质量,提升海员业务素质,交通运输部颁布了《中华人民共和国海船船员适任考试和发证规则》(以下简称"20 规则"),并发布《中华人民共和国海事局关于印发〈中华人民共和国海船船员适任考试和发证规则实施办法〉的通知》。通知指出:"'20 规则'第二十九条规定的适任考试按照《海船船员培训大纲》确定的适任标准和内容实施。"

　　为更加有效地配合海船船员适任考试培训,帮助考生顺利通过考试,大连海事大学交通运输教材研究所在深入解读《海船船员培训大纲》的基础上,研究部海事局公布的大纲训练资源,针对海船船员适任考试的特点,组织编写了"中华人民共和国海船船员培训大纲熟悉训练资源"(以下简称"训练资源")。

　　"训练资源"涵盖了各航区、各船舶等级、各部门的海船船员,所有专业、职级的考试内容,包括:

《航海学》(船长/大副)　　　　　　　　　　《航海学》(二/三副)

《船舶操纵与避碰》(船长/大副)　　　　　　《船舶操纵与避碰》(二/三副)

《船舶结构与货运》(大副)　　　　　　　　　《船舶结构与货运》(二/三副)

《航海英语》(船长/大副)　　　　　　　　　《航海英语》(二/三副)

《船舶管理》(船长/大副)　　　　　　　　　《船舶管理》(二/三副)

《GMDSS 综合业务》

《GMDSS 英语阅读》

《主推进动力装置》(大管轮)　　　　　　　《主推进动力装置》(二/三管轮)

《船舶辅机》(大管轮)　　　　　　　　　　《船舶辅机》(二/三管轮)

《船舶电气与自动化》(轮机长/大管轮)　　　《船舶电气与自动化》(二/三管轮)

《船舶管理》(轮机长/大管轮)　　　　　　　《船舶管理》(二/三管轮)

《轮机英语》(轮机长/大管轮)　　　　　　　《轮机英语》(二/三管轮)

《船舶动力装置》(轮机长)

《船长/驾驶员训练指南》(未满 500 总吨)

《轮机长/大管轮训练指南》(未满 750 kW)　　《二/三管轮训练指南》(未满 750 kW)

《船舶电气》(电子电气员)

《船舶机舱自动化》(电子电气员)

《船舶管理》(电子电气员)

《信息技术与通信导航系统》(电子电气员)

《电子电气员英语》(电子电气员)

《水手业务》

《机工业务》

《电子技工业务》

《基本安全》　　　　　　　　　　《油船和化学品船货物操作》

《精通救生艇筏和救助艇、精通快速　《液化气船货物操作》

救助艇、高级消防》　　　　　　　《客船船员特殊培训》

《船舶医疗》　　　　　　　　　　《大型船舶操纵特殊培训》

《船舶保安》　　　　　　　　　　《高速船船员特殊培训》

　　　　　　　　　　　　　　　　《船舶装载危险和有害物质作业》

　　　　　　　　　　　　　　　　《使用气体或其他低闪点燃料船舶》

　　　　　　　　　　　　　　　　《极地水域船舶操作》

　　"训练资源"具有针对性强、实用性强的特点,是海船船员参加适任考试、培训必不可少的参考书。

　　"训练资源"的出版,得到了中国海事服务中心的大力支持,在此表示感谢。"训练资源"的编写得到了各海事管理机构、航海院校、海员培训机构、航运企业等单位的关心和帮助,特致谢意。

大连海事大学交通运输教材研究所

2020 年 12 月

目　录

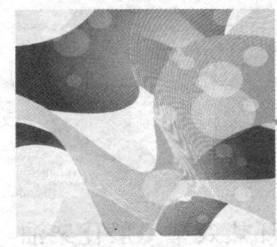

第一章
基础理论知识

第一节 热力学和传热学

1. 柴油机最理想循环中的加热过程是_____过程。
   A. 绝热
   B. 定压
   C. 定温
   D. 多变

2. 柴油机的理想循环中的放热过程为_____过程。
   A. 定温放热
   B. 定压放热
   C. 多变放热
   D. 定容放热

3. 汽油机理想循环的组成依次为:绝热压缩、定容加热、_____和定容放热过程。
   A. 定温排气
   B. 定容排气
   C. 定温加热
   D. 绝热膨胀

4. 汽油机理想循环的组成依次为:绝热压缩、定容加热、绝热膨胀和_____。
   A. 定容放热过程
   B. 定压放热过程
   C. 定容排气过程
   D. 定压排气过程

5. 柴油机燃烧过程的后期,可近似地看作_____。
   A. 定温过程
   B. 定压过程
   C. 等容过程
   D. 绝热过程

6. 内燃机混合加热理想循环的组成依次为:绝热压缩、定容加热、定压加热、绝热膨胀和_____。
   A. 定容放热过程
   B. 定压放热过程
   C. 定容排气过程
   D. 定压排气过程

7. 定压加热理想循环的热效率与_____无关。
   A. 压缩比
   B. 定容升压比
   C. 定压预胀比
   D. 绝热指数

8. 当压缩比和加热量一定时,热效率最低的内燃机理想循环为_____。
   A. 定容加热循环
   B. 定压加热循环
   C. 定熵加热循环
   D. 混合加热循环

9. 当循环最高压强和加热量一定时,热效率最高的内燃机理想循环为_____。
   A. 定容加热循环
   B. 定压加热循环

C. 定熵加热循环　　　　　　　　　　D. 混合加热循环

10. 混合加热理想循环的热效率与_____无关。
    A. 压缩比　　　　　　　　　　　　B. 定容升压比
    C. 定压预胀比　　　　　　　　　　D. 质量

11. 定容加热理想循环的热效率只与_____有关，并随其提高而提高。
    A. 压缩比　　　　　　　　　　　　B. 定容升压比
    C. 定压预胀比　　　　　　　　　　D. 质量

12. 由于汽油机的压缩比比柴油机的压缩比_____，因而汽油机的循环热效率一般比柴油机的循环热效率_____。
    A. 低；低　　　　　　　　　　　　B. 低；高
    C. 高；低　　　　　　　　　　　　D. 高；高

13. 减少_____，可以提高内燃机混合加热理想循环的热效率。
    A. 定容升压比　　　　　　　　　　B. 定压加热量
    C. 压缩比　　　　　　　　　　　　D. 定容加热量

14. 根据内燃机理论，为了提高船舶柴油机的热效率，在运行和维护管理中，以下做法错误的是_____。
    A. 应使压缩比保持在设计时所选定的恰当的数值，不能任意改变
    B. 恰当地选择喷油提前角，在保证安全可靠的前提下使定容加热量尽可能多
    C. 尽可能使柴油机实际工作过程接近理想循环，以减少不可逆损失
    D. 尽量降低冷却水和滑油的温度，以确保良好的润滑和密封

15. 当内燃机混合加热循环的其他条件不变时，其压缩比越_____、定容升压比越_____、定压预胀比越小，其热效率越高。
    A. 小；大　　　　　　　　　　　　B. 大；大
    C. 大；小　　　　　　　　　　　　D. 小；小

16. 对于内燃机混合加热循环，当其他条件不变时，其压缩比越小、定容升压比越_____、定压预胀比越_____，其热效率越低。
    A. 大；大　　　　　　　　　　　　B. 大；小
    C. 小；小　　　　　　　　　　　　D. 小；大

17. _____压缩比或_____定容升压比，都不能提高内燃机混合加热理想循环的热效率。
    A. 提高；提高　　　　　　　　　　B. 提高；降低
    C. 降低；提高　　　　　　　　　　D. 降低；降低

18. _____定压预胀比或_____定容升压比，都不能提高内燃机混合加热理想循环的热效率。
    A. 提高；提高　　　　　　　　　　B. 提高；降低
    C. 降低；提高　　　　　　　　　　D. 降低；降低

19. _____定容升压比或_____定压加热量，都不能提高内燃机混合加热理想循环的热效率。
    A. 提高；提高　　　　　　　　　　B. 提高；降低
    C. 降低；提高　　　　　　　　　　D. 降低；降低

20. 降低_____不能提高内燃机混合加热理想循环的热效率。
    A. 定压预胀比　　　　　　　　　　B. 定压加热量

C. 放热量　　　　　　　　　　　D. 定容加热量

21. 往复式内燃机的理想热力循环由_____组成。
    A. 定温压缩、定容加热、定压加热、绝热膨胀、定压放热
    B. 绝热压缩、定压加热、定容加热、绝热膨胀、定压放热
    C. 绝热压缩、定容加热、绝热膨胀、定压加热、定压放热
    D. 绝热压缩、定容加热、定压加热、绝热膨胀、定容放热

22. 从热力循环分析,柴油机在中低负荷运行时适当增加供油提前角可提高循环热效率的原因是_____。
    A. 可以有更高的压缩比　　　　　B. 可以有更高的定容升压比
    C. 可以采用更高的定压预胀比　　D. 可以提高绝热指数

23. 柴油机在限定最高工作温度时采用定压加热循环的原因是_____,有利于提高热效率。
    A. 可采用更高的压缩比　　　　　B. 可采用更高的定容升压比
    C. 可采用更高的定压预胀比　　　D. 可提高绝热指数

24. 在加热量一定的前提下,_____可提高柴油机理想循环的热效率。
    A. 降低定容升压比　　　　　　　B. 减少定压加热量
    C. 降低压缩比　　　　　　　　　D. 减少定容加热量

25. 柴油机热力循环中,上止点后的喷油燃烧加热可认为是_____。
    A. 定压加热　　　　　　　　　　B. 定容加热
    C. 混合加热　　　　　　　　　　D. 绝热过程

26. 柴油机热力循环中,上止点的燃烧加热可认为是_____。
    A. 定压加热　　　　　　　　　　B. 定容加热
    C. 混合加热　　　　　　　　　　D. 绝热过程

27. 对于指定型号的柴油机实际循环,_____放热量,_____定容升压比,可以提高循环的热效率。
    A. 增加;提高　　　　　　　　　B. 增加;降低
    C. 减少;提高　　　　　　　　　D. 减少;降低

28. 影响柴油机混合加热理想循环热效率的最主要因素是_____。
    A. 定容升压比　　　　　　　　　B. 压缩比
    C. 定压预胀比　　　　　　　　　D. 加热量

29. 影响混合加热理论循环的热效率的主要因素有_____。
    ①循环压缩比;②定容升压比;③定压预胀比;④定压加热比
    A.①②③④　　　　　　　　　　B.①②③
    C.②③④　　　　　　　　　　　D.①③④

30. 内燃机混合加热理想循环中不包括_____。
    A. 绝热过程　　　　　　　　　　B. 定压过程
    C. 定容过程　　　　　　　　　　D. 定温过程

31. 往复式内燃机的理想热力循环通常采用_____。
    A. 定压加热循环　　　　　　　　B. 定容加热循环
    C. 混合加热循环　　　　　　　　D. 定压放热循环

32. 柴油机燃烧过程的前期,可近似地看作_____。
    A. 定温过程　　　　　　　　　　　　B. 定压过程
    C. 定容过程　　　　　　　　　　　　D. 绝热过程

33. 当压缩比和加热量一定时,热效率最高的内燃机理想循环为_____。
    A. 定容加热循环　　　　　　　　　　B. 定压加热循环
    C. 定熵加热循环　　　　　　　　　　D. 混合加热循环

34. 在柴油机的理想循环中,在喷入一定量燃油的条件下,应该使燃油尽可能地在上止点附近燃烧,这是为了_____。
    A. 提高压缩比　　　　　　　　　　　B. 提高定容升压比
    C. 提高定压预胀比　　　　　　　　　D. 降低排气温度

35. _____压缩比,_____定容加热量,可以提高内燃机混合加热理想循环的热效率。
    A. 提高;增加　　　　　　　　　　　B. 提高;减少
    C. 降低;增加　　　　　　　　　　　D. 降低;减少

36. _____压缩比,_____定压加热量,都不能提高内燃机混合加热理想循环的热效率。
    A. 提高;增加　　　　　　　　　　　B. 提高;减少
    C. 降低;增加　　　　　　　　　　　D. 降低;减少

37. _____压缩比,_____定压预胀比,可以提高内燃机混合加热理想循环的热效率。
    A. 提高;提高　　　　　　　　　　　B. 提高;降低
    C. 降低;提高　　　　　　　　　　　D. 降低;降低

38. 往复式内燃机的混合加热热力循环中对外做功的过程为_____。
    A. 绝热膨胀过程　　　　　　　　　　B. 定压加热过程
    C. 绝热压缩过程　　　　　　　　　　D. 定压加热、绝热膨胀过程

39. 下列关于内燃机热循环的说法,不正确的有_____。
    A. 柴油机的压缩比通常大于汽油机的压缩比
    B. 内燃机循环的平均压力取决于气缸的直径和冲程
    C. 柴油机通常采用定压加热循环
    D. 内燃机混合加热循环的热效率随着压缩比的提高、定容升压比的提高和定压预胀比的降低而提高

40. 从热力循环分析,柴油机在中低负荷运行时适当增加供油提前角可提高循环热效率的原因是_____。
    A. 可以提高压缩比　　　　　　　　　B. 可以增加定容加热量
    C. 可以增加定压加热量　　　　　　　D. 可以提高绝热指数

41. 往复式内燃机的理想循环,定容加热量越大,_____就越大。
    A. 压缩比　　　　　　　　　　　　　B. 定容升压比
    C. 定压预胀比　　　　　　　　　　　D. 气缸容积

42. 往复式内燃机的理想循环,定压加热量越大,_____就越大。
    A. 压缩比　　　　　　　　　　　　　B. 定容升压比
    C. 定压预胀比　　　　　　　　　　　D. 气缸容积

43. 示功图是表征柴油机工作时气缸内_____随气缸容积或曲轴转角变化而变化的图形。

A. 温度   B. 压力

C. 内能   D. 比容

44. 下列各选项中,示功器的种类不包括_____。

    A. 机械示功器   B. 液压示功器

    C. 气电示功器   D. 电子示功器

45. 由工程热力学可知,示功图的_____大小代表了柴油机气缸内一个工作循环的指示功多少。

    A. 峰值   B. 面积

    C. 平均压力   D. 周长

46. 柴油机采用单缸熄火法时可测取该缸的_____。

    A. p-V 示功图   B. 纯压缩图

    C. p-φ 示功图   D. 梳形示功图

47. 为了判断柴油机各缸间的负荷均匀性,应测取_____示功图。

    A. p-V 转角   B. 梳形

    C. 手拉展开   D. p-V

48. _____示功图能用来计算柴油机的指示功率。

    A. p-V 转角   B. 梳形

    C. 弱弹簧   D. p-V

49. 下述示功图中的_____一般用来研究柴油机的换气过程。

    A. p-V 转角示功图   B. 梳形示功图

    C. 弱弹簧示功图   D. p-V 示功图

50. 通常,测取梳形示功图的用途为_____。

    A. 计算功率,调整各缸负荷   B. 分析燃烧过程进行的情况

    C. 检查压缩压力和爆发压力   D. 检查和分析缸内发火时刻

51. 可以通过分析_____,判断柴油机发火时刻的早晚。

    A. 梳形示功图   B. 弱弹簧示功图

    C. p-V 转角示功图   D. p-V 示功图

52. 手拉示功图的作用是_____。

    A. 计算指示功率   B. 调节各缸负荷均匀性

    C. 检查燃烧过程   D. 检查换气过程

53. 判断柴油机发火时刻的早晚,可以通过分析_____。

    A. 手拉展开示功图   B. 弱弹簧示功图

    C. 梳形示功图   D. 纯压缩示功图

54. 用机械式示功器测取的 p-V 示功图的用途有_____。

    ①计算柴油机的指示功率;②比较各缸负荷的均匀性;③量取最高爆发压力;④计算缸内瞬时温度

    A.①②③   B.①③④

    C.②③④   D.①②③④

55. 对测录的示功图进行分析计算,不能得到的是_____。

A. 平均指示压力　　　　　　　　B. 指示功率

C. 最高爆发压力　　　　　　　　D. 有效功率

56. 提高内燃机功率最有效的方法是_____。

A. 减小循环的平均压力　　　　　B. 增大循环的平均压力

C. 减少气缸的工作容积　　　　　D. 增大气缸的工作容积

57. 内燃机气缸中的工质在单位时间内对活塞做的功称为内燃机的_____。

A. 气缸功率　　　　　　　　　　B. 单位功率

C. 指示功率　　　　　　　　　　D. 有效功率

58. 柴油机的指示功率指_____。

A. 燃气在单位时间内对活塞所做的功　B. 燃气在单位时间内对单位活塞面积所做的功

C. 柴油机对外输出的功率　　　　　　D. 螺旋桨所吸收的功率

59. 提高平均有效压力的错误方法是_____。

A. 增压　　　　　　　　　　　　B. 增大喷油量

C. 增大过量空气系数　　　　　　D. 提高机械效率

60. 柴油机的有效功率指_____。

A. 气缸中燃气单位时间内对曲轴所做的功

B. 螺旋桨吸收的功率

C. 柴油机飞轮端输出的功率

D. 船舶航行所需功率

61. 按我国有关规定,柴油机的有效功率指_____。

A. 燃气在单位时间内对活塞所做的功　B. 燃气在单位时间内对单位活塞面积所做的功

C. 柴油机对外输出的功率　　　　　　D. 螺旋桨所吸收的功率

62. 柴油机的摩擦损失主要发生在_____。

A. 泵气损失　　　　　　　　　　B. 气阀

C. 活塞与缸套　　　　　　　　　D. 轴承

63. 柴油机在空载运行时,它的机械效率 η_m 值为_____。

A. 0.85~0.90　　　　　　　　　B. 0.78~0.85

C. 1　　　　　　　　　　　　　D. 0

64. 关于机械效率 η_m 的论述,不正确的是_____。

A. 减少摩擦损失可提高机械效率 η_m

B. 适当提高油温、水温可提高 η_m

C. 当转速一定时,喷油量增加,η_m 也提高

D. 当喷油量一定时,提高转速可提高 η_m

65. 柴油机气缸内的工质在单位时间内所做的指示功叫作_____。

A. 指示功率　　　　　　　　　　B. 平均有效压力

C. 有效功率　　　　　　　　　　D. 最高爆发压力

66. 关于机械效率的变化规律中,不正确的是_____。

A. 发电柴油机在负荷降低时,机械效率降低

B. 船舶主机转速升高时,机械效率降低

C. 机械效率随气缸冷却水温降低而降低

D. 负荷不变而转速升高时,机械效率降低

67. 衡量往复式内燃机单位气缸容积工作能力大小的指标是_____。
   A. 气缸的工作容积　　　　　　　B. 曲轴发出的功率
   C. 喷油量　　　　　　　　　　　D. 平均压力

68. 往复式内燃机采用增压的目的是提高_____。
   A. 排气压力　　　　　　　　　　B. 喷油压力
   C. 热效率　　　　　　　　　　　D. 功率

69. 所谓增压,就是通过提高_____来提高往复式内燃机的平均压力,进而提高其功率。
   A. 排气压力　　　　　　　　　　B. 进气密度
   C. 进气温度　　　　　　　　　　D. 喷油压力

70. 往复式内燃机的理想循环,其膨胀功_____压缩功。
   A. 大于　　　　　　　　　　　　B. 等于
   C. 小于　　　　　　　　　　　　D. 无法确定

71. 热机循环的净功越大,则循环的_____。
   A. 吸热越大　　　　　　　　　　B. 放热越小
   C. 温差越大　　　　　　　　　　D. 无法确定

72. 某热机在一个循环中,从外界吸热 1 000 kJ/kg,向外界放热 400 kJ/kg,其对外净功为_____ kJ/kg。
   A. 400　　　　　　　　　　　　 B. 600
   C. 1 000　　　　　　　　　　　 D. 1 400

73. 往复式内燃机的理想循环,其放热量_____吸热量。
   A. 大于　　　　　　　　　　　　B. 等于
   C. 小于　　　　　　　　　　　　D. 无法确定

74. 某热机在一个循环中,吸热量为 Q_1,放热量为 Q_2,则对外净功量 $W=$_____。
   A. Q_1　　　　　　　　　　　　B. Q_2
   C. Q_1-Q_2　　　　　　　　　　D. Q_2/Q_1

75. 某热机在一个循环中,吸热量为 Q_1,对外净功量为 W,则放热量 $Q_2=$_____。
   A. Q_1　　　　　　　　　　　　B. W
   C. Q_1-W　　　　　　　　　　 D. Q_1/W

76. 某热机在一个循环中,对外净功量为 W,放热量为 Q_2,则吸热量 $Q_1=$_____。
   A. Q_2　　　　　　　　　　　　B. W
   C. $W-Q_2$　　　　　　　　　　 D. $W+Q_2$

77. 热机循环的吸热量越大,则循环的对外净功量_____。
   A. 越大　　　　　　　　　　　　B. 越小
   C. 不变　　　　　　　　　　　　D. 无法确定

78. 热机循环的放热量越大,则循环的对外净功量_____。
   A. 越大　　　　　　　　　　　　B. 越小
   C. 不变　　　　　　　　　　　　D. 无法确定

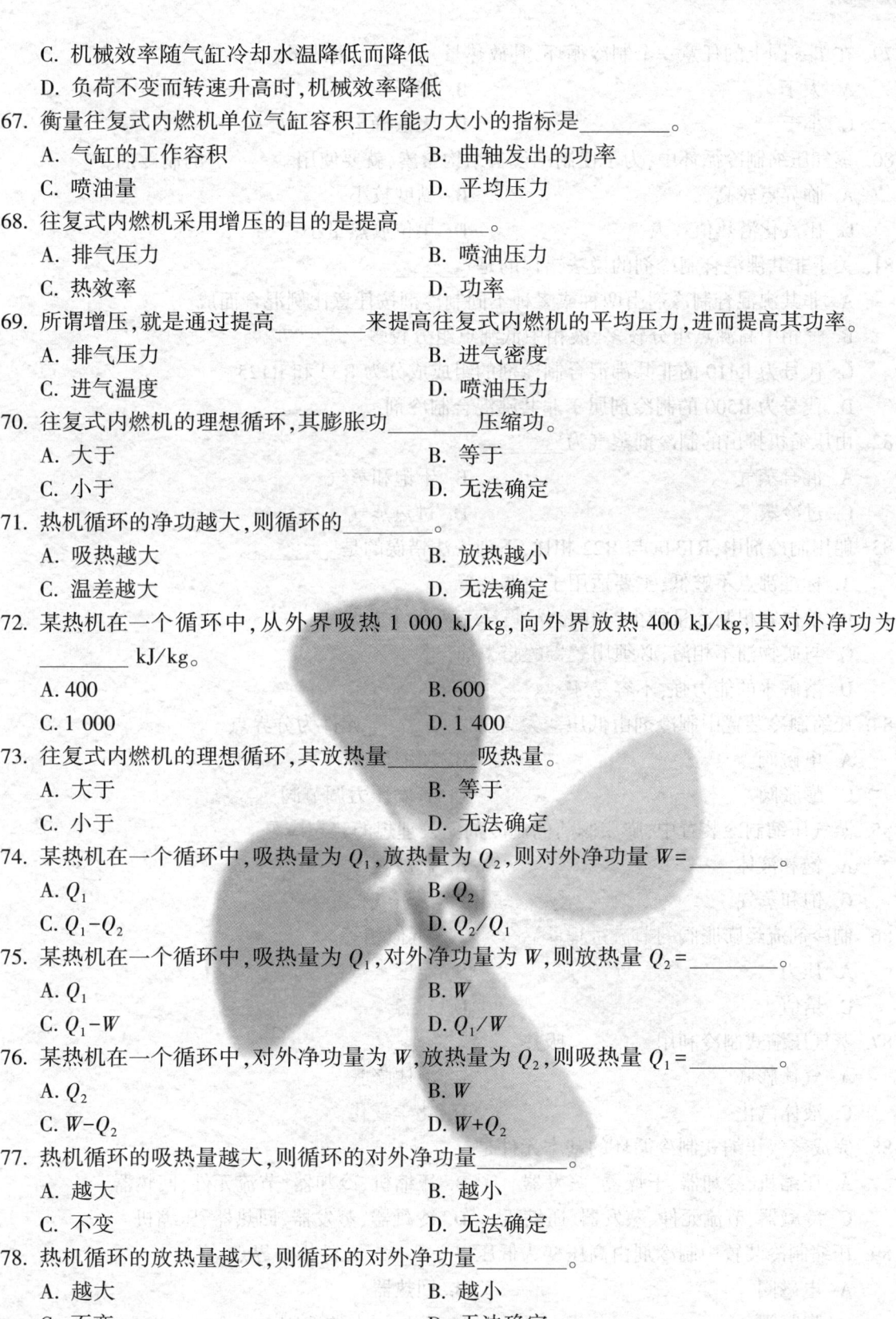

中华人民共和国海船船员培训大纲熟悉训练资源

79. 在 T-s 图上的任意一个制冷循环,其放热量_____吸热量。
    A. 大于
    B. 等于
    C. 小于
    D. 无法确定

80. 蒸气压缩制冷循环中,为了使制冷设备结构紧凑,就要使用_____的制冷剂。
    A. 临界点较高
    B. 黏度较小
    C. 比汽化潜热值较大
    D. 单位放热量小

81. 关于非共沸混合制冷剂的说法错误的是_____。
    A. 非共沸混合制冷剂由两种或多种不同制冷剂按任意比例混合而成
    B. 气相中高沸点组分较多,液相中低沸点组分较多
    C. 代号为 R410 的非共沸混合制冷剂的组成成分为 R32 和 R125
    D. 代号为 R500 的制冷剂属于非共沸混合制冷剂

82. 由压缩机排出的制冷剂蒸气为_____。
    A. 混合蒸气
    B. 干饱和蒸气
    C. 过冷蒸气
    D. 过热蒸气

83. 船用制冷剂中,R134a 与 R22 相比,下列说法错误的是_____。
    A. 标准沸点不够低,主要适用于空调装置
    B. 单位容积制冷量较少,相同制冷量压缩机尺寸更大
    C. 与矿物油不相溶,必须用较贵的脂类油
    D. 溶解水的能力强,不容易冰塞

84. 压缩制冷装置中制冷剂由低压变为高压以_____元件为分界点。
    A. 电磁阀
    B. 压缩机
    C. 膨胀阀
    D. 蒸发压力调节阀

85. 蒸气压缩制冷装置中,膨胀阀前的制冷剂比较理想的状态应是_____。
    A. 饱和液体
    B. 过冷液体
    C. 饱和蒸气
    D. 湿蒸气

86. 制冷剂流经膨胀阀的节流过程前后_____近似相等。
    A. 压力
    B. 温度
    C. 焓值
    D. 比容

87. 蒸气压缩式制冷利用_____吸热。
    A. 气体膨胀
    B. 液体膨胀
    C. 液体汽化
    D. 化学变化

88. 完成蒸气压缩式制冷循环的基本元件是_____。
    A. 压缩机、冷却器、干燥器、蒸发器
    B. 压缩机、冷却器、节流元件、回热器
    C. 冷凝器、节流元件、蒸发器、压缩机
    D. 冷凝器、蒸发器、回热器、压缩机

89. 压缩制冷装置中制冷剂由高压变为低压以_____元件为分界点。
    A. 电磁阀
    B. 回热器
    C. 膨胀阀
    D. 蒸发压力调节阀

90. 制冷剂在压缩机进口和出口通常分别是_____和_____。
    A. 湿蒸气;饱和蒸气　　　　　　B. 饱和蒸气;过热蒸气
    C. 湿蒸气;过热蒸气　　　　　　D. 过热蒸气;过热蒸气

91. 制冷剂从冷凝器进口至出口通常由_____变成_____。
    A. 饱和蒸气;饱和液体　　　　　B. 过热蒸气;饱和液体
    C. 湿蒸气;饱和液体　　　　　　D. 过热蒸气;过冷液体

92. 制冷剂在冷凝器中放热时基本不变的是_____。
    A. 温度　　　　　　　　　　　　B. 压力
    C. 相态　　　　　　　　　　　　D. 焓值

93. 制冷装置正常工作时,制冷剂流过膨胀阀后应是_____。
    A. 过冷液体　　　　　　　　　　B. 饱和液体
    C. 湿蒸气　　　　　　　　　　　D. 饱和蒸气

94. 制冷装置正常工作时,制冷剂流过膨胀阀由_____变成_____。
    A. 饱和液体;饱和蒸气　　　　　B. 过冷液体;湿蒸气
    C. 过冷液体;饱和蒸气　　　　　D. 过冷液体;过热蒸气

95. 制冷循环的蒸发过程是_____液体的汽化过程。
    A. 高温低压　　　　　　　　　　B. 高温高压
    C. 低温高压　　　　　　　　　　D. 低温低压

96. 在蒸发器内绝大部分制冷剂处于_____状态。
    A. 过冷液体　　　　　　　　　　B. 过热蒸气
    C. 湿蒸气　　　　　　　　　　　D. 饱和液体

97. 制冷装置正常工作时,制冷剂由蒸发器进口至出口由_____变成_____。
    A. 饱和液体;饱和蒸气　　　　　B. 湿蒸气;饱和蒸气
    C. 湿蒸气;过热蒸气　　　　　　D. 过冷液体;过热蒸气

98. 制冷剂在蒸发器中流动在完全汽化前实际上是_____过程。
    A. 定压定温　　　　　　　　　　B. 降压降温
    C. 定压升温　　　　　　　　　　D. 降压升温

99. 制冷剂在蒸发器中流动在完全汽化前_____增高。
    A. 温度　　　　　　　　　　　　B. 过热度
    C. 干度　　　　　　　　　　　　D. 压力

100. 制冷剂在蒸发器中流动在完全汽化前_____不增高。
    A. 焓值　　　　　　　　　　　　B. 比容
    C. 干度　　　　　　　　　　　　D. 温度

101. 冷库制冷装置要求蒸发压力不低于大气压力主要是为了_____。
    A. 不使制冷量减少　　　　　　　B. 不使制冷系数降低
    C. 不使吸气温度太低　　　　　　D. 防止空气漏入系统

102. 下图为压缩机制冷原理图,系统正常运转时进入蒸发器的制冷剂状态主要是_____。

中华人民共和国海船船员培训大纲熟悉训练资源

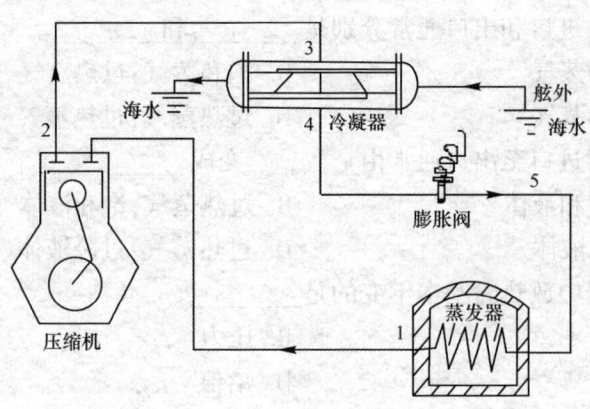

A. 高温高压的蒸气　　　　　B. 低温低压的湿蒸气
C. 高温高压的液态　　　　　D. 低温低压的蒸气

103. 下图为压缩式制冷原理图,系统正常运转时进入压缩机的制冷剂状态主要是_____。

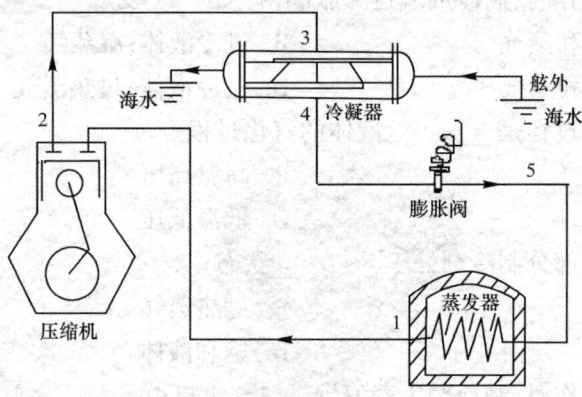

A. 高温高压的蒸气　　　　　B. 低温低压的液态
C. 高温高压的液态　　　　　D. 低温低压的蒸气

104. 下图为压缩式制冷原理图,系统正常运转时进入冷凝器的制冷剂状态主要是_____。

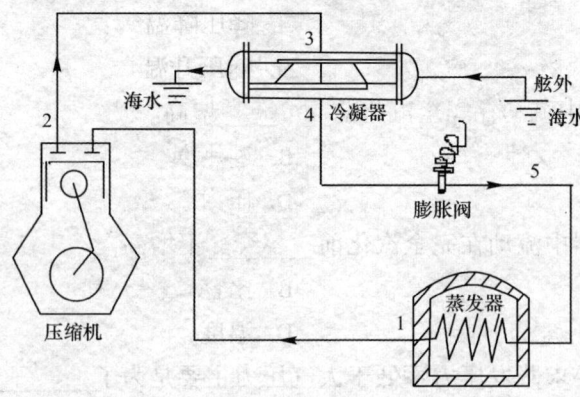

A. 高温高压的蒸气　　　　　B. 低温低压的液态
C. 高温高压的液态　　　　　D. 低温低压的蒸气

105. 下图为压缩式制冷原理图,系统正常运转,制冷剂把冷库中的热量不断带出,维持冷库温度在一定的低温范围内,这些热量最终被_____。

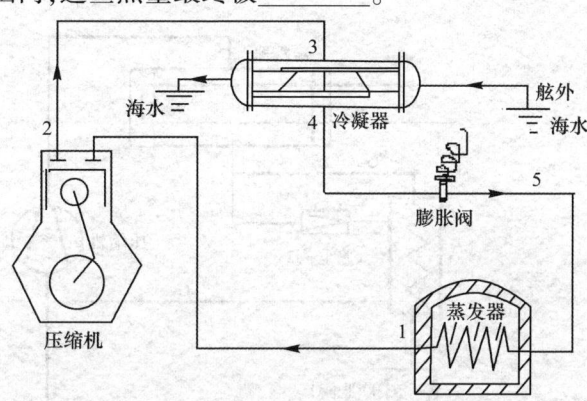

  A. 冷却海水带到舷外　　　　　　　B. 储存在制冷剂里
  C. 压缩机吸收　　　　　　　　　　D. 储存在冷凝器内

106. 下图为压缩式制冷原理图,系统正常运转时在管路5处的制冷剂状态主要是_____。

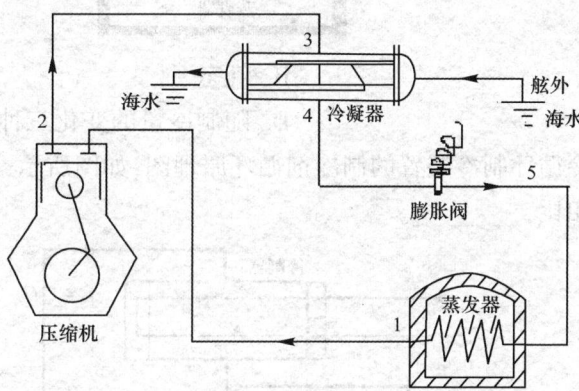

  A. 高温高压的蒸气　　　　　　　　B. 低温低压的湿蒸气
  C. 低温低压的干蒸气　　　　　　　D. 高温高压的液态

107. 下图为压缩式制冷原理图,系统正常运转时,膨胀阀的主要作用是_____。

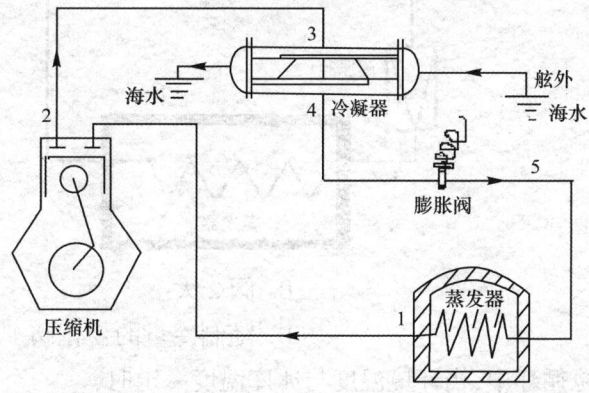

  A. 节流降温　　　　　　　　　　　B. 节流降压
  C. 使制冷剂从液态变为气态　　　　D. 使制冷剂从气态变为液态

108. 下图为采用过冷循环制冷装置的制冷剂循环原理图,如图所示,膨胀阀 2 出口的制冷剂应该是_____。

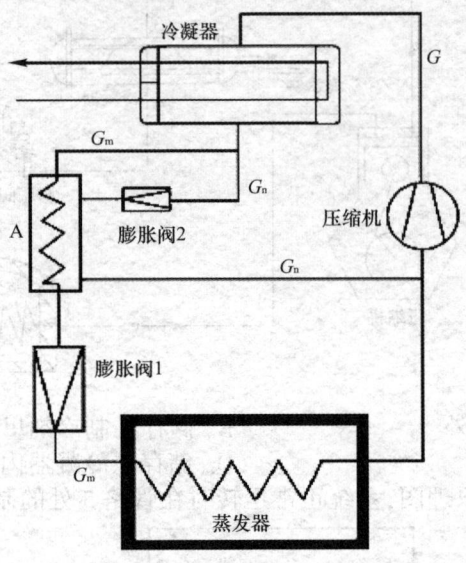

A. 液态
B. 气态
C. 湿蒸气状态
D. 随制冷量的变化三种状态交替变化

109. 下图为采用过冷循环制冷装置的制冷剂循环原理图,如图所示,经过膨胀阀 1 与膨胀阀 2 的制冷剂流量相比,_____。

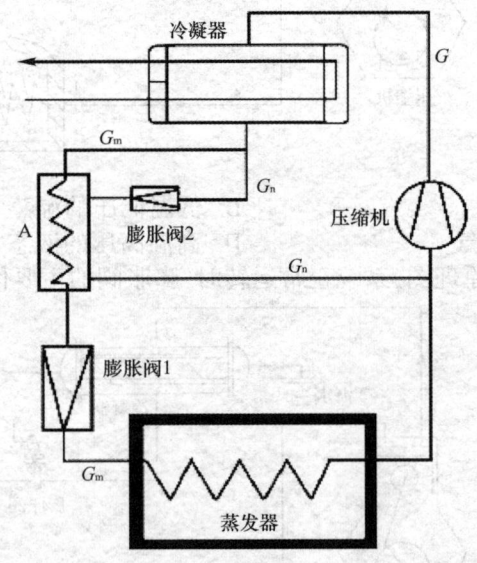

A. 阀 1 大
B. 阀 2 大
C. 一样大
D. 随制冷量的变化阀 1 有时大有时小

110. 在蒸气压缩制冷循环中,当环境温度与冰库温度一定时,_____的制冷系数最大。

A. 朗肯循环
B. 卡诺循环
C. 逆卡诺循环
D. 回热循环

111. 在蒸气压缩制冷循环中,冷剂通过膨胀阀时发生_____。
    A. 绝热膨胀过程　　　　　　　　B. 绝热节流过程
    C. 准静态过程　　　　　　　　　D. 可逆过程

112. 在蒸气压缩制冷循环中,制冷剂定压放热过程发生在_____。
    A. 压缩机　　　　　　　　　　　B. 冷凝器
    C. 膨胀阀　　　　　　　　　　　D. 蒸发器

113. 在蒸气压缩制冷理论循环中,制冷剂在蒸发器内发生_____。
    A. 定压定温汽化过程　　　　　　B. 降压降温汽化过程
    C. 定压降温汽化过程　　　　　　D. 降压定温汽化过程

114. 在 $T-s$ 图上的任意一个制冷循环,工质是_____吸热的。
    A. 从低温热源　　　　　　　　　B. 不从热源
    C. 从高温热源　　　　　　　　　D. 从低温热源或高温热源

115. 在 $T-s$ 图上的任意一个制冷循环,工质是_____放热的。
    A. 向低温热源　　　　　　　　　B. 不向热源
    C. 向高温热源　　　　　　　　　D. 向低温热源或高温热源

116. 下列_____的工作原理是逆卡诺循环的应用。
    A. 蒸汽机　　　　　　　　　　　B. 热机
    C. 锅炉　　　　　　　　　　　　D. 制冷装置

117. 正常工作下制冷剂在压缩机进口处是_____。
    A. 湿蒸气　　　　　　　　　　　B. 过热蒸气
    C. 饱和蒸气　　　　　　　　　　D. 过冷蒸气

118. 蒸气压缩式理论循环中,假设压缩是_____过程。
    A. 定温　　　　　　　　　　　　B. 等焓
    C. 多变　　　　　　　　　　　　D. 定熵

119. 蒸气压缩式理论循环中,未对制冷剂做_____假设。
    A. 压缩机中是定熵过程　　　　　B. 换热器中是定压过程
    C. 膨胀阀前后焓相等　　　　　　D. 冷凝器中是定温过程

120. 制冷剂在膨胀阀前,当_____,一般不造成闪气。
    A. 冷凝压力太低　　　　　　　　B. 液管流区过大
    C. 液管吸热过多　　　　　　　　D. 液管上行高度过大

121. 在其他条件相同的情况下,冷却海水温度越高则制冷装置的_____。
    A. 制冷量越大　　　　　　　　　B. 压缩机轴功率越低
    C. 制冷系数越大　　　　　　　　D. 膨胀阀后冷剂干度越大

122. 在蒸气压缩制冷循环绝热节流后,流动的工质_____。
    A. 比焓增加　　　　　　　　　　B. 比容减小
    C. 压力降低　　　　　　　　　　D. 比熵减小

123. 在蒸气压缩制冷理想循环中,制冷剂在压缩机中是_____。
    A. 定温压缩　　　　　　　　　　B. 等焓压缩
    C. 绝热压缩　　　　　　　　　　D. 放热压缩

124. 若循环的目的是从低温热源吸热,则该循环是_____。
    A. 制冷循环　　　　　　　　　　B. 热机循环
    C. 正循环　　　　　　　　　　　D. 热泵循环

125. 下列设备不能实现制冷剂液体过冷的是_____。
    A. 蒸发器　　　　　　　　　　　B. 冷凝器
    C. 过冷器　　　　　　　　　　　D. 回热器

126. 如制冷剂在蒸发器中沸腾汽化的温度为 5 ℃,相同压力下压缩机的吸气温度为 15 ℃,则压缩机的吸气过热度为_____℃。
    A. 15　　　　　　　　　　　　　B. 10
    C. 5　　　　　　　　　　　　　　D. −10

127. 制冷剂实现了_____和_____换热的制冷循环称为回热循环。
    A. 压缩机吸气;压缩机排气　　　　B. 冷凝器冷凝液体;膨胀阀出口湿蒸气
    C. 冷凝器冷凝液体;蒸发器出口气体　D. 冷凝器冷凝液体;冷凝器进口气体

128. 制冷装置回热器使_____中的制冷剂相互换热。
    A. 吸气管和排气管　　　　　　　B. 蒸发器和排气管
    C. 液管和排气管　　　　　　　　D. 液管和吸气管

129. 在制冷装置回热器中,液态制冷剂流过时_____升高。
    A. 压力　　　　　　　　　　　　B. 温度
    C. 焓值　　　　　　　　　　　　D. 过冷度

130. 在制冷装置回热器中,气态制冷剂流过时_____不升高。
    A. 温度　　　　　　　　　　　　B. 压力
    C. 焓值　　　　　　　　　　　　D. 过热度

131. 采用_____的方法提高液管中的制冷剂过冷度的制冷循环不算回热循环。
    A. 设回热器
    B. 让吸气管穿过储液器
    C. 在贴靠在一起的液管和吸气管外包扎隔热材料
    D. 让少量液态制冷剂节流降压后在过冷器中吸热

132. 关于制冷装置中的回热器的说法中,错误的是_____。
    A. 可使膨胀阀前制冷剂获得较大的过冷度
    B. 是制冷剂高压液体与低压气体的热交换器
    C. 会提高压缩机的吸气过热度
    D. 用于任何制冷剂都可以提高制冷系数

133. 蒸发式过冷循环是指采用_____的方法实现过冷的制冷循环。
    A. 让吸气管穿过储液器
    B. 在贴靠在一起的液管和吸气管外包扎隔热材料
    C. 让少量液态制冷剂节流降压后在过冷器中吸热
    D. 让液管和蒸发器接触而冷却

134. 蒸气压缩制冷理想循环中,制冷剂的 $p-h$ 图上的定温线在湿蒸气区内为_____。
    A. 垂线　　　　　　　　　　　　B. 水平线

C. 向下较陡的曲线　　　　　　　　　　D. 自左向右上升的曲线

135. 在制冷剂的压-焓图($p-h$图)上,蒸气压缩制冷循环的有关功量和热量可以用_____表示。

   A. 相应的面积　　　　　　　　　　　B. 横坐标上相应线段的长度

   C. 纵坐标上相应线段的长度　　　　　D. 相应的斜率

136. 蒸气压缩制冷理想循环在$p-h$图上的表示:在蒸发器内是一个_____的过程。

   A. 绝热压缩　　　　　　　　　　　　B. 绝热节流

   C. 定压定温吸热　　　　　　　　　　D. 定压放热

137. 蒸气压缩制冷理想循环中的单位质量制冷剂在压缩机中绝热压缩过程的耗功量,在制冷剂的压-焓图上,可用该绝热压缩过程的初、终状态点_____来表示。

   A. 之间的水平距离　　　　　　　　　B. 之间的垂直距离

   C. 连线的线下面积　　　　　　　　　D. 连线的左侧面积

138. 蒸气压缩制冷理想循环中的单位质量制冷剂在冷凝器中的定压放热量,在制冷剂的$p-h$图上,可用该定压放热过程的初、终状态点_____来表示。

   A. 之间的水平距离　　　　　　　　　B. 之间的垂直距离

   C. 连线的线下面积　　　　　　　　　D. 连线的左侧面积

139. 蒸气压缩制冷理想循环中的单位质量制冷剂在蒸发器中的定压定温汽化过程的吸热量,在制冷剂的$p-h$图上,可用该过程的初、终状态点_____来表示。

   A. 之间的水平距离　　　　　　　　　B. 之间的垂直距离

   C. 连线的线下面积　　　　　　　　　D. 连线的左侧面积

140. 某蒸气压缩制冷循环,制冷剂在压缩机进口为饱和蒸气状态($h_1 = 573.6 \text{ kJ/kg}$),同压力下饱和液体的比焓$h_5 = 405.1 \text{ kJ/kg}$。若制冷剂在压缩机出口处的比焓$h_2 = 598 \text{ kJ/kg}$,在绝热节流阀进口处的比焓$h_3 = 443.8 \text{ kJ/kg}$,则单位质量制冷剂的制冷量为_____ kJ/kg。

   A. 24.4　　　　　　　　　　　　　　B. 129.8

   C. 154.2　　　　　　　　　　　　　　D. 168.5

141. 某蒸气压缩制冷循环,制冷剂在压缩机进口为饱和蒸气状态($h_1 = 573.6 \text{ kJ/kg}$),同压力下饱和液体的比焓$h_5 = 405.1 \text{ kJ/kg}$。若制冷剂在压缩机出口处的比焓$h_2 = 598 \text{ kJ/kg}$,在绝热节流阀进口处的比焓$h_3 = 443.8 \text{ kJ/kg}$,则单位质量制冷剂的耗功量为_____ kJ/kg。

   A. 24.4　　　　　　　　　　　　　　B. 143.3

   C. 167.7　　　　　　　　　　　　　　D. 168.5

142. 某蒸气压缩制冷循环,工质在压缩机进口为饱和蒸气状态($h_1 = 573.6 \text{ kJ/kg}$),同压力下饱和液体的比焓$h_5 = 405.1 \text{ kJ/kg}$。若工质在压缩机出口处的比焓$h_2 = 598 \text{ kJ/kg}$,在绝热节流阀进口处的比焓$h_3 = 443.8 \text{ kJ/kg}$,则单位质量工质的放热量为_____ kJ/kg。

   A. 24.4　　　　　　　　　　　　　　B. 129.8

   C. 154.2　　　　　　　　　　　　　　D. 168.5

143. 某蒸气压缩制冷循环,工质在压缩机进口为饱和蒸气状态($h_1 = 573.6 \text{ kJ/kg}$),同压力下饱和液体的比焓$h_5 = 405.1 \text{ kJ/kg}$。若工质在压缩机出口处的比焓$h_2 = 598 \text{ kJ/kg}$,在绝热节流阀进口处的比焓$h_3 = 443.8 \text{ kJ/kg}$,则该制冷循环的制冷系数为_____。

   A. 4.32　　　　　　　　　　　　　　B. 5.32

C. 6.32   D. 6.91

144. 某蒸气压缩制冷循环,工质在压缩机进口为饱和蒸气状态$(h_1 = 397.5\ kJ/kg)$,同压力下饱和液体的比焓 $h_5 = 168.3\ kJ/kg$。若工质在压缩机出口处的比焓 $h_2 = 433\ kJ/kg$,在绝热节流阀进口处的比焓 $h_3 = 224.1\ kJ/kg$,则节流阀出口处工质的干度为_____。

    A. 0.24   B. 0.34

    C. 0.45   D. 0.56

145. 某蒸气压缩热泵(制冷)循环,工质在压缩机进口为饱和蒸气状态$(h_1 = 397.5\ kJ/kg)$,同压力下饱和液体的比焓 $h_5 = 168.3\ kJ/kg$。若工质在压缩机出口处的比焓 $h_2 = 433\ kJ/kg$,在绝热节流阀进口处的比焓 $h_3 = 224.1\ kJ/kg$,则该热泵循环的供热系数为_____。

    A. 3.88   B. 4.88

    C. 5.88   D. 6.46

146. 对氟利昂压缩制冷理论回热循环而言,若压缩机进出口焓值分别为 $h_1 = 400\ kJ/kg, h_2 = 450\ kJ/kg$,冷剂液体在回热器进、出口焓值分别为 $h_3 = 250\ kJ/kg, h_4 = 220\ kJ/kg$,不计回热器和管路散热损失,则单位制冷量和单位排热量分别为_____ kJ/kg 和_____ kJ/kg。

    A. 120;150   B. 150;180

    C. 150;200   D. 180;200

147. 从 p-h 图上查到制冷压缩机进出口 $h_1 = 412\ kJ/kg, h_2 = 464\ kJ/kg$,冷凝器出口 $h_3 = 250\ kJ/kg$,膨胀阀进口 $h_4 = 240\ kJ/kg$,蒸发器出口 $h_5 = 392\ kJ/kg$,则制冷系数为_____。

    A. 2.73   B. 2.92

    C. 3.12   D. 3.30

148. 在制冷剂的 p-h 图上,湿蒸气区的定温线是水平直线,同时该线上各状态点也是_____的。

    A. 等比容   B. 定压

    C. 等干度   D. 定焓

149. 在制冷剂的 p-h 图上,定干度线束是从_____出发向右下方呈发散状的曲线簇。

    A. 饱和液体线   B. 临界点

    C. 干饱和蒸气线   D. 沸点

150. 在 p-h 图上,单位质量制冷剂在压缩机中的耗功量可用该过程线段两端点的_____表示。

    A. 水平距离   B. 垂直距离

    C. 水平距离与垂直距离之和   D. 水平距离与垂直距离之差

151. 在 p-h 图上,单位质量制冷剂在冷凝器中的放热量可用该过程线段两端点的_____表示。

    A. 水平距离   B. 垂直距离

    C. 水平距离与垂直距离之和   D. 水平距离与垂直距离之差

152. 实际的制冷循环为了增加过冷度,经常把从冷凝器出来到膨胀阀的这一段管路和_____包扎在一起。

    A. 从压缩机的排出阀到冷凝器的管路

B. 从膨胀阀到蒸发器的管路

C. 蒸发盘管

D. 从蒸发器出来到压缩机吸入口的管路

153. 在_____的情况下,"制冷量越大,制冷系数也就越大"是正确的。
    A. 相同的蒸发温度　　　　　　　　B. 相同的冷凝温度
    C. 消耗相同净功　　　　　　　　　D. 任何

154. 在_____的情况下,"消耗净功越小,制冷系数就越大"是正确的。
    A. 相同的蒸发温度　　　　　　　　B. 相同的冷凝温度
    C. 制冷量相同　　　　　　　　　　D. 任何

155. 影响蒸气压缩制冷理想循环制冷系数的主要因素中没有_____。
    A. 滑油温度　　　　　　　　　　　B. 过冷度
    C. 蒸发温度　　　　　　　　　　　D. 冷凝温度

156. 提高_____和_____,可以提高蒸气压缩制冷理想循环的制冷系数。
    A. 蒸发温度;冷凝温度　　　　　　B. 冷凝温度;过冷度
    C. 蒸发温度;过冷度　　　　　　　D. 冷凝温度;冷剂量

157. 在_____的情况下,"制冷系数越大,消耗净功就越少"是正确的。
    A. 相同的蒸发温度　　　　　　　　B. 相同的冷凝温度
    C. 制冷量相同　　　　　　　　　　D. 任何

158. 提高制冷系数的正确途径是_____。
    A. 降低蒸发温度　　　　　　　　　B. 降低冷凝温度
    C. 降低冷库温度　　　　　　　　　D. 提高冷却水温度

159. 下列选项中,提高制冷装置制冷系数的正确途径是_____。
    A. 在满足冷藏对象温度要求的条件下,选择较低的库温
    B. 在可选择的情况下,选择高温的冷却介质
    C. 增大冷凝器的传热热阻
    D. 减少各种摩擦损失

160. _____不是提高制冷装置制冷系数的基本途径。
    A. 在满足冷藏对象温度要求的条件下,选择较高的库温
    B. 在可选择的情况下,选择低温的冷却介质
    C. 制冷压缩机采用绝热压缩
    D. 减小蒸发器的传热温差

161. 提高制冷系数的正确途径是_____。
    A. 尽量使实际循环接近逆卡诺循环
    B. 尽量提高冷剂在冷库和冷凝器中的传热温度
    C. 降低冷库温度
    D. 提高冷却水温度

162. 提高制冷系数的正确途径是_____。
    A. 提高蒸发温度　　　　　　　　　B. 提高冷凝温度
    C. 降低冷库温度　　　　　　　　　D. 提高冷却水温度

163. 多数制冷装置专设一回热器,使从冷凝器出来的制冷剂液体通过回热器进一步冷却,以_____。
    A. 增加过冷度 B. 降低冷凝温度
    C. 提高蒸发温度 D. 降低蒸发温度

164. 提高蒸气压缩制冷循环的制冷系数的途径不包括_____。
    A. 提高蒸发温度
    B. 降低冷凝温度
    C. 增加离开冷凝器的制冷剂液体的过冷度
    D. 提高冷凝器冷却水温度

165. 某制冷循环,从蒸发器吸热 200 kJ/kg,向冷凝器放热 250 kJ/kg,其制冷系数为_____。
    A. 0. 8 B. 1. 25
    C. 4 D. 5

166. 某制冷循环,向冷凝器放热 240 kJ/kg,消耗外界功 60 kJ/kg,其制冷系数为_____。
    A. 1. 33 B. 0. 75
    C. 4 D. 3

167. 其他条件不变,蒸气压缩制冷循环的制冷系数随蒸发温度的升高而_____。
    A. 降低 B. 升高
    C. 不变 D. 无法确定

168. 其他条件不变,蒸气压缩制冷循环的制冷系数随冷凝温度的降低而_____。
    A. 降低 B. 升高
    C. 不变 D. 无法确定

169. 其他条件不变,蒸气压缩制冷循环的制冷系数随过冷度的加大而_____。
    A. 升高 B. 降低
    C. 不变 D. 无法确定

170. 提高蒸气压缩制冷循环制冷系数的措施是_____冷凝温度、_____蒸发温度。
    A. 提高;降低 B. 提高;提高
    C. 降低;提高 D. 降低;降低

171. 其他条件不变,蒸气压缩制冷循环的制冷系数随蒸发温度的升高、冷凝温度的升高、过冷度的加大而_____。
    A. 升高 B. 降低
    C. 不变 D. 无法确定

172. 提高制冷系数的正确途径是_____。
    A. 设一回热器增加过冷度
    B. 降低冷库温度
    C. 提高冷却水温度
    D. 尽量提高冷剂在冷库和冷凝器中的传热温度

173. 提高_____,降低_____,可以提高蒸气压缩制冷理想循环的制冷系数。
    A. 蒸发温度;冷凝温度 B. 冷凝温度;过冷度
    C. 蒸发温度;过冷度 D. 冷凝温度;冷剂量

174. 某空调系统,在蒸发器中吸热 Q_2,在冷凝器中放热 Q_1,则制冷系数为_____。
    A. $Q_1/(Q_1-Q_2)$
    B. $Q_2/(Q_1-Q_2)$
    C. $(Q_1-Q_2)/Q_2$
    D. $(Q_1-Q_2)/Q_1$

175. 其他条件不变,蒸气压缩制冷循环的制冷系数随低温热源温度的降低而_____。
    A. 降低
    B. 升高
    C. 不变
    D. 无法确定

176. 其他条件不变,热泵的供热系数随蒸发温度的降低而_____。
    A. 降低
    B. 升高
    C. 不变
    D. 无法确定

177. 其他条件不变,热泵的供热系数随低温热源温度的升高而_____。
    A. 降低
    B. 升高
    C. 不变
    D. 无法确定

178. 其他条件不变,蒸气压缩制冷循环的制冷系数随高温热源温度的升高而_____。
    A. 降低
    B. 升高
    C. 不变
    D. 无法确定

179. 其他条件不变,蒸气压缩制冷循环的制冷系数随过冷度的_____而降低。
    A. 加大
    B. 减小
    C. 不变
    D. 无法确定

180. 使人能感觉空气干燥与否的空气参数是_____。
    A. 含湿量
    B. 相对湿度
    C. 水蒸气分压力
    D. 露点

181. 无限航区船舶空调舱室冬季相对湿度实际多控制在_____。
    A. 30%~40%
    B. 50%~60%
    C. 60%~70%
    D. 70%以内

182. 下列舱室中不设机械排风的是_____。
    A. 卫生间
    B. 病房
    C. 厨房
    D. 船员卧室

183. 船舶集中式空调系统的空调舱室内气压与大气压相比一般_____。
    A. 略高
    B. 略低
    C. 相等
    D. 不定

184. 空调舱室的热湿比是指_____之比。
    A. 显热负荷与湿负荷
    B. 全热负荷与潜热负荷
    C. 全热负荷与湿负荷
    D. 显热负荷与潜热负荷

185. 集中式空调装置采用回风的主要目的是_____。
    A. 节省能量消耗
    B. 改善室内空气湿度
    C. 改善舱内空气洁净度
    D. 减少外界病菌传入的机会

186. 当外界气候恶劣,船舶空调舱室内温度难以达到要求时,常用的应急措施是_____。
    A. 延长空调装置工作时间
    B. 增大风机转速
    C. 调整舱室送风温度
    D. 减小新风比

187. 集中式空调装置船舶空调若分区,原则上是按舱室_____划分。
    A. 所在楼层
    B. 所在船员的级别
    C. 热湿比相近
    D. 所在船员的部门

188. 为给船员提供舒适的工作和休息环境,船舶需要安装空调。下列关于远洋船舶空调要求的描述,错误的是_____。
    A. 夏季舱室的室内外温差不宜过大,以 6～10 ℃为宜
    B. 船舶空调必须严格控制湿度,确保船员舒适
    C. 船舶空调装置噪声必须限制在 60～65 dB(A)
    D. 船舶空调为了提高经济性能,可以适当增加回风量

189. 双风管空调系统两根风管分别送_____。
    A. 新风和回风
    B. 高速风和低速风
    C. 经冷却和加热的空气
    D. 经不同程度处理的空气

190. 下列船用空调系统中,冬、夏季都可变质调节的是_____系统。
    A. 分区再热式单风管
    B. 末端电再热式单风管
    C. 双风管
    D. 集中式单风管

191. 下列船用空调系统中,夏季只能变量调节,冬季可以变质调节的是_____系统。
    A. 分区再热式单风管
    B. 末端电再热式单风管
    C. 双风管
    D. 集中式单风管

192. 下列船用空调系统中,冬、夏季都只能变量调节的是_____系统。
    A. 分区再热式单风管
    B. 末端电再热式单风管
    C. 双风管
    D. 末端水换热式

193. 空调装置变量调节是指改变_____。
    A. 舱室送风量
    B. 新风比
    C. 舱室送风温度
    D. 风机转速

194. 空调装置变质调节是指改变送风的_____。
    A. 含湿量
    B. 温度
    C. 速度
    D. 新鲜程度

195. 关于双风管空调系统,说法错误的是_____。
    A. 中央空调器长度较长
    B. 冬、夏季皆可变质调节
    C. 一级送风是未处理的新风
    D. 较多用于对空调性能要求高的客船

196. 新风比为零,没有舱外空气补充,舱内空气全部循环的空调系统为_____。
    A. 混合式
    B. 封闭式
    C. 半集中式
    D. 分散式

197. 远洋船舶的生活区通常选用_____空调系统,风机、冷却器、加湿器、加热器、过滤器等安装在一个空调机房。
    A. 半集中式
    B. 完全集中式
    C. 区域再热式
    D. 末端加热式

198. 干湿球温度计用来测量空气的_____。
    A. 绝对温度
    B. 相对温度

C. 过冷度　　　　　　　　　　　D. 相对湿度

199. 在环境温度一定时,空气愈干燥,则干湿球温度计的温度差_____。
　　A. 不变　　　　　　　　　　　B. 越小
　　C. 越大　　　　　　　　　　　D. 趋于零

200. 湿空气的①干球温度、②湿球温度、③露点之间的大小关系是_____。
　　A. ①>②>③　　　　　　　　　B. ①<②<③
　　C. ①<③<②　　　　　　　　　D. ①>③>②

201. 在环境温度一定时,空气愈潮湿,则干湿球温度计的温度差_____。
　　A. 不变　　　　　　　　　　　B. 越小
　　C. 越大　　　　　　　　　　　D. 趋于零

202. 对于常用的干湿温度计,空气的相对湿度 φ、蒸发率和湿球温度的关系正确的是_____。
　　A. 相对湿度 φ 越小,纱布上水分蒸发越慢,湿球温度就越低于空气温度
　　B. 相对湿度 φ 越小,纱布上水分蒸发越快,湿球温度就越接近空气温度
　　C. 相对湿度 φ 越大,纱布上水分蒸发越快,湿球温度就越低于空气温度
　　D. 相对湿度 φ 越大,纱布上水分蒸发越慢,湿球温度就越接近空气温度

203. 刚性容器内湿空气温度保持不变而充入干空气,容器内湿空气的相对湿度_____。
　　A. 升高　　　　　　　　　　　B. 不变
　　C. 降低　　　　　　　　　　　D. 无法确定

204. 刚性容器内湿空气温度保持不变而充入干空气,容器内湿空气的含湿量_____。
　　A. 升高　　　　　　　　　　　B. 不变
　　C. 降低　　　　　　　　　　　D. 无法确定

205. 湿空气经活塞式压缩机定温压缩后,气缸内湿空气的相对湿度_____。
　　A. 升高　　　　　　　　　　　B. 不变
　　C. 降低　　　　　　　　　　　D. 无法确定

206. 湿空气经活塞式压缩机定温(温度高于湿空气露点)压缩后,气缸内湿空气的含湿量_____。
　　A. 升高　　　　　　　　　　　B. 不变
　　C. 降低　　　　　　　　　　　D. 无法确定

207. 湿空气经活塞式压缩机多变压缩后(压缩时温度始终高于湿空气露点),气缸内湿空气的含湿量_____。
　　A. 升高　　　　　　　　　　　B. 不变
　　C. 降低　　　　　　　　　　　D. 无法确定

208. 一定容积的湿空气中水蒸气的质量与干空气的质量之比称为_____。
　　A. 相对湿度　　　　　　　　　B. 绝对湿度
　　C. 含湿量　　　　　　　　　　D. 含水量

209. 空气中水蒸气分压强与同温度下饱和水蒸气分压强之比称为_____。
　　A. 相对湿度　　　　　　　　　B. 绝对湿度
　　C. 含湿量　　　　　　　　　　D. 含水量

210. 湿空气的含湿量相同,其相对湿度_____。
     A. 相同   B. 不同
     C. 不一定相同   D. 为零

211. 湿空气的温度相同,其相对湿度_____。
     A. 相同   B. 不同
     C. 不一定相同   D. 为零

212. 湿空气的温度和含湿量相同,其相对湿度_____。
     A. 相同   B. 不同
     C. 不一定相同   D. 为零

213. 空气中实际所含有的水蒸气密度与同温度时饱和水蒸气密度的百分比叫作_____。
     A. 饱和湿度   B. 绝对湿度
     C. 相对湿度   D. 含湿量

214. 一般来说,夏天与冬天相比较,夏天的空气相对湿度较_____,含湿量较_____。
     A. 大;大   B. 大;小
     C. 小;大   D. 小;小

215. 一般来说,冬天与夏天相比较,冬天的空气相对湿度较_____,含湿量较_____。
     A. 大;大   B. 大;小
     C. 小;大   D. 小;小

216. 夏季使用空调对空气进行降温,海上气温30 ℃,冷风机出口温度5 ℃,有凝水从空调箱流出,则其空气含湿量_____。
     A. 变小   B. 变大
     C. 不变   D. 保持100%

217. 冬季使用空调对空气进行加热,在不进行加湿的情况下,其含湿量_____。
     A. 变小   B. 变大
     C. 不变   D. 可能变大,也可能变小

218. 当湿空气定压降温时,若含湿量保持不变,则湿空气的相对湿度_____。
     A. 增大   B. 减小
     C. 不变   D. 减小或不变

219. 未饱和空气(露点15 ℃)在与水隔绝的条件下定压从25 ℃降温至15 ℃,湿空气的含湿量_____,相对湿度_____。
     A. 升高;降低   B. 不变;升高
     C. 升高;不变   D. 不变;不变

220. 当湿空气定压加热时,若含湿量保持不变,则湿空气的相对湿度_____。
     A. 增大   B. 减小
     C. 不变   D. 减小或不变

221. 未饱和空气(露点15 ℃)在与水隔绝的条件下定压从25 ℃降温至20 ℃,湿空气的含湿量_____,相对湿度_____。
     A. 升高;降低   B. 不变;升高
     C. 升高;不变   D. 不变;不变

222. 未饱和空气(露点 15 ℃)在与水隔绝的条件下定压从 25 ℃降温至 10 ℃,湿空气的含湿量_____,相对湿度_____。
    A. 升高;降低
    B. 降低;升高
    C. 升高;不变
    D. 不变;不变

223. 水在湿空气中的蒸发率与相对湿度的关系是_____。
    A. 相对湿度越大,蒸发率越小
    B. 相对湿度越大,蒸发率越大
    C. 相对湿度是空气的干湿程度,与蒸发率无关
    D. 相对湿度是空气的含水量,与蒸发率有关

224. 对于湿空气来说,含湿量 d 与水蒸气的分压力 p_v 的关系正确的是_____。
    A. 当湿空气的压力 p_b 一定时,水蒸气的分压力 p_v 越大则含湿量 d 越大
    B. 当湿空气的压力 p_b 一定时,水蒸气的分压力 p_v 越大则含湿量 d 越小
    C. 对同一湿空气加热,如果含湿量 d 保持不变,水蒸气的分压力 p_v 变大
    D. 对同一湿空气冷却,如果含湿量 d 保持不变,水蒸气的分压力 p_v 变大

225. 对于湿空气来说,含湿量 d 与相对湿度 φ 的关系正确的是_____。
    A. 当湿空气的压力 p_b 和温度 t 一定时,含湿量 d 越大则相对湿度 φ 越小
    B. 当湿空气的压力 p_b 和温度 t 一定时,含湿量 d 越大则相对湿度 φ 越大
    C. 当湿空气的压力 p_b 和湿度 d 一定时,温度 t 升高则相对湿度 φ 变大
    D. 当湿空气的压力 p_b 和湿度 d 一定时,温度 t 降低则相对湿度 φ 变小

226. 湿空气经冷却器冷却,若冷却器壁面温度高于该湿空气露点,湿空气的含湿量将_____。
    A. 增加
    B. 减少
    C. 不变
    D. 减少或不变

227. 湿空气经冷却器冷却,若冷却器壁面温度低于该湿空气露点,湿空气的含湿量将_____。
    A. 增加
    B. 减少
    C. 不变
    D. 减少或不变

228. 湿空气经冷却器冷却后,湿空气的含湿量_____。
    A. 增加
    B. 减少
    C. 不变
    D. 减少或不变

229. 湿空气的温度不变,相对湿度增加时,湿空气的含湿量_____。
    A. 增加
    B. 减少
    C. 不变
    D. 无法确定

230. 空气的相对湿度等于零,则该空气为_____。
    A. 未饱和空气
    B. 饱和空气
    C. 干空气
    D. 水蒸气

231. 湿空气的温度不变,相对湿度增大时,湿空气的水蒸气分压强_____。
    A. 升高
    B. 降低
    C. 不变
    D. 无法确定

232. 由露点可以知道空气的_____。
    A. 相对湿度　　　　　　　　　　　　B. 含湿量
    C. 水蒸气饱和分压力　　　　　　　　D. 湿球温度

233. 大气中_____时的温度称为露点。
    A. 水蒸气开始凝结　　　　　　　　　B. 水蒸气开始结冰
    C. 水珠开始汽化　　　　　　　　　　D. 水开始结冰

234. 湿空气中,对应水蒸气分压强的_____称为露点。
    A. 未饱和压强　　　　　　　　　　　B. 饱和温度
    C. 饱和压强　　　　　　　　　　　　D. 未饱和温度

235. 湿空气中,对应于水蒸气分压强的饱和温度称为_____。
    A. 饱和温度　　　　　　　　　　　　B. 干球温度
    C. 湿球温度　　　　　　　　　　　　D. 露点

236. 当湿空气定压降温时,若含湿量保持不变,则湿空气露点_____。
    A. 升高　　　　　　　　　　　　　　B. 降低
    C. 不变　　　　　　　　　　　　　　D. 降低或不变

237. 当湿空气定压加热时,若含湿量保持不变,则湿空气露点_____。
    A. 升高　　　　　　　　　　　　　　B. 降低
    C. 不变　　　　　　　　　　　　　　D. 降低或不变

238. 对于湿空气的露点,描述正确的是_____。
    A. 湿空气中的水蒸气的分压力 p_v 越大,露点就越低
    B. 湿空气中的水蒸气的分压力 p_v 越大,露点就越高
    C. 湿空气的相对湿度越大,露点就越低
    D. 湿空气的相对湿度越大,露点就越高

239. 湿空气的温度不变,相对湿度增大时,湿空气的露点_____。
    A. 升高　　　　　　　　　　　　　　B. 降低
    C. 不变　　　　　　　　　　　　　　D. 无法确定

240. 在湿空气 $h-d$ 图(焓-湿图)上,$\varphi = 100\%$ 的定相对湿度线以上各点表示的湿空气中的水蒸气的状态为_____。
    A. 过冷状态　　　　　　　　　　　　B. 饱和状态
    C. 过热状态　　　　　　　　　　　　D. 湿蒸汽状态

241. 对于蒸发式过冷循环,说法正确的是_____。
    A. 是指采用让液管和蒸发器接触而冷却的方法实现过冷的制冷循环
    B. 是指采用在贴靠在一起的液管和吸气管外包扎隔热材料的方法实现的制冷循环
    C. 是指采用让吸气管穿过储液器的方法实现过冷的制冷循环
    D. 是指采用让少量液态制冷剂节流降压后在过冷器中吸热方法实现过冷的制冷循环

242. 在焓湿图中,说法合适的是_____。
    A. 1—2 是等湿冷却,空气温度降低、焓值降低
    B. 2—1 是降湿冷却,空气温度降低、焓值降低
    C. 1—2 是加湿加热,空气温度升高、焓值升高

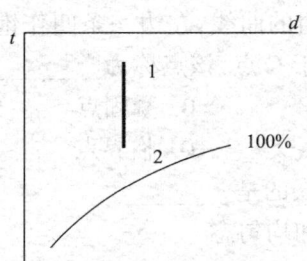

D. 2—1 是等湿加热,空气温度升高、焓值升高

243. 如果湿空气中水蒸气是过热蒸汽,那么湿空气中水蒸气分压力 p_v 和湿空气温度下水蒸气饱和压力 p_s 的关系是_____。

A. p_v 大   B. 相同

C. p_s 大   D. 无法确定

244. 在下图所示的焓湿图中,说法正确的是_____。

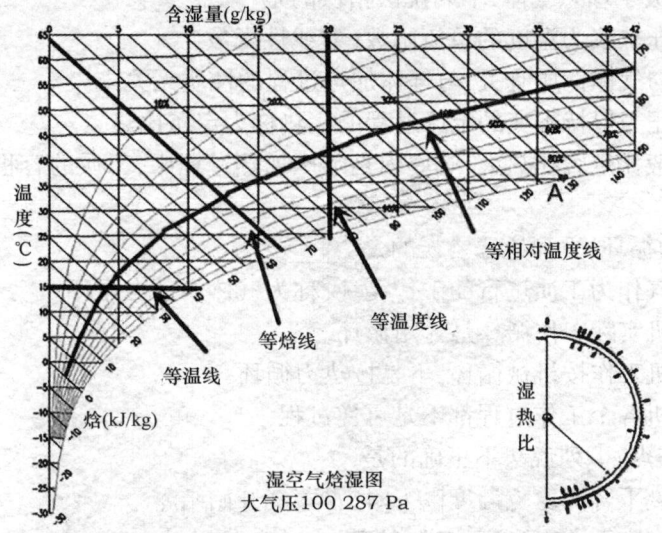

湿空气焓湿图
大气压100 287 Pa

A. 同样的含湿量,空气温度越低,焓值越低

B. 同样的含湿量,空气温度越高,焓值越低

C. 同样的含湿量,空气温度越低,焓值越高

D. 同样的含湿量,空气温度越高,焓值越高

245. 关于往复式内燃机的功率,下列_____是正确的。

A. 指示功率=有效功率×机械效率

B. 机械效率=有效功率−指示功率

C. 有效功率=指示功率×机械效率

D. 机械效率=有效功率×指示功率

246. 在往复式内燃机工质的一个循环中,放热量、循环净功之间的大小关系是_____。

A. 放热量等于循环净功

B. 放热量与循环净功之和为吸热量

C. 放热量大于循环净功

D. 放热量小于循环净功

247. 压-焓（lg$p$-h）图中有两条较粗的曲线,左边一条叫作饱和液体线,右边一条叫作干饱和蒸汽线,两条曲线向上延伸交于 C 点,该点称为_____。

    A. 汽化点   B. 凝固点

    C. 等离子点   D. 临界点

248. 关于工程热力学,下列说法错误的是_____。

    A. 热力学平衡态指的是稳态和均匀态

    B. 热力学系统处于平衡态的条件是系统内部不存在不平衡势

    C. 力差或冷热程度不均匀是系统状态发生变化的推动力,在热力学中称为不平衡势

    D. 不平衡势是驱动热力学系统状态变化的根本原因

249. 在对流换热中,下列四个选项中_____的放热系数最大。

    A. 水的受迫对流   B. 空气的自然对流

    C. 水的自然对流   D. 空气的受迫对流

250. 工程热力学中,关于理想气体,下列说法错误的是_____。

    A. 理想气体的比热仅为温度的单值函数（非线性函数）

    B. 气体的比热与气体性质有关,与气体加热过程的性质无关

    C. 加热过程中压力保持不变的定压过程的比热称为定压比热

    D. 定压比热一般比定容比热大,其原因是定压加热过程中,工质的容积膨胀对外做功需要能量

251. 关于气体的动力循环,下列说法错误的是_____。

    A. 用空气和燃气作为工质进行的工作循环,称为气体的动力循环

    B. 往复式内燃机实际工作循环是封闭循环

    C. 往复式内燃机工作按机械循环,不是按热力循环

    D. 往复式内燃机各个工作过程都不是可逆过程

252. 关于湿空气的露点,下列说法不正确的是_____。

    A. 室内空气温度下降到露点温度以下时,水蒸气开始结露

    B. 结露的发生取决于室内温度、室内湿度

    C. 含有水蒸气的空气的饱和温度称为露点

    D. 露点温度由相对温度决定

253. 进行制冷循环的热力计算时用的压-焓（lg$p$-h）,是将_____绘制的。

    A. 压力 p（MPa 或 kPa）作为横坐标,以焓值 h（kJ/kg）作为纵坐标

    B. 焓值 h（kJ/kg）作为横坐标,以压力 p（MPa 或 kPa）作为纵坐标

    C. 焓值 h（kJ/kg）作为横坐标,以温度 T 作为纵坐标

    D. 熵 s 作为横坐标,以温度 T 作为纵坐标

254. 湿空气是由_____组成的混合气体。

    A. 氧气和氢气   B. 空气和水蒸气

    C. 饱和水蒸气和空气   D. 空气和饱和水蒸气

255. 往复式内燃机混合加热循环的吸热与放热过程分别是_____。

    A. 定容吸热、定压吸热、定压放热

    B. 定容吸热、定容放热、定压放热

  C. 定容吸热、定压吸热、定容放热

  D. 定压吸热、定容放热、定压放热

256. 往复式内燃机理想循环的热效率与定容升压比有关,定容升压比为工质在_____过程的终了与起始状态的压力之比,且其他条件相同时,定容升压比越高,则热效率_____。

  A. 定容放热;越低   B. 定容加热;越低

  C. 定容加热;越高   D. 定容放热;越高

257. 对于卡诺循环,下列说法错误的是_____。

  A. 实际制冷循环的制冷系数与逆卡诺循环的制冷系数之比称为制冷效率

  B. 理想制冷循环是逆向进行的卡诺循环

  C. 逆卡诺循环的制冷系数总是小于其他循环

  D. 逆卡诺循环是由两个定温和两个绝热过程交替进行的逆向循环

258. 工质经过一个循环后,工质的所有热力学状态参数_____。

  A. 都发生了改变   B. 至少有一个保持不变

  C. 至少有一个发生了改变   D. 都没有发生改变

259. 由热力学第一定律可知,理想气体_____过程的内能是增加的。

  A. 定压放热   B. 绝热膨胀

  C. 定温加热   D. 定容加热

260. 工程上通常把刚从液态转变过来的气态物质称为蒸汽,而把距离液态较远的气态物质称为_____。

  A. 气体   B. 近液气

  C. 稀薄气体   D. 密集气体

261. 关于热力学第一定律,下列说法错误的是_____。

  A. 在孤立系统内能量的总量保持不变

  B. 对于任意热力学系统,输入系统的能量−系统输出的能量=系统中能量的变化量

  C. 其实质是能量转换和守恒在热力学系统中的具体应用

  D. 阐明了能量在传递和转换过程中的数量关系

262. 在往复式内燃机工质的一个循环中,吸热量、放热量及循环净功之间的关系是_____。

  A. 吸热量+放热量+循环净功=0

  B. 吸热量−放热量−循环净功=0

  C. 吸热量−放热量+循环净功=0

  D. 吸热量+放热量−循环净功=0

263. 若循环的目的是将热能持续地转化为机械能,则该循环是_____。

  A. 逆循环   B. 热机循环

  C. 热泵循环   D. 制冷循环

264. 往复式内燃机的机械效率是指往复式内燃机的_____之比。

  A. 输出功与消耗功   B. 有效功率与指示功率

  C. 有效容积与工作容积   D. 净功与吸热量

265. 往复式内燃机工质的循环是一个_____。

A. 净热等于净功的循环   B. 净热小于净功的循环

C. 净热不小于净功的循环   D. 净热大于净功的循环

266. 内燃机的工质循环属于热机循环,热机循环的目的是_____。

A. 将热能与机械能相互转换

B. 将热能进行传递

C. 将机械能持续地转化为热能

D. 将热能持续地转化为机械能

267. 往复式内燃机理想循环的热效率与压缩比有关,压缩比为工质在_____过程的体积之比;且其他条件相同时,压缩比越高,则热效率_____。

A. 定压压缩;越高   B. 绝热压缩;越低

C. 定压压缩;越低   D. 绝热压缩;越高

268. 传热面积与进口温度相同的换热器,当一种流体为定温时,关于换热器的传热系数,下列说法正确的是_____。

A. 两种换热器的传热能力不同,与流体性质有关

B. 顺流换热器的传热能力强

C. 两种换热器的传热能力相同

D. 逆流换热器的传热能力强

269. 内燃机高温燃气对气缸套内壁的热传递过程,应考虑的换热有_____。

A. 导热   B. 既有导热又有辐射换热

C. 辐射换热   D. 既有对流换热又有辐射换热

270. 关于流体力学,下列说法不正确的是_____。

A. 正压液体指的是流体的密度仅为压强的函数

B. 斜压流体指的是液体的密度仅为压强和温度的函数

C. 通常情况下温度对液体密度影响很小,压强对液体重度影响很小

D. 流体的重度随温度和压强的变化而变化

271. 往复式内燃机理想循环的热效率与压缩比 ε 有关,压缩比为_____之比,且其他条件相同时,压缩比越高,则热效率_____。

A. 压力;越低   B. 比体积;越低

C. 压力;越高   D. 比体积;越高

272. 下图中,_____是狄塞尔循环的 $T-s$(b)图过程中的定压加热过程。

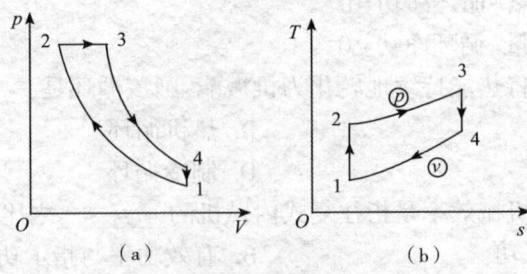

(a)   (b)

A. 1—2   B. 2—3

C. 3—4   D. 4—1

273. 关于工程热力学,热力学状态参数有_____。
    A. 热量、压力、容积、内能、焓、熵
    B. 功、热量、容积、内能、焓、熵
    C. 压力、温度、容积、内能、焓、熵
    D. 功、温度、容积、内能、焓、熵

274. 往复式内燃机工质循环的热效率小于1,则每循环的_____。
    A. 放热量小于循环净功　　　　B. 放热量大于循环净功
    C. 吸热量大于循环净功　　　　D. 吸热量小于循环净功

275. 空气的焓值为定值时,该焓值的空气在饱和状态下的温度称为_____。
    A. 过冷温度　　　　　　　　　B. 湿球温度
    C. 过热温度　　　　　　　　　D. 干球温度

276. 对于空气的露点,下列说法错误的是_____。
    A. 对于确定的湿空气,在等含湿量的条件下温度逐渐下降开始结露的温度是露点
    B. 当湿空气中的水蒸气与水达到一个平衡状态时的温度
    C. 湿空气达到露点之前湿空气的相对湿度一直在降低
    D. 湿空气在露点时,空气中的水蒸气既不会析出也不会增加

277. 关于强化传热,以下说法正确的是_____。
    A. 增大传热温差可以提高传热系数
    B. 增大传热面积可以提高传热系数
    C. 降低表面粗糙度可以提高传热系数
    D. 增大流体流速可以提高传热系数

278. 不可压缩流体沿圆管流动,当流量一定时,若管截面直径减小了一半,则管截面上流体速度的大小_____。
    A. 增大了1/4　　　　　　　　　B. 增大了3倍
    C. 减小了1/4　　　　　　　　　D. 减小了3/4

279. 关于液体的辐射能,下列正确的是_____。
    A. 吸收比为0　　　　　　　　　B. 反射比为0
    C. 穿透比为0　　　　　　　　　D. 反射比、吸收比、穿透比之和为1

280. 现有的测量扭矩的扭矩仪或扭矩传感器,按其所测量的参数分为_____。
    A. 剪应力或剪应变式和相对转角式
    B. 剪应力式和剪应变式
    C. 剪应力式和相对转角式
    D. 剪应变式和相对转角式

281. 在工质的热力状态参数中,不能直接测量的参数是_____。
    A. 比容　　　　　　　　　　　B. 压强
    C. 内能　　　　　　　　　　　D. 温度

282. _____后理想气体的内能增加了。
    A. 定温膨胀　　　　　　　　　B. 定温压缩
    C. 绝热压缩　　　　　　　　　D. 绝热膨胀

283. 水压密闭容器中定压加热汽化时,当最后一滴水也变成蒸汽时,这时容器内的蒸汽称为_____。
   A. 饱和蒸汽　　　　　　　　　　B. 未饱和蒸汽
   C. 过热蒸汽　　　　　　　　　　D. 过饱和蒸汽

284. 水在密闭容器内加热,在汽化过程中的水和水蒸气的混合物是_____。
   A. 饱和蒸汽　　　　　　　　　　B. 饱和水
   C. 湿蒸汽　　　　　　　　　　　D. 过热蒸汽

285. 废气涡轮机理想循环的热效率只与_____有关。
   A. 压气机的进出口温度比　　　　B. 燃气压强
   C. 叶轮片的进出口温度比　　　　D. 排气压强

286. 热力学所研究的工质一般都是_____物质。
   A. 气态　　　　　　　　　　　　B. 液态
   C. 固态　　　　　　　　　　　　D. 液晶态

287. 干湿球温度计用于测量空气的_____,其湿球温度计用_____湿润。
   A. 相对湿度;盐水　　　　　　　B. 相对湿度;蒸馏水
   C. 绝对湿度;蒸馏水　　　　　　D. 绝对湿度;盐水

288. 在圆管层流流动中,当流体流动的流量 Q 一定时,减少沿程阻力水头损失的最佳方法为_____。
   A. 减少管道的转弯和管道上的数量　B. 尽量缩短管道的长度
   C. 增大管道的直径　　　　　　　D. 降低流体的黏度

289. 由流体静力学基本方程可知,只在重力作用下的静止液体中,等压面是_____。
   A. 垂直面　　　　　　　　　　　B. 水平面
   C. 与水平面成 30°角　　　　　　D. 与水平面成 45°角

290. 平均有效压力 p_e 的大小主要取决于_____。
   A. 燃烧的早晚　　　　　　　　　B. 气缸直径
   C. 转速的高低　　　　　　　　　D. 机械效率的大小

291. 下图是湿空气在 h-d 图上的状态点 A,先分别找出 t 和 t_w 所对应的定温线,然后找出 t_w 的定温线与 $\varphi=100\%$ 的定相对湿度线的交点,过该交点做定焓线与 t 的定温线相交于点 A,可得到相应的未饱和空气状态点 A 及过状态点 A 作等焓湿量线(垂线)与 $\varphi=100\%$ 的定相对湿度线的交点所对应的温度,即为该未饱和空气的_____。

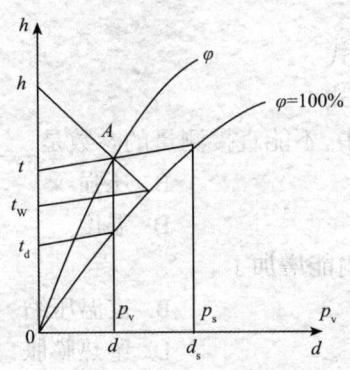

A. 露点   B. 水蒸气分压力

C. 干球温度   D. 湿球温度

292. 取暖工况控制中央空调器送风相对湿度的调节器一般都采用_____调节方式。

A. 比例   B. 双位或比例积分

C. 双位   D. 比例积分

293. 通常,热绝缘材料应具有_____性能。

①导热性能差;②耐高热的能力;③具有一定的机械性能,如抗压和抗拉强度等;④吸水性好;⑤膨胀性好

A. ①②③   B. ①②⑤

C. ①③④⑤   D. ③④⑤

294. 关于直布式布风器,下列说法不正确的是_____。

A. 空调风量小于设计值,可能是系统堵塞、漏风,风机转速低

B. 直布式布风器出口风速低、噪声小,但送风温差不大

C. 室内噪声过大,可能是风速过大

D. 室内降温慢,可能是一次回风过小

295. 中央空调器选用双液体感温包温度调节器,温度补偿率为 0.75,感温包甲与感温包乙容积比为 4:3,安装时应_____。

A. 甲放新风处,乙放回风处   B. 甲放新风处,乙放送风处

C. 甲放送风处,乙放新风处   D. 甲放回风处,乙放新风处

296. 船舶空调系统一般由四个主要系统组成,即_____。

A. 制冷系统、加热系统、空气处理系统以及空气输送和分配系统

B. 冷、热源系统,空气处理系统,空气输送和分配系统以及自动控制系统

C. 制冷系统,空气加湿处理系统,空气输送和分配系统以及回风系统

D. 制冷系统,空气处理系统,空气输送和分配系统以及电路系统

297. 船舶空调系统中,下列说法不正确的是_____。

A. 高速系统中,空气在管道内流动阻力大,风机风压高,空调噪声大

B. 新风比 100% 的直流式系统不属于集中式空调系统

C. 大型客轮上,普遍采用间接冷却式系统

D. 直接蒸发式系统空调负荷不太大,常用于空调舱室较为集中的船上

298. 下列有关空调装置取暖工况管理,正确的是_____。

①加热器以蒸汽做加热介质时,若出口阻汽器后的回水管很烫,应修理或更换;②用热水做加热介质,应经常开启其顶部放汽阀放空气;③气温在 5 ℃以上时一般不加湿,在 5 ℃以下时应加湿;④停用时应先停加湿,半分钟后停风机;⑤停用时应同时停止风机和加湿

A. ①②③⑤   B. ②③④

C. ①②④   D. ①②③④

299. 对于船舶空调的要求,下列说法正确的是_____。

A. 只要环境温度合适,人对环境就有舒适感

B. 夏季空气越干燥,人就会感觉闷热而不舒服

C. 货船上的空调一般允许温度、湿度等有较大范围的波动

D. 冬天外界空气越潮湿,人越感觉暖和

300. 船舶在停靠港口卸货时附近尘土飞扬,以下有关该船舶的空调系统的说法正确的是_____。
    A. 空调系统采用全新风模式
    B. 空调运行时将住区通外的门窗都要打开,便于空气流动
    C. 空调的风机运行在低速状态下
    D. 离港后,及时清洁空气滤网

301. 集中式船舶空调系统的送风舱室一般不包括_____。
    A. 餐厅
    B. 驾驶台
    C. 机舱集控室
    D. 海图室

302. 集中式单风管空调系统取暖工况空气含湿量会发生变化的是_____。
    A. 空气经通风
    B. 给室内送风
    C. 空气经送风管
    D. 空气经加湿器

303. 空调系统噪声大,其原因不可能是_____。
    A. 风管过渡段局部阻力变化急剧
    B. 风机转速太低
    C. 风机转子平衡性能差
    D. 系统消声装置设计不良

304. 制冷压缩机润滑油黏度过低的主要危害是_____。
    A. 油损耗过快
    B. 压缩机容积效率降低
    C. 容易"奔油"
    D. 油进入系统量增多

305. 热机循环的一个循环中,吸热量_____对外做功量。
    A. 等于
    B. 小于
    C. 不大于
    D. 大于

306. 实际工程中任何一个热量的传递过程可以看作_____。
    A. 热传导
    B. 热对流
    C. 热辐射
    D. 热传导、热对流、热辐射的某种组合

307. 气体吸热后,_____。
    A. 熵一定增大
    B. 温度一定降低
    C. 熵一定减小
    D. 温度一定升高

308. 往复式内燃机工质循环的热效率大于0.5,则每次循环的_____。
    ①吸热量大于循环净功;②吸热量大于放热量;③循环净功大于放热量
    A. ①②
    B. ①②③
    C. ①③
    D. ②③

309. 关于实际流体恒定总流伯努利方程的应用,选取下图所示过流断面时,正确的是_____。

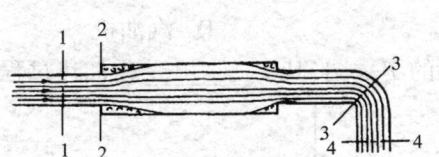

A. 过流截面 2-2、3-3 之间适用

B. 过流截面 1-1、3-3 之间适用

C. 过流截面 1-1、2-2 之间适用

D. 过流截面 1-1、4-4 之间适用

310. 气体动力循环,若循环的放热量不变,则循环的吸热量越大,循环的热效率_____。

A. 越小 B. 保持不变或略微减小

C. 保持不变 D. 越大

311. 往复式内燃机的平均压力是指往复式内燃机_____。

A. 在每一循环中气体压力的平均值

B. 气体在每一循环中的做功量

C. 在工作过程中气体压力的平均值

D. 气缸单位工作容积的做功量

312. 房间的温度相同而相对湿度增大时,供风的热湿比就应该_____。

A. 减小 B. 增大

C. 夏季时减小 D. 夏季时增大

313. 在下图所示的焓湿图中,下列说法正确的是_____。

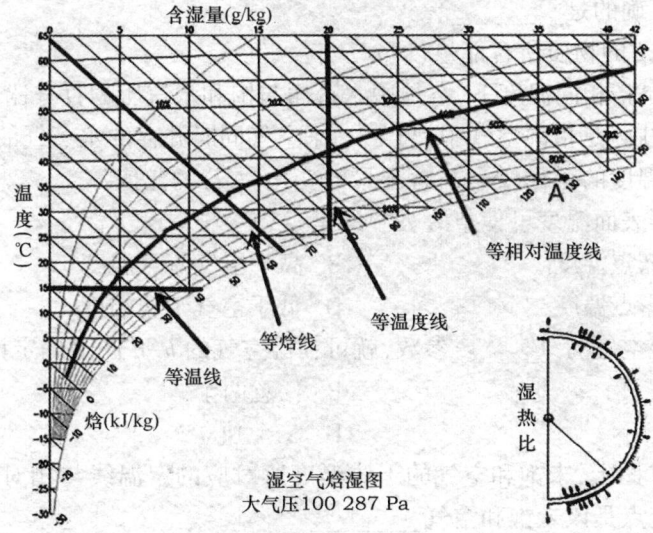

湿空气焓湿图
大气压100 287 Pa

A. 同样的焓值,空气温度下降,含湿量在增大

B. 同样的焓值,空气温度下降,含湿量不变

C. 同样的焓值,空气温度上升,含湿量在减小

D. 同样的焓值,空气温度上升,含湿量增大

314. 下列_____是采用焦耳循环的发动机。

A. 柴油机 B. 蒸汽机

    C. 喷气发动机   D. 汽油机

315. 下图所示为奥托循环的 $T–s$ 图,其中_____是加热过程。

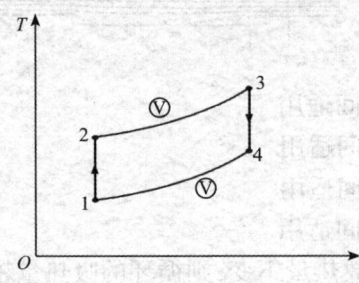

    A. 2—3   B. 4—1

    C. 3—4   D. 1—2

316. 往复式内燃机理想循环的热效率与定压膨胀比有关,定压膨胀比为工质在定压加热过程的起始状态的_____之比;且其他条件相同时,定压膨胀比越高,则热效率_____。

    A. 比体积;越高   B. 压力;越低

    C. 比体积;越低   D. 压力;越高

317. 用热力学对柴油机进行能量、㶲分析,不正确的是_____。

    A. 热力学第一定律只从量的平衡方面

    B. 㶲分析依据的方法是热力学第一定律和第二定律

    C. 㶲分析方法不能够对柴油机的热力过程进行客观评价

    D. 用热力学第一定律分析忽略了质的差异

318. 下列说法不正确的是_____。

    A. 焓是指 1 kg 的物质所含能量(kJ)

    B. 相对湿度是指相同温度下,空气中水汽压与饱和水汽压的百分比

    C. 含湿量(g/kg)是指湿空气中,与 1 kg 干空气同时并存的水蒸气的质量

    D. 热湿比是温度的变化(Δt)与含湿量的变化(Δd)的比值

319. 空调机冷却器表面温度可使空气去湿的是_____。

    A. 等于空气露点温度   B. 高于空气露点温度

    C. 低于空气露点温度   D. 低于空气干球温度

320. 只要已知某湿空气的_____参数,就可在湿空气的 $h–d$ 图上确定该湿空气的状态点。

    A. 任意一个   B. 任意两个

    C. 两个独立   D. 三个独立

321. 在湿空气 $h–d$ 图上,未饱和空气的干球温度所对应的定温线与相对湿度为 100% 的定相对湿度线的交点是该未饱和空气_____。

    A. 的状态点   B. 喷水加湿达到饱和时的状态点

    C. 所对应的露点   D. 喷蒸汽加湿达到饱和时的状态点

322. 在湿空气 $h–d$ 图上,定相对湿度 φ 线是一束向上凸出的曲线,且越靠近下面其相对湿度值_____。

    A. 越小   B. 越平均

    C. 越大   D. 无法确定

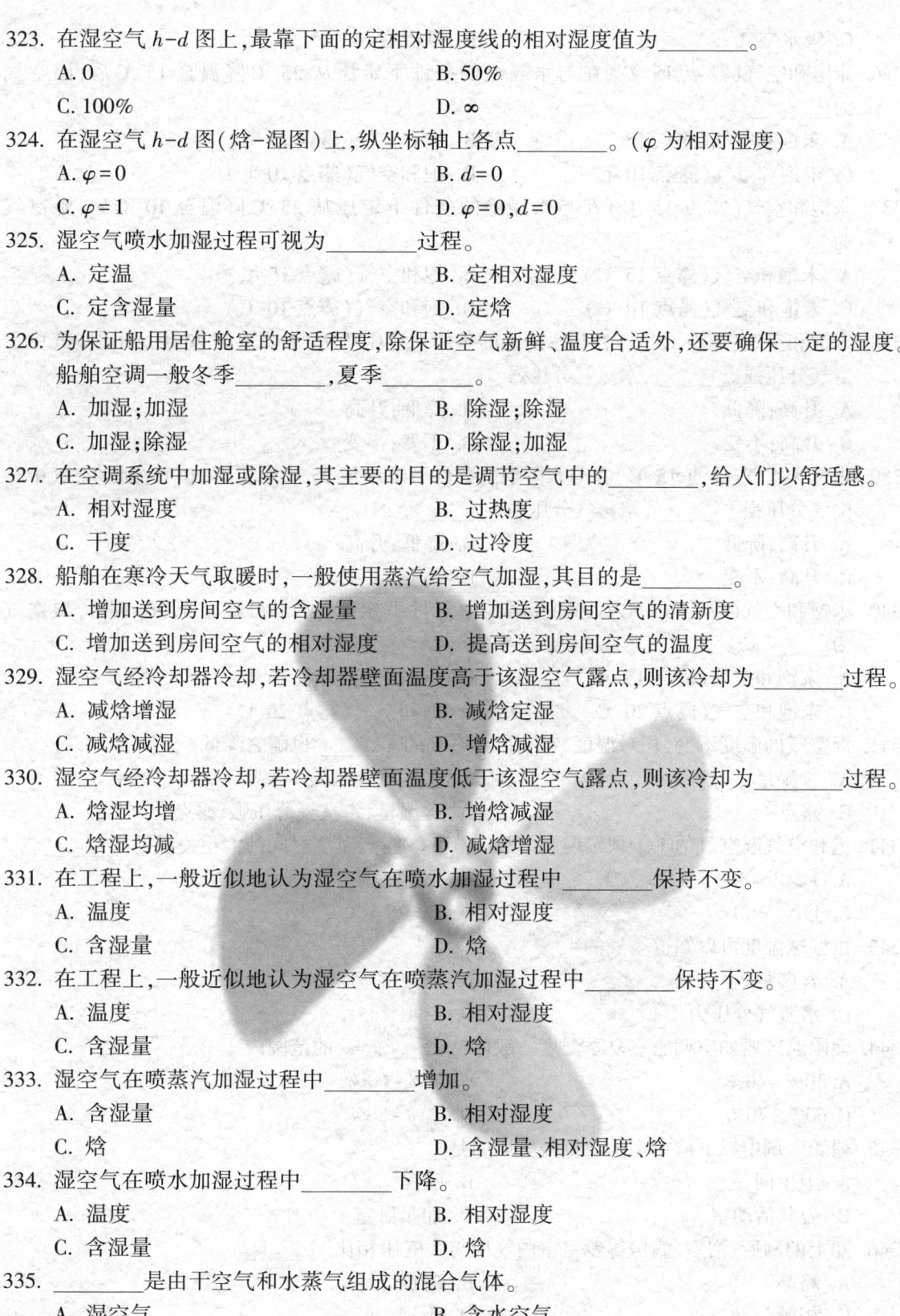

323. 在湿空气 $h-d$ 图上,最靠下面的定相对湿度线的相对湿度值为_____。
    A. 0   B. 50%
    C. 100%   D. ∞

324. 在湿空气 $h-d$ 图(焓-湿图)上,纵坐标轴上各点_____。(φ 为相对湿度)
    A. $\varphi=0$ B. $d=0$
    C. $\varphi=1$ D. $\varphi=0,d=0$

325. 湿空气喷水加湿过程可视为_____过程。
    A. 定温   B. 定相对湿度
    C. 定含湿量   D. 定焓

326. 为保证船用居住舱室的舒适程度,除保证空气新鲜、温度合适外,还要确保一定的湿度。
    船舶空调一般冬季_____,夏季_____。
    A. 加湿;加湿   B. 除湿;除湿
    C. 加湿;除湿   D. 除湿;加湿

327. 在空调系统中加湿或除湿,其主要的目的是调节空气中的_____,给人们以舒适感。
    A. 相对湿度   B. 过热度
    C. 干度   D. 过冷度

328. 船舶在寒冷天气取暖时,一般使用蒸汽给空气加湿,其目的是_____。
    A. 增加送到房间空气的含湿量   B. 增加送到房间空气的清新度
    C. 增加送到房间空气的相对湿度 D. 提高送到房间空气的温度

329. 湿空气经冷却器冷却,若冷却器壁面温度高于该湿空气露点,则该冷却为_____过程。
    A. 减焓增湿   B. 减焓定湿
    C. 减焓减湿   D. 增焓减湿

330. 湿空气经冷却器冷却,若冷却器壁面温度低于该湿空气露点,则该冷却为_____过程。
    A. 焓湿均增   B. 增焓减湿
    C. 焓湿均减   D. 减焓增湿

331. 在工程上,一般近似地认为湿空气在喷水加湿过程中_____保持不变。
    A. 温度   B. 相对湿度
    C. 含湿量   D. 焓

332. 在工程上,一般近似地认为湿空气在喷蒸汽加湿过程中_____保持不变。
    A. 温度   B. 相对湿度
    C. 含湿量   D. 焓

333. 湿空气在喷蒸汽加湿过程中_____增加。
    A. 含湿量   B. 相对湿度
    C. 焓   D. 含湿量、相对湿度、焓

334. 湿空气在喷水加湿过程中_____下降。
    A. 温度   B. 相对湿度
    C. 含湿量   D. 焓

335. _____是由干空气和水蒸气组成的混合气体。
    A. 湿空气   B. 含水空气

C. 吸水空气   D. 潮湿空气

336. 未饱和空气（露点 15 ℃）在与水隔绝的条件下定压从 25 ℃降温至 15 ℃后，湿空气为_____。
   A. 未饱和空气（露点 15 ℃）   B. 饱和空气（露点 15 ℃）
   C. 未饱和空气（露点 10 ℃）   D. 饱和空气（露点 10 ℃）

337. 未饱和空气（露点 15 ℃）在与水隔绝的条件下定压从 25 ℃降温至 10 ℃后，湿空气为_____。
   A. 未饱和空气（露点 15 ℃）   B. 饱和空气（露点 15 ℃）
   C. 未饱和空气（露点 10 ℃）   D. 饱和空气（露点 10 ℃）

338. 未饱和空气（露点 15 ℃）在与水隔绝的条件下定压从 25 ℃降温至 20 ℃，则湿空气中干空气分压强_____，水蒸气分压强_____。
   A. 升高；降低   B. 降低；升高
   C. 升高；不变   D. 不变；不变

339. 未饱和空气（露点 15 ℃）在与水隔绝的条件下定压从 25 ℃降温至 10 ℃，则湿空气中干空气分压强_____，水蒸气分压强_____。
   A. 升高；降低   B. 降低；升高
   C. 升高；不变   D. 不变；不变

340. 未饱和空气（露点 15 ℃）在与水隔绝的条件下定压从 25 ℃降温至 20 ℃后，湿空气为_____。
   A. 未饱和空气（露点 15 ℃）   B. 饱和空气（露点 15 ℃）
   C. 未饱和空气（露点 20 ℃）   D. 饱和空气（露点 20 ℃）

341. 湿空气的温度不变，相对湿度减小时，湿空气的_____也随之降低。
   A. 含湿量   B. 水蒸气分压强
   C. 露点   D. 含湿量、水蒸气分压强、露点

342. 饱和空气湿空气的①干球温度、②湿球温度、③露点温度之间的大小关系是_____。
   A. ①>②>③   B. ①<②<③
   C. ①<③<②   D. ①=②=③

343. 由湿球温度可以知道空气的_____。
   A. 含湿量   B. 相对湿度
   C. 水蒸气分压力   D. 焓值

344. 无限航区船舶空调舱室夏季湿度一般保持在_____的范围内。
   A. 30%~40%   B. 40%~60%
   C. 60%~70%   D. 70%~80%

345. 船舶空调中以下舱室中不设机械排风的是_____。
   A. 卫生间   B. 病房
   C. 公共活动室   D. 船员卧室

346. 船上的厕所、浴室、病房等舱室室内气压与大气压相比_____。
   A. 略高   B. 略低
   C. 相等   D. 不定

347. 空调舱室的全热负荷是指单位时间内加入舱室的_____。
　　A. 舱壁传入的全部热量　　　　　B. 水蒸气的焓值
　　C. 能引起室温升高的热量　　　　D. 显热负荷和潜热负荷

348. 空调舱室的潜热负荷是指单位时间内加入舱室的_____。
　　A. 门窗漏入热量　　　　　　　　B. 水蒸气的焓值
　　C. 能引起室温升高的热量　　　　D. 太阳辐射热

349. 空调舱室的显热负荷不包括_____。
　　A. 舱壁渗入热　　　　　　　　　B. 太阳辐射热
　　C. 设备热　　　　　　　　　　　D. 水蒸气的焓值

350. 集中式船舶空调装置常允许采用一部分回风是因为_____。
　　A. 乘员对空气新鲜程度要求不高
　　B. 要满足乘员对空气湿度的严格要求
　　C. 节约能量是首要的要求
　　D. 按热平衡求出的送风量超过新鲜空气的需求量

351. 集中式空调装置改变个别舱室温度用变量调节法的缺点不包括_____。
　　A. 不能保证舱室新鲜空气需求量　　B. 干扰邻近舱室送风量
　　C. 增加能量消耗　　　　　　　　　D. 影响室温均匀性

352. 关于双风管空调系统的特点说法错误的是_____。
　　A. 用于对空调要求高的客船　　　　B. 调节时可不影响送风量和室温均匀
　　C. 重量和尺寸稍大　　　　　　　　D. 调节不灵敏

353. 关于双风管布风器的以下说法中对的是_____。
　　A. 一般不设电加热器　　　　　　　B. 除风量调节旋钮外,有的还有调温旋钮
　　C. 两种送风在进布风器前混合　　　D. 都是设一个调节旋钮同时操纵两个风门

354. 空调取暖工况向送风喷入蒸汽或水雾进行加湿,下列说法正确的是_____。
　　A. 喷水加湿是定温过程　　　　　　B. 喷蒸汽加湿是升温过程
　　C. 喷水加湿是定焓值过程　　　　　D. 喷蒸汽加湿是升温过程

355. 在空调系统中,取暖工况空气经过加热器后_____。
　　A. 含湿量减少　　　　　　　　　　B. 含湿量不变
　　C. 相对湿度升高　　　　　　　　　D. 相对湿度不变

356. 在空调系统中,取暖工况空气经过风机后_____。
　　A. 含湿量减少　　　　　　　　　　B. 含湿量增加
　　C. 相对湿度降低　　　　　　　　　D. 相对湿度升高

357. 在空调系统中,取暖工况空气经过风机后_____。
　　A. 含湿量减少　　　　　　　　　　B. 含湿量增加
　　C. 相对湿度降低　　　　　　　　　D. 相对湿度升高

358. 船用空调器取暖工况新风在与回风混合后含湿量_____。
　　A. 升高　　　　　　　　　　　　　B. 降低
　　C. 不变　　　　　　　　　　　　　D. 不定

359. 船用空调器取暖工况新风在与回风混合后相对湿度_____。
　　A. 升高　　　　　　　　　　　　　B. 降低

C. 不变   D. 不定

360. 在中央空调器中,夏季空气经过冷却器后_____。
    A. 相对湿度减小   B. 相对湿度不变
    C. 相对湿度增大   D. 含湿量不变

361. 舱外空气温度不变,含湿量增大,空气冷却器的_____。
    A. 显热负荷和潜热负荷都增大   B. 显热负荷和潜热负荷都减小
    C. 显热负荷增大   D. 潜热负荷增大

362. 会使中央空调器降温工况冷却器潜热负荷增大的是_____。
    A. 舱内湿负荷增大   B. 舱外空气含湿量减小
    C. 新风比减小   D. 回风比增大

363. 关于集中式空调系统说法不正确的是:降温工况空气流经_____。
    A. 风机是定湿升温   B. 冷却器是降温减湿
    C. 送风管是定温定湿   D. 走廊回风是定湿升温

364. 在空调系统中,降温工况空气经过空冷器后_____。
    A. 含湿量下降   B. 含湿量不变
    C. 相对湿度降低   D. 相对湿度不变

365. 在空调系统中,降温工况空气经过风机后_____。
    A. 含湿量下降   B. 含湿量增加
    C. 相对湿度降低   D. 相对湿度升高

366. 船用空调器降温工况新风在与回风混合后含湿量_____。
    A. 升高   B. 降低
    C. 不变   D. 不定

367. 其他条件不变,降温工况空调中空气冷却器壁温增高,则送风_____。
    A. 含湿量下降   B. 含湿量增加
    C. 含湿量不变   D. 相对湿度减小

368. 其他条件不变,降温工况空调器中空气冷却器壁温降低,则送风_____。
    A. 相对湿度升高   B. 含湿量增加
    C. 含湿量不变   D. 相对湿度减小

369. 在中央空调器中,取暖工况空气经加热器后_____。
    A. 含湿量和相对湿度降低   B. 含湿量不变,相对湿度降低
    C. 含湿量减少,相对湿度不变   D. 含湿量减少,相对湿度升高

370. 在空调系统中,降温工况空气经过送风管后_____。
    A. 含湿量减少   B. 含湿量增加
    C. 相对湿度降低   D. 相对湿度升高

371. 关于双风管布风器,说法错误的是_____。
    A. 由两根送风管分别送入两种温度不同的风
    B. 可通过一个调节旋钮联动操纵两根送风管的风门
    C. 可分设两个调节旋钮分别调节两种送风的风量
    D. 消音箱内还设有控制电加热器接通与切断的温度控制器和安全保护用的温度开关

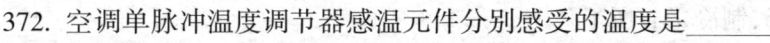

372. 空调单脉冲温度调节器感温元件分别感受的温度是_____。
    A. 新风　　　　　　　　　　B. 送风
    C. 舱室　　　　　　　　　　D. 回风

第二节　制冷装置和制冷循环

1. R134a 制冷剂在标准大气压下的沸点是_____ ℃。
    A. -40.8　　　　　　　　　B. -29.8
    C. -26.5　　　　　　　　　D. -33.4

2. 以 R134a 代替过去常用的氟利昂作制冷剂,以下说法不对的是_____。
    A. 必须改用适于它的脂类润滑油
    B. 不能用卤素检漏灯
    C. 不能用硅胶作干燥剂
    D. 排气温度高需采用水冷

3. R134a 不破坏臭氧层是因为它_____。
    A. 不含氢　　　　　　　　　B. 不含氟
    C. 不含氯　　　　　　　　　D. 在大气中可分解

4. 采用 R134a 为制冷剂,主要是因为它_____。
    A. 价廉　　　　　　　　　　B. 制冷系数高
    C. 单位制冷量大　　　　　　D. 不破坏臭氧层

5. 由两种或两种以上的制冷剂按一定的比例混合而成,在既定压力下蒸发或冷凝时,各组分在气相和液相中的质量分数始终保持相同,发生相变时对应的温度保持不变的制冷剂是_____。
    A. R134a　　　　　　　　　B. N717
    C. 共沸混合制冷剂　　　　　D. 非共沸混合制冷剂

6. 由两种或两种以上的制冷剂按一定的比例混合而成,在既定压力下蒸发或冷凝时,各组分在气相和液相中的质量分数不同,且一直在变化,相应温度也在改变的制冷剂是_____。
    A. R134a　　　　　　　　　B. N717
    C. 共沸混合制冷剂　　　　　D. 非共沸混合制冷剂

7. 非共沸混合制冷剂如将少量的高沸点组分加入低沸点主要组分中,所形成的混合制冷剂和主要成分相比,说法正确的是_____。
    A. 制冷系数提高,能耗升高,制冷量有所升高
    B. 制冷系数降低,能耗升高,制冷量有所升高
    C. 制冷系数降低,能耗下降,制冷量有所下降
    D. 制冷系数提高,能耗下降,制冷量有所下降

8. 非共沸混合制冷剂如将少量的低沸点组分加入高沸点主要组分中,所形成的混合制冷剂和主要成分相比,说法正确的是_____。
    A. 制冷系数提高,能耗升高,制冷量有所升高
    B. 制冷系数降低,能耗升高,制冷量有所升高
    C. 制冷系数降低,能耗下降,制冷量有所下降

D. 制冷系数提高，能耗下降，制冷量有所下降

9. 关于使用 R134a 制冷剂的系统，说法错误的是_____。
   A. 密封材料可采用氢化丁腈橡胶、氯化橡胶
   B. 干燥剂多用硅胶
   C. 对润滑油的润滑性要求较高
   D. 不可以使用卤素检漏灯检漏

10. 根据 ASHRAE 标准，制冷剂的毒性急性作用指标不包括_____。
    A. IDLH   B. LC50
    C. PEL   D. EC50

11. 根据 ASHRAE 标准，制冷剂的毒性长期慢性作用指标包括_____。
    A. IDLH   B. LC50
    C. PEL   D. EC50

12. 制冷剂毒性及安全性指标中的燃烧低限(LFL)越小，表明制冷剂_____。
    A. 可燃性越大   B. 可燃性越小
    C. 寿命越长   D. 寿命越短

13. 制冷剂毒性及安全性指标中的寿命越长，说明制冷剂_____。
    A. 可燃性越大   B. 可燃性越小
    C. 潜在的破坏性越大   D. 潜在的破坏性越小

14. 下列关于从制冷系统中回收制冷剂的回收气罐的说法，不正确的是_____。
    A. 回收气罐应当只用于盛装回收的制冷剂
    B. 可以将不同的制冷剂在回收气罐中混合
    C. 充入回收气罐的制冷剂不得超过回收气罐的容许灌入量
    D. 在回收气罐上标明是何种制冷剂

15. 调节制冷压缩机余隙容积的方法是改变_____的垫片。
    A. 气缸盖与气缸体之间   B. 缸套凸缘与缸体上部隔板之间
    C. 连杆大端上下轴瓦之间   D. 假盖下端面

16. 制冷压缩机吸气腔最低处所开的通轴箱的孔道的作用不包括_____。
    A. 让吸气带回的滑油返回曲轴箱   B. 必要时抽空曲轴箱
    C. 抽走漏入曲轴箱的制冷剂   D. 减少吸气压力波动

17. 制冷压缩机双阀座截止阀多用通道接压力表时使用中_____。
    A. 要么全开，要么全关   B. 开启时开一半为宜
    C. 开足后应退回一圈   D. 关足后应退回一圈

18. 制冷压缩机以下部件中滑油泵排油会通到的是_____。
    ①卸载油缸;②油压差控制器;③滑油分离器;④干燥过滤器;⑤机械轴封;⑥油压调节阀
    A. ①③⑥   B. ①③④⑥
    C. ①②④⑤⑥   D. ①②⑤⑥

19. 压缩机采用双阀座截止阀是为了_____。
    A. 加强阀气密性   B. 减小阀流动阻力
    C. 可启闭多用通道   D. 提高阀使用寿命

20. 制冷压缩机排气压力超过规定数值时，若压缩机安全阀被打开，高压气体将_____。

A. 流回储液器　　　　　　　　　　　B. 排向蒸发器

C. 流回吸气腔或曲轴箱　　　　　　　D. 排向舷外

21. 制冷装置的设备：①压缩机安全阀、②高压控制器、③冷凝器安全阀，其动作压力应_____。

A. ① > ② > ③　　　　　　　　　　　B. ③ > ② > ①

C. ③ > ① > ②　　　　　　　　　　　D. ② > ① > ③

22. 制冷压缩机一般采用_____轴封。

A. 软填料　　　　　　　　　　　　　B. 机械

C. 皮碗　　　　　　　　　　　　　　D. 石棉绳

23. 制冷压缩机性能曲线一般以_____为横坐标自变量。

A. 蒸发温度　　　　　　　　　　　　B. 冷凝温度

C. 吸气温度　　　　　　　　　　　　D. 排气温度

24. 制冷压缩机性能曲线一般以_____为参变量。

A. 蒸发温度　　　　　　　　　　　　B. 冷凝温度

C. 吸气过热度　　　　　　　　　　　D. 供液过冷度

25. 根据制冷压缩机性能曲线可由_____确定制冷量。

A. 蒸发温度　　　　　　　　　　　　B. 蒸发温度和吸气过热度

C. 蒸发温度和冷凝温度　　　　　　　D. 蒸发温度和供液过冷度

26. 根据制冷压缩机性能曲线可由蒸发温度和冷凝温度确定_____。

A. 制冷量和理论制冷系数　　　　　　B. 制冷量和指示功率

C. 制冷量和单位压缩功　　　　　　　D. 制冷量和轴功率

27. _____是制冷压缩机需要采用能量调节装置的主要原因。

A. 制冷量大　　　　　　　　　　　　B. 气缸数目多

C. 热负荷变化大　　　　　　　　　　D. 制冷温度低

28. 关于制冷压缩机能量调节，下列说法中错误的是_____。

A. 也就是输气量调节　　　　　　　　B. 一般兼能卸载启动

C. 可以减少压缩机启停次数　　　　　D. 一般仅用于空调装置

29. 制冷压缩机能量调节通常是以_____为信号（被调参数）。

A. 排气压力　　　　　　　　　　　　B. 吸气压力

C. 滑油压力　　　　　　　　　　　　D. 蒸发温度

30. 制冷压缩机能量调节机构在_____时卸载。

A. 排气压力过高　　　　　　　　　　B. 排气温度过高

C. 电机电流过大　　　　　　　　　　D. 吸气压力过低

31. 有油压顶杆启阀式调节机构的制冷压缩机在_____时会卸载。

A. 滑油压力太高　　　　　　　　　　B. 排气压力太高

C. 吸气压力太高　　　　　　　　　　D. 滑油压力太低

32. 油压启阀式制冷压缩机卸载机构在_____时会卸载。

①压缩机过载；②膨胀阀开度过大；③吸气压力过低；④刚启动未建立油压；⑤安全阀失灵；⑥滑油泵断油

A. ②③⑤⑥　　　　　　　　　　　　B. ①③④⑥

C. ③④⑥　　　　　　　　　　D. ③④⑤⑥

33. 在制冷装置中,关于液管说法不合适的是_____。
　　A. 尽量少从外界吸热　　　　　B. 流动阻力不宜太大
　　C. 不允许上行以免压降太大　　D. 可以在上面设回热器

34. 在制冷装置液管上,不安装的元件是_____。
　　A. 干燥器　　　　　　　　　　B. 回热器
　　C. 液体观察镜　　　　　　　　D. 流量计

35. 我国规定船舶冷库温度回升试验,须使隔热材料充分冷透后停机测试_____温升。
　　A. 6 h　　　　　　　　　　　　B. 8 h
　　C. 10 h　　　　　　　　　　　D. 12 h

36. 活塞式制冷压缩机假盖的主要作用是_____。
　　A. 减小余隙容积　　　　　　　B. 改善缸头冷却
　　C. 防止液击造成机损　　　　　D. 降低排气阻力

37. 判断活塞式制冷压缩机工作中的滑油系统是否正常主要是根据_____。
　　A. 滑油泵排出压力　　　　　　B. 滑油泵吸入压力
　　C. 油泵排压与压缩机吸入压力之差　　D. 压缩机排出压力与油泵排出压力之差

38. 活塞式制冷压缩机在曲轴箱内设电加热器是为了_____。
　　A. 降低滑油黏度,便于启动　　B. 防止启动时"奔油"
　　C. 提高吸气过热度　　　　　　D. 防止冬季滑油凝固

39. 关于半封闭式制冷压缩机的特点,不恰当的说法是_____。
　　A. 电动机和压缩机共用一根轴　　B. 电动机和压缩机共用一个壳体,无须轴封
　　C. 仅有缸盖可拆卸,以供换、修气阀　　D. 电机所用的绝缘材料必须耐油、耐制冷剂

40. 关于半封闭式活塞制冷压缩机的描述,错误的是_____。
　　A. 压缩机与电动机共用一根主轴　　B. 不用设轴封
　　C. 端板与缸盖做成一体　　　　D. 电动机可由吸入的制冷剂气体冷却

41. 活塞式制冷压缩机的以下能量调节方法中运行经济性最好的是_____法。
　　A. 吸气节流　　　　　　　　　B. 吸气回流
　　C. 吸气截断　　　　　　　　　D. 变速调节

42. 活塞式制冷压缩机能量调节的最常用方式是_____。
　　A. 改变转速　　　　　　　　　B. 改变活塞行程
　　C. 顶开吸入阀　　　　　　　　D. 顶开排出阀

43. 活塞式制冷压缩机能量调节机构一般不采用_____为驱动力。
　　A. 滑油压力　　　　　　　　　B. 排气压力
　　C. 吸气压力　　　　　　　　　D. 电磁力

44. 活塞式制冷压缩机能量调节的感受信号为_____。
　　A. 滑油泵排出压力　　　　　　B. 吸气压力
　　C. 排气压力　　　　　　　　　D. 蒸发压力

45. 相对于开启式活塞制冷压缩机,半封闭式活塞制冷压缩机的结构设计中不存在的部件是_____。
　　A. 齿轮油泵　　　　　　　　　B. 轴封

C. 假盖   D. 卸载机构

46. 目前船用螺杆式制冷压缩机一般都是_____。
    A. 单螺杆式   B. 双螺杆式
    C. 三螺杆式   D. 单螺杆式或三螺杆式

47. 喷油式螺杆压缩机向转子啮合处喷滑油,其作用不包括_____。
    A. 保持良好的润滑和气密   B. 减轻噪声
    C. 冷却被压缩的气体,降低排气温度   D. 提高性能系数

48. 可能使螺杆式制冷压缩机发生过压缩的是_____。
    A. 冷却水量减少   B. 冷凝器换热面脏污
    C. 冷却水温过低   D. 冷凝器中空气多

49. 螺杆式压缩机一般采用喷油式压力润滑,即在工作过程中,向转子的啮合部位喷油,滑油喷入是通过_____。
    A. 缸体上专设一喷油阀   B. 缸体上专开一喷油口
    C. 缸体上设若干喷油孔   D. 卸载滑阀上的喷油孔

50. 目前双螺杆式制冷压缩机用得最普遍的能量调节方法是_____。
    A. 吸气节流   B. 吸气回流
    C. 截断吸气   D. 变速调节

51. 双螺杆式制冷压缩机用能量调节滑阀属于_____能量调节方法。
    A. 吸气节流   B. 吸气回流
    C. 截断吸气   D. 排气回流

52. 下列关于能量调节滑阀的说法,错误的是_____。
    A. 属于吸气回流式
    B. 可做成有级调节或无级调节
    C. 输气量与滑阀位移成比例地改变
    D. 输气量减少不超过 50%时,功率与输气量成比例地减少

53. 双螺杆式制冷压缩机用柱塞阀能量调节机构属于_____能量调节方法。
    A. 吸气节流   B. 吸气回流
    C. 截断吸气   D. 排气回流

54. 关于柱塞阀能量调节机构的说法中,错误的是_____。
    A. 属于吸气回流式   B. 可做成有级调节或无级调节
    C. 常用电磁阀控制油压驱动   D. 多用于小型螺杆式制冷压缩机

55. 螺杆式制冷压缩机的缺点不包括_____。
    A. 价格相对较高
    B. 滑油系统较复杂,耗油量较大
    C. 工况变化时容易发生欠压缩或过压缩
    D. 内泄漏较大,故输气系数较低

56. 螺杆式制冷压缩机性能系数一般比往复式低的原因主要是_____。
    A. 内泄漏较严重
    B. 吸气阻力损失较大
    C. 压力比高,吸气预热损失较大

    D. 当外压力比不等于内压力比时,会有欠压缩或过压缩损失

57. 螺杆式制冷压缩机输气系数一般比往复式高,原因不包括_____。
    A. 无余隙容积损失
    B. 无气阀,吸气口大,吸气阻力损失小
    C. 吸、排气在不同的两端,可减少吸气预热损失
    D. 内压力比固定不变,因而内泄漏少

58. 关于螺杆式制冷压缩机的性能特点,错误的是螺杆式压缩机_____。
    A. 理论排气量取决于螺杆的几何尺寸和转速
    B. 压缩终了时的压力即装置的冷凝压力
    C. 没有余隙容积
    D. 与活塞式压缩机相比,结构简单、体积小、输气系数高、排气温度低

59. 螺杆式制冷压缩机不可采用_____方法进行能量调节。
    A. 间断运行或变速调节   B. 吸气节流或吸气回流
    C. 卸载运行   D. 排气回流

60. 制冷设备工作时,随热负荷的变化,蒸发器的供液量应该是_____。
    A. 热负荷增大供液量增加   B. 热负荷减小供液量不变
    C. 热负荷减小供液量增加   D. 热负荷增大供液量减少

61. 制冷装置中冷风机相对蒸发盘管不具有的特点是_____。
    ①冷库降温快;②库温分布均匀;③食品干耗少;④蓄冷能力大;⑤增加热负荷
    A.①②④   B.①②③④
    C.②③④⑤   D.③④

62. 船舶制冷装置菜库使用最普遍的蒸发器是_____。
    A. 盘管式   B. 壳管式
    C. 板式   D. 冷风机

63. 制冷装置中冷风机相对蒸发盘管来说_____是不对的。
    A. 传热系数大   B. 可采用电热自动融霜
    C. 能降低库内热负荷   D. 使食品干耗大

64. 在单机多库制冷装置中,_____。
    A. 高、低温库蒸发器都在进口设蒸发压力调节阀
    B. 高、低温库蒸发器都在出口设蒸发压力调节阀
    C. 高温库蒸发器出口设蒸发压力调节阀,低温库蒸发器出口设止回阀
    D. 低温库蒸发器出口设蒸发压力调节阀,高温库蒸发器出口设止回阀

65. 制冷系统中,滑油分离器通常设在_____。
    A. 压缩机吸入端   B. 压缩机排出端
    C. 冷凝器出口端   D. 储液器出口端

66. 关于制冷装置滑油分离器,下列说法中错误的是_____。
    A. 氟利昂装置多采用过滤式   B. 不能将排气带油全部分出
    C. 所有制冷装置都须设置   D. 分出的油自动返回吸入端

67. 在蒸气压缩式制冷装置中,滑油分离器可以将压缩机_____带出的大部分油滴分离出来,防止滑油进入_____影响传热效果。

    A. 排气;热交换器   B. 排气;膨胀阀

    C. 吸气;冷凝器   D. 吸气;蒸发器

68. 下图所示为制冷系统滤网式油分离器,系统正常运转时_____。

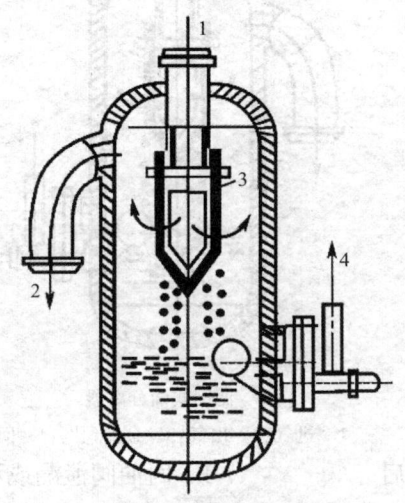

滤网式油分离器

1—进气;2—出气;3—金属丝网;4—回油

    A. 回油管回油时是热的   B. 回油管回油时是冷的

    C. 回油管应一直是热的   D. 回油管应一直是冷的

69. 下图所示为制冷系统滤网式油分离器,系统正常运转时,回油管一直是冷的,说明_____。

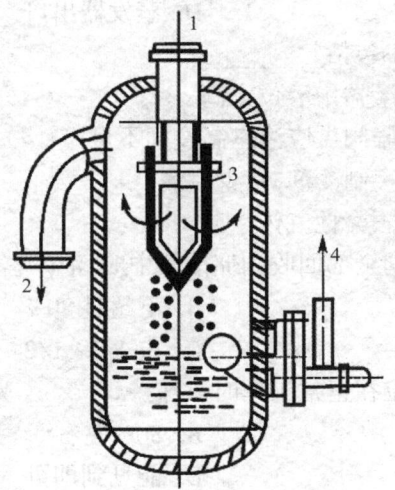

滤网式油分离器

1—进气;2—出气;3—金属丝网;4—回油

    A. 回油阀堵塞或不能开启   B. 回油阀一直开着或不能关闭

    C. 回油阀泄漏   D. 制冷剂没有携带油雾

70. 下图所示为制冷系统滤网式油分离器,系统正常运转时,回油管一直是热的,且停机后压缩机的低压压力很快上升,则最可能的是_____。

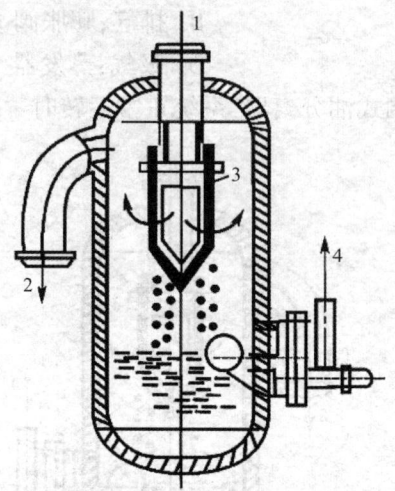

滤网式油分离器
1—进气;2—出气;3—金属丝网;4—回油

   A. 回油阀堵塞或不能开启   B. 回油阀泄漏或不能关闭

   C. 制冷剂携带油雾太多   D. 制冷剂没有携带油雾

71. 氟利昂制冷装置滑油分离器的回油通常靠_____控制。

   A. 截止阀手动   B. 浮球阀

   C. 电磁阀   D. 浮球阀或电磁阀

72. 制冷装置储液器设在靠近_____处。

   A. 压缩机吸入口   B. 压缩机排出口

   C. 冷凝器出口   D. 蒸发器出口

73. 制冷装置储液器的功用不包括_____。

   A. 热负荷减小时避免冷凝器中液位太高

   B. 热负荷增大时避免膨胀阀供应液态制冷剂不足

   C. 检修或长期停用时收存制冷剂,减少泄漏

   D. 通过顶部放气阀释放不凝性气体

74. 制冷装置将系统中制冷剂全部回收到储液器中时,液体容积应以_____为宜。

   A. 正好装满   B. 不超过80%

   C. 占 1/2～2/3   D. 占 1/3～1/2

75. 制冷装置中储液器的液位在正常工作时以保持_____为宜。

   A. 1/2～2/3   B. 80%左右

   C. 1/3～1/2   D. 能见到即可

76. 制冷装置储液器不设_____。

   A. 液位观察镜   B. 安全阀或易熔塞

   C. 放气阀   D. 平衡管

77. 有的制冷装置在吸气管上设气液分离器,其作用是防止_____进入压缩机。

A. 水分   B. 大量滑油

C. 液态制冷剂   D. 大量滑油和液态制冷剂

78. 有的制冷装置在吸气管上设气液分离器,它通常是靠_____方法分离液体。

     A. 过滤   B. 重力

     C. 吸附   D. 过滤或吸附

79. 关于氟利昂制冷装置干燥器的以下说法中,错误的是_____。

     A. 我国《钢质海船入级规范》规定必须能旁通并关断

     B. 空调装置蒸发温度在 0 ℃以上,可不设干燥器

     C. 通常同时设有滤网

     D. 在系统正常运转一段时间后可以旁通

80. 在制冷装置中作干燥剂用的硅胶吸足水分后_____。

     A. 流动阻力增大   B. 温度降低

     C. 发生化学反应   D. 会变色

81. 干燥器长期接入系统中的不利方面不包括_____。

     A. 流阻大,使制冷剂闪气   B. 易被油和杂质污染

     C. 增加粉末进入系统的机会   D. 使水分重新冲入系统

82. 氟利昂制冷系统的干燥器通常设在_____。

     A. 压缩机吸气管上   B. 压缩机排气管上

     C. 后液管上   D. 不确定

83. 氟利昂制冷装置常用的干燥剂是利用其对水的_____。

     A. 化学反应   B. 吸附作用

     C. 拦截作用   D. 乳化作用

84. 关于分子筛干燥剂的以下说法中,错误的是_____。

     A. 吸水能力比硅胶强   B. 能适用于不能用硅胶的 R134a 和混合制冷剂

     C. 属于吸附性干燥剂   D. 与硅胶一样,加热至 140~160 ℃可再生

85. 对于制冷装置的干燥器,正确的描述是_____。

     A. 干燥剂常用的有硅胶和分子筛,利用化学反应去除水分

     B. 干燥剂在干燥器中不可以压满,以免阻塞冷剂流量

     C. 空调系统可以不使用干燥器,因为空调系统不存在冰塞

     D. 硅胶干燥剂变色是因为掺有染色剂,颜色变化由染色剂种类而定

86. 制冷系统可以通过视液镜的镜片判断冷剂的_____,通过视液镜镜盘的颜色指示判断冷剂的_____。

     A. 气液状态;水分含量   B. 体积流量;水分含量

     C. 气液状态;滑油含量   D. 体积流量;滑油含量

87. 热力膨胀阀除节流降压外,还能控制_____。

     A. 蒸发压力   B. 蒸发温度

     C. 蒸发器出口温度   D. 蒸发器出口过热度

88. 制冷装置热力膨胀阀靠调节_____来保证蒸发器出口过热度合适。

     A. 蒸发温度   B. 蒸发压力

C. 制冷剂流量　　　　　　　　　　D. 蒸发器换热量

89. 内平衡式热力膨胀阀波纹管上方作用着＿＿＿＿＿＿＿。
    A. 蒸发器进口压力　　　　　　　　B. 蒸发器出口压力
    C. 感温包内饱和压力　　　　　　　D. 冷凝压力

90. 内平衡式热力膨胀阀弹性元件下方作用着＿＿＿＿＿＿＿。
    A. 蒸发器进口压力　　　　　　　　B. 蒸发器出口压力
    C. 感温包内饱和压力　　　　　　　D. 冷凝压力

91. 外平衡式热力膨胀阀弹性元件下方作用着＿＿＿＿＿＿＿。
    A. 蒸发器进口压力　　　　　　　　B. 蒸发器出口压力
    C. 感温包内饱和压力　　　　　　　D. 冷凝压力

92. 热力膨胀阀感温包所充的易挥发液体因＿＿＿＿＿＿＿而异。
    A. 阀容量大小　　　　　　　　　　B. 所用蒸发器温度高低
    C. 系统所用制冷剂不同　　　　　　D. 阀为内平衡或外平衡式

93. 其他条件不变,蒸发器结霜逐渐加厚,热力膨胀阀开度会＿＿＿＿＿＿＿。
    A. 开大　　　　　　　　　　　　　B. 关小
    C. 不变　　　　　　　　　　　　　D. 全闭

94. 其他条件不变,蒸发器风机停转,热力膨胀阀开度会＿＿＿＿＿＿＿。
    A. 开大　　　　　　　　　　　　　B. 关小
    C. 不变　　　　　　　　　　　　　D. 全闭

95. 下列情况下可引起热力膨胀阀开大的是＿＿＿＿＿＿＿。
    ①制冷剂不足;②结霜加厚;③冷风机转速下降;④库温下降;⑤库温上升;⑥冷凝压力下降
    A. ②③④　　　　　　　　　　　　B. ②⑤
    C. ①⑤　　　　　　　　　　　　　D. ①⑤⑥

96. 下列情况下可引起热力膨胀阀关小的是＿＿＿＿＿＿＿。
    ①制冷剂不足;②结霜加厚;③冷风机转速下降;④库温下降;⑤库温上升;⑥冷凝压力下降
    A. ③④　　　　　　　　　　　　　B. ①③④
    C. ④⑤⑥　　　　　　　　　　　　D. ②③④

97. 热力膨胀阀的开度取决于＿＿＿＿＿＿＿。
    A. 蒸发器进口制冷剂压力　　　　　B. 蒸发器出口制冷剂压力
    C. 感温包压力　　　　　　　　　　D. 蒸发器出口过热度

98. 未安装的热力膨胀阀备件,如状态正常,应处于＿＿＿＿＿＿＿。
    A. 关闭状态　　　　　　　　　　　B. 全开状态
    C. 1/2 开度　　　　　　　　　　　D. 1/3 开度

99. 外平衡式热力膨胀阀的外平衡管接＿＿＿＿＿＿＿。
    A. 蒸发器进口压力　　　　　　　　B. 蒸发器出口压力
    C. 感温包内的压力　　　　　　　　D. 吸气压力

100. 热力膨胀阀波纹管上下方的压力差反映了＿＿＿＿＿＿＿。

A. 蒸发器出口温度　　　　　　　　B. 蒸发器出口过热度

C. 蒸发器进口温度　　　　　　　　D. 蒸发温度

101. 热力膨胀阀选用外平衡式的依据是_____。

　　A. 蒸发温度低

　　B. 蒸发压力低

　　C. 蒸发器中压降大引起制冷剂饱和温度降低多

　　D. 蒸发器中压降小引起制冷剂饱和温度降低多

102. 外平衡式热力膨胀阀用于管路长、流阻大的蒸发器,出口过热度3 ℃时开启。现改用内平衡式热力膨胀阀,则该阀开启时的过热度将_____。

　　A. 低于3 ℃　　　　　　　　　　B. 高于3 ℃

　　C. 低于0 ℃　　　　　　　　　　D. 不一定

103. 原来用外平衡式膨胀阀的蒸发器改用内平衡式膨胀阀不会导致_____。

　　A. 出口过热度增大　　　　　　　　B. 制冷量降低

　　C. 蒸发压力降低　　　　　　　　　D. 压缩机轴功率增大

104. 空调制冷装置热力膨胀阀多为外平衡式,因为其_____。

　　A. 制冷量大　　　　　　　　　　B. 蒸发温度高

　　C. 制冷剂流过冷风机压降大　　　　D. 蒸发器出口制冷剂过热度大

105. 外平衡式热力膨胀阀的感温包应放在平衡管接点_____。

　　A. 之前　　　　　　　　　　　　B. 之后

　　C. 前后皆可　　　　　　　　　　D. 视安装条件而定

106. 蒸发器出口管径大于21 mm时,膨胀阀感温包应贴在_____。

　　A. 垂直管管壁外　　　　　　　　B. 水平管正下方

　　C. 水平管侧上方　　　　　　　　D. 水平管侧下方

107. 蒸发器出口管径小于21 mm时,膨胀阀感温包应贴在_____。

　　A. 垂直管管壁外　　　　　　　　B. 水平管正下方

　　C. 水平管侧上方　　　　　　　　D. 水平管侧下方

108. 调节热力膨胀阀的主要依据是_____。

　　A. 蒸发压力高低　　　　　　　　B. 排气温度高低

　　C. 吸气温度高低　　　　　　　　D. 蒸发器出口冷剂过热度高低

109. 一般热力膨胀阀调到蒸发器出口工作过热度以_____ ℃为宜。

　　A. 0　　　　　　　　　　　　　　B. 2

　　C. 3~6　　　　　　　　　　　　D. 2~8

110. 热力膨胀阀的选用应考虑的因素是_____。

　　①制冷系统所选用的冷剂;②蒸发器的蒸发温度;③蒸发器的压降大小

　　A. ①②　　　　　　　　　　　　B. ①③

　　C. ②③　　　　　　　　　　　　D. ①②③

111. 热力膨胀阀的调试_____。

　　A. 应在停机时进行　　　　　　　B. 应在开机时进行

　　C. 随时都可进行　　　　　　　　D. 应在装置运转稳定时进行

112. 外平衡式热力膨胀阀的平衡管结霜表明_____。
   A. 蒸发温度太低
   B. 蒸发器制冷剂出口制冷剂过热度太低
   C. 膨胀阀制冷剂流量太大
   D. 膨胀阀波纹管顶杆填料泄漏

113. 热力膨胀阀感温包漏气则阀_____。
   A. 开大
   B. 全关
   C. 开度视蒸发压力而定
   D. 开度视感温包温度而定

114. 制冷系统中热力膨胀阀感温包从管路上脱开则阀_____。
   A. 开大
   B. 全关
   C. 开度视蒸发压力而定
   D. 开度变小

115. 进口带滤网的热力膨胀阀在有制冷剂流过时整个阀体结霜,说明_____。
   A. 蒸发温度太低
   B. 冷库库温太低
   C. 制冷剂流量太大
   D. 进口滤网脏堵

116. 制冷系统中高温库的热力膨胀阀感温包毛细管冻在低温库的回气管路上,则阀_____。
   A. 开大
   B. 全关
   C. 开度视蒸发压力而定
   D. 开度变小

117. 制冷系统中热力膨胀阀选得太小,不会使_____。
   A. 蒸发压力太低
   B. 制冷系数变低
   C. 压缩机容易吸入湿蒸气
   D. 装置制冷量变小

118. 制冷系统中热力膨胀阀选得太大,会使_____。
   A. 蒸发压力太高
   B. 装置制冷量太大
   C. 膨胀阀工作不稳定
   D. 压缩机吸气过热度太低

119. 热力膨胀阀流量过大可能的原因是_____。
   A. 感温包从管路上脱开
   B. 感温包漏气
   C. 蒸发器漏气
   D. 吸气压力过高

120. 热力膨胀阀感温包毛细管断裂将导致_____。
   A. 阀全关
   B. 阀全开
   C. 根据蒸发压力来确定阀的开关
   D. 不确定

121. 关于制冷系统热力膨胀阀的选用和安装,说法错误的是_____。
   A. 阀的容量应比蒸发器的热负荷大 20%～30%,且应避免在低于阀的公称容量 50% 的工况下长期工作
   B. 同一型号的热力膨胀阀,标准工况与空调工况的公称容量是不同的,而且前者总是大于后者
   C. 阀的安装位置应尽可能靠近蒸发器,且应垂直安装,其所处的环境温度应高于蒸发器出口冷剂的温度
   D. 为减少传热的热阻和外界温度的影响,感温包与蒸发器出口管接触部分应垫有隔热材料,并将感温包和出口管捆紧

122. 关于制冷系统中膨胀阀开度的调节,说法错误的是_____。
   A. 蒸发温度高于零摄氏度时,若蒸发器外表面均匀凝露,压缩机的吸气管也有凝露,但无冰冷或黏手感,则表明阀的开度合适

B. 蒸发温度高于零摄氏度时,若蒸发器后半部或靠近出口管无凝露,则表明阀的开度过小

C. 蒸发温度低于零摄氏度时,若凝霜延续至压缩机上,则表明阀的开度过小

D. 蒸发温度低于零摄氏度时,当阀的开度合适时,压缩机的吸气管应有冰冷感而不结霜（装有回热管者）,或有黏手感且均匀结一层薄霜(未装回热器者)

123. 用电磁阀控制回油的制冷装置滑油分离器,电磁阀应在_____时关闭。
  A. 压缩机启动   B. 压缩机停车
  C. 滑油分离器油位过低   D. 压缩机启动后 20~30 min

124. 直动式电磁阀主阀靠_____开启。
  A. 弹簧力   B. 重力
  C. 电磁力   D. 制冷剂压力

125. 制冷装置供液电磁阀应装在紧靠_____的管路上。
  A. 膨胀阀前   B. 膨胀阀后
  C. 蒸发压力调节阀前   D. 蒸发压力调节阀后

126. 制冷装置供液电磁阀如进、出口反接将会_____。
  A. 不能开启   B. 不能关闭
  C. 严重节流   D. 发热

127. 制冷用供液电磁阀选用直动式或伺服式是根据_____。
  A. 价格承受能力   B. 蒸发温度高低
  C. 所通过制冷剂流量大小 D. 蒸发器流动阻力大小

128. 制冷装置供液电磁阀安装时应装在_____。
  A. 垂直管路上   B. 水平管路上,线圈向上
  C. 水平管路上,线圈向下 D. 任何管路上

129. 选供液电磁阀备件时,无须考虑其适用_____。
  A. 口径   B. 电制
  C. 制冷剂   D. 菜库或肉库

130. 在单机多库的制冷装置中,温度控制器和_____配合,控制各库温度。
  A. 膨胀阀   B. 蒸发压力调节阀
  C. 低压控制器   D. 供液电磁阀

131. 在单机多库的制冷装置中,用于控制高温库温度的元件是_____。
  A. 热力膨胀阀   B. 蒸发压力调节阀
  C. 温度控制器   D. 低压控制器

132. 制冷装置中控制库温的是_____。
  A. 热力膨胀阀   B. 蒸发压力调节阀
  C. 温度控制器   D. 高压继电器

133. 伙食冷库的温度控制器最常见的作用是控制_____动作。
  A. 电子膨胀阀   B. 供液电磁阀
  C. 蒸发压力调节阀   D. 回油电磁阀

134. 目前船用制冷装置的温度控制器多以_____为感温元件。
  A. 热电阻   B. 热电偶

C. 感温包　　　　　　　　　　　　D. 热电阻或热电偶

135. 温度控制器不调幅差螺帽,只调主弹簧张力,将改变_____。
　　A. 温度上限　　　　　　　　　　B. 温度下限
　　C. 温度上限或温度下限　　　　　D. 温度上限和温度下限

136. 在采用冷风机的冷库中,温度控制器的感温包以放在_____处为宜。
　　A. 冷风机出口直接吹到　　　　　B. 靠库门
　　C. 冷风机回风区　　　　　　　　D. 冷风循环不到

137. 温度控制器中的固定盘的作用是_____。
　　A. 设定库温上限　　　　　　　　B. 设定库温下限
　　C. 同时设定库温的上下限　　　　D. 设定库温上下限的平均值

138. 温度控制器中的幅差调节螺母的作用是_____。
　　A. 设定库温上限　　　　　　　　B. 设定库温下限
　　C. 同时设定库温的上下限　　　　D. 设定库温上下限的平均值

139. 制冷系统中,温度控制器控制库温、箱温或室温的方式有_____。
①直接控制压缩机启动和停机,兼控制电磁阀启闭;②只控制电磁阀,压缩机启停借助于压力继电器;③直接控制供液电磁阀的启闭来控制制冷剂进入蒸发器的流量,压缩机旁通空转运行
　　A. ②　　　　　　　　　　　　　B. ①
　　C. ①②　　　　　　　　　　　　D. ①②③

140. 关于制冷装置油压差控制器的以下说法中,正确的是_____。
　　A. 油泵排压低于调定值时立即停车
　　B. 油泵排压低于调定值时延时停车
　　C. 油泵排压与吸入压力之差低于调定值时立即停车
　　D. 油泵排压与吸入压力之差低于调定值后延时停车

141. 制冷装置中的油压差控制器感受的是_____和_____压力之差。
　　A. 排气;吸气　　　　　　　　　　B. 油泵出口;吸气
　　C. 排气;油泵出口　　　　　　　　D. 冷凝;蒸发

142. 以下关于制冷装置油压差控制器的说法,错误的是_____。
　　A. 通常设有测试用的部件
　　B. 油压差控制器动作停车后需人工复位
　　C. 以电加热金属片为延时元件的控制器停车后立即复位无效
　　D. 调节弹簧张力可改变接通和断开的幅差

143. 按下油压差控制器的试验按钮,以下说法中对的是_____。
　　A. 压缩机油压下降,立即停车　　　B. 压缩机油压下降,延时停车
　　C. 压缩机油压不下降,立即停车　　D. 压缩机油压不下降,延时停车

144. 调试制冷装置设有电加热延时元件的油压差控制器时,扳动试验扳手_____表明其工作正常。
　　A. 压缩机立即停车
　　B. 压缩机延时停车

C. 压缩机延时停车之后,再调油压调节阀,当排油压力降至要求值时故障灯亮

D. 压缩机延时停车之后,再调油压调节阀,当排油与吸入压差降至要求值时故障灯亮

145. 油压差控制器如果设计成油压差不达标立即停车,会造成_____。
   A. 制冷压缩机无法启动　　　　　B. 制冷压缩机排气温度过高
   C. 制冷压缩机启停频繁　　　　　D. 制冷压缩机吸气压力过低

146. 制冷装置冷凝器设水量调节阀的主要好处是_____。
   A. 防止冷却水压力太高　　　　　B. 防止冷却水泄漏
   C. 控制冷凝压力　　　　　　　　D. 节约冷却水耗量

147. 在单机多库制冷装置中,用于控制高温库蒸发温度的元件是_____。
   A. 热力膨胀阀　　　　　　　　　B. 蒸发压力调节阀
   C. 温度控制器　　　　　　　　　D. 低压控制器

148. 制冷装置设蒸发压力调节阀可以_____。
   A. 提高制冷系数　　　　　　　　B. 控制高温库库温
   C. 使高温库蒸发温度合适　　　　D. 提高制冷系数和控制高温库库温

149. 制冷装置中防止冷凝压力过低的元件是_____。
   A. 热力膨胀阀　　　　　　　　　B. 冷却水量调节阀
   C. 低压控制器　　　　　　　　　D. 高压控制器

150. 菜库降温过程中蒸发压力调节阀开度_____。
   A. 由大变小　　　　　　　　　　B. 由小变大
   C. 保持不变　　　　　　　　　　D. 周期性变化

151. 直动式冷凝器水量调节阀的开度是由_____控制的。
   A. 电磁力　　　　　　　　　　　B. 冷凝压力
   C. 冷却水进口压力　　　　　　　D. 冷却水出口压力

152. 直动式冷凝器水量调节阀的特点是_____。
   A. 口径较大　　　　　　　　　　B. 灵敏性较差
   C. 启阀力较大　　　　　　　　　D. 控制精度差

153. 选用直动式或伺服式冷凝器水量调节阀是根据_____。
   A. 冷凝压力高低　　　　　　　　B. 冷凝温度高低
   C. 冷却水流量大小　　　　　　　D. 对冷凝压力精度要求高低

154. 直动式冷却水量调节阀适用于_____。
   A. 冷凝压力较高的场合　　　　　B. 间接冷却式制冷装置
   C. 冷却水流量较小的场合　　　　D. 冷却水流量较大的场合

155. 在蒸气压缩式制冷装置运行中,冷凝器的功能是将压缩机排出的_____制冷剂蒸气冷却成_____。
   A. 高温高压;过冷液体　　　　　B. 低温高压;饱和液体
   C. 高温高压;饱和液体　　　　　D. 低温高压;过冷液体

156. 船舶制冷装置所用的冷凝器几乎都是_____。
   A. 盘管式　　　　　　　　　　　B. 立式壳管式
   C. 卧式壳管式　　　　　　　　　D. 板式

157. 制冷装置中高压控制器用来防止_____压力过高。
　　A. 吸气　　　　　　　　　　B. 排气
　　C. 滑油　　　　　　　　　　D. 冷却水

158. 制冷装置中低压控制器可以防止_____压力过低。
　　A. 吸气　　　　　　　　　　B. 排气
　　C. 滑油　　　　　　　　　　D. 冷却水

159. 制冷装置中低压控制器以_____压力为信号控制压缩机启停。
　　A. 排气　　　　　　　　　　B. 吸气
　　C. 滑油　　　　　　　　　　D. 库内感温包

160. 制冷装置中高压控制器感受的是_____压力信号。
　　A. 排气　　　　　　　　　　B. 吸气
　　C. 滑油　　　　　　　　　　D. 库内感温包

161. 在以下元件中按制冷剂压力由高到低通过的次序应是_____。
　　①冷凝器；②滑油分离器；③蒸发器；④储液器；⑤干燥器；⑥电磁阀；⑦膨胀阀；⑧蒸发压力调节阀
　　A. ②①④⑥⑦③⑧⑤　　　　B. ②④①⑤⑥⑦③⑧
　　C. ②①④⑦⑥③⑧⑤　　　　D. ②①④⑤⑥⑦③⑧

162. 下图为船舶食品蒸气压缩式制冷系统简图。如图所示,冷凝器2与储液器5之间设置管路13的作用是_____。

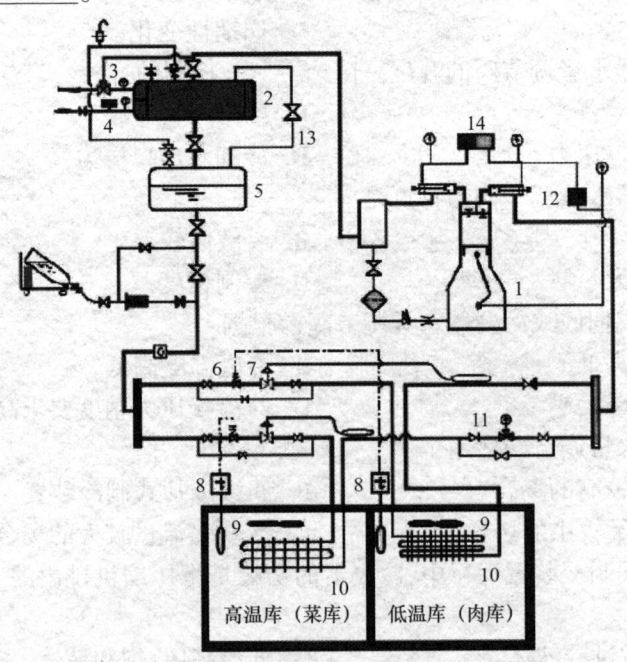

　　A. 超压保护　　　　　　　　B. 便于冷剂流入储液器
　　C. 放不凝气体时用　　　　　D. 抽空系统时用

163. 下图为采用过冷循环制冷装置的制冷剂循环原理图,如图所示,A一般称为_____。

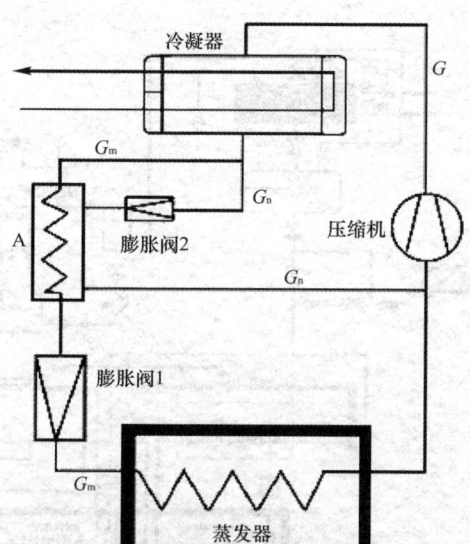

A. 回热器   B. 过冷器

C. 气液分离器   D. 二级冷凝器

164. 制冷装置储液器顶部的平衡管与_____相通。

     A. 压缩机排出管   B. 压缩机吸入管

     C. 压缩机曲轴箱   D. 冷凝器顶部

165. 制冷装置储液器和冷凝器顶部的连接管的作用是_____。

     A. 做压力试验时用   B. 抽空系统时用

     C. 放空气时用   D. 便于制冷剂流入储液器

166. 制冷装置冷凝器和储液器间平衡管上的截止阀应_____。

     A. 常开

     B. 常闭,压力试验和抽空试验时开

     C. 压缩机运转时开,停车时关

     D. 长时间停用将制冷剂全收回时关

167. 制冷装置容量在 100 L 以下的压力容器可用熔点为_____ ℃的易熔塞来代替安全阀或安全膜。

     A. 46   B. 65

     C. 70   D. 100

168. 电冰箱中使用的毛细管是一种_____。

     A. 蒸发器   B. 冷凝器

     C. 节流机构   D. 安全设备

169. 下图为船舶蒸气压缩式食品制冷系统简图。如图所示,水量调节阀 3、电磁阀 6、膨胀阀 7 和蒸发压力调节阀 11 一般分别采用_____。

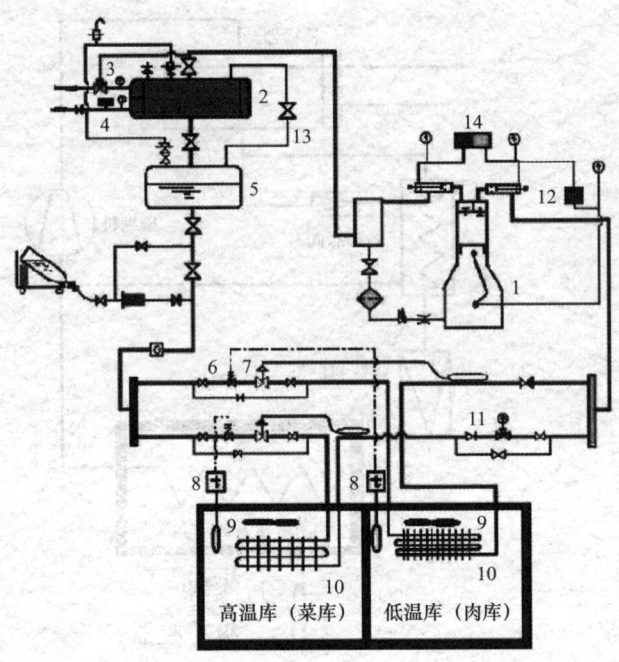

A. 比例调节、比例调节、双位调节和比例调节

B. 双位调节、双位调节、比例调节和双位调节

C. 比例调节、双位调节、比例调节和比例调节

D. 双位调节、比例调节、比例调节和双位调节

170. 下图为船舶蒸气压缩式食品制冷系统简图。如图所示，应设延时功能的是_____。

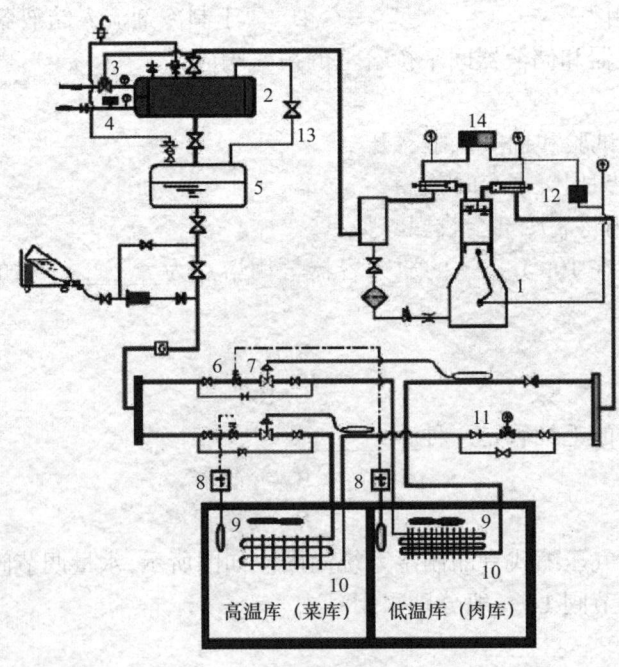

A. 控制器 8   B. 控制器 12

C. 控制器 14   D. 不确定

171. 制冷装置以下自动化元件中不直接与装置制冷剂接触的是_____。
    A. 油压差控制器
    B. 冷却水量调节阀
    C. 温度控制器
    D. 高低压继电器

172. 自动化的船舶伙食冷库有可能不设的是_____。
    A. 高低压继电器
    B. 温度控制器
    C. 蒸发压力调节阀
    D. 水量调节阀

173. 制冷自动控制元件不包括_____。
    A. 热力膨胀阀
    B. 温度继电器
    C. 低压控制器
    D. 干燥过滤器

174. 制冷装置所用的以下自控元件幅差可调的通常是_____。
    ①低压控制器;②高压控制器;③温度控制器;④油压差控制器
    A. ①②③
    B. ①③④
    C. ①③
    D. ①②③④

175. 制冷装置的_____控制器一般无须人工复位。
    A. 高压
    B. 低压
    C. 油压差
    D. 过电流

176. 下列说法不正确的是_____。
    A. 船舶冷库的热负荷取决于所需保持的库温与环境温度的温差,冷库的大小及隔热性能以及所存物品的品种和数量等
    B. 若蒸发器设计时所选传热温差小,则蒸发温度较高,运行经济性好,但所需尺寸较大
    C. 若蒸发器设计时选用的传热温差较大,则尺寸可较小,但运行经济性较差
    D. 若热力膨胀阀容量选得太大,会使吸气过热度升高,蒸发压力降低,制冷量减小

177. 风压不高的空调系统风机布置多采用吸入式,以利于_____。
    A. 提高空调制冷装置制冷量
    B. 降低降温工况送风温度
    C. 提高空调制冷装置制冷系数
    D. 空气均匀流过换热器

178. 中央空调器风机出口风道截面积突然增大,有利于_____。
    A. 增大风量
    B. 减小流动阻力
    C. 消减高频噪声
    D. 消减低频噪声

179. 中央空调器风机出口风道壁面贴有多孔性材料,主要作用是_____。
    A. 减轻风机振动
    B. 吸尘
    C. 消减高频噪声
    D. 消减低频噪声

180. 空调取暖工况向送风喷入蒸汽或水雾,是因为_____。
    A. 需要净化送风
    B. 外界空气相对湿度太低
    C. 外界空气含湿量太低
    D. 室内空气需保持比室外更大的相对湿度

181. 船舶集中式空调器一般不设_____。
    A. 加热器
    B. 冷却器
    C. 干燥器
    D. 加湿器

182. 船舶中央空调器中的空气加热器通常采用_____加热。
    A. 电
    B. 热水

C. 蒸汽   D. 电或热水

183. 船舶中央空调器中的加湿器多放在_____。
     A. 加热器前   B. 加热器后
     C. 空气混合室   D. 空气分配室

184. 关于集中式空调系统不正确的说法是：取暖工况空气_____。
     A. 流经风机是等湿升温   B. 流经加热器是等湿升温
     C. 喷水加湿是定温加湿   D. 走廊回风是等湿降温

185. 集中式空调系统夏季主要通过_____降低空气湿度。
     A. 承水盘   B. 干燥剂
     C. 空气冷却器   D. 滤器

186. 中央空调器中空气流经的多层曲折板用来_____。
     A. 降低空气噪声   B. 除尘
     C. 挡除凝水   D. 防止加湿过量

187. 中央空调器中在取暖工况不起作用的设备是_____。
     A. 滤器   B. 加湿器
     C. 挡水板   D. 空气加热器

188. 中央空调器中在降温工况不起作用的设备是_____。
     A. 滤器   B. 加湿器
     C. 挡水板   D. 空气冷却器

189. 其他条件不变,降温工况空调器中空气冷却器壁温降低,则送风_____。
     A. 含湿量减小   B. 含湿量增大
     C. 含湿量不变   D. 相对湿度减小

190. 在中央空调器中,降温工况空气经冷却器后_____。
     A. 含湿量和相对湿度降低   B. 含湿量不变,相对湿度降低
     C. 含湿量减少,相对湿度不变   D. 含湿量减少,相对湿度升高

191. 目前船舶空调布风器多为_____。
     A. 壁式   B. 顶式
     C. 窗式   D. 设在地板下

192. 对布风器的要求不包括_____。
     A. 能使送风与室内空气很好混合   B. 能保持人活动区域风速适宜
     C. 能调节送风温度   D. 阻力和噪声较小

193. 消音箱中设有电加热器的末端再热式空调系统布风器,其调节旋钮将风门完全关闭时,_____。
     A. 布风器仍应向舱室内输送最小量通风
     B. 布风器不应仍有风吹向舱室内
     C. 布风器内安全开关应自动切断加热电源
     D. 布风器再加热和空调风机应都停止

194. 空调系统直布式布风器由于其出口做成有利于送风气流扩散的形状,如喇叭形、格栅形等,故其_____。

A. 出口风速较大　　　　　　　　　B. 送风阻力较小

C. 送风温差不受限制　　　　　　　D. 价格较高

195. 扩散式直布式布风器对室内空气_____卷吸诱导作用,因而可_____供风量。

A. 有;减小　　　　　　　　　　　B. 没有;减小

C. 有;增大　　　　　　　　　　　D. 没有;增大

196. 某双风管空调系统的直布式布风器上只设有 1 个旋钮,利用该旋钮可以调节_____。

A. 一级送风温度

B. 二级送风温度

C. 一级送风量和二级送风量,并保持总风量不变

D. 一级送风量、二级送风量和总风量

197. 下图为完全集中式空调系统的直布式布风器结构图,下列说法错误的是_____。

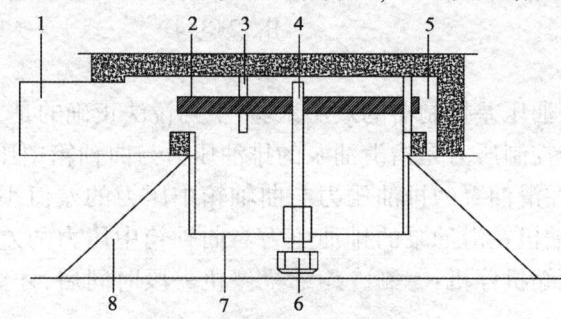

A. 通过旋进旋钮 6 可以减少进入舱室的风量

B. 该布风器颈部风速高,对室内空气具有一定的诱导作用

C. 通过该布风器调节室内温度不影响其他房间

D. 该布风器前端需有容积较大的消音箱

198. 下图为完全集中式空调系统的直布式布风器结构图,下列说法错误的是_____。

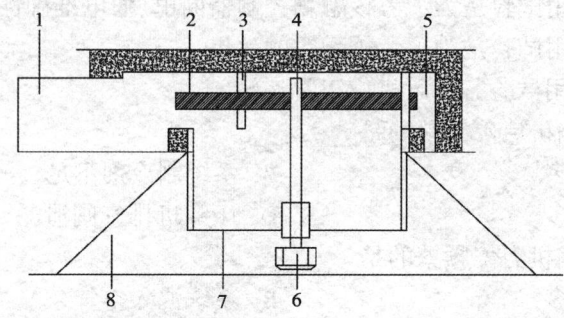

A. 该布风器有末端电加热功能

B. 图中 5 为消音箱,用于减小高速气流导致的噪声

C. 通过该布风器调节室内温度影响其他房间风速和风量

D. 风门导杆 3 的长度决定了该布风器调节的最大开度

199. 关于船舶伙食冷库的隔热层的描述,错误的是_____。

A. 冷库的隔热层要求耐振、防蛀、憎水性好、不燃、密度小、价廉、易施工

B. 冷库的隔热层中不应形成热桥

C. 冷库的隔热层应有足够的厚度

D. 冷库的隔热层有很强的防潮能力,不会受潮

200. 关于船舶伙食冷库的防潮层的描述,错误的是_____。

    A. 冷库必须要有防潮层

    B. 冷库的防潮层必须连续完整

    C. 冷库的防潮层阻止含有水蒸气的空气向隔热层外渗透

    D. 冷库的防潮层阻止含有水蒸气的空气向隔热层内渗透

201. 有关船用制冷装置效用试验前的要求,下列说法正确的是_____。

    ①效用试验应在各项密性试验结束后及低压回气管路包扎绝热材料后才能进行;②报警及自动保护设备的效用和可靠性,应经调试、检查、确认;③测量仪表的准确性,应经校测,各压力表阀应全部开启;④压缩机排出端、储液器、冷凝器、中间冷却器及蒸发器的安全阀应调试好

    A. ①②③   B. ②③④

    C. ①③④   D. ①②③④

202. 关于制冷压缩机油压差控制器的效用试验,下列说法正确的是_____。

    ①油压差控制器控制压力是指滑油泵的排油压力与曲轴箱中压力的差值,应符合规定要求;②当压缩机在滑油泵的排油压力与曲轴箱中压力的差值小于规定时,立即使制冷压缩机停机;③压缩机在滑油泵的排油压力与曲轴箱中压力的差值小于规定时,延迟一定时间后使制冷压缩机停机;④制冷压缩机停机一段时间后,才能对油压差控制器进行人工复位

    A. ①②   B. ①③④

    C. ③④   D. ①②④

203. 关于电热融霜效用试验,错误的说法是_____。

    A. 电热自动融霜时间,应按规定进行调整

    B. 电热融霜效用试验是为了考核融霜控制器断电、通电准确性及可靠性

    C. 电热融霜效用试验是为了考核融霜的效果

    D. 电热融霜效用试验时冷风机应正常运转

204. 不会使制冷压缩机启停频繁的是_____。

    A. 系统中水分多   B. 系统制冷剂不足

    C. 系统中空气多   D. 压缩机排气阀泄漏

205. 会造成制冷压缩机启停频繁的是_____。

    A. 制冷剂含水多   B. 系统混入空气

    C. 低压控制器幅差太大   D. 滑油分离器回油阀堵

206. 不可能造成伙食冰机启停频繁的是_____。

    A. 制冷剂不足   B. 冰塞

    C. 蒸发器结霜严重   D. "奔油"

207. _____不会造成制冷压缩机启停频繁。

    A. 膨胀阀关不严   B. 供液电磁阀关不严

    C. 压缩机安全阀弹簧失效   D. 温度控制器的感温包装在冷风机的出风口

208. _____不会造成制冷压缩机启停频繁。

A. 制冷剂不足 　　　　　　　　　B. 冷却水温度太高
C. 低压继电器幅差调得太小 　　　D. 低压继电器下限值调得太高

209. _____不会造成制冷压缩机启停频繁。
A. 冷却水温度太低 　　　　　　　B. 膨胀阀进口滤网脏堵
C. 制冷压缩机皮带打滑 　　　　　D. 滑油分离器自动回油阀常开

210. _____不会造成制冷压缩机启停频繁。
A. 膨胀阀冰塞 　　　　　　　　　B. 蒸发器风机停转
C. 制冷压缩机卸载运行 　　　　　D. 制冷压缩机高、低压阀片泄漏

211. _____不会造成制冷压缩机启停频繁。
A. 冷却水温度太低 　　　　　　　B. 蒸发器结霜过厚
C. 低压继电器下限值太低 　　　　D. 制冷压缩机高、低压阀片泄漏

212. 制冷压缩机启停频繁,其原因可能是_____。
A. 冷却水温度太低 　　　　　　　B. 冷凝器液位太高
C. 制冷压缩机皮带打滑 　　　　　D. 低压继电器下限值太低

213. 制冷压缩机启停频繁,其原因可能是_____。
A. 制冷压缩机皮带打滑 　　　　　B. 冷凝器内有不凝性气体
C. 低压继电器幅差值太大 　　　　D. 滑油分离器自动回油阀常开

214. 下列会造成制冷压缩机在运行中由于蒸发压力过低而引启停车的是_____。
A. 装置中有空气 　　　　　　　　B. 冷却水量不足、水量调节阀失灵
C. 干燥过滤器堵塞 　　　　　　　D. 油分离器进口滤网堵塞

215. 以下情况中不会造成制冷压缩机排气温度过高的是_____。
A. 气阀泄漏 　　　　　　　　　　B. 压缩机运转时间太长
C. 安全阀泄漏 　　　　　　　　　D. 系统中空气太多

216. _____不会造成制冷压缩机排气温度过高。
A. 吸气过热度大 　　　　　　　　B. 气缸余隙过大
C. 系统中空气多 　　　　　　　　D. 冷却水量不足

217. 制冷压缩机排气压力过高不会是由_____造成的。
A. 冷凝器脏堵 　　　　　　　　　B. 系统中空气多
C. 冷凝器端盖分水筋锈蚀烂坏 　　D. 压缩机排气阀片泄漏

218. 制冷压缩机制冷量不足,吸气压力低,过热度不大,不会是因为_____。
A. 冷凝压力太低 　　　　　　　　B. 结霜严重
C. 冷风机停转 　　　　　　　　　D. 冷风机转速低

219. 制冷压缩机制冷量不足,吸气压力低,过热度大,不可能是因为_____。
A. 制冷剂不足 　　　　　　　　　B. 膨胀阀感温包破裂
C. 冰塞 　　　　　　　　　　　　D. 冰机传动皮带打滑

220. 压缩机制冷量不足,吸气压力低,过热度大,原因可能是_____。
①制冷剂不足;②脏堵;③蒸发器结霜厚;④风机停转;⑤膨胀阀感温包破裂;⑥蒸发器面积小
A. ①②⑤⑥ 　　　　　　　　　　B. ①②④⑤⑥

C. ①②③⑤⑥   D. ①②⑤

221. 冷库库温降不低,吸气压力偏高,原因可能是_____。
①膨胀阀感温包漏气;②冷库隔热层受潮;③系统中空气多;④制冷剂不足;⑤气阀泄漏
A. ①②③   B. ①②③④⑤
C. ①②③⑤   D. ②③⑤

222. 冷库库温降不低,吸气压力偏高,下列各项有可能的是_____。
①蒸发器结霜厚;②膨胀阀感温包脱离管壁;③冷库门关不严;④压缩机余隙太大;⑤冷凝器脏堵
A. ①②③④⑤   B. ②③④⑤
C. ③④⑤   D. ③④

223. 下列会造成制冷压缩机吸气压力过高的是_____。
A. 蒸发管路过长   B. 氟利昂系统溶解的油量过多
C. 蒸发器结霜较厚   D. 膨胀阀调节不当或感温包未贴紧

224. 制冷压缩机启动时发生"奔油"是因为_____。
A. 滑油中溶解的水分逸出   B. 滑油中溶解的制冷剂逸出
C. 油位太高   D. 油温太高

225. 关于制冷装置冰塞的说法,错误的是_____。
A. 氨制冷装置不会冰塞   B. 会使蒸发盘管严重结霜
C. 会使吸气压力降低   D. 会使压缩机启停频繁

226. _____容易导致活塞式氟利昂制冷压缩机启动时发生"奔油"。
A. 油位偏低   B. 油位偏高
C. 油温偏高   D. 油温偏低

227. 带油压顶杆卸载装置的活塞式制冷压缩机顶杆伸出一半导致吸气阀片敲击有可能是因为_____。
①油压太高;②油压不足
A. ①   B. ②
C. ①②都不可能   D. ①②

228. 不会使制冷压缩机运转不停的是_____。
A. 气阀泄漏   B. 余隙太大
C. 冷库隔热损坏   D. 温度继电器感温包破裂

229. 制冷压缩机过电流保护性停车不会是由_____引起的。
A. 轴承或活塞环太紧   B. 启停频繁
C. 电压太低   D. 系统冰塞

230. 不会使制冷压缩机油压差控制器(带电加热金属片延时机构)断电停车的是_____。
A. 曲轴箱"奔油"   B. 启动过于频繁
C. 轴承磨损严重   D. 油压调节阀调节过紧

231. 制冷装置运行时干燥-过滤器后面管路发凉结露,表明_____。
A. 系统制冷剂不足   B. 该元件堵塞
C. 系统中水分太多   D. 制冷剂流量太大

232. 会造成氟利昂压缩机曲轴箱中油位太低的是_____。
　　A. 储液器中存油太多　　　　　　B. 系统制冷剂不足
　　C. 运转时间过长　　　　　　　　D. 蒸发温度太高

233. 会使制冷压缩机缸头过烫的是_____。
　　A. 余隙过大　　　　　　　　　　B. 运转时间太长
　　C. 膨胀阀开度大　　　　　　　　D. 气阀泄漏

234. 制冷压缩机电动机热继电器发生保护动作的原因通常是_____。
　　A. 压缩机排气压力偏高　　　　　B. 压缩机吸气压力过低
　　C. 压缩机启停频繁　　　　　　　D. 电机过载

235. 不会使活塞式制冷压缩机输气系数降低的是_____。
　　A. 冷凝器脏污　　　　　　　　　B. 活塞环失去弹性
　　C. 缸套垫片加厚　　　　　　　　D. 滑油压力不足

236. 使活塞式制冷压缩机实际排气量下降的最常见原因是_____。
　　A. 气缸冷却不良　　　　　　　　B. 余隙容积增大
　　C. 气阀和活塞环漏气量增加　　　D. 吸入滤网脏污

237. 以下因素中会使活塞式制冷压缩机输气系数降低的是_____。
　　①冷却水量不足;②缸头弹簧太硬;③余隙容积减小;④气阀变形;⑤系统中进入空气多
　　A. ①③⑤　　　　　　　　　　　B. ①②③
　　C. ③④　　　　　　　　　　　　D. ①④⑤

238. 若热力膨胀阀容量选得太小,_____。
　　A. 会使吸气过热度升高,蒸发压力降低,制冷量增加
　　B. 会使吸气过热度不足,蒸发压力升高,制冷量增加
　　C. 会使吸气过热度不足,蒸发压力升高,制冷量减少
　　D. 会使吸气过热度升高,蒸发压力降低,制冷量减少

239. 制冷装置蒸发器风机停转,压缩机不会出现_____。
　　A. 吸气压力降低　　　　　　　　B. 轴功率降低
　　C. 吸气过热度增加　　　　　　　D. 排气量减小

240. 空气漏入制冷系统可能会_____。
　　①使冰塞可能性增加;②使排气压力、温度升高;③使机器运转时间延长
　　A. ①②　　　　　　　　　　　　B. ②③
　　C. ①③　　　　　　　　　　　　D. ①②③

241. 制冷压缩机因以下原因停车,故障排除后无须按复位按钮即可再次启动的是_____。
　　A. 冷却水中断　　　　　　　　　B. 盘车过重
　　C. 因"奔油"油压不起　　　　　　D. 冷风机停转

242. 制冷装置因_____自动停车后无须按复位按钮即可重新启动。
　　A. 过电流　　　　　　　　　　　B. 吸气压力过低
　　C. 滑油压力过低　　　　　　　　D. 排气压力过高

243. 制冷装置因_____阀未开,启动后自动停车,故障排除后一般要按复位按钮才能重新启动。

A. 冷凝器进水   B. 储液器出口

C. 压缩机吸入   D. 通膨胀阀进口

244. 制冷装置因_____阀未开,启动后停车,重新开阀后无须按复位按钮即可再启动。

    A. 冷凝器进口   B. 压缩机排出

    C. 冷凝器出口   D. 压缩机吸入

245. 制冷压缩机因_____,启动后停车,问题解决后须按复位按钮才可重新启动。

    ①冰塞;②制冷剂不足;③冷风机停转;④缺滑油;⑤冷却水中断;⑥电压过低

    A. ①③④   B. ②④⑤

    C. ④⑤   D. ④⑤⑥

246. 制冷压缩机因以下原因自动停车,故障排除后按复位按钮才能重新启动的是_____。

    A. 制冷剂不足   B. 蒸发器结霜严重

    C. 冰塞   D. 滑油不足

247. 制冷系统发生冰塞后采取的措施不恰当的是_____。

    A. 向系统充注解冻剂   B. 更换干燥剂后,用热毛巾敷在冰塞处

    C. 旁通冰塞处元件继续运行   D. 拆下冰塞元件酒精清洗后压缩空气吹干装复

248. 制冷系统运行中若发现排气压力过高,应采取的措施不包含_____。

    A. 检查系统中是否存在空气,并在冷凝器最高处放气

    B. 检查冷却水量是否过多,开大冷却水旁通阀

    C. 检查制冷剂是否过多,回收部分冷剂

    D. 检查冷凝器是否堵塞,清通冷却水通道

249. 制冷压缩机频繁启停应采取的措施不包括_____。

    A. 调大温度继电器幅差值   B. 调大低压压力继电器幅差值

    C. 消除冰塞或脏堵现象   D. 调大油压差控制器的幅差值

250. 制冷压缩机频繁启停的可能原因包括_____。

    ①温度继电器的闭合温度与断开温度的温差过小;②低压压力继电器的触头闭合与断开的压差太小;③制冷压缩机制冷剂不足

    A. ①③   B. ①②

    C. ②③   D. ①②③

251. 制冷压缩机排气温度过高的可能原因不包括_____。

    A. 冷凝温度高

    B. 系统中有较多的空气

    C. 吸气过热度太小

    D. 排气阀片泄漏或损坏,活塞环密封性失效或气缸拉毛

252. 制冷压缩机吸气压力过高的可能原因不包括_____。

    A. 膨胀阀调节不当或感温包未贴紧,吸气管或节流阀开启过大

    B. 制冷压缩机输气效率降低,输气量下降

    C. 热负荷过大或负荷突然增加

    D. 制冷系统中制冷剂不足

253. 有的集中式空调器风机设低速挡,它一般用于_____。

A. 取暖工况　　　　　　　　　　B. 降温工况

C. 自然通风工况　　　　　　　　D. 取暖工况和降温工况

254. 冬季气温升高到 5~8 ℃时空调器加湿阀开度_____。

A. 要适当减小　　　　　　　　　B. 要适当加大

C. 不随气温调节　　　　　　　　D. 应关闭

255. 取暖工况启用中央空调器较适宜的开启顺序是_____。

①加热蒸汽阀;②加湿蒸汽阀;③风机

A. ③②①　　　　　　　　　　　B. ③①②

C. ①③②　　　　　　　　　　　D. ②③①

256. 关于船舶空调装置的新风比的以下说法中,错误的是_____。

A. 春、秋季单纯通风工况可用全新风　B. 特冷、特热天气,可减小新风比

C. 外界空气特别污浊时,可减小新风比　D. 采用较高的新风比可节省空调耗能

257. 冬季气温较低时空调器加湿阀开度_____。

A. 要适当减小　　　　　　　　　B. 要适当加大

C. 不随气温调节　　　　　　　　D. 应关闭

258. 空调制冷装置蒸发压力不宜过低主要是为了防止_____。

A. 制冷系数太低　　　　　　　　B. 热负荷过大

C. 除湿量太大　　　　　　　　　D. 结霜堵塞风道

259. 空调装置取暖工况停用时应_____。

A. 同时停止风机和加湿　　　　　B. 先停风机,随即停加湿

C. 先停加湿,随即停风机　　　　　D. 先停加湿,半分钟后停风机

260. 当外界气温降低需要长期停用空调时,应把制冷系统中的制冷剂回收至_____防止制冷剂泄漏。

A. 把系统内的制冷剂放空　　　　B. 蒸发器中

C. 储液器中　　　　　　　　　　D. 压缩机中

261. 空调装置中降温工况送风温度过高的原因包括_____。

①空调制冷设备的容量过小或热负荷过大;②制冷系统工作不正常,制冷量下降;③空气为间接冷却,冷媒水的循环量过小;④空气冷却器的热交换面积有污垢;⑤选配风机的风量偏小

A. ①②③④⑤　　　　　　　　　B. ①②③④

C. ①②③　　　　　　　　　　　D. ①②

262. 船舶空调装置春秋季节通风工况工作时,空调器的回风风门应_____,加热、加湿、冷却系统均停用,风机宜在_____。

A. 完全关闭;低速运行　　　　　B. 完全打开;低速运行

C. 完全关闭;高速运行　　　　　D. 完全打开;高速运行

263. 船舶空调出现送风口滴水现象的原因不包括_____。

A. 挡水板损坏　　　　　　　　　B. 室温较低

C. 供风温度过低　　　　　　　　D. 泄水管堵塞

264. 当船舶空调降温工况送风温度过高时,应采取的措施不包括_____。

A. 增大回风量 B. 清洁空冷器

C. 增大风机送风量 D. 检查制冷系统工况,加大制冷量

265. 空调降温工况下,送风量不足的原因不包括_____。

A. 风机皮带轮松、打滑或因电压不足造成转速下降

B. 风机的进、出口调节阀门位置调节不当

C. 风管因集尘过多而堵塞或风管系统漏风

D. 空调压缩机制冷量不足

266. 船舶空调降温工况下,排除送风口滴水的可能措施不包括_____。

A. 改变送风温度 B. 堵塞挡水板漏水处

C. 调整挡水板叶片布置 D. 增大空调压缩机制冷量

267. 制冷装置冷凝器工作时进、出水温差偏低,而冷凝温度与水的温差大,则说明_____。

A. 冷却水流量太大 B. 冷却水流量太小

C. 传热效果差 D. 传热效果好

268. 冷凝器排热能力太小不会使制冷装置_____。

A. 排气压力高 B. 排气温度高

C. 制冷量和制冷系数降低 D. 吸气压力降低

269. 下列不会造成制冷装置冷凝压力过高的是_____。

A. 供液量不足 B. 冷凝器进、出口水温温差过大

C. 冷凝器传热面积有污垢 D. 制冷系统内有空气

270. 在其他条件相同的情况下,制冷装置冷凝器冷却水管脏污不会导致_____。

A. 制冷量下降 B. 轴功率增大

C. 制冷系数减小 D. 排气温度降低

271. 在其他条件相同的情况下,制冷装置冷却水量减小不会导致_____。

A. 制冷量下降 B. 轴功率增大

C. 制冷系数增大 D. 排气温度升高

272. 制冷装置蒸发器结霜不会导致_____。

A. 排气温度升高 B. 制冷量减小

C. 制冷系数减小 D. 蒸发压力和蒸发温度降低

273. 春、秋季节,船舶自动空调蒸发器严重结霜,其主要原因是_____。

A. 空气湿度太高

B. 膨胀阀工作不稳定,经常向蒸发器流入过多的制冷剂

C. 热负荷小导致蒸发器蒸发压力低,蒸发器表面温度低于露点

D. 空调系统大部分时间工作在卸载状态,导致蒸发器蒸发压力较高

274. 春、秋季节,船舶自动空调蒸发器严重结霜,可以适当调高_____下限值解决故障。

A. 温度继电器 B. 低压继电器

C. 高压继电器 D. 湿度调节器

275. 船舶伙食冷库工作正常,但在寒冷地区航行,尽管系统长期运行,但肉库的温度无法达到
−20~−18 ℃,可以通过_____解决问题。

A. 调小低压继电器的下限值 B. 调小低压继电器的幅差值

C. 调低温度继电器的设定值　　　　D. 调小冷凝器的冷却水量

276. _____会导致高压继电器起跳。

    A. 冷凝器内制冷剂液位过高

    B. 膨胀阀发生冰塞

    C. 菜库蒸发压力调节阀(背压阀)压力设定值太高

    D. 制冷系统工作时间过长

277. AHU 空调系统在_____不必采用全回风循环。

    A. 装卸集装箱货物靠泊时　　　　B. 装卸煤炭、矿物等粉状货物靠泊时

    C. 外界环境温度较恶劣区域靠泊时　　D. 装卸谷物粮食等货物靠泊时

278. 下图所示的船舶空调系统,如果因为外界空气特别污浊将新风口 6 全部关闭,则舱室中的空气压力_____外界大气压力。

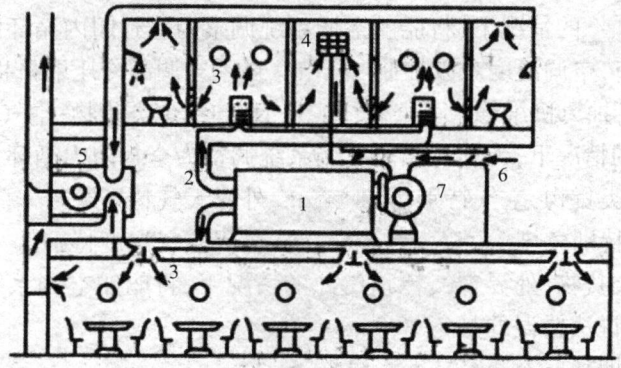

    A. 低于　　　　　　　　　　　　B. 高于

    C. 等于　　　　　　　　　　　　D. 不确定

279. 下图所示的船舶空调系统,如果因为外界空气特别污浊将船舶空调系统调整为全封闭内循环的模式,应将_____。

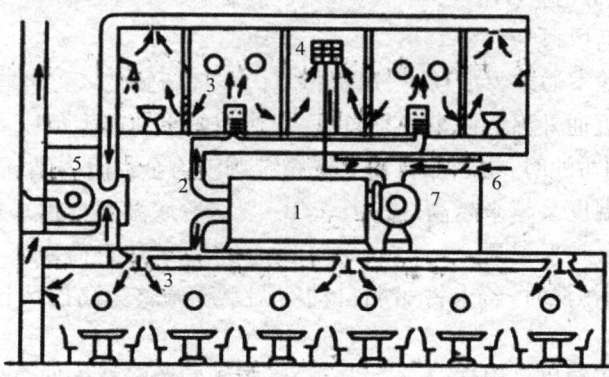

    A. 4 全部开启　　　　　　　　　　B. 4 全部关闭

    C. 5 停止运行　　　　　　　　　　D. 6 全部开启

280. 下图所示的船舶空调系统,如果因为外界空气特别污浊将船舶空调系统调整为全封闭内

循环的模式,应将_____。

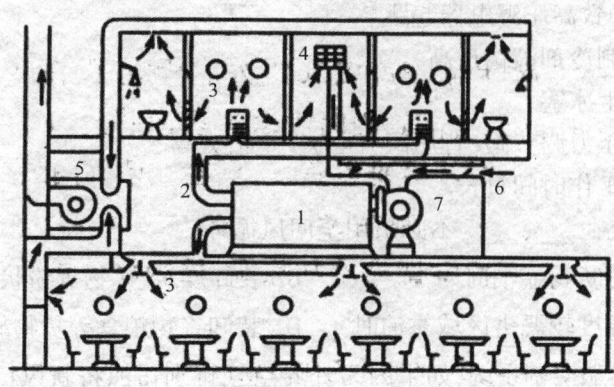

  A. 4 全部关闭   B. 5 停止运行

  C. 6 全部关闭   D. 6 全部开启

281. 通常在_____的情况下,将船舶空调系统调整为全封闭内循环的模式。

  A. 春、秋季节,空调温度难以控制   B. 夏季空调制冷压缩机损坏

  C. 厨房、厕所抽风机维修   D. 装卸粉尘类货物,空气特别污浊

282. 在_____的情况下,无须将船舶空调系统调整为全封闭内循环。

  A. 装卸粉尘类货物,空气特别污浊   B. 外界天气特别寒冷

  C. 外界天气特别炎热   D. 外界空气湿度特别低

283. 在装卸粉尘类货物,外界空气特别污浊的情况下,将船舶空调系统调整为全封闭内循环的模式,下列说法错误的是_____。

  A. 舱室中的烟雾报警器容易发生误报警

  B. 空调热负荷减小

  C. 空调滤网脏堵速度减慢

  D. 从外界进入空调区域的防火门开启阻力通常会增大

284. 外界空气特别污浊时,将船舶空调系统调整为全封闭内循环的模式,应_____。

  A. 全开空调回风口

  B. 全开空调新风口

  C. 适当打开舱室通外界的窗户,以保持室内空气新鲜

  D. 回风口附近通外界的门窗必须打开,以避免舱室内产生负压

285. 外界空气特别污浊时,将船舶自动空调系统调整为全封闭内循环的模式后,_____。

  A. 冬季舱室温度会越来越高   B. 夏季舱室温度会越来越低

  C. 舱室湿度会越来越高   D. 空调系统热负荷变小

286. 外界空气特别污浊时,若未将船舶自动空调系统调整为高回风比或全封闭内循环模式,则_____。

  A. 夏季制冷压缩机易损坏   B. 夏季制冷时蒸发器易结霜

  C. 冬季舱室空气过于干燥   D. 空调滤网易脏堵

287. 压缩式制冷装置做气密试验时,下列各阀应开启的是_____。

  A. 压缩机吸入阀   B. 压缩机排出阀

C. 热力膨胀阀的旁通阀　　　　　　　　D. 油分离器回油阀

288. 制冷装置气密试验时,做法不正确的是_____。

　A. 关闭油分离器回油阀

　B. 开启压缩机吸、排截止阀

　C. 开启热力膨胀阀和蒸发压力调节阀的旁通阀

　D. 拆除或隔离不能承受试验压力的元件

289. 制冷装置气密试验最好用_____进行。

　A. N_2　　　　　　　　　　　　　　　B. O_2

　C. 空气　　　　　　　　　　　　　　　D. 氟利昂

290. 制冷系统气密试验后若用制冷压缩机本身抽空系统,下列做法中错误的是_____。

　A. 开始抽时吸入阀不全开

　B. 开足冷凝器冷却水

　C. 不让低压控制器和油压差控制器起作用

　D. 抽空结束时先关闭排气口再停车

291. 氟利昂制冷系统抽空后可以加入适量制冷剂重抽,目的是_____。

　A. 进一步查漏　　　　　　　　　B. 减少系统中残留试验用剂

　C. 防止用压缩机抽气使气温过高　　D. 进一步查漏,并减少系统中残留试验用剂

292. 制冷系统用压缩机本身做抽空试验时,做法错误的是_____。

　A. 人工控制以最小排气量抽气

　B. 气温在 5 ℃以下时不宜进行

　C. 抽气应连续进行,不能中断

　D. 滑油排压与吸入压力差低于 0.026 MPa 时应停机

293. 制冷装置做气密试验时,为了防止冷凝器安全阀泄放制冷剂,_____。

　A. 应使试验压力低于安全阀开启压力

　B. 应将安全阀调紧,使其开启压力超过系统设计压力

　C. 应将安全阀与通舷外管路脱开,阀出口端用盲板封死

　D. 操作无特别需要注意的地方

294. 对卤素检漏灯不适用的制冷剂是_____。

　①R22;②R502;③R134a;④R717

　A. ③　　　　　　　　　　　　　　　B. ④

　C. ①②　　　　　　　　　　　　　　D. ③④

295. 制冷装置中空气主要聚集在_____中。

　①排气管至冷凝器;②压缩机曲轴箱;③吸气管

　A. ①　　　　　　　　　　　　　　　B. ②

　C. ③　　　　　　　　　　　　　　　D. ①②③

296. 制冷系统放空气不能在_____处进行。

　A. 排出阀多用通道　　　　　　　B. 高压表接头

　C. 吸入阀多用通道　　　　　　　D. 冷凝器放气阀

297. 制冷系统中放空气可以在_____处进行。

A. 储液器上部　　　　　　　　　B. 冷凝器顶部

C. 膨胀阀进口　　　　　　　　　D. 吸入阀多用通道

298. 制冷系统放空气必须在_____进行。

A. 运行中　　　　　　　　　　　B. 停车后及时

C. 停车一段时间后　　　　　　　D. 任何时间

299. 制冷装置停车并充分冷却后,放空气应分次进行,且在_____时结束放气。

A. 出气时手感到冷　　　　　　　B. 压力降至气温对应冷剂饱和压力

C. 压力降至水温对应冷剂饱和压力　　D. 手上出现油迹

300. 氟利昂制冷装置冷冻机油敞口存放最担心的是_____。

A. 分解挥发　　　　　　　　　　B. 氧化变质

C. 混入水分　　　　　　　　　　D. 融入空气

301. 经_____为制冷压缩机加滑油必须停车。

①滑油泵吸口加油接头;②曲轴箱加油阀;③曲轴箱加油螺塞

A. ①　　　　　　　　　　　　　B. ②

C. ③　　　　　　　　　　　　　D. ①②③

302. 制冷压缩机通过以下元件加滑油的方法中,宜停车加油的是_____。

①油泵吸入端三通阀;②曲轴箱加油螺塞;③曲轴箱带阀加油接头;④压缩机吸口接头

A. ②　　　　　　　　　　　　　B. ②③

C. ②④　　　　　　　　　　　　D. ①②③④

303. 制冷压缩机通过以下元件加滑油的方法中,不停车即可加油的是_____。

①油泵吸入端三通阀;②曲轴箱加油螺塞;③曲轴箱带阀加油接头

A. ①②　　　　　　　　　　　　B. ②③

C. ①③　　　　　　　　　　　　D. ①②③

304. 氟利昂溶入滑油中,会使滑油_____。

A. 黏度增大　　　　　　　　　　B. 黏度减小

C. 倾点变高　　　　　　　　　　D. 倾点变低

305. 船舶制冷系统添加润滑油可采用的方法有_____。

①从压缩机多用孔道吸入;②从压缩机曲轴箱的加油孔注入;③利用曲轴箱上的加油阀加油

A. ①②③　　　　　　　　　　　B. ①②

C. ②③　　　　　　　　　　　　D. ①③

306. 制冷压缩机添加滑油位置错误的是_____。

A. 压缩机吸气多用通道　　　　　B. 压缩机排气多用通道

C. 曲轴箱加油阀　　　　　　　　D. 曲轴箱加油孔

307. 制冷压缩机经_____加滑油时必须停车。

A. 滑油泵吸口加油接头　　　　　B. 曲轴箱加油阀

C. 曲轴箱加油螺塞　　　　　　　D. 压缩机自带补油罐

308. 制冷压缩机必须停车加油的是_____。

①曲轴箱有带阀加油接头;②曲轴箱有加油螺塞;③油泵吸入端有三通阀

A. ②   B. ③

C. ①②   D. ①③

309. 制冷压缩机不必停车加油的是_____。

①曲轴箱有加油螺塞;②油泵吸入端有三通阀;③曲轴箱有带阀加油接头

A. ①   B. ①②

C. ②③   D. ①②③

310. 用卤素检漏灯对制冷系统检漏时,当火焰的颜色由浅蓝色变为_____时,则表明有泄漏。

A. 深绿色   B. 无色

C. 白色   D. 紫红色

311. 从压缩机吸入阀外接通道充注制冷剂时,钢瓶(无液管通至瓶底)应_____放置为宜。

A. 向上直立   B. 向上倾斜

C. 水平   D. 向下倾斜

312. 制冷剂瓶口向下斜放从充剂阀充注制冷剂,如发现钢瓶出口端底部结霜表明_____。

A. 充剂太快   B. 制冷剂中有杂质

C. 瓶中制冷剂快用完   D. 制冷剂含水量多

313. 从充剂阀向制冷系统充注制冷剂时,以下做法中错误的是_____。

A. 关储液器出液阀

B. 开足冷凝器冷却水

C. 开所有冷库电磁阀(只要高温库温度未到 0 ℃以下)

D. 开干燥器旁通阀

314. 制冷压缩机排出阀多用通道在_____操作中不会被用到。

A. 放空气   B. 从系统中取出制冷剂

C. 用压缩机抽空系统   D. 加制冷剂

315. 制冷压缩机排出阀多用通道在_____操作中可能被用到。

A. 加制冷剂   B. 加滑油

C. 放空气   D. 用压缩机做系统气密试验

316. 制冷装置在以下操作中,吸入阀多用通道可能用到的是_____。

①加制冷剂;②加滑油;③放空气;④气密试验;⑤系统抽空

A. ①②③   B. ①②④

C. ①②⑤   D. ①④⑤

317. 制冷压缩机吸入阀多用通道在_____操作中可以被用到。

A. 放空气   B. 从系统中取出制冷剂

C. 用压缩机把系统抽空   D. 加制冷剂

318. 制冷装置充剂阀一般设在_____。

A. 压缩机吸气管上   B. 压缩机排气管上

C. 液管干燥器前   D. 液管干燥器后

319. 制冷装置充制冷剂过多可能会使_____。

A. 蔬菜水果冻坏   B. 肉库温度太低

C. 压缩机液击   D. 高压控制器停车

320. 卤素灯查到含氯氟利昂泄漏时火焰会变成＿＿＿＿色。

     A. 浅蓝   B. 绿

     C. 橙黄   D. 红

321. 从制冷压缩机排出阀外接通道取出系统中全部残留冷剂时,下列做法中不妥的是＿＿＿＿。

     A. 手动小排量启动压缩机

     B. 打开相关各阀,并手动打开蒸发压力调节阀或使之旁通

     C. 压缩机排出阀全关,用冰水冷却钢瓶

     D. 密切注视压力表,防止排压过高

322. 要将系统中残存制冷剂全取出时,一般是将钢瓶接在＿＿＿＿。

     A. 充剂阀   B. 出液阀

     C. 吸入阀多用通道   D. 排出阀多用通道

323. "消耗臭氧物质记录簿"上的记录内容不包括＿＿＿＿。

     A. 制冷剂的充注   B. 启动、停止使用制冷剂的空调装置

     C. 非故意排放制冷剂   D. 检修使用制冷剂的制冷系统

324. 船舶必须建立专门的"消耗臭氧物质记录簿",记录内容包括＿＿＿＿。
①含消耗臭氧层物质的设备的全部或部分重新充注;②含消耗臭氧层物质的设备的修理或维护;③含消耗臭氧层物质的设备的启动和停止操作;④消耗臭氧层物质向陆基接收设施的排放;⑤向船舶供应消耗臭氧层物质;⑥消耗臭氧层物质向大气的故意或非故意排放

     A. ②③④⑤⑥   B. ①②④⑤⑥

     C. ①②③⑤⑥   D. ①②③④⑥

325. 对制冷剂热力性质的错误要求是＿＿＿＿。

     A. 冷凝压力越低越好   B. 标准沸点比要达到的低温适当低

     C. 汽化潜热要较大   D. 临界温度要较高

326. 对制冷剂热力性质的错误要求是＿＿＿＿。

     A. 压缩终温不太高   B. 热导率较大

     C. 黏度较低   D. 冷凝压力要高

327. 现在船用制冷剂以 R22 代替 R12 作制冷剂的主要理由是＿＿＿＿。

     A. 不引起"温室效应"   B. 不会产生冰塞

     C. 压缩机不发生"奔油"   D. 对大气臭氧层破坏作用轻微

328. 关于非共沸冷剂,说法错误的是＿＿＿＿。

     A. 由两种或三种氟利昂以一定的质量比混合而成

     B. 在既定压力下相变时,各组分在气相和液相中的质量分数不同,且一直在变化

     C. 在既定压力下相变时,相变温度也在改变

     D. 由两种或三种氟利昂以一定的体积比混合而成

329. 关于共沸冷剂,说法错误的是＿＿＿＿。

     A. 在汽化或液化的相变过程中,液、气相物质组分的质量分数始终不变

B. 相变压力既定则相变温度始终不变

C. 其标准沸点比组成它的纯冷剂都高

D. 蒸发温度既定时共沸冷剂的吸气压力比采用纯冷剂高

330. 关于制冷剂 R404A,说法错误的是_____。

    A. 不属于温室气体　　　　　　　　B. 属于近共沸混合物

    C. R404A 系统宜设过冷器　　　　　D. 系统用的润滑油的要求与 R134a 相同

331. 压缩机排气压力超过规定数值时,若冷凝器安全阀被打开,高压气体将_____。

    A. 流回储液器　　　　　　　　　　B. 排向蒸发器

    C. 流回吸气腔或曲轴箱　　　　　　D. 排向舷外

332. 制冷压缩机发生液击时首先是_____。

    A. 高压控制器断电　　　　　　　　B. 安全阀顶开

    C. 假盖顶起　　　　　　　　　　　D. 过电流保护断电

333. 制冷压缩机启动时发生"奔油"是因为_____。

    A. 滑油中溶解的水分逸出　　　　　B. 滑油中溶解的制冷剂逸出

    C. 油位太高　　　　　　　　　　　D. 油温太高

334. 关于活塞式制冷压缩机的以下说法中正确的是_____。

    A. 都设滑油泵

    B. 曲轴箱中都应设滑油加热器

    C. 滑油加热器在压缩机工作时一直通电

    D. 天冷自动停车时滑油加热器自动通电,启动时自动断电

335. 关于半封闭式制冷压缩机的以下说法中正确的是_____。

    A. 缸径一般较小

    B. 通常不设能量调节装置

    C. 制冷剂冷却电机后排气温度通常都较高,必须向吸气喷液冷却

    D. 通常都是双缸压缩机

336. 关于半封闭式制冷压缩机的以下说法中错误的是_____。

    A. 用于低蒸发温度的半封闭式压缩机吸气可不流经电机而直接进吸气腔

    B. 喷液冷却装置的感温包不可设在曲轴箱内

    C. 常设喷液机构避免排气温度太高

    D. 蒸发温度较低的工况制冷剂的质量流量较小,排气温度容易过高

337. 关于制冷压缩机性能曲线的以下说法中不正确的是_____。

    A. 不同型号压缩机的性能曲线不同

    B. 同一型号压缩机使用不同制冷剂时的性能曲线不同

    C. 性能曲线一般以冷凝温度为自变量,蒸发温度为参变量

    D. 由性能曲线可得知不同工况的制冷量、轴功率和性能系数

338. 同一台制冷压缩机用于伙食冷库和用于空调制冷其制冷量_____。

    A. 相近　　　　　　　　　　　　　B. 前者较大

    C. 后者较大　　　　　　　　　　　D. 不定

339. 活塞式制冷压缩机容量调节方法中仅用于双缸压缩机的是_____。

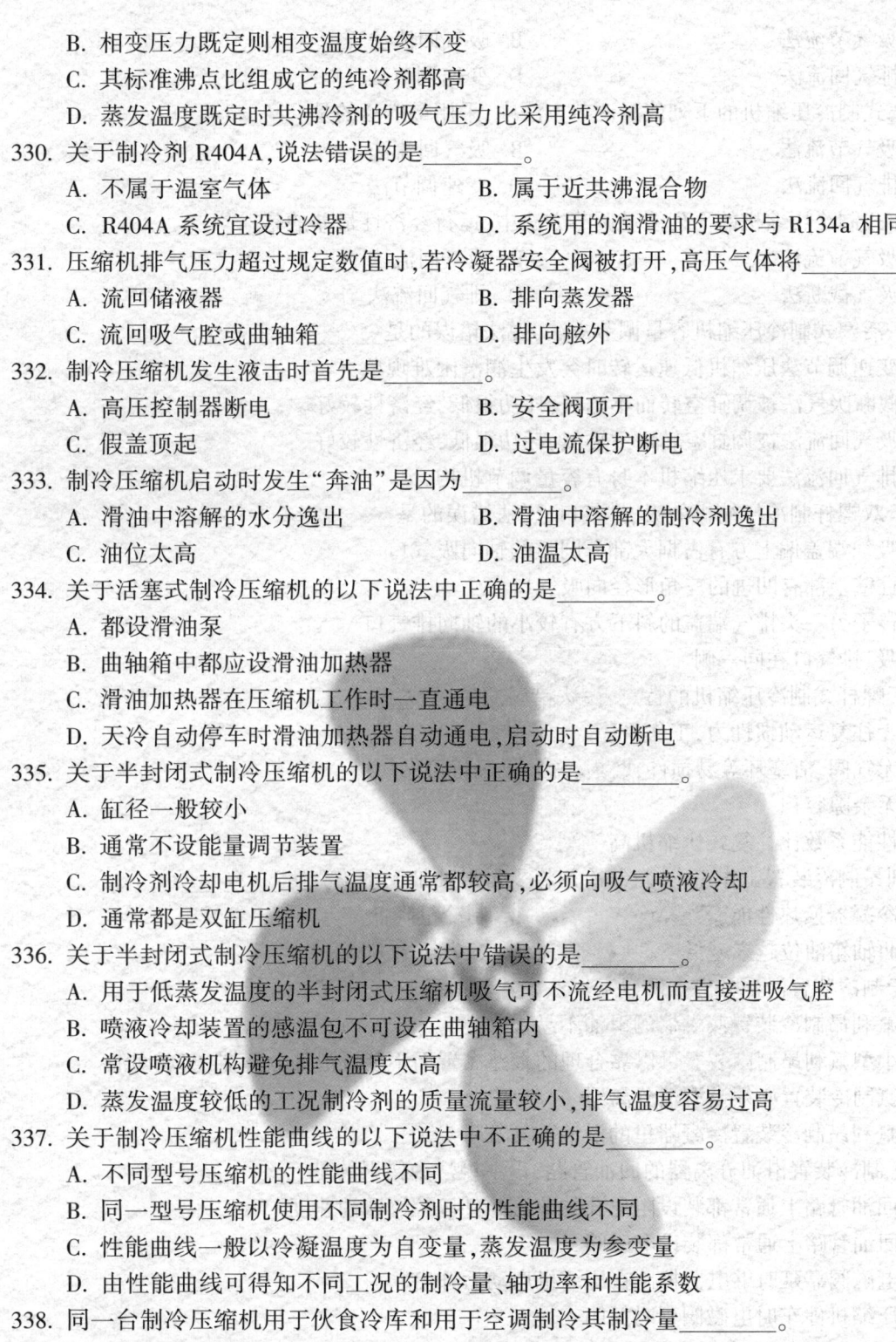

A. 吸气节流法 　　　　　　　　　　　B. 吸气回流法

C. 排气回流法 　　　　　　　　　　　D. 变速调节法

340. 活塞式制冷压缩机的下列能量调节方法中,采用最广泛的是_____。

A. 吸气节流法 　　　　　　　　　　　B. 吸气回流法

C. 排气回流法 　　　　　　　　　　　D. 变速调节法

341. 活塞式制冷压缩机的下列能量调节方法中,运行经济性最差的是_____。

A. 吸气节流法 　　　　　　　　　　　B. 吸气回流法

C. 吸气截断法 　　　　　　　　　　　D. 排气回流法

342. 关于活塞式制冷压缩机容量调节方法,说法错误的是_____。

A. 变速调节法压缩机低速运转时会发生润滑困难现象

B. 截断吸气法被调缸空转而不输气,耗功很低,经济性较好

C. 吸气回流法被调缸空转而不输气,耗功很低,经济性较好

D. 排气回流法要求压缩机本身有容量调节机构

343. 关于双螺杆制冷压缩机的吸、排气口,说法错误的是_____。

A. 吸气端盖偏上方有占据大部分圆弧的轴向吸气口

B. 缸壁上部有凹进的三角形径向吸气口

C. 转子另一头排气端盖的斜下方有较小的轴向排气口

D. 吸、排气口在同一侧

344. 关于螺杆式制冷压缩机的特点,说法错误的是_____。

A. 无往复运动惯性力,工作平稳

B. 无气阀、活塞环等易损件,磨损轻微,故运行可靠

C. 无余隙容积

D. 性能系数比往复式压缩机高

345. 氟利昂制冷装置工作正常时,制冷剂将少量滑油带入系统会使_____。

A. 冷凝器换热性能变差 　　　　　　　B. 制冷量降低

C. 曲轴箱油位越来越低 　　　　　　　D. 蒸发压力升高

346. 关于制冷装置滑油分离器的以下说法中错误的是_____。

A. 氟利昂制冷装置蒸发器的滑油不易被带走

B. 小型氟利昂制冷装置可以靠合理的管路布置而不装设滑油分离器,实现回油

C. 氨制冷装置必须设滑油分离器

D. 氟利昂制冷装置冷凝器里的滑油不易被带走

347. 关于制冷装置滑油分离器的回油管路,以下说法中错误的是_____。

A. 回油管路上通常都装设阻尼孔的节流元件以控制回油速度

B. 回油管路上通常都装设电磁阀

C. 电磁阀靠延时继电器控制在压缩机启动后开启

D. 压缩机停车时电磁阀延时关闭

348. 船舶制冷装置所用的冷凝器的下述元件中不与制冷剂相通的是_____。

A. 安全阀 　　　　　　　　　　　　　B. 放气阀

C. 平衡管 　　　　　　　　　　　　　D. 端盖旋塞

349. 关于船舶制冷装置冷凝器的说法错误的是_____。
   A. 冷凝器和储液器的管路之间必须设平衡管
   B. 冷凝器兼储液器时下部还装有液位镜或液位计
   C. 装在冷凝器顶部靠端部处的放气阀,用来泄放不凝性气体
   D. 冷凝器安全阀开启压力应比压缩机的安全阀高

350. 与冷风机相比,蒸发盘管_____。
   A. 传热系数高
   B. 易使食品风干
   C. 充剂量少
   D. 附加热负荷小

351. 卤素检漏灯在空气中含氟利昂5%~10%时火焰变色是因为氟利昂_____。
   A. 与空气发生化学反应
   B. 在高温下燃烧
   C. 与丙烷等燃料发生反应
   D. 分解放出氯与铜发生反应

352. 关于湿空气的露点,下列说法不正确的是_____。
   A. 在湿空气中露点所处的温度为露点温度
   B. 在保持湿空气中水蒸气分压力不变的条件下,若降低湿空气的温度可使未饱和湿空气从过热状态达到饱和状态
   C. 对于未饱和湿空气,可通过提高温度达到饱和状态
   D. 湿空气露点温度高说明湿空气的湿度大

353. 关于冷藏集装箱制冷,下列说法不对的是_____。
   A. 温度自动记录,圆形安全保护,故障预报显示有较高要求
   B. 全部电气设备都具有防风,防水和抗震
   C. 冷藏集装箱只有风冷冷凝器
   D. 冷藏集装箱相当于一个单间的组装式冷库

354. 关于"奔油",下列说法不正确的是_____。
   A."奔油"使曲轴箱油位迅速上升,不影响压缩机的润滑
   B."奔油"直接产生液击敲缸的严重后果
   C."奔油"使大量滑油进入系统,降低制冷装置吸热能力
   D."奔油"是溶解于曲轴箱滑油中的制冷剂在曲轴箱压力迅速下降时,滑油随制冷剂气体一起进入压缩机气缸并排入系统的现象

355. 关于船舶伙食冷库的使用管理,错误的做法是_____。
   A. 冷库内蒸发盘管结霜越厚,说明制冷效果越好
   B. 冷库门与门框结合处冻结或有凝水,说明该处密封不好
   C. 当有人不慎被误锁于冷库内,库内有安全报警装置
   D. 人进入冷库前1~2 h应关闭臭氧发生器工作

356. 关于制冷装置储液器,说法不正确的是_____。
   A. 平衡管的作用是将储液器上部气体引回冷凝器
   B. 如冷凝器位置比压缩机高,可从储液器放气阀排放空气
   C. 设有制冷剂紧急泄放阀,以便在非常情况下将制冷剂排放到舷外
   D. 制冷系统运行中,储液器的液位应在1/3~1/2

357. 关于使用检漏灯检漏,下列说法中错误的是_____。

A. 火焰高度可以用调节阀调节,使其高度恰好处于铜片上方位置

B. 铜片保持清洁,否则火焰不会改变颜色

C. 检漏时不要吸烟,避免长时间吸入燃烧产物

D. 使用完后,调节阀不要关得太紧,以免冷却后咬死

358. 关于制冷装置抽空试验,下列说法不正确的是_____。

A. 排净冷凝器中冷却水

B. 抽空试验中,油压应比吸气压力高 0.027 MPa 以上

C. 不可短接低压继电器和压差继电器

D. 抽空宜间断进行,间隔时间为 18~72 h

359. 关于冷凝器,下列说法错误的是_____。

A. 水冷式冷凝器按其结构形式又可分为壳管式、套管式 2 种

B. 冷凝器按其冷却介质不同,可分为水冷式、空气冷却式、蒸发式 3 类

C. 壳管式冷凝器结构简单,便于制造,且因系单管冷凝,介质流动方向相反

D. 氨卧式冷凝器的冷却管采用光滑无缝钢管,而氟利昂卧式冷凝器的冷却管一般采用低肋铜管

360. 许多直接蒸发式空调制冷装置采用温度继电器,在_____温度太低时使用电磁阀关闭,制冷压缩机停止工作。

A. 送风   B. 回风

C. 舱室   D. 新风

361. 油压差控制器原理图中,压差小于给定值时,说法正确的是_____。

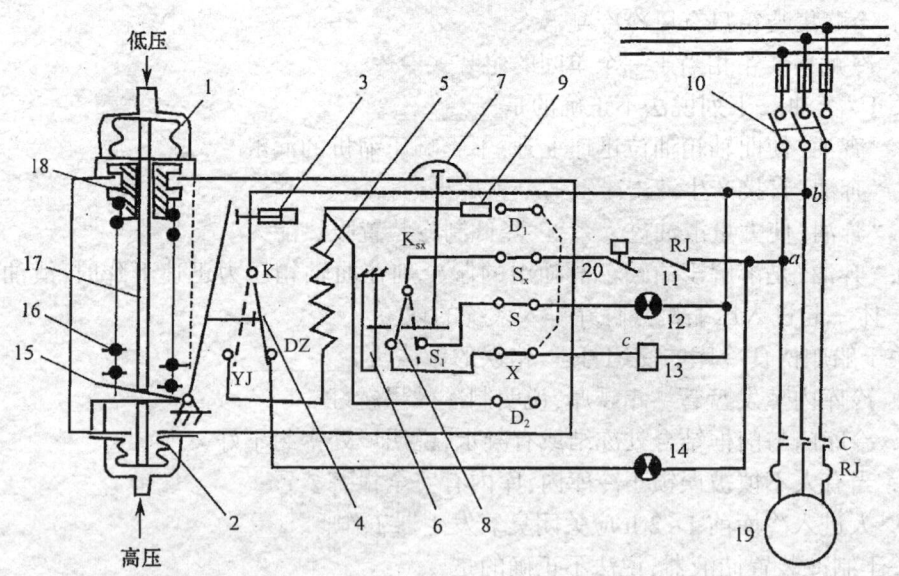

A. 开关 K 与 YJ 断开,指示灯 14 亮

B. 开关 K 与 YJ 接通,指示灯 14 亮

C. 开关 K 与 YJ 接通,指示灯 14 灭

D. 开关 K 与 YJ 断开,指示灯 14 灭

362. 根据制冷压缩机性能曲线,可以查找到压缩机在不同工况条件下的_____。

A. 制冷量和轴功率　　　　　　　B. 冷凝温度和轴功率
C. 冷凝温度和蒸发温度　　　　　D. 制冷量和冷凝温度

363. 关于视液镜,下列说法正确的是＿＿＿＿＿＿＿。
A. 视液镜的玻璃座和视镜座之间无密封部件
B. 视液镜见到气泡,不可能是干燥过滤器的压降太高
C. 视液镜通常安装在干燥过滤器的后端
D. 视液镜内的颜色指示器显示黄色,表示无水汽

364. 制冷压缩机进口气液分离器和出口滑油分离器液体溢出的方法分别是＿＿＿＿＿＿＿。
A. 抽吸作用、压差作用　　　　　B. 抽吸作用、抽吸作用
C. 压差作用、抽吸作用　　　　　D. 压差作用、压差作用

365. 干式电磁阀与湿式电磁阀应用相比较＿＿＿＿＿＿＿。
A. 无法判断　　　　　　　　　　B. 两者应用范围相同
C. 干式电磁阀应用广泛　　　　　D. 湿式电磁阀应用广泛

366. 在制冷剂的压-焓图(p-h图)上,过热蒸气区的定温线是一簇＿＿＿＿＿＿＿。
A. 向下方逐渐趋于铅垂的曲线　　B. 向右方逐渐趋于水平的曲线
C. 水平直线　　　　　　　　　　D. 铅垂直线

367. 低于＿＿＿＿＿＿＿的库房内动力及照明线路,应采用适合库房温度的耐低温绝缘电缆。
A. −10 ℃　　　　　　　　　　　B. −5 ℃
C. −1 ℃　　　　　　　　　　　D. 0 ℃

368. 关于冰塞,下列说法不正确的是＿＿＿＿＿＿＿。
A. 制冷系统常不能采用甲醇解冻剂
B. 由于氨极易溶于水,所以氨制冷系统中不会出现冰塞现象
C. 制冷系统制冷剂混入大量水时,只能将制冷剂回收至钢瓶并送岸上
D. 因冷冻油凝点高发生的油堵,可采用消除冰塞相同的办法解决

369. 冷凝器中液态制冷剂过冷的制冷循环与理论循环相比＿＿＿＿＿＿＿。
A. 单位质量制冷量减少,制冷系数下降
B. 单位质量制冷量增加,制冷系数不变
C. 单位质量制冷量增加,制冷系数下降
D. 单位质量制冷量增加,制冷系数提高

370. 关于冷库,下列说法错误的是＿＿＿＿＿＿＿。
A. 传统火灾探测器不适合安装在冷库内部,由于冷库内部温度过低,会造成探测器结霜或故障
B. 冷库内存放含脂肪较多的物品时,宜采用臭氧处理,以防脂肪氧化而产生酸败现象
C. 低于 0 ℃的库房内动力及照明线路,应采用适合库房温度的耐低温绝缘电缆
D. 库房内应采用防潮型照明灯具和开关

371. 半封闭式活塞制冷压缩机轴带油泵采用带月牙隔板的内啮合齿轮泵,检修后装复试车。如果电机线接反了,会导致＿＿＿＿＿＿＿。
A. 电机烧毁
B. 没有影响,可以正常工作

C. 压缩机供油中断,润滑失效,最终引起烧毁故障

D. 压缩机洗排方向改变,无法正常工作

372. 某些船鱼、肉库采用蒸发盘管而不用冷风机,主要是因为蒸发盘管具有以下_____优点。

①除湿效果好;②传热系数高;③安装方便;④附加热负荷小,且不易使食品风干

A. ③④   B. ①④

C. ①③   D. ②③

373. 下列_____不是对制冷剂的要求。

A. 比热容较大

B. 蒸发压力不低于大气压力

C. 无毒,对人体无刺激性

D. 黏度小,相对密度小,传热性能好

374. 回热器是冷凝器后的液体与低压制冷剂气体的热交换器,作为_____的结果。

A. 单位质量制冷量减少,单位绝热压缩功增大

B. 单位质量制冷量增加,单位绝热压缩功减小

C. 单位质量制冷量减少,单位绝热压缩功减小

D. 单位质量制冷量增加,单位绝热压缩功增大

375. 关于氨制冷机房的说法错误的是_____。

A. 氨制冷机房的事故排风装置应采用防爆型,当制冷系统发生事故而被切断电源时,应能保证事故排风装置可靠供电

B. 氨制冷机房应安装氨气低压报警装置及供水系统

C. 氨制冷机房应设置应急照明,照明灯具应选用防爆型,照明持续时间不应小于 30 min

D. 氨制冷机房内应配置防护用具和抢救药品,并放置于易获取的位置

376. 制冷装置自动化元件包括_____。

①热水膨胀阀;②温度继电器;③高低压继电器;④干燥过滤器

A. ①②④   B. ②③④

C. ①②③   D. ①②③④

377. 下列关于从制冷系统中回收制冷剂的回收气罐的说法,不正确的是_____。

A. 禁止将不同的制冷剂在回收气罐中混合

B. 回收气罐应当只用于盛装回收的制冷剂

C. 回收气罐只要密封性合格,可以回收不同制冷剂

D. 充入回收气罐的制冷剂不得超过回收气罐的容许灌入量

378. 关于制冷装置储液器,下列说法不正确的是_____。

A. 储液器容积应足够大,保证系统中全部制冷剂储入后不超过其容积的80%

B. 压力平衡管是使储液器与冷凝器的蒸气空间相通,使二者压力平衡,便于冷剂流进储液器

C. 设有制冷剂紧急泄放阀,以便压缩机压力过高时将制冷剂排放到舱底

D. 多为卧式筒状结构,储液器除液体进出口外还有液位指示器、压力表、放气阀、放油阀、安全阀及压力平衡接头等

379. 在制冷和热泵系统中应用的速度压缩机都是_____压缩机。
    A. 活塞式　　　　　　　　　　B. 螺杆式
    C. 漩涡式　　　　　　　　　　D. 离心式

380. 制冷设备工作时,随热负荷的变化,应该是_____。
    A. 热负荷减少时,库温升高,蒸发器的供液量增加
    B. 热负荷增加时,库温升高,蒸发器的供液量增加
    C. 热负荷减少时,库温降低,蒸发器的供液量增加
    D. 热负荷增加时,库温升高,蒸发器的供液量减少

381. 蒸气压缩式制冷装置是由_____基本设备组成的。
    A. 压缩机、冷却器、膨胀阀和储液器
    B. 压缩机、冷凝器、膨胀阀和蒸发器
    C. 压缩机、冷凝器、膨胀阀和温控器
    D. 压燃机、冷凝器、膨胀阀和蒸发器

382. 蒸气压缩制冷循环在 $p-h$ 图上,定温线与饱和线的两个交点的连线状态_____。
    A. 穿过湿蒸气区的水平直线　　B. 穿过临界点的向上直线
    C. 穿过湿蒸气区的向上倾斜直线　D. 穿过临界点的向下直线

383. _____冷凝器具有体积小、重量轻和传热系数大等优点,但是不方便检修,因此只能用软水或中等硬度的冷却水。
    A. 盘管式　　　　　　　　　　B. 套管式
    C. 螺旋板式　　　　　　　　　D. 卧式壳管式

384. 制冷循环中,在冷凝温度不变的条件下,随着蒸发温度的降低,_____。
    A. 单位质量制冷量、制冷系数、单位绝热压缩功均增大
    B. 单位质量制冷量和制冷系数均增大,而单位绝热压缩功减小
    C. 单位质量制冷量和制冷系数均减小,而单位绝热压缩功增大
    D. 单位质量制冷量、制冷系数、单位绝热压缩功均减小

385. 在船舶制冷装置中,储液器设计容积是_____。
    A. 系统中全部制冷剂贮入后不超过其容积的 50%
    B. 系统中全部制冷剂贮入后不超过其容积的 1/3
    C. 系统中全部制冷剂贮入后不超过其容积的 90%
    D. 系统中全部制冷剂贮入后不超过其容积的 2/3

386. 以下制冷剂中,属于共沸混合物的是_____。
    A. R507　　　　　　　　　　　B. R404A
    C. R410A　　　　　　　　　　D. R407C

387. 如下图所示,采用过冷循环的目的不是_____。
    A. 提高液体过冷度　　　　　　B. 提高制冷系数
    C. 防止吸、排温度过高　　　　D. 防止滑油温度过高

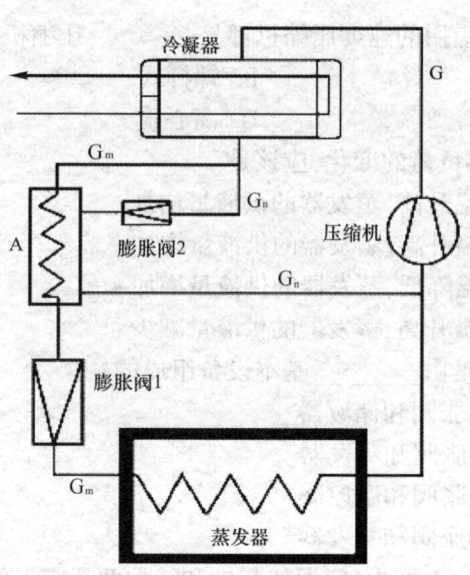

388. 采用压缩机抽空制冷系统达到要求,为了防止排气压力和排温过高,吸入截止阀应该_____。
    A. 缓慢打开
    B. 保持打开
    C. 缓慢关闭
    D. 迅速关闭

389. 吸气压力高,即反应蒸发器热负荷_____,需要压缩机_____。
    A. 小;卸载
    B. 大;卸载
    C. 小;加载
    D. 大;加载

390. 舱室中的空气通过_____流入走廊。
    A. 通风筒
    B. 房间门下的格栅
    C. 窗户
    D. 布风器

391. 从810F压缩机性能曲线可知,压缩机大部分工作区处于_____。
    A. 曲线图右上区
    B. 曲线图左上区
    C. 曲线图左下区
    D. 曲线图右下区

392. 如果制冷系统供液管/膨胀阀或吸气过滤有脏堵,则可能导致_____故障。
    A. 压缩机排气压力过小
    B. 压缩机吸气压力过小
    C. 压缩机吸气压力过大
    D. 压缩机排气压力过大

393. 制冷系统的压缩机排气压力过小的原因可能是_____。
    A. 冷却水量不足
    B. 系统混入空气形成不凝气体
    C. 排气阀泄漏
    D. 系统内制冷剂充注量过多

394. 船舶伙食制冷设备一段时间后,发现库温偏高,吸入排出压力较低,可能的原因是_____。
    A. 系统制冷剂偏少
    B. 系统制冷剂偏多
    C. 系统有空气混入
    D. 冷凝器换热面脏污

395. 下图为电热融霜程序控制方框图,以下说法不正确的是_____。

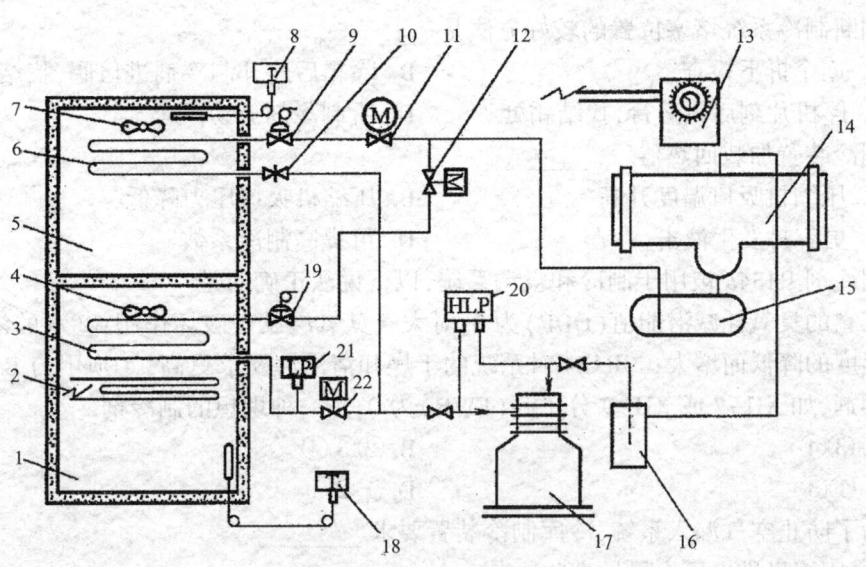

1—低温冷库；2—融霜电热器；3—冷却盘管；4—风机；5—高温冷库；6—冷却盘管；7—风机；8—温度控制器；9—膨胀阀；10—恒压阀；11、12—供液电磁阀；13—融霜定时控制器；14—冷凝器；15—储液器；16—油水分离器；17—压缩机；18—温度控制器；19—膨胀阀；20—高低压继电器；21—回气压力控制器；22—回气电磁阀

A. 设定加热延时以保证蒸发器上冰层融化或完全脱落

B. 完成融霜，供液电磁阀开启，压缩机启动，直至完全融化，风机运行。此阶段延时目的是防止压缩机超负荷

C. 完成融霜，恢复供液电磁阀开启，压缩机启动及启动风机

D. 如果是冷藏舱，没有单独的空气冷却器间，应关闭进、出风门

396. 制冷装置采取措施适当降低制冷剂的冷凝温度，_____。

　　A. 既能提高装置的蒸发温度，又能提高其运行的经济性

　　B. 既能提高装置的制冷量，又能提高其运行的经济性

　　C. 既能提高装置的制冷量，又能提高膨胀阀前后压差

　　D. 既能增大制冷剂流量，又能提高膨胀阀前后压差

397. _____不适合在低温库内检漏含氯组分的制冷剂。

　　A. 卤素检漏灯　　　　　　　　　　B. 便携式电子检漏仪

　　C. 固定式电子检漏仪　　　　　　　D. 皂液检漏法

398. 半封闭式活塞制冷压缩机如果反转，要保证压力供油，需要操作的是_____。

　　A. 使机带外齿轮泵底盘转180°，背面销钉卡到半圆槽对面

　　B. 使外齿轮泵进出管改变位置

　　C. 使内齿轮泵进出管改变位置

　　D. 使机带内齿轮泵底盘转180°，背面销钉卡到半圆槽对面

399. 关于八缸制冷压缩机油压启动阀式卸载机构，当压缩机启动时，基本工作缸处于_____，其他缸处于_____。

　　A. 卸载；卸载　　　　　　　　　　B. 投入工作；投入工作

　　C. 卸载；投入工作　　　　　　　　D. 投入工作；卸载

400. 判断制冷系统堵塞位置的较好方法是_____。
    A. 逐个拆下检查
    B. 除霜后速开制冷剂进口阀,找结霜处
    C. 停机片刻后再运行,找结霜处
    D. 听制冷剂流动声音

401. 制冷装置加装回热器后,_____。
    A. 压缩机吸口温度升高
    B. 压缩机吸口压力降低
    C. 更容易发生液击
    D. 可提高制冷系数

402. 制冷剂 R134a 被用于制冷和空调系统,以下说法正确的是_____。
①它的臭氧耗减潜能值(ODP)为 0,对大气臭氧层没有破坏作用;②水的溶解度小,但随温度的降低而增大;③R134 对系统的干燥和清洁性要求更高;④须用与 R134a 相溶的干燥剂,如 XH-7 或 XH-9 分子筛(FWR)为 0,是一种理想的制冷剂
    A. ③④
    B. ②③④
    C. ①③
    D. ①②

403. 为了防止空气漏入系统,冷库制冷装置要求_____。
    A. 压缩机排出压力尽量高些
    B. 管路包扎密封性能好的防护套
    C. 蒸发压力不低于大气压力
    D. 吸气温度和压力尽量高些

404. 制冷压缩机在_____操作时可能会用到吸入阀多用通道。
①加制冷剂;②添加冷冻机油;③放制冷剂中的空气;④用压缩机做系统气密试验
    A. ①②④
    B. ②③④
    C. ①②③
    D. ①③④

405. 对于采用盐水作为载冷剂的制冷系统,以下说法不正确的是_____。
    A. 要求盐水的凝固点低于制冷剂的蒸发温度 6~8 ℃
    B. 应使盐水溶液的 pH 值为 7~8.5,略呈碱性
    C. 采用闭式盐水循环系统,减少盐水同空气的接触
    D. 一般选择的盐水浓度应在其共晶点的右侧

406. 在理论回热循环中,制冷剂经过回热器所产生的过热度比过冷度_____。
    A. 不一定
    B. 相等
    C. 大
    D. 小

407. 如果冷库蒸发面积太小,下列说法正确的是_____。
    A. 无论怎么调节,蒸发压力也不能升高
    B. 制冷剂过热度太高
    C. 制冷剂必然产生液击
    D. 可以用调节蒸发压力的办法去适应制冷能力的需要

408. 采用压缩机抽空制冷系统达到要求,为了防止空气倒流,排气口应_____,然后再停车。
    A. 缓慢关闭
    B. 迅速关闭
    C. 缓慢打开
    D. 保持打开

409. 就制冷方式而言,蒸发制冷主要分为蒸气压缩式、吸收式和蒸气喷射式等三种,其中以

_____制冷装置的应用最为普遍。

A. 蒸气膨胀式 　　　　　B. 蒸气喷射式

C. 吸收式 　　　　　　　D. 蒸气压缩式

410. 下图所示为制冷系统滤网式油分离器,如果浮子破裂,会出现_____现象。

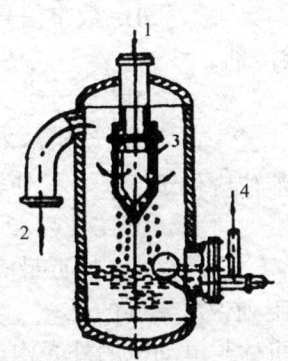

1—进气;2—出气;3—金属丝网;4—回油

A. 排出压力变高 　　　　B. 不影响回油环

C. 无法回油 　　　　　　D. 回油阀常开

411. 空调制冷压缩机启动时应慢慢开启吸入阀,万一听到液击声,正确的措施是_____。

A. 立即开大排出阀 　　　B. 立即停止压缩机

C. 立即开大吸入阀 　　　D. 立即关小吸入阀,以后再逐渐开大

412. 船舶制冷装置工作时,当_____时制冷压缩机吸气管和缸头会出现结霜,甚至发生液击。

A. 冷凝器冷却水温度太低

B. 热力膨胀阀感温包的毛细管断壁

C. 进入蒸发器的制冷剂温度太低

D. 鱼库膨胀阀感温包错放在菜库回气管上

413. 有关制冷压缩机轴封装置的说法正确的是_____。

①轴封装置主要有波纹管式和摩擦环式两种;②波纹管式密封性较差,容易损坏;③摩擦环式轴封结构密封性差,容易损坏;④目前广泛采用的是单向摩擦环式轴封装置

A. ①②③ 　　　　　　　B. ①②③④

C. ①②④ 　　　　　　　D. ②③④

414. 某些船鱼、肉库采用蒸发盘管而不用冷风机,主要是因为蒸发盘管_____。

A. 传热系数高

B. 安装方便

C. 除湿效果好

D. 附加热负荷小,且不易使食品风干

415. 如果夏天不小心把排气扇装在房间内,而蒸发器装在室外是_____。

A. 热泵循环,逆循环 　　B. 制冷循环,逆循环

C. 热泵循环,正循环 　　D. 制冷循环,正循环

416. 制冷系统中的电动式膨胀阀是步进电机驱动的电子膨胀阀。它通过给电机驱动施加一定逻辑关系的_____，使步进电机通过螺纹驱动阀针的_____，从而改变阀口的流通面积达到控制流量的目的。

A. 模拟信号;上下运动   B. 模拟信号;回转运动

C. 数字信号;回转运动   D. 数字信号;上下运动

417. 下列_____不是常用的载冷剂。

A. 氯化镁水溶液   B. 水

C. 氯化钙水溶液   D. 氨水溶液

418. 制冷系统运行中,储液器的液位应位于_____处较合适。

A. 最低   B. 1/3~1/2

C. 最高   D. 接近最满

419. 关于半封闭式制冷压缩机,下列说法错误的是_____。

A. 半封闭式制冷压缩机的机体与电动机的外壳构成一体

B. 半封闭式制冷压缩机的结构更紧凑,密封性能好

C. 半封闭式制冷压缩机采用强制滑油泵,由于转向无法观察,反转时不能供油

D. 半封闭式制冷压缩机绕组绝缘材料要求耐油及耐氟利昂的侵蚀

420. 在船舶制冷装置中,干燥器一般由_____组成。

①封盖;②过滤篮;③干燥剂;④垫圈

A. ①②④   B. ①③④

C. ②③④   D. ①②③④

421. 在船舶制冷装置中,油压差控制器的作用是_____。

A. 当滑油压力低于整定值时,就会自动切断压缩机电路

B. 当滑油压力低于整定值时,经过一定延时之后就会自动切断压缩机电路

C. 当压差低于整定值时,就会自动切断压缩机电路,实现油压保护

D. 当压差低于整定值时,经过一定延时之后就会自动切断压缩机电路,实现油压保护

422. 在船舶制冷装置中,冷凝器的附件有_____。

①安全阀;②放空气阀;③水室泄水旋塞;④水室放气旋塞;⑤液位计

A. ③④⑤   B. ①②③④⑤

C. ①②④   D. ②③④

423. 船舶制冷装置的气密试验,正确的顺序是_____。

①当压力达到0.3~0.5 MPa时,检查系统有无明显泄漏;②关闭压缩机的吸、排截止阀和所有通大气的阀及滑油分离器的回油阀;③拆除系统中不能承受试验压力的元件或将其隔热旁通;④当查明系统不泄漏后,接着取下安全阀出口处的临时堵头,检查安全阀是否关严,放尽检漏用气体;⑤对系统各连接处、阀杆填料箱、焊缝等处仔细查漏

A. ③④⑤①②   B. ①②③④⑤

C. ③④①②⑤   D. ③②①⑤④

424. 如果制冷压缩机的高低压端之间存在较严重的内部泄漏,会导致_____。

A. 冷凝压力降低   B. 压缩机频繁启停

C. 压缩机排压升高   D. 冷凝压力升高

425. 可能发生"奔油"的制冷压缩机是_____。
    A. 螺杆式 　　　　　　　　B. 活塞往复式
    C. 滚轮式 　　　　　　　　D. 离心式

426. 在船舶制冷装置中,视液镜的主要功能是_____。
    ①观察管路中的制冷剂状态;②观察制冷剂或冷冻机油中水分含量;③干燥制冷剂
    A. ①②③ 　　　　　　　　B. ①②
    C. ①③ 　　　　　　　　　D. ②③

427. 在船舶制冷装置中,高低压继电器的控制信号是_____。
    A. 冷凝器的进出口压力
    B. 制冷压缩机的滑油泵的进出口压力
    C. 制冷压缩机的进出口压力
    D. 蒸发器的进出口压力

428. 船舶冰库的温度回升速度太快,不可能的原因是_____。
    A. 冰库的保温材料受潮严重
    B. 冰库的保温材料太差
    C. 冰库门关闭不严密
    D. 制冷量不足

429. 在船舶制冷装置中,不能导致压缩机排压过高的因素是_____。
    A. 冷凝器冷却水侧有水垢
    B. 制冷剂太少
    C. 冷却水量不足
    D. 装置中有空气

430. _____与_____联合使用,对库温进行控制。
    A. 热力膨胀阀;温度继电器
    B. 温度继电器;电磁阀
    C. 温度继电器;止回阀
    D. 温度继电器;高低压继电器

431. 目前船舶广泛使用且对臭氧层影响较小的制冷剂是下列_____制冷剂。
    A. R22、R134、R502、R504
    B. R134A、R404、R502、R504
    C. R134A、R404A、R407C、R504
    D. R22、R404A、R407C、R504

432. 关于制冷装置中的供液电磁阀,下列说法不妥的是_____。
    A. 电磁阀线圈通电时,不可拆掉外壳,以免线圈温度升高而烧坏
    B. 电磁阀进出口不可接反,以免造成电磁阀打开困难
    C. 电磁阀应该垂直安装,以免阀芯落下困难,使得阀关闭不严
    D. 电磁阀通常会安装在热力膨胀阀前面的管路上

433. 在压缩机状况和其他温度条件不变的情况下随着膨胀阀前制冷剂过冷度的增大,制冷压缩机功率_____。

    A. 增大

    B. 不变

    C. 减小

    D. 先增大,在冷过度达到一定程度后反而减小

434. 氟利昂易溶于油不会_____。

    A. 使蒸发压力降低

    B. 使滑油黏度降低

    C. 久停车后启动时"奔油"

    D. 妨碍冷凝器传热

435. 含氯原子的氟利昂气态制冷剂被泄放至地面高空后,在强烈的紫外线作用下释放出氯离子,会起催化作用而大量损耗_____,破坏其生成和分解平衡。

    A. 氢气   B. 臭氧

    C. 氧气   D. 氟利昂

436. 蒸气压缩制冷循环在 $p\text{-}h$ 图上,_____不属于定干度线。

    A. 饱和液态线   B. 从临界点向下穿过湿蒸气区的直线

    C. 干饱和蒸气线   D. 从临界点向下穿过过热区的直线

437. 卤素检漏灯适合检测_____制冷剂泄漏。

    A. R134a   B. R744

    C. R717   D. R22

438. 制冷系统充入制冷剂时,干燥器旁通管路应_____,冷凝器冷却水应_____。

    A. 打开;加大   B. 打开;减小

    C. 关闭;加大   D. 关闭;减小

439. 下图为电热融霜系统原理图,下列说法错误的是_____。

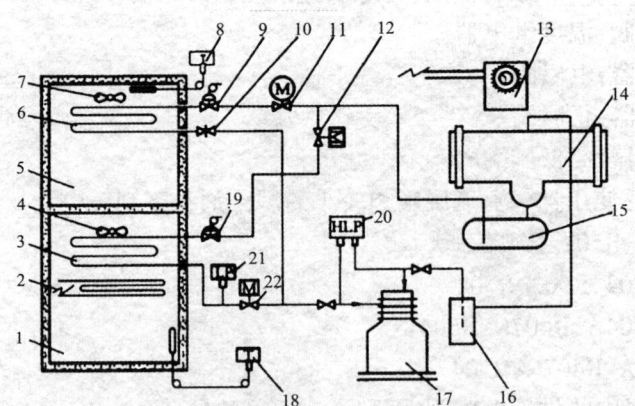

1—低温冷库;2—融霜电热器;3—冷却盘管;4—风机;5—高温冷库;6—冷却盘管;7—风机;8—温度控制器;9—膨胀阀;10—恒压阀;11、12—供液电磁阀;13—融霜定时控制器;14—冷凝器;15—储液器;16—油水分离器;17—压缩机;18—温度控制器;19—膨胀阀;20—高低压继电器;21—回气压力控制器;22—回气电磁阀

    A. 先关闭供液电磁阀 12 和冷却盘管 3 的回气电磁阀 22,停止向空气冷却器供液

    B. 将空气冷却器抽空后,停压缩机 17,开启回气管截止阀

C. 停通风机 4,如果是冷藏舱,没有单独的空气冷却器间,应关闭进、出风门

D. 将融霜电热器 2 通电,融霜泄水聚集在空冷器下的集水盘泄出

440. 关于制冷剂 501,下列说法正确的是_____。

A. 非共沸混合物,两种制冷剂按一定比例混合而成,可保持恒定的蒸发温度,气相和液相具有相同的成分

B. 非共沸混合物,与组成他的原制冷剂的性质相同

C. 共沸混合物,两种制冷剂具有不同的组成成分,当制冷剂泄漏需补充时,需要抽空其换新

D. 共沸混合物,两种制冷剂按一定比例混合而成,可保持恒定的蒸发温度,气相和液相具有相同的成分

441. 电子膨胀阀是近年出现的一种新型节流机构,正常工作中改变其开度的驱动方式是_____。

A. 利用控制器控制步进式电机的运转

B. 利用阀内膜片上下的压力差

C. 利用手动的调节杆

D. 利用主调弹簧的张力

442. 为提高制冷系统的效率,下列做法正确的是_____。

A. 采用适当的过热和过冷循环

B. 尽量降低蒸发温度

C. 降低过冷度

D. 采用适当的气态工质过冷循环

443. 制冷剂_____对大气臭氧层无破坏作用。

A. R12　　　　　　　　　　B. R22

C. R502　　　　　　　　　　D. R134a

444. 电子膨胀阀相对热力膨胀阀的优点包括_____。
①流量调节可以不受冷凝压力和供液过冷度变化的影响;②动作迅速,调节精确,可将蒸发器出口过热度调至很小甚至为零,提高了蒸发器的利用率;③流量特性的线性范围很宽,适用很大的制冷量范围,也适用各种蒸发温度;④电动式不允许制冷剂双向流动,可直接用于热泵工质和热气融霜

A. ①③④　　　　　　　　　B. ①②④

C. ①②③　　　　　　　　　D. ②③④

445. 制冷压缩机更换滑油时,应_____吸入截止阀,启动压缩机把机内抽成真空,回收制冷剂,同时为了防止发生"奔油",可以_____抽空。

A. 全开;持续　　　　　　　B. 全开;间断

C. 关闭;间断　　　　　　　D. 关闭;持续

446. 进行制冷循环的热力计算时用的 $\lg p-h$ 图以绝对压力为纵坐标_____。

A. 扩大图形的尺寸,并使高压区内的精度提高

B. 优化图形的尺寸,并使低压区内的精度提高

C. 扩大取值范围,使图包含所有相区的数值

D. 缩小图形的尺寸,并使低压区内的精度提高

447. 蒸气压缩制冷理想循环中的制冷剂在膨胀阀中的绝热过程,在制冷剂的压-焓图($p\text{-}h$图)上用_____表示。

    A. 铅垂虚线   B. 水平虚线

    C. 铅垂实线   D. 水平实线

448. 以下关于 R134a 的说法,错误的是_____。

    A. R134a 本身有润滑性,对润滑油的润滑性要求不高

    B. R134a 宜采用泡沸石作为干燥剂

    C. R134a 是一种新型制冷剂,其臭氧耗减潜值(ODP)为 0,全球变暖潜能值(GWP)为 0.26

    D. R134a 不含氯元素,不能用卤素灯检漏

449. 在船舶制冷装置中,气液分离器的主要作用是_____。

    ①用于缓冲冷剂进入压缩机的冲击,便于流量均匀;②暂时存放过多的制冷剂和油的混合物;③用于分离低压冷剂中的液滴

    A. ①③   B. ②③

    C. ①②   D. ①②③

450. 船舶制冷装置在正常运行时,_____。

    A. 打开干燥器进出口阀,处于干燥状态

    B. 干燥器进出口阀可关可开,对系统无影响

    C. 可以根据个人的管理习惯进行操作

    D. 关闭干燥器进出口阀,使其处于旁通状态

451. 在船舶制冷装置中,间接启闭式电磁阀的特点有_____。

    ①结构简单;②启阀压力大;③适应于大流量场合

    A. ①②③   B. ①③

    C. ①②   D. ②③

452. 在船舶制冷装置中,冷凝器的功能是_____。

    A. 将液态的制冷剂汽化吸热,进行制冷

    B. 将压缩机排出的气态冷剂冷却和冷凝成液态

    C. 为了降低蒸发压力,增强制冷效果

    D. 将气态冷剂冷却、液化,便于存储

453. 船舶上"消耗臭氧物质记录簿"_____。

    A. 不是强制性的文件

    B. 是为了减少有毒气体的排放

    C. 是船舶公司规定的

    D. 是经过主管机关批准的

454. 螺杆式制冷压缩机压缩终了时的压力与_____无关。

    A. 吸气腔压力   B. 排气腔压力

    C. 排气口位置   D. 转子几何形状

455. 冷库制冷装置的蒸发压力一般是_____。

A. 小于等于 0.1 MPa　　　　　　　　B. 大于等于 0.1 MPa

C. 大于 0.1 MPa　　　　　　　　　　D. 小于 0.1 MPa

456. 以下关于 R22 的说法中不正确的是_____。

A. 含水量尚不致在冰塞时就可能腐蚀金属

B. 不破坏臭氧层

C. 会在压缩机中引起"奔油"

D. 液态含水多时水浮在上层

457. 制冷装置调整好后,压缩机启停一般以每小时启动不超过_____为宜。

A. 2 次　　　　　　　　　　　　　　B. 6 次

C. 4 次　　　　　　　　　　　　　　D. 1 次

458. 制冷装置中不凝性气体增多的危害不包括_____。

A. 使排气压力增大和温度升高　　　　B. 使制冷量减小

C. 造成启动时"奔油"　　　　　　　　D. 使轴功率增大

459. 如果制冷剂充注量或供液量不足或节流阀调节不当,则可能导致_____故障。

A. 压缩机排气压力过低　　　　　　　B. 压缩机吸气压力过低

C. 压缩机吸气压力过高　　　　　　　D. 压缩机排气压力过高

460. 船舶"消耗臭氧物质记录簿"的记录通常是由_____负责填写和更新的。

A. 船舶的机务部门或技术人员　　　　B. 海事局主管人员

C. 港口当局主管人员　　　　　　　　D. 船长

461. 在船舶制冷装置中,储液器是用于储存_____的容器。

A. 制冷剂中的滑油　　　　　　　　　B. 液体冷剂

C. 制冷剂中的杂质　　　　　　　　　D. 气态冷剂

462. 在蒸发温度和压缩机状况等条件不变时,随着冷凝温度的升高,单位质量制冷量_____,制冷系数_____。

A. 减小;增大　　　　　　　　　　　B. 增大;增大

C. 增大;减小　　　　　　　　　　　D. 减小;减小

463. 当船舶制冷装置添加滑油时,下列操作错误的是_____。

A. 给制冷压缩机添加滑油时,一定要避免空气的混入

B. 发现制冷压缩机的曲轴箱油位低时,立即加油

C. 每次添加润滑油应记录日期和数量

D. 必须注意切莫混入不同品牌的润滑油

464. 从制冷剂的发展看,其经历了四代,关于第一代制冷剂,下列说法正确的是_____。

A. 氢氟氯烃类(HCFCs),对臭氧层的破坏最大,全球未经淘汰使用

B. 氟氯烃类(CFCs),对臭氧层的破坏最大,全球已经淘汰使用

C. 氟氯烃类(CFCs),对臭氧层的破坏最大,全球未经淘汰使用

D. 氢氟氯烃类(HCFCs),对臭氧层的破坏最大,全球已经淘汰使用

465. 在蒸发温度和压缩机状况等条件不变时,随着冷凝温度的升高,单位质量制冷量_____,压缩机轴功率_____。

A. 增大;增大　　　　　　　　　　　B. 增大;减小

C. 减小;增大　　　　　　　　　　D. 减小;减小

466. 关于冷凝器,下列说法错误的是_____。
   A. 水冷式冷凝器按其结构形式又可分为壳管式、套管式两种
   B. 蒸发式冷凝器是用于冷库降温的一种换热装置,由风机、冷凝盘管、换热片、箱体等部件组合而成
   C. 冷凝器按其结构形式不同,可分为水冷式、空气冷却式、蒸发式三大类
   D. 空气冷却式冷凝器分为自然对流式和强制对流式

467. 船舶制冷装置压缩机不能自动启动的原因,可能是_____。
   ①发生严重的冰塞;②低压继电器发生故障;③冷凝压力太低;④高压继电器发生故障;⑤油压差继电器发生故障
   A. ②③④⑤　　　　　　　　　　B. ①②④⑤
   C. ①②③④　　　　　　　　　　D. ①③④⑤

468. 制冷压缩机排出阀多用通道在_____操作中可能会被用到。
   ①放空气;②从系统中取出制冷剂;③用压缩机抽空系统;④加制冷剂
   A. ①③④　　　　　　　　　　B. ②③④
   C. ①②③　　　　　　　　　　D. ①②④

469. 在采用盐水作为载冷剂的冷却系统中,为了防止腐蚀,盐水溶液要保持弱碱性,常添加的防腐剂是_____。
   A. 氢氧化钠和重铬酸盐　　　　　B. 氢氧化钠和重钼酸盐
   C. 盐酸和重铬酸盐　　　　　　　D. 盐酸和重钼酸盐

470. _____不是制冷压缩机滑油油位降低过多的原因。
   A. 滑油分离器回油阀无法开启　　B. 活塞环装反
   C. 冷剂大量泄漏　　　　　　　　D. 冷剂过多

471. 从制冷剂的发展看,经历了四代,关于第四代制冷剂,下列说法正确的是_____。
   A. 碳氢氟类(HFOs),环保无污染
   B. 氢氟烃类(HFCs),对臭氧层破坏小,但暖室效应小
   C. 氢氟烃类(HFCs),对臭氧层无破坏,但暖室效应较大
   D. 碳氢氯类(HFOs),污染小

472. 关于冷库,下列说法错误的是_____。
   A. 穿过库房隔热层的电气线路,应采取可靠的防火措施
   B. 高灵敏度空气采样式感烟火灾探测器不适合冷库使用
   C. 水冷却式制冷压缩机应设置断水保护
   D. 低于 0 ℃的库房内动力及照明线路,应采用适合库房温度的耐低温绝缘电缆

473. 关于制冷装置气密试验,下列说法正确的是_____。
   ①低压系统气密试验压力应为1.8 MPa;②气密试验应用瓶装氧气,静待8 h,压降不超过0.034 MPa;③开启压缩机吸排气阀截止阀;④打开膨胀阀旁通阀;⑤系统连接处、阀杆填料处、焊缝处仔细查漏;⑥冷凝器可从泄水旋塞口处查漏
   A. ②⑤⑥　　　　　　　　　　B. ③④⑥
   C. ④⑤⑥　　　　　　　　　　D. ①④⑤

474. 在蒸发温度和压缩机状况等条件不变时,随着冷凝温度的降低,压缩机的制冷系数_____,压缩机轴功率_____。
　　A. 增大;减小　　　　　　　　　　B. 减小;减小
　　C. 减小;增大　　　　　　　　　　D. 增大;增大

475. 制冷系统的单位质量制冷量是指_____。
　　A. 每千克制冷剂在蒸发器内从被冷却物体中吸取的热量
　　B. 每千克制冷剂在蒸发器内从被冷却物体中吸取的热量加上回热器吸收的热量
　　C. 每千克制冷剂在蒸发器内从被冷却物体中吸取的热量加上过冷器吸收的热量
　　D. 每千克制冷剂在蒸发器内从被冷却物体中吸取的热量加上回热器放出的热量

476. 根据制冷压缩机性能曲线,可由_____确定压缩机轴功率。
　　A. 制冷系数和制冷量　　　　　　B. 制冷量和蒸发温度
　　C. 冷凝温度和蒸发温度　　　　　D. 制冷量和冷凝温度

477. 关于船舶制冷装置蒸发器的以下说法中,错误的是_____。
　　A. 大多用直接冷却式
　　B. 冷却排管一般上面进液,下面回气,以便滑油返回压缩机
　　C. 目前船舶高温冷库几乎全用冷风机,新船低温库大多用冷却盘管
　　D. 冷风机式便于自动控制电热融霜

478. 关于一般船舶制冷装置干燥器的说法错误的是_____。
　　A. 在充冷剂时接入系统使用
　　B. 系统中出现冰塞时接入系统使用
　　C. 在完成换油、拆修压缩机等操作时无须使用
　　D. 正常运行后可以旁通

479. 决定是否向制冷装置蒸发器供冷剂的部件是_____。
　　A. 膨胀阀　　　　　　　　　　　B. 供液电磁阀
　　C. 蒸发压力调节阀　　　　　　　D. 压力控制阀

480. 决定向制冷装置蒸发器供冷剂量多少的部件是_____。
　　A. 膨胀阀　　　　　　　　　　　B. 供液电磁阀
　　C. 蒸发压力调节阀　　　　　　　D. 压力控制阀

481. 制冷装置中一般不需要电磁阀的是_____。
　　A. 压缩机容量调节　　　　　　　B. 油分离器回油
　　C. 蒸发压力调节　　　　　　　　D. 膨胀阀之前供液管路

482. 关于制冷装置温度控制器的说法错误的是_____。
　　A. 常用来控制供液电磁阀通电与否,将冷库的库温保持在给定范围
　　B. 温度控制器不能直接控制压缩机启停
　　C. 温度控制器可用于融霜保护
　　D. 当一台压缩机为多库工作时,各库温度控制器可并联控制压缩机

483. 压缩制冷装置中制冷剂由高压气态变为高压液态以_____元件为分界点。
　　A. 电磁阀　　　　　　　　　　　B. 冷凝器
　　C. 膨胀阀　　　　　　　　　　　D. 蒸发压力调节阀

484. 压缩制冷装置中制冷剂由低压气态变为高压气态以_____元件为分界点。
　　A. 电磁阀　　　　　　　　　　　　B. 压缩机
　　C. 膨胀阀　　　　　　　　　　　　D. 蒸发压力调节阀

485. 压缩制冷装置中制冷剂在蒸发器中流动,在完全汽化前理论上是_____过程。
　　A. 定压定温　　　　　　　　　　　B. 降压降温
　　C. 定压升温　　　　　　　　　　　D. 降压升温

486. 压缩制冷装置中制冷剂在蒸发器中吸收热量变为过热气态过程中温度变化为_____。
　　A. 一直升高　　　　　　　　　　　B. 一直降低
　　C. 先降低后升高　　　　　　　　　D. 先升高后降低

487. 压缩制冷装置中制冷剂在冷凝器中完全液化前理论上是_____过程。
　　A. 定压定温　　　　　　　　　　　B. 降压降温
　　C. 定压升温　　　　　　　　　　　D. 降压升温

488. 压缩制冷装置中制冷剂在冷凝器中完全液化前实际上是_____过程。
　　A. 定压定温　　　　　　　　　　　B. 降压降温
　　C. 定压升温　　　　　　　　　　　D. 降压升温

489. 压缩制冷装置中制冷剂在冷凝器中经历的过程依次为_____。
　　A. 冷却、冷凝、过冷　　　　　　　B. 冷凝、冷却、过冷
　　C. 冷却、过冷、冷凝　　　　　　　D. 过冷、冷凝、冷却

490. 压缩制冷装置中制冷剂在冷凝器中理论上温度变化过程为_____。
　　A. 先降低后不变再降低　　　　　　B. 一直降低
　　C. 先降低后升高　　　　　　　　　D. 先降低后不变

491. 压缩制冷装置中在回热器中过热气态制冷剂的温度与过冷液态制冷剂的温度相比_____。
　　A. 高　　　　　　　　　　　　　　B. 低
　　C. 相等　　　　　　　　　　　　　D. 不定

492. 压缩制冷装置中在压缩机出口处过热气态制冷剂的温度与冷凝器出口过冷液态制冷剂的温度相比_____。
　　A. 高　　　　　　　　　　　　　　B. 低
　　C. 相等　　　　　　　　　　　　　D. 不定

493. 关于单机压缩式制冷实际循环的说法错误的是_____。
　　A. 压缩过程是熵增过程
　　B. 压缩过程一直是吸热过程
　　C. 冷剂在蒸发器中流动过程中压力降低
　　D. 冷剂在冷凝器中流动过程中压力降低

494. 关于单机压缩式制冷实际循环的说法正确的是_____。
　　A. 压缩过程是定熵过程　　　　　　B. 冷剂流经膨胀阀焓值略有增加
　　C. 冷剂流经膨胀阀有放热　　　　　D. 冷剂流经膨胀阀焓值略有降低

495. 有的 R22 制冷装置所用工况的排气温度较高,采用回热循环不会导致_____。
　　A. 吸、排气和滑油的温度更加偏高

B. 吸气预热损失增加

C. 降低滑油密封、润滑性能和缩短其使用寿命

D. 制冷量增加

496. 关于制冷装置温度控制器控制库温使用时应注意事项中,下列说法错误的是_____。

    A. 感温包应放在空气流通和能代表库温处

    B. 蒸发器是冷风机则感温包应放在回风区

    C. 感温包不宜直接暴露在出风口处被出风吹到

    D. 感温包可以装设在库门处

497. 关于制冷压缩机油压差控制器的说法错误的是_____。

    A. 启动期间油泵排油压力与吸气压力之差低于调定值,在既定延时时间内油压超过了调定压力和固定幅差之和,压缩机可正常启动

    B. 油压差控制器必须扳动复位按钮解除自锁才能使之重新闭合,否则无法再启动压缩机

    C. 为了检验油压差控制器能否正常工作,可按动试验扳手强行使油压差开关闭合,观察压缩机是否经过延时后停车

    D. 正常工作中油压因故降到调定值以下压缩机会立即停车

498. 制冷装置中不需要安装蒸发压力调节阀的是_____。

    A. 菜库   B. 乳品库

    C. 粮库   D. 肉库

499. 在单机多库制冷系统中,若不安装蒸发压力调节阀,下列说法错误的是_____。

    A. 制冷系数增加   B. 高温库中使用较低的蒸发温度

    C. 货物干耗增加   D. 货物可能会被冻坏

500. 关于冷却水量调节阀的说法正确的是_____。

    A. 冷却水量调节阀装在冷凝器的出水管上

    B. 船舶伙食冷库冷却水量调节阀大多选用间接作用式

    C. 根据蒸发压力的变化自动地调节冷却水流量

    D. 可以使冷凝压力保持在调定范围内

501. 压缩制冷装置气密试验后将制冷系统抽空的目的是_____。

    A. 清除残留试验用气   B. 除水干燥

    C. 试验压缩机性能   D. 清除残留试验用气和除水干燥

502. 压缩制冷装置中正常补充冷剂时为避免充注过量,一般是通过压缩机进行,正确的操作为_____。

    A. 关储液器出口阀和干燥器旁通阀,开干燥器出口阀

    B. 关储液器出口阀、干燥器旁通阀和干燥器出口阀

    C. 开储液器进口阀和干燥器出口阀,关干燥器旁通阀

    D. 关干燥器后面的阀和旁通阀,开储液器进口阀

503. 压缩制冷装置充剂过程中,钢瓶中冷剂已用完的现象不包括_____。

    A. 低压管路结霜融化   B. 吸入压力降低

    C. 充剂接管和钢瓶结霜过一会又融化 D. 吸入压力升高

504. 压缩制冷装置气密试验时，关闭_____前截止阀将系统高、低压侧分隔，分别加压至不同的设计压力。

    A. 蒸发压力调节阀   B. 供液电磁阀

    C. 储液器出口阀   D. 压缩机出口阀

505. 压缩制冷装置气密试验时，下列各设备阀门开关正确的是_____。

    A. 关闭压缩机吸、排截止阀和所有通大气的阀以及油分离器回油阀，开启热力膨胀阀的旁通阀

    B. 开启压缩机吸、排截止阀和所有通大气的阀以及油分离器回油阀，关闭热力膨胀阀的旁通阀

    C. 关闭压缩机吸、排截止阀和所有通大气的阀，开启油分离器回油阀和热力膨胀阀的旁通阀

    D. 关闭压缩机吸、排截止阀和所有通大气的阀以及油分离器回油阀，关闭热力膨胀阀的旁通阀

506. 关于制冷装置检漏，说法错误的是_____。

    A. 泄漏主要发生在系统中各设备的连接处、阀杆填料处和压缩机轴封等部位

    B. 必要时冷凝器和安全阀也要检查

    C. 检漏灯检漏对卤素的检漏灵敏度很高，反应速度快，重量小，携带方便

    D. 皂液检漏不适用温度低于 0 ℃处，对低压管路和微漏情况也不太有效

507. 关于制冷装置检漏，下列说法错误的是_____。

    A. 皂液检漏法不适合在低温库内检漏

    B. 卤素灯不适合 R134a 检漏

    C. 任何制冷剂从缝隙处泄漏，都会留下油迹

    D. 卤素检漏灯用完后不宜将调节阀关太紧

508. 活塞式制冷压缩机换油前，将曲轴箱抽成真空的目的是_____。

    A. 将曲轴箱空气排出   B. 将曲轴箱水分排出

    C. 收回溶解在滑油中的冷剂   D. 进行气密试验

509. 活塞式制冷压缩机换油结束后，将曲轴箱抽成真空的目的是_____。

    A. 将曲轴箱空气和水分排出   B. 试验低压控制器工作情况

    C. 收回溶解在滑油中的冷剂   D. 进行气密试验

510. 制冷系统中最易发生冰塞的元件是_____。

    A. 供液电磁阀   B. 蒸发器

    C. 膨胀阀   D. 干燥器

511. 制冷系统发生冰塞的表现不包括_____。

    A. 蒸发器冷剂流量减少   B. 压缩机吸入压力下降

    C. 出口过热度增大   D. 排气压力升高

512. 制冷系统冰塞预防措施不包括_____。

    A. 及时更换失效的干燥剂

    B. 拆修元件和日常操作时要防止湿气和水分进入系统

    C. 在充冷剂和拆修元件后，干燥器要投入使用

D. 工作中必须一直使用干燥器

513. 关于制冷压缩机滑油倾点太高的说法错误的是_____。
    A. 可能发生油堵
    B. 可能发生冰塞
    C. 可能导致压缩机启停频繁
    D. 吸入压力可能会降低

514. 制冷压缩机排气压力过高带来的影响不包括_____。
    A. 输气系数降低
    B. 装置的制冷量和制冷系数降低
    C. 可能导致压缩机停掉
    D. 膨胀阀开度变大

515. 制冷压缩机排气温度过高的原因不包括_____。
    A. 排气压力高
    B. 吸气过热度高
    C. 吸气压力低
    D. 排气阀漏气

516. 制冷压缩机吸气压力过低,吸气过热度高,可能原因为_____。
    A. 蒸发器结霜过厚
    B. 冷风机停转
    C. 系统中冷剂不足
    D. 蒸发压力调节阀调得太紧,使蒸发温度过高

517. 制冷压缩机吸气压力过低,吸气过热度高,可能原因为_____。
    A. 蒸发器结霜过厚
    B. 冷凝压力过低
    C. 冷风机转速降低
    D. 蒸发器设计制冷量不足

518. 制冷压缩机吸气过热度不大,吸气压力低可能原因为_____。
    A. 系统中冷剂不足
    B. 蒸发器结霜过厚
    C. 低压管路冰塞
    D. 低压管路油堵

519. 制冷压缩机吸气过热度不大,吸气压力低可能原因为_____。
    A. 冷凝压力过低
    B. 冷风机转速下降
    C. 低压管路冰塞
    D. 低压管路油堵

520. 制冷压缩机运转不停且压缩机吸入压力较高,可能原因不包括_____。
    A. 冷库隔热太差
    B. 内部泄漏严重
    C. 气缸余隙太小
    D. 压缩机转速下降

521. 制冷压缩机运转不停且压缩机吸入压力较高,可能原因为_____。
    A. 系统中冷剂不足
    B. 蒸发器结霜过厚
    C. 低压管路冰塞
    D. 压缩机转速下降

522. 关于制冷压缩机频繁启停的说法错误的是_____。
    A. 频繁启停会影响设备和电路的可靠性
    B. 可能使油压差控制器的加热元件或电路过载热保护元件过热而停车
    C. 会影响制冷效果
    D. 不会使压缩机不能再自动启动

523. 供液电磁阀启闭频繁,导致低压控制器使压缩机启停频繁的可能原因为_____。
    A. 容量调节未能减载
    B. 低压控制器下限调得太高
    C. 温度控制器感温包安装在冷风机出风口
    D. 低压控制器幅差太小

524. 制冷装置中供液电磁阀启闭频繁,导致低压控制器使压缩机启停频繁的可能原因

为_____。

A. 压缩机容量调节未能减载 B. 压缩机转速太高

C. 冷库隔热差 D. 低压控制器下限调得太高或幅差太小

525. 制冷装置中电磁阀处于开启状态,低压控制器使压缩机频繁启停的可能原因为_____。

A. 温度控制器感温包安装在冷风机出风口

B. 压缩机转速太高

C. 冷库隔热差

D. 低压控制器幅差太大

526. 制冷装置中电磁阀处于开启状态,低压控制器使压缩机频繁启停的可能原因为_____。

A. 高、低压端之间存在较严重的内漏 B. 压缩机容量调节未能减载

C. 冷库隔热差 D. 低压控制器下限调得太低

527. 制冷装置中电磁阀处于关闭状态,低压控制器仍使压缩机频繁启停可能原因为_____。

A. 高、低压端之间存在较严重的内漏 B. 压缩机输气量太大

C. 冷库隔热差 D. 低压控制器下限调得太低

528. 制冷装置中温度控制器感温包安装在离库门太近而门又关不严,可能引起的故障现象是_____。

A. 供液电磁阀启闭频繁,导致低压控制器使压缩机频繁启停

B. 电磁阀仍开着,低压控制器使压缩机频繁启停

C. 电磁阀全部关闭,低压控制器仍使压缩机频繁启停

D. 使压缩机吸入压力过低

529. 会导致制冷压缩机高压控制器断电的是_____。

A. 低压控制器下限调得太高 B. 高压控制器上限调得太低

C. 吸油滤器堵塞 D. 启动过于频繁

530. 会导致制冷压缩机高压控制器断电的是_____。

A. 系统充剂太满 B. 高压控制器上限调得太高

C. 曲轴箱缺油或"奔油" D. 电路电压过低

531. 会导致制冷压缩机低压控制器断电的是_____。

A. 压缩机排出截止阀未开 B. 高压控制器上限调得太低

C. 曲轴箱缺油或"奔油" D. 膨胀阀感温包充剂泄漏

532. 会导致制冷压缩机低压控制器断电的是_____。

A. 冷凝器冷却水中断 B. 高压控制器上限调得太低

C. 低压控制器下限调得太高 D. 吸油滤器堵塞

533. 制冷装置中冷却盘管进出口压降较小可选用_____膨胀阀,冷风机压降都比较大,一般多选用_____膨胀阀。

A. 内平衡式;外平衡式 B. 内平衡式;内平衡式

C. 外平衡式;内平衡式 D. 外平衡式;外平衡式

534. 会导致制冷压缩机低压控制器断电的是_____。

A. 系统冷剂不足　　　　　　　　　B. 压缩机排出截止阀未开

C. 低压控制器下限调得太低　　　　D. 启动过于频繁

535. 不会导致制冷压缩机油压差控制器断电的是_____。

A. 吸油滤器堵塞　　　　　　　　　B. 曲轴箱缺油

C. 轴承间隙过小　　　　　　　　　D. 启动过于频繁

536. 不会导致制冷压缩机油压差控制器断电的是_____。

A. 油压调节阀过松或严重泄漏　　　B. 系统存在不凝气体

C. 轴承间隙过大　　　　　　　　　D. 油路中某处严重泄漏

537. 会导致制冷压缩机过电流继电器断电的是_____。

A. 冷剂严重缺少　　　　　　　　　B. 高压控制器上限调得太低

C. 电磁阀断电　　　　　　　　　　D. 启动过于频繁

538. 会导致制冷压缩机过电流继电器断电的是_____。

A. 冷剂严重缺少　　　　　　　　　B. 高压控制器上限调得太低

C. 低压控制器下限调得太低　　　　D. 启动过于频繁

539. 会导致制冷压缩机过电流继电器断电的是_____。

A. 电路电压过低　　　　　　　　　B. 压缩机容量调节未能减载

C. 电磁阀断电　　　　　　　　　　D. 轴承间隙过大

540. 下列因素导致压缩机停掉后不需要手动复位的是_____。

A. 压缩机排出截止阀未开　　　　　B. 高压控制器上限调得太低

C. 电磁阀断电　　　　　　　　　　D. 轴承间隙过大

541. 下列因素导致压缩机停掉后需要手动复位的是_____。

A. 系统冷剂不足　　　　　　　　　B. 低压控制器下限调得太高

C. 电磁阀断电　　　　　　　　　　D. 系统充剂太满

参考答案

第一节　热力学和传热学

1. B	2. D	3. D	4. A	5. B	6. A	7. B	8. B	9. B	10. D
11. A	12. A	13. B	14. D	15. B	16. D	17. D	18. B	19. C	20. D
21. D	22. B	23. A	24. B	25. A	26. B	27. C	28. B	29. B	30. B
31. C	32. C	33. A	34. B	35. A	36. C	37. B	38. D	39. D	40. B
41. B	42. C	43. D	44. B	45. B	46. B	47. B	48. D	49. C	50. C
51. C	52. C	53. A	54. B	55. B	56. B	57. B	58. A	59. B	60. C
61. C	62. C	63. D	64. D	65. A	66. B	67. D	68. D	69. B	70. A
71. D	72. B	73. C	74. B	75. C	76. D	77. D	78. B	79. A	80. B
81. B	82. D	83. D	84. B	85. B	86. C	87. C	88. C	89. C	90. D
91. D	92. B	93. C	94. B	95. B	96. C	97. C	98. B	99. C	100. D

中华人民共和国海船船员培训大纲熟悉训练资源

101. D	102. B	103. D	104. A	105. A	106. B	107. B	108. C	109. A	110. C
111. B	112. B	113. A	114. A	115. C	116. D	117. B	118. D	119. D	120. A
121. D	122. C	123. C	124. A	125. C	126. B	127. C	128. D	129. D	130. B
131. D	132. D	133. C	134. B	135. C	136. C	137. A	138. A	139. A	140. B
141. A	142. C	143. C	144. A	145. C	146. C	147. B	148. B	149. B	150. A
151. A	152. D	153. C	154. C	155. A	156. C	157. C	158. B	159. D	160. C
161. A	162. A	163. A	164. D	165. D	166. D	167. C	168. D	169. A	170. C
171. D	172. A	173. C	174. B	175. A	176. A	177. B	178. A	179. B	180. C
181. A	182. C	183. C	184. D	185. C	186. D	187. C	188. C	189. D	190. C
191. B	192. A	193. A	194. B	195. C	196. B	197. B	198. D	199. C	200. A
201. B	202. D	203. B	204. C	205. A	206. B	207. B	208. C	209. A	210. D
211. C	212. A	213. C	214. C	215. B	216. A	217. C	218. A	219. B	220. D
221. B	222. B	223. C	224. A	225. B	226. C	227. B	228. D	229. A	230. C
231. A	232. B	233. C	234. B	235. D	236. C	237. C	238. B	239. A	240. C
241. C	242. C	243. C	244. A	245. C	246. C	247. D	248. A	249. C	250. D
251. D	252. D	253. C	254. C	255. C	256. C	257. C	258. C	259. D	260. A
261. B	262. B	263. B	264. B	265. A	266. C	267. D	268. A	269. D	270. C
271. D	272. B	273. C	274. C	275. B	276. C	277. D	278. B	279. D	280. A
281. C	282. C	283. C	284. C	285. A	286. A	287. B	288. C	289. B	290. D
291. A	292. A	293. A	294. D	295. C	296. B	297. B	298. D	299. C	300. D
301. C	302. C	303. B	304. D	305. D	306. C	307. A	308. B	309. C	310. D
311. D	312. B	313. C	314. C	315. A	316. A	317. C	318. A	319. C	320. C
321. D	322. C	323. C	324. D	325. C	326. C	327. A	328. C	329. C	330. D
331. D	332. A	333. D	334. A	335. A	336. B	337. D	338. D	339. A	340. A
341. D	342. C	343. C	344. B	345. C	346. C	347. D	348. C	349. C	350. D
351. C	352. D	353. C	354. C	355. B	356. C	357. D	358. A	359. B	360. C
361. D	362. A	363. C	364. A	365. C	366. B	367. B	368. A	369. B	370. C
371. D	372. B								

第二节 制冷装置和制冷循环

1. C	2. D	3. C	4. D	5. C	6. D	7. D	8. B	9. B	10. C
11. C	12. A	13. C	14. B	15. B	16. D	17. C	18. D	19. C	20. C
21. C	22. B	23. A	24. B	25. C	26. C	27. C	28. D	29. B	30. D
31. D	32. C	33. C	34. D	35. A	36. C	37. C	38. B	39. C	40. C
41. D	42. C	43. C	44. B	45. C	46. C	47. D	48. C	49. D	50. B
51. B	52. C	53. B	54. B	55. D	56. D	57. D	58. B	59. C	60. A
61. D	62. D	63. C	64. C	65. B	66. C	67. A	68. A	69. A	70. B

71. D	72. C	73. D	74. B	75. C	76. C	77. D	78. B	79. B	80. D
81. D	82. C	83. B	84. D	85. D	86. A	87. D	88. C	89. C	90. A
91. B	92. C	93. B	94. B	95. D	96. D	97. D	98. B	99. B	100. B
101. C	102. B	103. D	104. C	105. A	106. D	107. C	108. D	109. D	110. D
111. D	112. D	113. B	114. A	115. D	116. D	117. C	118. C	119. A	120. A
121. D	122. C	123. B	124. D	125. A	126. B	127. C	128. B	129. D	130. D
131. C	132. C	133. B	134. D	135. D	136. C	137. B	138. A	139. C	140. D
141. B	142. D	143. D	144. D	145. A	146. C	147. B	148. C	149. C	150. A
151. B	152. D	153. C	154. D	155. A	156. C	157. B	158. A	159. B	160. A
161. D	162. B	163. B	164. D	165. D	166. D	167. B	168. C	169. C	170. B
171. C	172. D	173. D	174. C	175. B	176. D	177. D	178. D	179. C	180. C
181. C	182. C	183. B	184. C	185. C	186. C	187. C	188. B	189. D	190. D
191. B	192. C	193. A	194. B	195. A	196. C	197. C	198. A	199. D	200. C
201. D	202. B	203. D	204. C	205. A	206. D	207. A	208. B	209. C	210. D
211. C	212. A	213. D	214. C	215. B	216. B	217. D	218. A	219. D	220. D
221. D	222. C	223. D	224. B	225. B	226. D	227. B	228. D	229. D	230. D
231. B	232. B	233. D	234. D	235. D	236. C	237. D	238. D	239. C	240. D
241. D	242. B	243. A	244. D	245. D	246. D	247. C	248. B	249. D	250. D
251. C	252. D	253. C	254. D	255. C	256. D	257. B	258. D	259. D	260. C
261. B	262. A	263. B	264. C	265. D	266. D	267. D	268. D	269. D	270. D
271. C	272. A	273. C	274. B	275. D	276. A	277. A	278. A	279. D	280. C
281. D	282. D	283. A	284. A	285. D	286. D	287. C	288. B	289. D	290. B
291. B	292. C	293. C	294. D	295. A	296. C	297. B	298. C	299. C	300. C
301. C	302. C	303. C	304. B	305. A	306. B	307. C	308. A	309. C	310. D
311. A	312. C	313. D	314. D	315. C	316. B	317. D	318. C	319. D	320. B
321. C	322. D	323. B	324. B	325. A	326. D	327. D	328. D	329. D	330. D
331. D	332. C	333. B	334. D	335. A	336. B	337. C	338. C	339. A	340. B
341. D	342. D	343. D	344. D	345. B	346. D	347. D	348. D	349. A	350. D
351. D	352. C	353. C	354. A	355. A	356. C	357. A	358. C	359. C	360. B
361. C	362. A	363. C	364. A	365. D	366. A	367. D	368. D	369. D	370. D
371. B	372. B	373. A	374. D	375. D	376. C	377. C	378. C	379. D	380. B
381. B	382. A	383. C	384. C	385. C	386. A	387. B	388. A	389. D	390. D
391. A	392. B	393. C	394. A	395. A	396. B	397. D	398. D	399. A	400. B
401. A	402. C	403. C	404. A	405. D	406. C	407. A	408. B	409. D	410. C
411. D	412. D	413. C	414. D	415. A	416. D	417. D	418. B	419. C	420. D
421. D	422. B	423. D	424. B	425. B	426. B	427. C	428. D	429. B	430. B
431. C	432. B	433. B	434. D	435. B	436. B	437. D	438. C	439. B	440. D
441. A	442. A	443. D	444. C	445. C	446. D	447. A	448. A	449. B	450. D
451. D	452. B	453. D	454. B	455. B	456. B	457. C	458. C	459. B	460. A

461. B	462. D	463. B	464. B	465. C	466. C	467. B	468. C	469. A	470. D
471. C	472. B	473. C	474. A	475. A	476. C	477. C	478. C	479. B	480. A
481. C	482. B	483. B	484. B	485. A	486. C	487. A	488. B	489. A	490. A
491. B	492. A	493. B	494. B	495. D	496. D	497. D	498. D	499. A	500. D
501. D	502. A	503. D	504. B	505. A	506. C	507. C	508. C	509. A	510. C
511. D	512. D	513. B	514. D	515. C	516. B	517. B	518. B	519. B	520. C
521. D	522. D	523. C	524. C	525. B	526. B	527. A	528. A	529. B	530. A
531. D	532. C	533. A	534. A	535. C	536. B	537. D	538. D	539. A	540. C
541. D									

第二章

船用锅炉

第一节　锅炉的故障

1. 锅炉汽水系统凝水含油多,通常在_____处将其泄放到舱底。
   A. 冷凝器
   B. 阻汽器
   C. 热水井
   D. 观察柜

2. 炉水含油的最大危害是使_____。
   A. 蒸发量减少
   B. 受热管烧坏
   C. 蒸汽携水增多
   D. 锅炉腐蚀加重

3. 锅炉受热面管破裂的征兆不包括_____。
   A. 蒸汽压力水位降低快
   B. 烟囱冒白烟
   C. 凝水系统出现大量蒸汽
   D. 有时能听见异常噪声

4. 锅炉"失水"是指_____。
   A. 炉水全部失去
   B. 加热后炉水泄漏
   C. 炉水水位低于最低工作水位
   D. 炉水水位低于正常水位

5. 锅炉"满水"是指_____。
   A. 水从空气阀溢出
   B. 水位超过水位计通汽阀
   C. 水位超过最高工作水位
   D. 水位到达集汽管

6. 所谓"汽水共腾"是指_____。
   A. 蒸汽带水太多
   B. 炉水中含气泡太多
   C. 炉水表面形成很厚不易消散的泡沫层
   D. 蒸发量太大

7. "汽水共腾"的原因是_____。
   A. 蒸发量太大
   B. 炉水含盐量太大
   C. 炉水水位太高
   D. 燃烧过于剧烈

8. 锅炉用汽量超过临界负荷不会使_____。
   A. 炉水水位升高
   B. 蒸汽上升流速增大
   C. 蒸汽中飞溅的炉水量增多
   D. 炉水表面形成厚泡沫层

9. 炉水含盐量超过临界值的主要危害是_____。
   A. 金属发生苛性脆化
   B. 结垢量显著增加
   C. 发生"汽水共腾",蒸汽带水剧增
   D. 炉内腐蚀加剧

10. 关于锅炉运行中锅筒内的水位，下列说法错误的是_____。
    A. 刚补水时水位反而降低　　　　　B. 加强燃烧后，未补水水位也会上升
    C. 骤然开大停汽阀，水位迅速降低　D. 减弱燃烧后，水位即会降低

11. _____不会造成锅炉水位升得比水位计水位更高和蒸汽携水量过大。
    A. 高水位时加强燃烧　　　　　　　B. 突然补水
    C. 突然增大用汽量　　　　　　　　D. 炉水含盐量大

12. 锅炉内漏水，排烟是_____的。
    A. 浓黑色　　　　　　　　　　　　B. 浅灰色
    C. 几乎无色　　　　　　　　　　　D. 白色

13. 锅炉运行中蒸汽压力突然下降不会是因为_____。
    A. 负荷突然增加　　　　　　　　　B. 锅炉水管破裂
    C. 汽水共腾　　　　　　　　　　　D. 燃油中含水多

14. 设有①经济器、②空气预热器、③过热器的水管锅炉，_____处易发生低温腐蚀。
    A. ①②　　　　　　　　　　　　　B. ②③
    C. ①③　　　　　　　　　　　　　D. ①②③

15. 锅炉应力腐蚀会表现为腐蚀和_____共同出现。
    A. 鼓包　　　　　　　　　　　　　B. 裂纹
    C. 变形　　　　　　　　　　　　　D. 磨损

16. 锅炉裂纹产生的原因包括_____。
    ①疲劳裂纹；②热应力裂纹；③蠕变裂纹；④腐蚀裂纹；⑤磨损裂纹
    A. ①②③④⑤　　　　　　　　　　B. ①②③④
    C. ①②③⑤　　　　　　　　　　　D. ①③④⑤

17. 燃油锅炉"满水"时，以下各项措施中不必要的是_____。
    A. 立即停止送汽　　　　　　　　　B. 进行上排污
    C. 化验炉水并进行水处理　　　　　D. 开启蒸汽管路上的泄水阀

18. 烟管锅炉受热面管子破裂，可用_____的方法做暂时性修理。
    A. 焊补
    B. 夹箍堵漏
    C. 钢质锥塞堵破管两端
    D. 堵棒将破管堵死

19. 水管锅炉受热面管子破裂，可用_____的方法做暂时性修理。
    A. 焊补
    B. 用夹箍堵漏
    C. 用钢质锥塞堵破管两端
    D. 用堵棒将破管堵死

20. 发现锅炉蒸汽携水太多采取的措施不包括_____。
    A. 暂时停止供汽，开启蒸汽管路和设备上泄水阀
    B. 上排污降低工作水位
    C. 化验炉水盐量是否过高
    D. 下排污降低工作水位

21. 发现燃油锅炉"满水"时应停止送汽，并_____。
    A. 立即停炉　　　　　　　　　　　B. 进行上排污
    C. 进行下排污　　　　　　　　　　D. 关给水泵电源

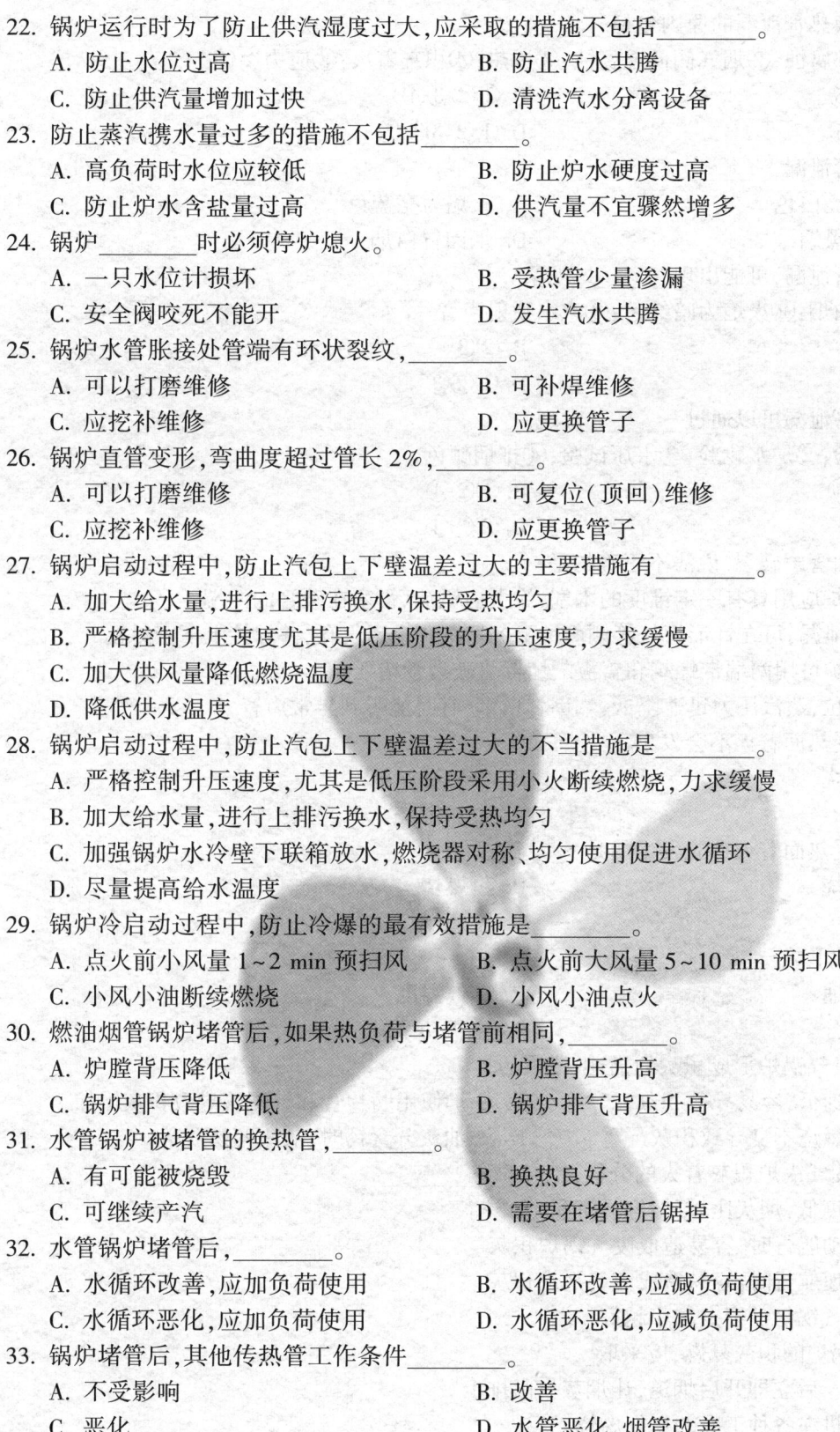

22. 锅炉运行时为了防止供汽湿度过大,应采取的措施不包括_____。
    A. 防止水位过高
    B. 防止汽水共腾
    C. 防止供汽量增加过快
    D. 清洗汽水分离设备

23. 防止蒸汽携水量过多的措施不包括_____。
    A. 高负荷时水位应较低
    B. 防止炉水硬度过高
    C. 防止炉水含盐量过高
    D. 供汽量不宜骤然增多

24. 锅炉_____时必须停炉熄火。
    A. 一只水位计损坏
    B. 受热管少量渗漏
    C. 安全阀咬死不能开
    D. 发生汽水共腾

25. 锅炉水管胀接处管端有环状裂纹,_____。
    A. 可以打磨维修
    B. 可补焊维修
    C. 应挖补维修
    D. 应更换管子

26. 锅炉直管变形,弯曲度超过管长 2% ,_____。
    A. 可以打磨维修
    B. 可复位(顶回)维修
    C. 应挖补维修
    D. 应更换管子

27. 锅炉启动过程中,防止汽包上下壁温差过大的主要措施有_____。
    A. 加大给水量,进行上排污换水,保持受热均匀
    B. 严格控制升压速度尤其是低压阶段的升压速度,力求缓慢
    C. 加大供风量降低燃烧温度
    D. 降低供水温度

28. 锅炉启动过程中,防止汽包上下壁温差过大的不当措施是_____。
    A. 严格控制升压速度,尤其是低压阶段采用小火断续燃烧,力求缓慢
    B. 加大给水量,进行上排污换水,保持受热均匀
    C. 加强锅炉水冷壁下联箱放水,燃烧器对称、均匀使用促进水循环
    D. 尽量提高给水温度

29. 锅炉冷启动过程中,防止冷爆的最有效措施是_____。
    A. 点火前小风量 1~2 min 预扫风
    B. 点火前大风量 5~10 min 预扫风
    C. 小风小油断续燃烧
    D. 小风小油点火

30. 燃油烟管锅炉堵管后,如果热负荷与堵管前相同,_____。
    A. 炉膛背压降低
    B. 炉膛背压升高
    C. 锅炉排气背压降低
    D. 锅炉排气背压升高

31. 水管锅炉被堵管的换热管,_____。
    A. 有可能被烧毁
    B. 换热良好
    C. 可继续产汽
    D. 需要在堵管后锯掉

32. 水管锅炉堵管后,_____。
    A. 水循环改善,应加负荷使用
    B. 水循环改善,应减负荷使用
    C. 水循环恶化,应加负荷使用
    D. 水循环恶化,应减负荷使用

33. 锅炉堵管后,其他传热管工作条件_____。
    A. 不受影响
    B. 改善
    C. 恶化
    D. 水管恶化、烟管改善

34. 造成锅炉换热管泄漏的原因包括_____。
①水侧局部腐蚀；②烟气侧低温腐蚀；③过热；④积灰着火；⑤应力腐蚀
 A. ①③④⑤   B. ①②③④
 C. ②③④⑤   D. ①②③④⑤

35. 锅炉换热管泄漏，_____。
 A. 火焰为亮白色   B. 火焰为亮蓝色
 C. 烟囱冒黑烟   D. 烟囱冒白烟

36. 锅炉换热管泄漏，可能出现_____现象。
①烟囱冒白烟；②火焰为暗红色；③汽水喷射声音
 A. ①②   B. ②③
 C. ①③   D. ①②③

37. 锅炉换热管泄漏可以通过_____发现。
①内部检验；②炉水化验；③水压试验；④排烟颜色
 A. ①②③④   B. ①②④
 C. ①③④   D. ②③④

38. 关于受热面管子破裂，说法不正确的是_____。
 A. 水管锅炉应用具有一定锥度的木塞，涂上白铅油后，塞在破管的两端
 B. 针形管泄漏，可在针形管外管侧面上下各切割一个透气孔，并焊接上下密封板
 C. 烟管锅炉可用两端带螺纹和盖板的堵棒将破裂管堵死
 D. 会使水位、蒸汽压力迅速降低，烟囱冒白烟，有时能听到异常声音

39. 废气锅炉受热面着火不会发生_____。
 A. 积灰燃烧   B. 氢燃烧
 C. 硫燃烧   D. 金属燃烧

40. 废气锅炉受热面着火首先发生的是_____。
 A. 积灰燃烧   B. 氢燃烧
 C. 硫燃烧   D. 金属燃烧

41. 烟气积灰的形成与_____无关。
 A. 烟气流速   B. 烟气温度
 C. 烟气成分   D. 主机功率

42. 下列关于废气锅炉形成积灰的描述，错误的是_____。
 A. 烟气流速低，容易导致积灰 B. 锅炉使用肋片管和针形管导致积灰增加
 C. 柴油机燃烧不良导致积灰严重 D. 燃油灰分含钙时，灰渣容易脱落

43. 下列关于废气锅炉积灰着火的分析，错误的是_____。
 A. 废气温度低，烟灰比较黏，容易沉积
 B. 船舶机动航行时，容易造成废气锅炉积灰
 C. 船舶降速航行时，容易造成废气锅炉积灰
 D. 船舶废气锅炉的窄点越小越好

44. 为防废气锅炉的积灰复燃，应采取_____。
 A. 主机停车后立即开启烟道，让烟灰自由排走
 B. 保证主机在各种工况的良好燃烧

C. 尽量降低吹灰频率,避免积灰层被破坏

D. 主机停车后开启风道挡板以及各种孔门,送入大量氧气,让该燃烧的烟灰尽快燃烧完毕

45. 废气锅炉吹灰应尽量在_____时进行。
   A. 主机低负荷   B. 主机高负荷
   C. 废气锅炉低蒸汽压力   D. 废气锅炉高蒸汽压力

46. 废气锅炉吹灰频度_____。
   A. 固定不变   B. 根据主机负荷确定
   C. 根据锅炉烟气进出口压差确定   D. 根据蒸汽压力确定

47. 废气锅炉吹灰剂的投放应在_____进行。
   A. 吹灰前半小时   B. 吹灰前 1 分钟
   C. 吹灰时   D. 吹灰后

48. 硝酸盐除灰剂不起_____的作用。
   A. 降低烟灰的着火点   B. 使硬质灰垢疏松脱落
   C. 对钢材钝化   D. 将烟气中的有害物质氧化成氮气和水

49. 废气锅炉吹灰时,开启吹灰阀的顺序是_____。
   A. 从上到下   B. 从下到上
   C. 从中间到两边   D. 从两边到中间

50. 关于锅炉水洗,错误的是_____。
   A. 水洗时要打开炉膛底部的泄水阀,及时将污水泄放
   B. 在让燃油锅炉熄火后,废气炉停止后,马上可以进行水洗
   C. 炉膛的耐火砖应罩上帆布,防止吸水过多
   D. 洗完炉膛后底部须用碱水清洁

51. 废气锅炉吹灰时,应尽量在主机_____工况下进行。
   A. 高负荷   B. 低负荷
   C. 50%   D. 停车

52. 为防止废气锅炉积灰着火,需定期进行锅炉吹灰。关于吹灰,下列说法错误的是_____。
   A. 废气锅炉吹灰压力不要太高   B. 吹灰可以使用蒸汽也可以使用压缩空气
   C. 主机高负荷时吹灰   D. 废气锅炉吹灰可以添加吹灰剂

53. 锅炉安全阀的调试试验,主要是检验其_____。
   A. 开启压力   B. 关闭压力
   C. 安全阀全开时的升程   D. 开启压力与关闭压力

54. 锅炉安全阀的流通面积试验,主要检查其在_____情况下的压力升高值。
   A. 锅炉低负荷燃烧并且停汽阀开启   B. 锅炉全负荷燃烧并且停汽阀开启
   C. 锅炉全负荷燃烧并且停汽阀关闭   D. 锅炉低负荷燃烧并且停汽阀关闭

55. 锅炉大修后水压试验压力通常为_____。
   A. 1.25 倍允许工作压力   B. 1.25 倍设计压力
   C. 1.5 倍允许工作压力   D. 1.5 倍设计压力

56. 关于锅炉水压试验的下列说法中,不正确的是_____。

A. 每次大修后应进行水压试验

B. 试验前应将安全阀弹簧重新上紧,使开启压力大于试验压力

C. 试验一般用手摇泵进行

D. 达到试验压力后,保压 5 min 压力不降为合格

57. 锅炉检验的主要目的不包括_____。

A. 判断是否需要清除水垢、积灰,水质控制是否得当

B. 检查内部腐蚀和有否裂纹、变形等情况,判断是否需修理

C. 判断主要附件和指示仪表状况是否正常

D. 判断燃烧质量好坏

58. 按最新规定,较大的船用锅炉进行外部总体检验应每_____进行一次。

A. 一年 　　　　　　　　　　B. 两年

C. 三年 　　　　　　　　　　D. 五年

59. 锅炉进行水压试验时,_____。

A. 试验压力为 1.5 倍锅炉设计压力

B. 大修后的锅炉试验压力为 1.5 倍设计压力

C. 试验压力为锅炉额定工作压力的 1.5 倍

D. 试验压力为锅炉安全阀开启压力的 1.5 倍

60. 对于工作压力超过 0.35 MPa、受热面积超过 4.5 m² 的船用锅炉的外部总体检验,应每_____,由_____进行。

A. 2 年;大管轮 　　　　　　B. 3 年;轮机长

C. 5 年;验船师 　　　　　　D. 1 年;验船师

61. 锅炉长期停用后应以_____进行水压试验;重大修理后应以_____进行水压试验。

A. 1.25 倍设计压力;1.5 倍设计压力 　B. 1.1 倍工作压力;1.25 倍设计压力

C. 1.25 倍工作压力;1.5 倍设计压力 　D. 1.1 倍设计压力;1.25 倍工作压力

62. 锅炉需停炉检查内部时,熄火后一般应_____。

A. 开空气阀和排污阀泄水,等其自然冷却

B. 开空气阀和排污阀泄水,向炉膛通风冷却

C. 等蒸汽压力降至零时可泄水自然冷却

D. 等蒸汽压力降为零时开空气阀,水温降至 50 ℃ 左右才泄水

63. 锅炉内部检查发现腐蚀,下列情况不允许的是_____。

A. 普遍减薄量不大于 10% 原厚度,正常使用

B. 普遍减薄量大于 10% 原厚度,验算强度降压使用

C. 普遍减薄量不大于 30% 原厚度,焊补后使用

D. 单个凹坑直径不大于 3 倍厚度,减薄量大于 30% 原厚度,焊补后使用

64. 锅炉内部检查时发现水位线以上壁面黏附较多泥渣,说明_____。

A. 工作水位太高 　　　　　　B. 发生了汽水共腾

C. 下排污不够及时 　　　　　D. 热水井过滤效果差

65. 如果锅炉内部检查发现水垢厚而不紧密,带半透明的大晶粒,在淡水中浸 2~3 h 易破碎,说明炉水_____。

A. 硬度太大 　　　　　　　　B. 含有硅盐

C. 碱度太大   D. 含盐量太高

66. 如果锅炉内部水垢厚度超过 2 mm,呈结晶状附在金属表面,说明炉水_____。
   A. 硬度太大   B. 含有硅盐
   C. 碱度太大   D. 含盐量太高

67. 检测锅炉腐蚀程度一般不采用_____。
   A. 压铅法   B. 金属浇铸法
   C. 测厚仪   D. 超声波探测法

68. 锅炉内部检查时发现底部堆积泥渣多,说明_____。
   A. 水处理投药过多   B. 热水井过滤效果差
   C. 下排污不及时   D. 上排污不及时

69. 若锅炉内水垢呈现光滑薄瓷片状,质地坚硬,说明炉水_____。
   A. 硬度太大   B. 含有硅盐
   C. 碱度太大   D. 含盐量太高

70. 锅炉受热面管子变形后下垂量不允许超过管径的_____。
   A. 25% ~ 35%   B. 50%
   C. 100%   D. 200%

71. 锅炉裂纹出现机会较多的部位不包括_____。
   A. 开有孔口等应力集中处   B. 冷热变化较剧烈处
   C. 管端扩口处   D. 热负荷较大处

72. 锅筒、联箱等处钢板减薄量不超过原厚度_____且面积不大,可堆焊修补。
   A. 10%   B. 20%
   C. 30%   D. 40%

73. 锅炉内部检查,包括水侧检查和烟侧检查,但检查的内容不包括_____。
   A. 水处理情况   B. 腐蚀与裂缝情况
   C. 燃油燃烧情况   D. 换热管和螺栓孔变形情况

74. 锅炉内部检验时,如发现锅筒、联箱等厚度因腐蚀普遍减薄 ≥10%,正确的处理方法是_____。
   A. 重新验算强度,必要时降压使用   B. 采用补焊方法修复
   C. 更换汽筒、水联箱不动   D. 可正常使用

75. 锅炉停用一年以上,锅炉移位、移装、重装需恢复使用时必须_____。
   A. 由公司机务检验并监视操作   B. 由轮机长检验并监视操作
   C. 由主管轮机员检验并操作   D. 申请并完成锅炉临时检验

76. 对于无人监控的燃油锅炉,当出现极限低水位、空气供给故障、燃烧中熄火,其控制系统应_____。
   A. 换用轻油   B. 减小风门开度
   C. 关闭燃油并报警   D. 停止供水并报警

77. 当进行燃油锅炉停用的临时检验时,应确认船上已对该锅炉的_____做了永久性盲断或拆除这些部分管段。
   A. 燃油进油管路、进水管路、主蒸汽管路
   B. 主蒸汽管路、废气锅炉供水管、蒸汽凝水管路

C. 重油出口阀、轻油出口阀、低硫油出口阀

D. 油舱回汽阀、燃油柜出口阀、燃烧器燃油回油阀

78. 一般要求船舶海水淡化装置所产淡水含盐量应低于_____ mg/L(NaCl)。

    A. 1 000   B. 10

    C. 50   D. 100

79. 船舶海水淡化装置对淡水含盐量的要求根据对_____的要求而定。

    A. 主机冷却水   B. 锅炉补给水

    C. 洗涤用水   D. 饮用水

80. 船舶对淡水的含盐量要求中,不正确的是_____。

    A. 船用锅炉补给蒸馏水的含盐量应<10 mg/L(NaCl)

    B. 洗涤用水要求氯离子浓度<200 mg/L(Cl⁻)、硬度<7 毫克当量/L

    C. 饮用水含盐量<500~1 000 mg/L

    D. 船舶对淡水含盐量要求最严格的是饮用水

81. 海水淡化装置所造淡水含盐量应小于_____。

    A. 100ppm   B. 15ppm

    C. 100 mg/L(Cl⁻)   D. 10 mg/L(Cl⁻)

82. 真空沸腾式造水机生产的淡水若供饮用,最好经_____处理。

    A. 矿化器和紫外线杀菌器   B. 软化器和过滤器

    C. 化学药品消毒   D. 反渗透淡化装置进行二次

83. 在船舶上对淡水水质要求最高的是_____。

    A. 锅炉用水   B. 主机膨胀水柜补水

    C. 分油机高置水箱   D. 饮用水

84. 淡水通常是指含盐量小于_____。

    A. 1 500 mg/L   B. 1 000 mg/L

    C. 500 mg/L   D. 100 mg/L

85. 淡水通常指含盐量小于_____ mg/L 的水。

    A. 1 000   B. 500

    C. 200   D. 10

86. 我国船用锅炉给水标准规定,补给水的含盐量小于_____ mg/L。

    A. 1 000   B. 500

    C. 200   D. 10

87. 船用蒸馏式海水淡化装置多在高真空条件下工作,主要是为了_____。

    A. 提高热利用率   B. 利用动力装置废热和减轻结垢

    C. 便于管理   D. 造水量大

88. 目前船用沸腾式海水淡化装置海水加热和蒸汽冷凝是_____进行。

    A. 在相同的真空下   B. 在不同的真空下

    C. 前者在正压力下,后者在真空下   D. 后者在正压力下,前者在真空下

89. 关于蒸馏法淡化海水的下列说法中,对的是_____。

    A. 所谓淡水应不含任何盐分

    B. 蒸馏装置所产淡水,病菌已基本杀灭

    C. 对饮用水要求最严,船用海水淡化装置产水含盐量以满足其要求为准

D. 盐水蒸馏所成的干饱和蒸汽基本上不含盐

90. 船用蒸馏式海水淡化装置的给水倍率是指_____。
    A. 产水量与给水量之比　　　　　　　　B. 给水量与产水量之比
    C. 排盐（水）量与给水量之比　　　　　D. 给水量与排盐（水）量之比

91. 普通商船用海水淡化装置绝大多数采用_____。
    A. 蒸馏法　　　　　　　　　　　　　　B. 电渗析法
    C. 反渗透法　　　　　　　　　　　　　D. 冷冻法

92. 大多数柴油机船用海水淡化装置以_____为热源工作。
    A. 主机活塞冷却水　　　　　　　　　　B. 主机缸套冷却水
    C. 废气锅炉产汽　　　　　　　　　　　D. 副机(发电柴油机)冷却水

93. 船用海水淡化装置用_____余热加热_____的海水使之汽化。
    A. 主机缸套水;低真空度　　　　　　　B. 主机缸套水;高真空度
    C. 副机缸套水;低真空度　　　　　　　D. 副机缸套水;高真空度

94. 船用真空沸腾式海水淡化装置的真空泵和排盐泵是_____。
    A. 喷射泵　　　　　　　　　　　　　　B. 齿轮泵
    C. 旋涡泵　　　　　　　　　　　　　　D. 离心泵

95. 下图为真空沸腾式海水淡化装置的原理图,热水温度过高,下列表述正确的是_____。

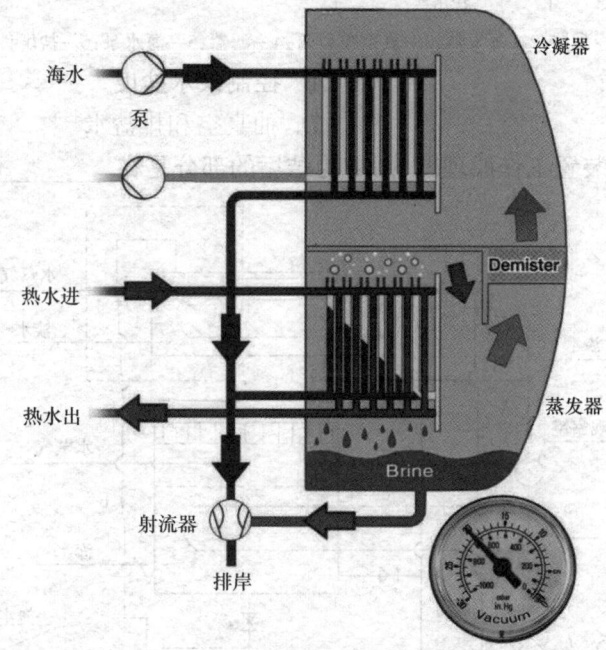

    A. 淡水含盐量升高　　　　　　　　　　B. 淡水含盐量降低
    C. 淡水含盐量和热水温度无关　　　　　D. 系统真空度升高

96. 真空沸腾式海水淡化装置蒸发、冷凝都是在高真空下进行,高真空带来的影响不包括_____。
    A. 盐分几乎不溶于低压水蒸气
    B. 可用温度不超过 80 ℃ 的主机缸套冷却水加热海水,提高经济性
    C. 加热温度和蒸发温度低,蒸发器换热面结垢慢
    D. 蒸发器效率低,易结难于清除的硬垢

97. 下图是海水淡化装置工作原理图,图中 3 的作用是_____。

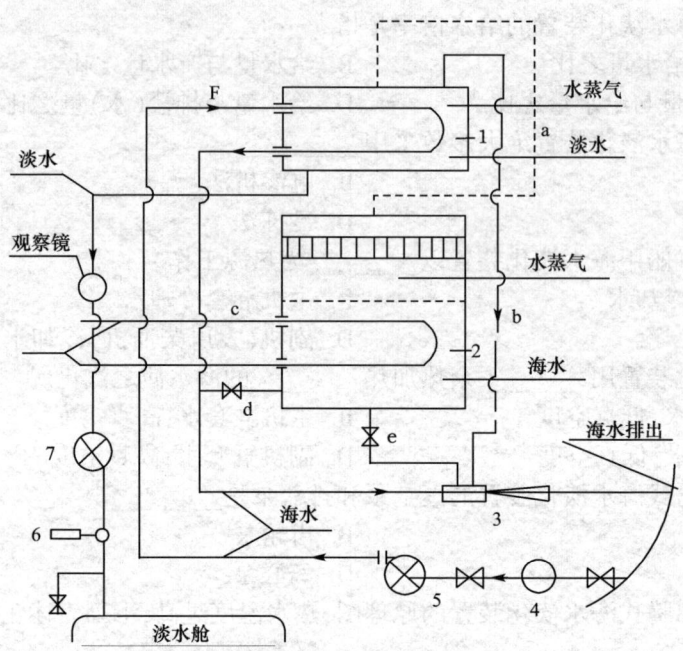

1—冷凝器;2—蒸发器;3—真空喷射泵;4—滤器;5—海水泵;6—盐度计;7—淡水泵

A. 控制加热介质   B. 控制淡水盐度

C. 提供海水   D. 抽真空和排盐水

98. 下图是海水淡化装置工作原理图,图中易结垢的部分是在_____内。

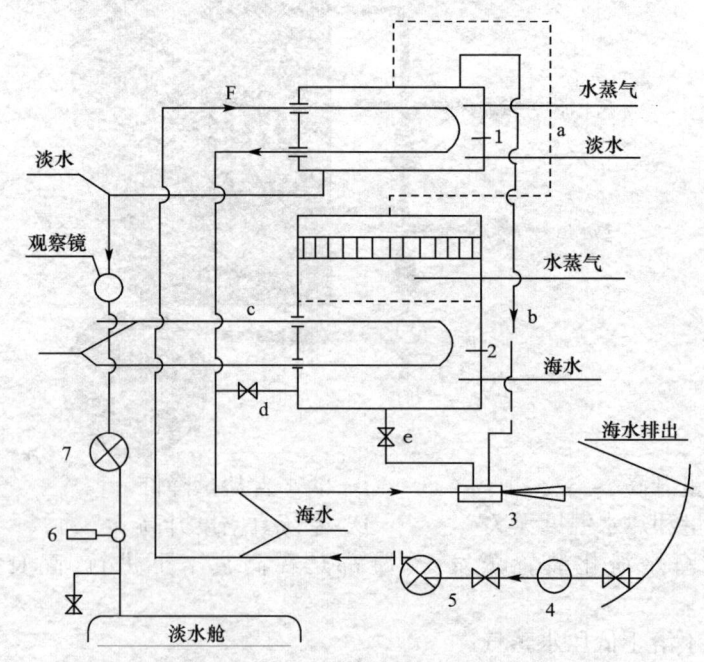

1—冷凝器;2—蒸发器;3—真空喷射泵;4—滤器;5—海水泵;6—盐度计;7—淡水泵

A. 2   B. 4

C. 5   D. 7

99. 下图是海水淡化装置工作原理图,图中最易气蚀的部分是在_____内。

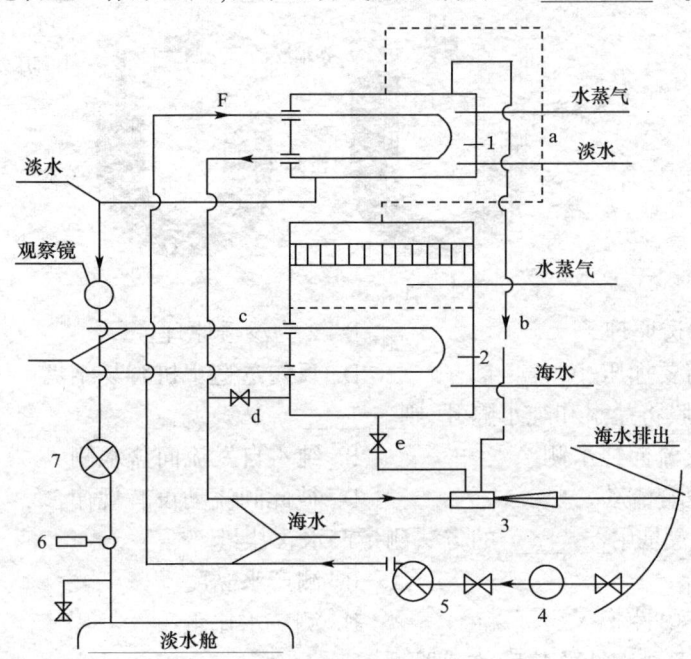

1—冷凝器;2—蒸发器;3—真空喷射泵;4—滤器;5—海水泵;6—盐度计;7—淡水泵

A. 1 　　　　　　　　　　　　　　　B. 2

C. 5 　　　　　　　　　　　　　　　D. 7

100. 反渗透式海水淡化装置中,给水预处理系统中常设有_____用于保持反渗透膜的足够清洁。

①粗滤器;②多媒介滤器;③细滤器;④自冲滤器

A. ①②③ 　　　　　　　　　　　　　B. ①③④

C. ①②④ 　　　　　　　　　　　　　D. ②③④

101. 下列_____是反渗透式造水机的主要工作部件。

A. 真空泵 　　　　　　　　　　　　　B. 凝水泵

C. 增压泵 　　　　　　　　　　　　　D. 蒸馏器

102. 反渗透式造水机制淡过程中_____。

A. 不需要加热

B. 有相变过程

C. 存在结垢危险

D. 长期使用,只需定期清洗滤器即可

103. 关于反渗透海水制淡装置,下列说法错误的是_____。

A. 不但要定期清洗各种滤器,长期使用还要化学清洗反渗透膜

B. 为了保证反渗透膜足够清洁,必须对海水进行预处理

C. 化学清洗时需要用淡水对管路和反渗透膜进行冲洗

D. 反渗透膜前必须设置 5 微米级滤器对海水进行预处理

104. 下图为液体渗透示意图，下列表述正确的是_____。

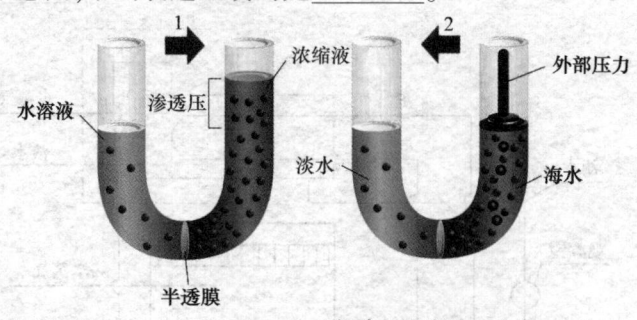

A. 1 为反渗透原理
B. 2 为渗透原理
C. 反渗透需要加压
D. 反渗透造水机容易结垢

105. 用理想半透膜将盐水和纯水隔开，则_____。

A. 盐水自发流向纯水侧
B. 纯水自发流向盐水侧
C. 彼此间没有流动
D. 彼此间流动没有规律

106. 海水淡化装置是用_____的方法测量产水含盐量。

A. 化学分析
B. 测产水黏度
C. 测产水导电性
D. 测产水比重

107. 海水淡化装置盐度计的盐度传感器是_____。

A. 一个测量电极
B. 一对测量电极
C. 温度传感器
D. 快速化学分析仪

108. 真空沸腾式海水淡化装置一般会在_____时发出声、光报警。

A. 真空度太高
B. 真空度太低
C. 盐水水位太低
D. 产水含盐量超过设定值

109. 真空沸腾式海水淡化装置产水含盐量超标，在发出警报的同时_____。

A. 凝水泵停止工作
B. 造水机全部停止工作
C. 真空破坏阀开启
D. 开启电磁阀使产水流回蒸馏器或泄放舱底

110. 海水淡化装置盐度计的读数单位标示的是_____。

A. mA
B. mV
C. mg
D. mg/L(NaCl) 或 ppm

111. 海水淡化装置的_____管路设有盐度计测含盐量。

A. 给水
B. 盐水
C. 凝水
D. 加热水

112. 海水淡化装置盐度计面板上一般不设_____。

A. 蜂鸣器开关
B. 试验按钮
C. 电源开关
D. 回流电磁阀开关

113. 盐度传感器是利用水的等效电阻随着盐度增大而_____的原理工作。

A. 增大
B. 减小
C. 不变
D. 先增大后减小

114. 盐度传感器是利用水的电导率随着盐度增大而_____的原理工作。

A. 增大
B. 减小

C. 不变
D. 先减小后增大

115. 目前大多数船用蒸馏式海水淡化装置的工作真空度设计为_____。
    A. 70%~80%
    B. 90%~94%
    C. 95%~99%
    D. 0(大气压)

116. 如果造水机冬季使用时真空度过大,加大加热水流量_____。
    A. 是一项可取的办法
    B. 会导致凝水含盐量增大
    C. 可以导致安全阀开启
    D. 会导致加热面结硬垢

117. 蒸馏式海水淡化装置工作真空度太大不会导致_____。
    A. 产水量增加
    B. 产水含盐量增加
    C. 结垢量增加
    D. 沸腾过于剧烈

118. 真空沸腾式海水淡化装置真空度下降可能是因为_____。
    A. 海水含气量增多
    B. 冷却能力下降
    C. 喷射泵抽气能力下降
    D. 冷却能力和喷射泵抽气能力下降

119. 海水淡化装置在实际工作中导致真空度不足的常见原因不会是_____。
    A. 装置气密性差
    B. 冷却水量不足
    C. 真空泵抽气能力不足
    D. 排盐泵流量不足

120. 真空沸腾式海水淡化装置的真空度主要靠调节_____来控制。
    A. 给水量
    B. 冷却水流量
    C. 加热水流量
    D. 凝水泵流量

121. 真空沸腾式海水淡化装置的蒸发器换热面脏污,会出现_____。
    A. 真空度降低
    B. 所产淡水量减少
    C. 加热工质出口温度降低
    D. 所产淡水含盐量提高

122. 船用真空蒸馏式海水淡化装置真空度过大的主要原因是_____。
    A. 真空喷射器选择不当
    B. 海水温度过低
    C. 出海阀开度过大
    D. 工作水压力过高

123. 船用真空蒸馏式海水淡化装置真空度不足不可能的原因是_____。
    A. 喷射泵喷嘴磨损
    B. 海水温度过低
    C. 出海阀开度不足
    D. 冷凝器脏污

124. 海水淡化装置真空度决定了海水的蒸发温度,下列表述错误的是_____。
    A. 真空度降低,蒸发温度升高,产水量降低
    B. 真空沸腾式造水装置的真空度完全依靠水喷射真空泵维持
    C. 真空度过高,海水沸腾剧烈,淡水含盐量升高
    D. 海水温度升高,容易造成系统真空度降低

125. 真空沸腾式海水淡化装置结垢主要发生在_____侧。
    A. 蒸发器加热介质
    B. 蒸发器被加热介质
    C. 冷凝器冷却介质
    D. 冷凝器被冷却介质

126. 船用真空沸腾式海水淡化装置为了减少结垢,给水倍率一般应控制在_____倍。
    A. 1.3~1.5
    B. 3~4
    C. 1~2
    D. 7~8

127. 真空沸腾式海水淡化装置不宜使用蒸汽直接加热的主要原因是避免_____。
    A. 沸腾过于剧烈
    B. 产水含盐量过高
    C. 耗热量大，不经济
    D. 结垢快，生成硬垢

128. 真空沸腾式海水淡化装置加热面传热温差不宜过大，主要是为了防止_____。
    A. 沸腾过于剧烈
    B. 结垢数量过多
    C. 生成硬垢
    D. 工作真空度太低

129. 工作正常的真空沸腾式海水淡化装置，水垢最主要的成分是_____。
    A. 硫酸钙
    B. 碳酸钙
    C. 氢氧化镁
    D. 氯化钠

130. 真空沸腾式海水淡化装置中水温超过_____℃，氢氧化镁硬垢含量就会迅速增加。
    A. 55
    B. 65
    C. 75
    D. 85

131. 真空沸腾式海水淡化装置在_____时会引起产水含盐量增大。
    A. 冷却水温过高
    B. 加热水流量过小
    C. 真空度太高
    D. 凝水泵流量小

132. 海水淡化装置加热器换热面结垢的因素与_____关系不大。
    A. 所产淡水量
    B. 给水倍率
    C. 传热温差
    D. 装置工作时的真空度

133. 下列关于真空沸腾式海水淡化装置的蒸发器加热面结垢的说法，错误的是_____。
    A. 盐水含盐量高，容易导致结垢
    B. 装置真空度低，容易导致结垢
    C. 传热温差大，容易导致结垢
    D. 沸腾温度低，容易结垢

134. 造水机蒸发器加热面上水垢的生成速度和成分与_____无关。
    A. 蒸发温度
    B. 沸腾剧烈程度
    C. 传热温差
    D. 盐水浓度

135. 控制真空沸腾式海水淡化装置产水量的主要手段是控制_____。
    A. 冷却水流量
    B. 加热水流量
    C. 给水流量
    D. 凝水泵流量

136. 不会导致真空沸腾式海水淡化装置产水量低的情况是_____。
    A. 喷射泵工作水压低
    B. 冷却水温度低
    C. 冷凝器脏污
    D. 给水倍率大

137. 真空沸腾式海水淡化装置给水量太大，不会导致_____。
    A. 盐水水位过高
    B. 产水含盐量过高
    C. 产水量太大
    D. 给水倍率增大

138. 真空蒸馏式海水淡化装置产水量突然减少，最可能的原因是_____。
    A. 淡化装置海水泵故障
    B. 缸套水温度升高
    C. 给水倍率不足
    D. 蒸发器结垢

139. 真空式海水淡化装置如果蒸发器加热面结垢、脏堵，则_____。
    A. 会使造水量增大
    B. 会使造水量逐渐减小
    C. 对造水量无影响
    D. 会使造水量突然减小

140. 真空式海水淡化装置如果蒸发器的给水(海水)量过大,_____。
    A. 会使造水量增大
    B. 会使造水量减小
    C. 对造水量无影响
    D. 会使造水量突然为零

141. 下图为某真空沸腾式造水机系统原理图,下列各项关于导致船舶海水淡化装置产水量减少的分析,错误的是_____。

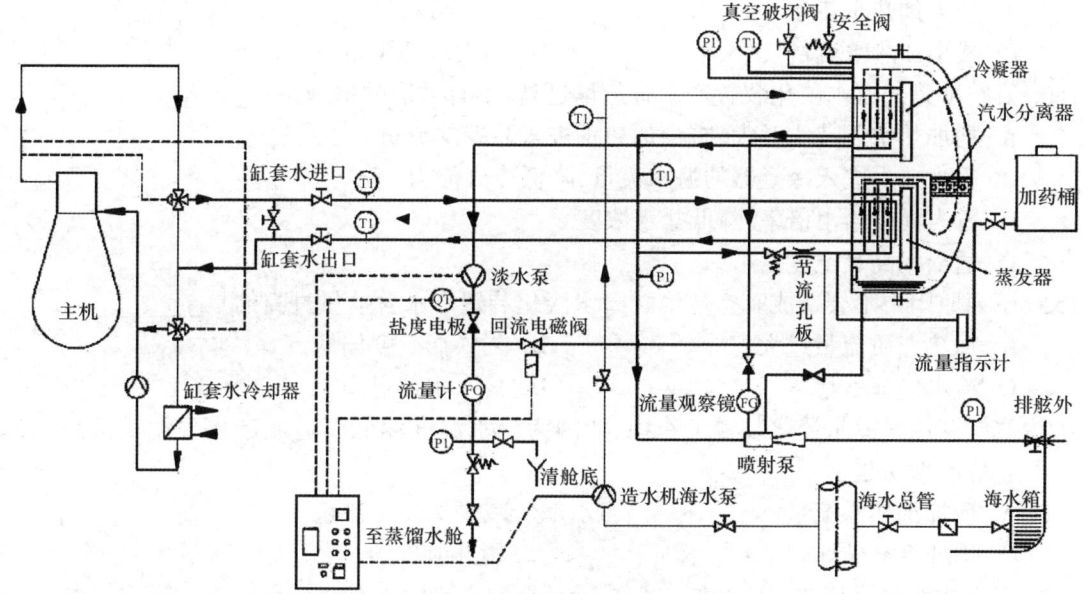

    A. 造水机海水泵压力不足
    B. 冷凝器脏堵
    C. 盐度计设定值过高
    D. 缸套水温度低

142. 板式真空沸腾式造水机造水量减少,应采取的措施不包括_____。
    A. 调整安全阀预紧力
    B. 检查系统密封情况
    C. 调整进入造水机的缸套水量
    D. 拆检清洗板式换热器

143. 造水机产水量逐渐减少的原因是_____。
    A. 蒸发器结垢
    B. 真空度不足
    C. 蒸发器供给海水温度过低
    D. 蒸发器供给海水量过大

144. 真空沸腾式海水淡化装置所产淡水的含盐量的多少原则上取决于_____。
    A. 造水机的产水量
    B. 供入的海水的含盐量
    C. 二次汽中溶解的盐分
    D. 二次汽所带水分携带的盐量

145. 船用真空沸腾式海水淡化装置保证产水含盐量合适的措施不包括_____。
    A. 限制气流上升速度
    B. 设计合适的汽、水分离部件
    C. 保持足够的给水倍率
    D. 控制进水含盐量

146. 真空沸腾式海水淡化装置保持足够大的给水倍率不能起到_____的作用。
    A. 减少结垢
    B. 不结硬垢
    C. 防止产水含盐量过高
    D. 增加产水量

147. 真空沸腾式海水淡化装置产水含盐量大的原因不包括_____。
    A. 加热水流量太大
    B. 给水倍率过小

C. 冷凝器有泄漏　　　　　　　　　　D. 真空破坏阀关闭不严

148. 真空沸腾式海水淡化装置产水含盐量太大,下列措施中一般不用的是_____。
    A. 加大给水量　　　　　　　　　　B. 减小加热水流量
    C. 减小冷却水流量　　　　　　　　D. 稍开真空破坏阀

149. 真空沸腾式海水淡化装置产水含盐量太大时,常用措施是_____。
    A. 加大加热水流量　　　　　　　　B. 加大给水量
    C. 减小加热水流量　　　　　　　　D. 加大冷却水量

150. 真空沸腾式海水淡化装置产水含盐量过高,不宜采取的措施是_____。
    A. 把加热水调节阀开大,减少加热水进入装置的流量
    B. 适当减少进入冷凝器的海水流量,降低冷凝能力
    C. 适当提高给水倍率,降低盐水浓度
    D. 适当提高真空度

151. 下列原因中不会造成真空蒸馏式海水淡化装置产水含盐量过高的是_____。
    A. 加热介质流量过大　　　　　　　B. 装置真空度偏低
    C. 给水倍率不足　　　　　　　　　D. 盐水水位过高

152. 真空蒸馏式海水淡化装置工作中,如因为海水温度偏低而造成产水含盐量偏高,实践中
    正确的做法是_____。
    A. 增加加热水流量　　　　　　　　B. 减少加热水流量
    C. 稍开真空破坏阀　　　　　　　　D. 稍开泄放阀

153. 真空式海水淡化装置所产淡水含盐量过高的主要因素有_____。
    ①蒸发量过大;②盐水含盐量太大;③冷凝器泄漏;④缸套水出口温度低
    A.①②④　　　　　　　　　　　　B.①③④
    C.①②③　　　　　　　　　　　　D.②③④

154. 真空式海水淡化装置淡水泵排出的是_____。
    A. 不含任何杂质的纯蒸馏水　　　　B. 含有一定量盐分的蒸馏水
    C. 含有大量盐分的淡水　　　　　　D. 高浓度海水

155. 主机缸套水温度升高后,造水机产水含盐量增高,可采取的措施不包括_____。
    A. 适当降低系统的真空度
    B. 适当减少进入蒸发器海水的量
    C. 旁通缸套水,减少进入系统的缸套水量
    D. 减少冷凝器冷却水量

156. 从管理角度来看,真空沸腾式造水机所产淡水含盐量过高的主要因素有_____。
    A. 蒸发量过大,沸腾过于剧烈　　　B. 系统的真空度过低
    C. 蒸发器中海水流量过大　　　　　D. 加热水流量过小

157. 从管理角度来看,真空沸腾式造水机所产淡水含盐量过高的主要因素有_____。
    A. 蒸发量过小　　　　　　　　　　B. 系统的真空度过高
    C. 蒸发器中海水流量过大　　　　　D. 加热水流量过小

158. 启动真空沸腾式海水淡化装置最先做的是_____。
    A. 供入需淡化的海水　　　　　　　B. 供加热水

C. 供冷却水   D. 开海水泵供水给喷射泵抽真空

159. 真空沸腾式海水淡化装置启用时,应该按_____顺序进行。
①加热;②冷却;③开海水泵抽真空并给水;④开凝水泵排水
A. ①②③④   B. ③①②④
C. ④①②③   D. ③②①④

160. 要使真空沸腾式海水淡化装置给水倍率合适,主要靠控制_____流量。
A. 排盐泵   B. 加热水
C. 冷却水   D. 海水给水

161. 要使真空沸腾式海水淡化装置凝水水位合适,主要是靠控制凝水泵_____。
A. 转速   B. 吸入阀开度
C. 排出阀开度   D. 旁通阀开度

162. 关于真空沸腾式海水淡化装置的说法,正确的是_____。
A. 工作时真空度尽可能大,因为可以提高产水量
B. 启动时水喷射排盐泵和真空泵同时抽真空
C. 正式工作后真空泵即可停止抽真空
D. 产水含盐量太高时凝水泵自动停止工作

163. 关于真空沸腾式海水淡化装置的下列说法中,对的是_____。
A. 凝水水位应维持在水位计的 1/2~3/4 高度
B. 一般应在离岸 20 n mile 外使用
C. 冷却水泵和凝水泵工作后真空泵即可停止抽真空
D. 产水不合格时装置自动停止工作

164. 使真空沸腾式海水淡化装置给水倍率合适的措施不包括_____。
A. 保持装置海水泵有足够的排压   B. 保持给水减压阀后水压调节合适
C. 保持给水管路节流孔板通畅   D. 适当调节排盐泵出口阀开度

165. 海水淡化装置的启用一般在船舶离岸 20 n mile 以外的水域,步骤如下_____。
A. 启用前准备→抽真空和给水→供入热水→供入冷却水→排出凝水
B. 启用前准备→供入热水→抽真空和给水→供入冷却水→排出凝水
C. 启用前准备→抽真空和给水→供入冷却水→供入热水→排出凝水
D. 启用前准备→供入冷却水→抽真空和给水→供入热水→排出凝水

166. 海水淡化装置运行管理中,下述不合适的是_____。
A. 真空度主要是通过调节冷却水旁通阀的开度调节冷却水流量来控制的
B. 产水量主要是靠调节加热水旁通阀的开度改变热水流量来控制的
C. 真空沸腾式海水淡化装置给水倍率控制在 3~4 倍
D. 装置启用正常工作之后,只要船舶主机的负荷没有大的变化,不管外界环境如何变化,其他都无须进行调节

167. 船用真空蒸馏式海水淡化装置工作中,主要靠调节_____来调节产水量。
A. 加热水温度   B. 加热水流量
C. 冷却水温度   D. 冷却水流量

168. 关于船舶真空沸腾式造水机的启用的前提条件,下列描述错误的是_____。
　　A. 船舶定速航行　　　　　　　　B. 距离岸边 20 n mile 以上
　　C. 水域无污染　　　　　　　　　D. 水深超过 200 m

169. 下列关于真空沸腾式造水机的运行管理的描述,错误的是_____。
　　A. 给水倍率一般保持在 3~4
　　B. 启动造水机先开海水,后进缸套水
　　C. 停止造水时,先打开真空破坏阀,后关停海水泵
　　D. 造水机运行时,有必要对系统进行投药,防止结垢

170. 真空沸腾式海水淡化装置将蒸馏器抽至要求的真空度后,停止抽气并关闭各阀,在_____内真空度下降超过_____则密封不合格。
　　A. 5 min;5%　　　　　　　　　　B. 10 min;10%
　　C. 0.5 h;10%　　　　　　　　　　D. 1 h;10%

171. 真空沸腾式海水淡化装置蒸馏器若漏气,最常用的检查漏气部位的方法是_____。
　　A. 水压试验　　　　　　　　　　B. 气压试验
　　C. 抽空后用线香法　　　　　　　D. 用塞尺

172. 真空沸腾式海水淡化装置正常使用中最容易漏气而使真空度降低的地方通常是_____。
　　A. 蒸馏器盖板　　　　　　　　　B. 蒸馏器真空破坏阀
　　C. 凝水泵轴封和阀杆填料　　　　D. 海水泵轴封和阀杆填料

173. 海水淡化装置盐度传感器使用_____左右应拆洗一次。
　　A. 一周　　　　　　　　　　　　B. 一个月
　　C. 半年　　　　　　　　　　　　D. 一年

174. 拆检海水淡化装置盐度传感器时,其电极通常以_____。
　　A. 热淡水浸洗　　　　　　　　　B. 碱水浸洗
　　C. 酸溶液浸洗　　　　　　　　　D. 细纱布擦拭

175. 真空沸腾式海水淡化装置的维护保养工作不包括_____。
　　A. 适时地清洗冷凝器水侧　　　　B. 及时对蒸发器进行除垢
　　C. 注意检查保持装置的气密性　　D. 定期做水压试验

176. 海水淡化装置的维护保养工作包括_____。
　　A. 定期对蒸发器和冷凝器进行水压试验
　　B. 每次使用后都应该用淡水清洗内部
　　C. 盐度传感器每使用一个月左右即应拆出清洁一次
　　D. 每月检查冷凝器和蒸发器的防蚀锌板

177. 对于板式换热器的真空蒸馏式海水淡化装置,在换热器拆检前,最应注意的是_____。
　　A. 检查密封圈状态　　　　　　　B. 检查挡水板状态
　　C. 测量换热器安装螺栓剩余长度　D. 准备合适的清洗剂

178. 在沸腾式海水淡化装置中,化学防沫剂的原理是_____。
　　A. 防沫剂聚集在气泡沫上,气泡的表面张力增大而使气泡不易破碎

B. 防沫剂聚集在气泡沫上,气泡的表面张力减小而使气泡容易破碎

C. 防沫剂聚集在气泡沫上,导致气泡很高的局部表面张力差而使气泡迅速破碎

D. 防沫剂覆盖在海水沸腾表面,形成一层保护膜防止气泡的溢出

179. 在沸腾式海水淡化装置中,水处理剂逐渐使用柠檬酸钠代替三氯化铁、三磷酸钠,其最大优点是_____。

A. 除垢稳定、彻底　　　　　　　　B. 柠檬酸钠耗量少、价格低廉

C. 腐蚀性小、无毒　　　　　　　　D. 操作更方便

180. 真空沸腾式造水机进行水处理的主要目的是_____。

A. 减轻蒸发器结垢从而延长拆检清洗周期

B. 减轻冷凝器结垢从而延长拆检清洗周期

C. 改善水质使所得淡水更适于饮用

D. 使设备具有更高的可靠性

181. 真空沸腾式造水机进行水处理的主要目的是_____。

A. 通过减小海水成泡性能提高产水量　B. 通过降低水沸点提高产水量

C. 改善水质使淡水含盐量提高　　　　D. 通过减小海水成泡性能减小淡水含盐量

182. 下图中,真空沸腾式造水机水处理剂的注入点位置应是_____。

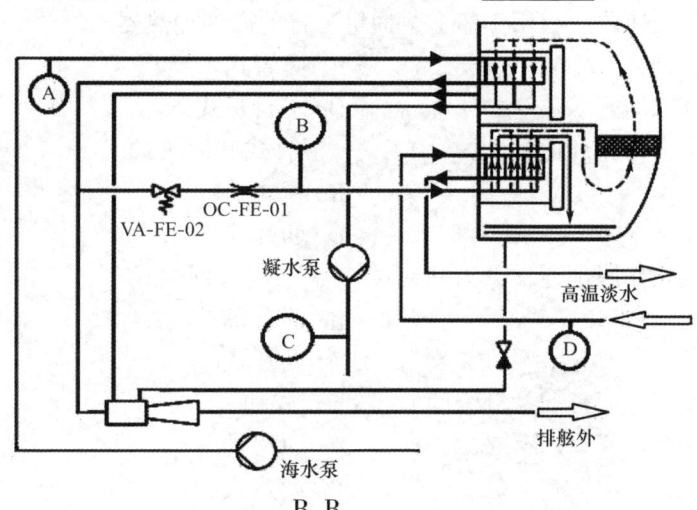

A. A　　　　　　　　　　　　　　B. B

C. C　　　　　　　　　　　　　　D. D

183. 在沸腾式海水淡化装置中,使用三氯化铁处理剂的目的是_____。

A. 抑制碳酸钙和氢氧化钙的形成

B. 降低海水淡化装置的海水沸点

C. 降低海水淡化装置的所产淡水的含盐量

D. 阻止蒸发器蒸发表面气泡的产生

184. 关于造水机给水投药系统,说法错误的是_____。

A. 可以调节给药量　　　　　　　　B. 可以计量给药量

C. 根据冷凝器结垢情况适当投药　　D. 每天均匀地、连续不断地投药

185. 下图所示的热交换器是_____热交换器，在船上广泛用作制冷装置、锅炉和空调装置的冷凝器。

    A. 壳管式　　　　　　　　　　　B. 套管式

    C. 肋片管式　　　　　　　　　　D. 板式

186. 船用热交换器多采用_____式热交换器。

    A. 顺流　　　　　　　　　　　　B. 层流

    C. 逆流　　　　　　　　　　　　D. 节流

187. 间壁式热交换器按_____分为燃油加热器、造水机蒸发器、空气冷却器等。

    A. 性能　　　　　　　　　　　　B. 温差大小

    C. 用途　　　　　　　　　　　　D. 结构形式

188. _____热交换器广泛用于船上柴油机装置的燃油加热器。

    A. 板翅式　　　　　　　　　　　B. 套管式

    C. 肋片管式　　　　　　　　　　D. 平行板式

189. 热交换器按工作原理通常分为_____、混合式和回热式。

    A. 间壁式　　　　　　　　　　　B. 管式

    C. 板式　　　　　　　　　　　　D. 肋片式

190. 热交换器按工作原理通常分为间壁式、_____和回热式。

    A. 管式　　　　　　　　　　　　B. 混合式

    C. 板式　　　　　　　　　　　　D. 肋片式

191. 热交换器按工作原理通常分为间壁式、混合式和_____。

    A. 管式　　　　　　　　　　　　B. 肋片式

    C. 板式　　　　　　　　　　　　D. 回热式

192. 用固体壁面将冷、热两种流体分开，热流体通过间壁将热量传递给冷流体，这样的热交换器称为_____热交换器。

    A. 间壁式　　　　　　　　　　　B. 混合式

    C. 板式　　　　　　　　　　　　D. 回热式

193. 冷、热两种流体直接接触而传递热量，在热交换的同时存在质量交换，这样的热交换器称为_____热交换器。

    A. 间壁式　　　　　　　　　　　B. 混合式

    C. 板式　　　　　　　　　　　　D. 回热式

194. 船用热交换器绝大多数是_____式热交换器。

    A. 间壁　　　　　　　　　　　　B. 混合

C. 回热　　　　　　　　　　　　　　D. 顺流

195. 热交换器按换热方式和结构的不同,可分为三大类,即_____。

A. 单流程、双流程、多流程　　　　　B. 壳管式、肋片管式、套管式

C. 间壁式、混合式、回热式　　　　　D. 顺流式、逆流式、混合流式

196. _____热交换器应用在换热的两种流体的对流换热系数相差悬殊的情况。

A. 肋片管式　　　　　　　　　　　　B. 壳管式

C. 套管式　　　　　　　　　　　　　D. 平行板式

197. 回热式热交换器的传热特征是_____。

A. 通过固体壁面周期性地被热流体加热,又周期性地被冷流体吸热而传递热量

B. 冷、热两种流体直接接触而传递热量,在热交换的同时存在质量交换

C. 用固体壁面将冷、热两种流体分开,热流体通过间壁将热量传递给冷流体

D. 将热能转化为辐射能,冷、热两种流体进行辐射换热

198. 间壁式热交换器的传热特征是_____。

A. 通过固体壁面周期性地被热流体加热,又周期性地被冷流体吸热而传递热量

B. 冷、热两种流体直接接触而传递热量,在热交换的同时存在质量交换

C. 用固体壁面将冷、热两种流体分开,热流体通过间壁将热量传递给冷流体

D. 将热能转化为辐射能,冷、热两种流体进行辐射换热

199. 当换热的两种流体的对流换热系数相差较大时,常采用_____换热器。

A. 壳管式　　　　　　　　　　　　　B. 肋片管式

C. 套管式　　　　　　　　　　　　　D. 壳管式或套管式

200. 冷却器发生泄漏时无法修复,便采用封管的办法,其冷却效果变差,这是因为_____。

A. 导热系数变小　　　　　　　　　　B. 换热面积减小

C. 流阻增加　　　　　　　　　　　　D. 温差改变了

201. 船用锅炉热流体系统中,膨胀柜为_____容器,用于容纳有机液在高温下的容积热膨胀量,同时具有补充_____,排除系统内水分、气体及低挥发性物质的功能。

A. 常压;有机液　　　　　　　　　　B. 低压;有机液

C. 常压;导热油　　　　　　　　　　D. 高压;矿物油

202. 在冬季海域使用造水机时,下列说法错误的是_____。

A. 真空度偏高　　　　　　　　　　　B. 淡水含盐量偏高

C. 投药量偏大　　　　　　　　　　　D. 沸腾较为剧烈

203. 为减少海水蒸发式造水机加热器结垢现象,所采取的给水投药系统使海水中难溶物质析出时不形成水垢而形成形状很小、不规则的、松散易脱落的_____。

A. 颗粒　　　　　　　　　　　　　　B. 泡沫

C. 晶体　　　　　　　　　　　　　　D. 粉尘

204. 当船舶航行于热带水域时,海水温度较高,则冷凝能力下降,为了维持足够的真空度,则应该_____,并降低一些产水量。

A. 加大冷却水量、适当减少加热水量

B. 加大冷却水量、适当加大加热水量

C. 减少冷却水量、适当加大加热水量

D. 减少冷却水量、适当减少加热水量

205. 根据《钢质海船入级规范》规定，工作压力超过_____ MPa 或受热面积超过_____ m² 的锅炉需要检验。

  A. 0.45；4.5   B. 0.35；4.5

  C. 0.45；4.65   D. 0.35；4.65

206. 以下_____不属于锅炉的酸洗工艺。

  A. 静态浸泡清洗   B. 盐酸清洗

  C. 氮气鼓泡清洗   D. 循环清洗

207. 水管锅炉堵管后，_____。

  ①水循环改善，应加负荷使用；②水循环改善，应降负荷使用；③水循环恶化，应降负荷使用；④应进行水压试验，证实不漏后才能使用

  A. ③④   B. ②

  C. ①④   D. ②④

208. 废气锅炉窄点和废气锅炉的关系是_____。

  ①较低的窄点可提高废气锅炉的利用效率；②较低窄点的废气锅炉的受热面积小，压力损失小；③高窄点的废气锅炉需设计成高废气流速的锅炉；④当锅炉窄点降低时，其蒸汽量会增加

  A. ①②   B. ①②④

  C. ②③④   D. ①④

209. 在锅炉放空炉水时，应打开_____，以免锅筒内产生真空。

  A. 给水阀   B. 排污阀

  C. 安全阀   D. 空气阀

210. 使用中的热油每年应化验指标不包括_____。

  A. 酸值   B. 含硫量

  C. 残碳   D. 黏度

211. 船用真空沸腾式海水淡化装置水垢的常见成分不包括_____。

  A. 氢氧化镁   B. 碳酸钙

  C. 氯化镁   D. 硫酸钙

212. 船用真空沸腾式海水淡化装置产水量逐渐减少，下列各项中最可能的是_____。

  A. 真空度降低   B. 换热器换热面有污垢

  C. 加热水温度降低   D. 给水量降低

213. 船用真空沸腾式海水淡化装置排盐水时一般多采用_____。

  A. 空气喷射器   B. 水喷射器

  C. 蒸汽喷射器   D. 水环泵

214. 关于锅炉进炉检查，注意事项有_____。

  ①全部拆除汽水分离设备、给水管等内部附件；②用铁丝捆住蒸汽、给水管路上关闭的截止阀，挂上告示牌；③对锅筒内进行充分通风；④照明用工作灯电压不超过 24 V

  A. ①②③   B. ①③④

  C. ①②③④   D. ②③④

215. 关于锅炉吹灰,下列说法不妥的是_____。
    A. 废气锅炉在主机启动和机动航行后尤其要吹灰
    B. 燃油锅炉在排烟温度或送风机风压明显升高时要吹灰
    C. 燃油锅炉至少每 2 周应吹灰一次
    D. 吹灰次数应严格按说明书规定执行

216. 锅炉烟侧水冲洗时应特别需要注意_____。
    A. 停止燃烧器燃烧   B. 炉底的滑水孔一定要畅通
    C. 停止给水泵给水   D. 释放锅炉压力

217. 关于真空沸腾式海水淡化装置,会使真空度变大的是_____。
    A. 蒸发器加热水流量太小   B. 真空泵排出背压过大
    C. 冷却水流量不足   D. 凝水泵排量不足

218. 关于废气锅炉积灰的形成,下列说法正确的是_____。
    A. 水管式废气锅炉采用肋片管设计,会使积灰增加
    B. 烟气积灰的形成与其流速、温度有关,与其成分无关
    C. 柴油机长期低负荷运行有助于减少积灰
    D. 降低废气锅炉的窄点,有助于减少积灰

219. 锅炉停用前应加水至_____以免因水冷却收缩而看不到水位。
    A. 极限水位   B. 满水位
    C. 最高工作水位   D. 临界水位

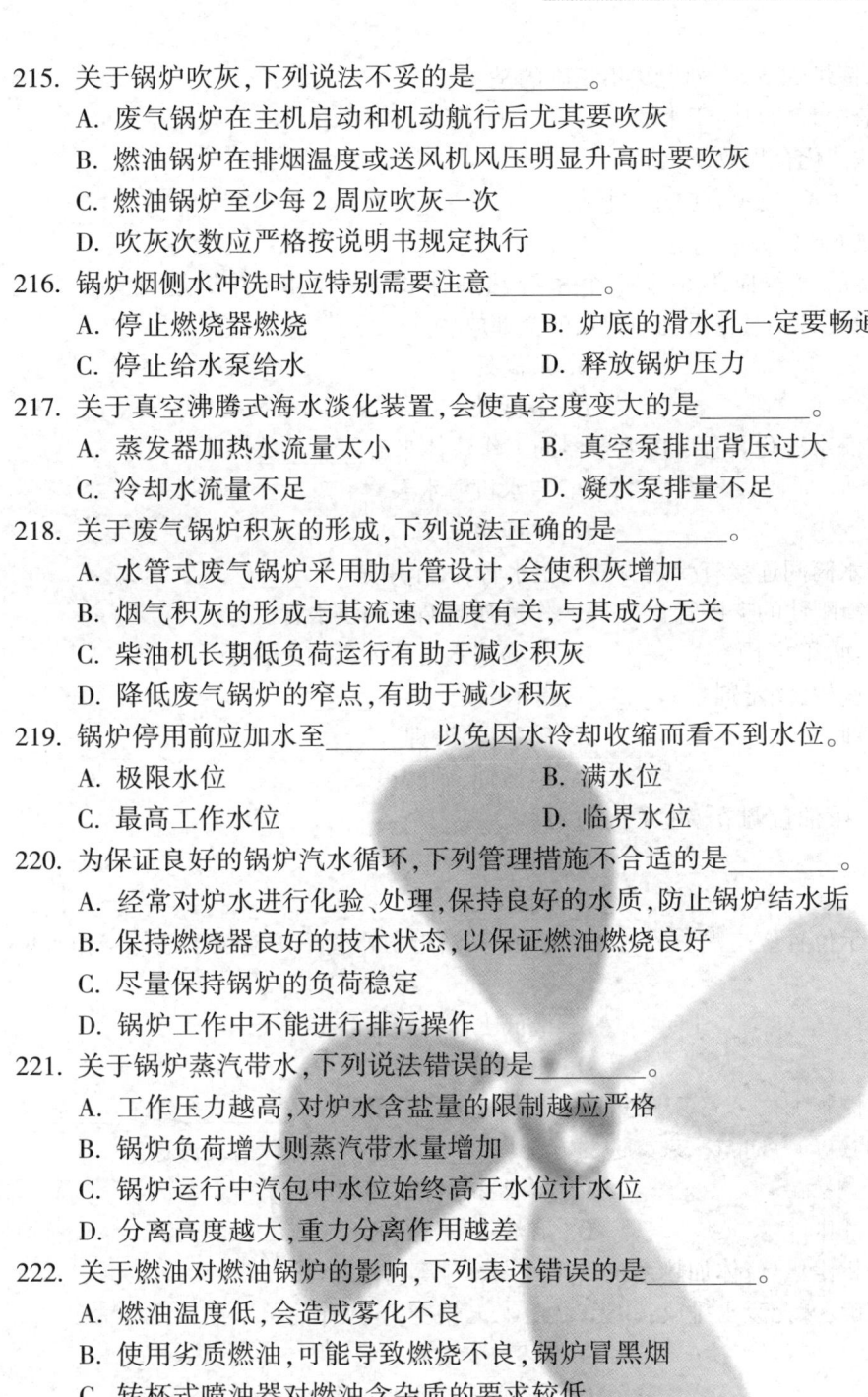

220. 为保证良好的锅炉汽水循环,下列管理措施不合适的是_____。
    A. 经常对炉水进行化验、处理,保持良好的水质,防止锅炉结水垢
    B. 保持燃烧器良好的技术状态,以保证燃油燃烧良好
    C. 尽量保持锅炉的负荷稳定
    D. 锅炉工作中不能进行排污操作

221. 关于锅炉蒸汽带水,下列说法错误的是_____。
    A. 工作压力越高,对炉水含盐量的限制越应严格
    B. 锅炉负荷增大则蒸汽带水量增加
    C. 锅炉运行中汽包中水位始终高于水位计水位
    D. 分离高度越大,重力分离作用越差

222. 关于燃油对燃油锅炉的影响,下列表述错误的是_____。
    A. 燃油温度低,会造成雾化不良
    B. 使用劣质燃油,可能导致燃烧不良,锅炉冒黑烟
    C. 转杯式喷油器对燃油含杂质的要求较低
    D. 燃油压力高,会导致雾化不良

223. 关于废气锅炉的特点,下列表述错误的是_____。
    A. 使用烟气旁通法引起锅炉内燃气流速下降,容易导致锅炉积灰
    B. 废气锅炉的产汽量与主机的排气量和排气温度有关
    C. 废气锅炉产汽量不够时,需要启动燃油锅炉进行补充
    D. 废气锅炉管理比燃油锅炉复杂

224. 关于水洗法清除锅炉烟灰,下列说法不正确的是_____。
    A. 燃油锅炉灰渣中有的是溶于水的
    B. 水洗时加入碱性化合物效果更好
    C. 水洗时间不宜太长,也不宜中途停顿
    D. 水温不宜超过 65 ℃

225. 热油锅炉储存器的容积应不小于整个系统热油体积的 1.2 倍,并尽量设置在系统_____,这样可在必要时将系统中的热油全部放尽。
    A. 任何地方 　　　　　　　　　　B. 最高处
    C. 中间处 　　　　　　　　　　　 D. 最低处

226. 船用真空沸腾式海水淡化装置所用喷射器的工作流体来自_____。
    A. 副海水系统 　　　　　　　　　 B. 造水机海水泵
    C. 蒸汽系统 　　　　　　　　　　 D. 主海水系统

227. 水管锅炉汽包与水筒间连接有受热少的较粗水管,其作用是_____。
    A. 加强汽包、水筒刚性的支撑管 　 B. 作为强制循环的供水管
    C. 作为锅水自然循环的下降管 　　 D. 作为锅水自然循环的上升管

228. 炉水的含盐量化验中,滴定剂是_____,指示剂是_____。
    A. 硝酸银;铬酸钾 　　　　　　　 B. 硝酸;铬酸钾
    C. 铬酸钾;硝酸 　　　　　　　　 D. 铬酸钾;硝酸银

229. 在锅炉喷油器中,喷油量调节幅度最大的是_____。
    A. 压力式 　　　　　　　　　　　 B. 回油式
    C. 蒸汽式 　　　　　　　　　　　 D. 转杯式

230. 水位计表最低显示位置应与锅炉的_____相一致,但对水管锅炉应位于最低工作水位以下 50 mm 处。
    A. 最高工作水位 　　　　　　　　 B. 最低工作水位
    C. 规定工作水位 　　　　　　　　 D. 一般工作水位

231. 若在高浓度液体侧施加一个大于渗透压的压力时,高浓度液中的_____会向_____流动,此种溶剂的流动方向与原来渗透的方向_____,这一过程称为反渗透。
    A. 溶质;稀释液;相反 　　　　　 B. 溶液;稀释液;相同
    C. 溶剂;稀释液;相同 　　　　　 D. 溶剂;稀释液;相反

232. 与蒸汽加热装置相比,热流体加热系统具有_____等优点。
    ①热量控制更精确;②无废水排放;③无腐蚀;④无相变;⑤操作简单
    A. ①②③④⑤ 　　　　　　　　　 B. ②③④⑤
    C. ②③④ 　　　　　　　　　　　 D. ①②③④

233. 热油储存器应尽可能_____。
    A. 放在系统最低处
    B. 出于安全考虑,要尽可能远离锅炉本体处
    C. 放在系统最高处
    D. 放在靠近锅炉本体处,容纳放净锅炉热油

234. 在造水机蒸发器内,海水汽化后剩下的盐水由_____连续排往舱外。

A. 海水泵　　　　　　　　　　　　B. 排盐泵

C. 凝水泵　　　　　　　　　　　　D. 往复泵

235. 关于避免废气锅炉积灰着火的对策,下列说法错误的是_____。

A. 设计安装烟气旁通装置

B. 设计时尽量减少排烟在废气段的压降

C. 烟气进口段设计成烟气能均匀进入废气锅炉

D. 尽量提高烟气出废气锅炉的温度

236. 锅炉受热面全部烧毁,主要发生的是_____燃烧。

A. 积灰　　　　　　　　　　　　　B. 硫

C. 氢　　　　　　　　　　　　　　D. 铁

237. 锅炉产生变形的原因包括_____。

①超压;②超温;③受热不均

A. ①②　　　　　　　　　　　　　B. ①③

C. ①②③　　　　　　　　　　　　D. ②③

238. 关于造水机水处理的操作方法,以下说法正确的是_____。

①按说明书查出每天投药量;②计算出通过流量计的容积 V_1;③按流量 L/24 h 选定流量旋钮;④计算出的药剂用水稀释成容积 V_1;⑤投药量稀释后倒入储液柜;⑥调整流量;⑦按流量 L/min, V_1 在 24 h 连续均匀地补入造水机;⑧每天补充一次

A. ①②④⑦⑧　　　　　　　　　　B. ①③⑤⑥⑧

C. ①③⑤⑧　　　　　　　　　　　D. ①②④⑦

239. 燃油含有 0.3% 左右的灰分,其中硫、钒、钠的化合物_____很低,会在锅炉烟管高温受热面的烟气侧形成积灰。

A. 燃点　　　　　　　　　　　　　B. 熔点

C. 温度　　　　　　　　　　　　　D. 凝点

240. 使用中的热油每年应化验指标不包括_____。

A. 黏度　　　　　　　　　　　　　B. 闪点

C. 灰分　　　　　　　　　　　　　D. 酸值

241. 海水淡化装置当船舶离岸不超过一定距离就应停止工作,原因不包括_____。

A. 产水不合格要求

B. 造水机容易被污染

C. 加热水温度不足

D. 海水容易被污染

242. 日常工作中注意观察热水井液位和液面上是否有油,其真正目的是_____。

A. 控制水的消耗,防止蒸汽消耗过大,节省能源

B. 防止蒸汽系统有泄漏,便于观察

C. 通过发现液面有油判断燃油或滑油加热器等地方可能有破损情况

D. 便于通过热水井来清除系统中泄漏的油等杂质

243. 造水机蒸发器加热面结垢后会使_____。

①传热系数减小;②传热能力下降;③造水量减少;④真空度降低

A. ①②④ B. ①③④

C. ②③④ D. ①②③

244. 关于船用锅炉工作蒸汽压力下的检验，下列说法正确的是_____。

①水位表、排污装置工作正常；②高水位、低水位、燃油低温、燃油压力低、高温(若有)、低压(若有)、高压等报警；③锅炉水阀、主汽阀等所有的阀件或旋塞的启闭应灵活可靠；④锅炉本体焊补的焊缝、锅炉附件、人孔盖、手孔盖等与锅炉连接处不得有漏汽现象

A. ①②③④ B. ①③④

C. ①②③ D. ②③④

245. 关于船用锅炉水压试验的一般规定，下列说法错误的是_____。

A. 船用锅炉新装船、重大修理、长期停用后重新启用或验船师认为必要时需要进行水压试验

B. 水压试验时尽可能在周围温度高于 5 ℃时进行

C. 水压试验目的是检查锅炉本体的结合缝是否完好、焊缝有无缺陷、管子和管板的扩接是否完好

D. 水压试验的水的温度应保持高于周围环境温度,以防锅炉表面结露难于检查

246. 船用燃油自动锅炉一般会自动控制锅炉水位，说法正确的是_____。

①当锅炉水位达到水位上限时,自动停止给水泵工作；②当水位降至危险水位时,发出警报并停炉；③当锅炉水位达到水位下限时,自动启动给水泵向锅炉供水；④锅炉工作时水位在一定范围内波动而不会稳定在某一给定值上

A. ①②③④ B. ①②④

C. ①②③ D. ②③④

247. 热油循环泵如果流量不足将导致_____。

①油膜变薄；②热油过热结焦；③老化加快；④管内压力降低

A. ②③④ B. ②③

C. ②④ D. ①②③

248. 锅炉管端扩接处有无泄漏,可从烟气侧有无_____来判断。

A. 盐渍 B. 水渍

C. 水垢 D. 晶粒

249. 船舶进坞大修,需要停止辅锅炉,进行的操作包括_____。

A. 将锅炉水位加到高位,进行上排污

B. 对锅炉进行下排污

C. 多次启停锅炉

D. 将锅炉换成轻柴油,将管路冲洗直到全部换成轻柴油,进坞前将锅炉水放空

250. 船用燃油锅炉喷油器漏油,漏油可根据炉膛底部积油来判断,漏油的原因主要是_____。

①压力式喷油器可能是因为喷油阀关闭不严；②压力式喷油器也可能是雾化片平面精度不够或喷嘴帽未拧紧,工作时部分燃油未经过雾化片而直接流出；③回油式喷油器还可能是停用时回油阀漏油

A. ①② B. ①③

C. ①②③　　　　　　　　　　D. ②③

251. 下列关于辅助锅炉的说法正确的是_____。
    A. 组合式锅炉只能放在机舱的顶部
    B. 废汽锅炉一般都是烟管锅炉
    C. 针型管燃油锅炉主要蒸发受热面具备烟管锅炉的特征
    D. 燃油锅炉可以是废气锅炉的附加受热面

252. 低压锅炉水控制的主要项目包括_____。
    A. 硬度、碱度和碳酸钙含量
    B. pH 值、碱度和含盐量
    C. pH 值、硬度和碳酸钙含量
    D. 硬度、碱度和含盐量

253. 炉水中加入磷酸钠、硝酸钠(用于除 O_2)太多,氯离子浓度虽不增加,但含盐量增大,含盐量太大会引起_____而加速管路设备腐蚀。
    A. 汽水共腾　　　　　　　　　B. 氧化反应
    C. 电化学腐蚀　　　　　　　　D. 苛性脆化

254. 热油锅炉的膨胀器是系统中重要的安全装置,主要有_____等作用。
    A. 防止系统低压、补充热载体,以及在失电时用冷介质置换热介质
    B. 防止系统过压、补充热载体,以及在失电时用冷介质置换热介质
    C. 防止系统过压、补充热载体,以及在失电时用热介质置换冷介质
    D. 防止系统过压、转换热载体,以及在失电时用热介质置换冷介质

255. 船用火管锅炉中设有长条螺旋片的作用是_____。
    A. 增长火管长度,增大换热面积
    B. 加强烟气的扰动,提高换热效果
    C. 满足船级社的要求
    D. 便于锅炉的维修和管理

256. _____情况下必须立即停炉处理。
    ①受热面烧红或显著变形;②炉水大量损失;③给水系统故障无法及时补水;④安全阀失效;⑤耐火层破损裂开,冒出湿气;⑥给水中查出油或含盐量太高
    A. ①②③④　　　　　　　　　B. ②③④⑤⑥
    C. ①③④⑤⑥　　　　　　　　D. ①②③④⑤⑥

257. 船用低压锅炉水处理方法大多采用单一的混合药剂,主要成分多为_____。
    A. NaCl　　　　　　　　　　 B. Na_3PO_4
    C. Na_2HPO_4　　　　　　　　 D. NaH_2PO_4

258. 为了使锅炉燃油能在较低的_____下完全燃烧,油雾和空气必须混合得很均匀。
    A. 喷油量　　　　　　　　　　B. 空气量
    C. 燃油压力　　　　　　　　　D. 过剩空气系数

259. 拆出锅炉喷嘴雾化片后应浸在轻柴油内,待结焦泡软后用硬木片或_____刮去。
    A. 铜片　　　　　　　　　　　B. 刀片
    C. 铁丝　　　　　　　　　　　D. 竹片

260. 强制循环废气锅炉由热水循环泵将燃油锅炉的水抽送至废气锅炉,使之加热蒸发,将_____压回燃油锅炉。
    A. 蒸馏水
    B. 蒸汽
    C. 汽水混合物
    D. 热水

261. 热油锅炉的热载体一般为_____。
    A. 水
    B. 植物油
    C. 矿物油
    D. 化学液体

262. 燃油在锅炉内燃烧的速度取决于油的_____、油气和空气相互扩散的速度及油气热分解氧化的速度。
    A. 蒸发时间
    B. 蒸发温度
    C. 蒸发速度
    D. 蒸发多少

263. 锅炉水酸碱值 pH 控制在 10~12,不利于抑制_____。
    A. 含盐量增多
    B. 过大的硬度
    C. 电化学腐蚀
    D. 水垢生成

264. 关于锅炉汽水系统的故障处理,不妥当的是_____。
    A. 锅炉失水后,若关闭通气阀,水位计仍能"叫水"则应加大供水
    B. 发现"满水"后,应立即停汽并迅速下排污,直到水位恢复正常
    C. 水管锅炉受热面管子破裂,暂时不能更换时,可临时堵管使用
    D. 水管锅炉受热面管子破裂,不太严重,微小渗水,可以暂时监视使用

265. 大型锅炉若设有挡风板,一次风_____二次风_____。
    A. 旋转;不旋转
    B. 旋转;旋转
    C. 不旋转;不旋转
    D. 不旋转;旋转

266. 锅炉停用半小时后,待炉水中悬浮杂质和泥渣沉淀后,应进行_____。
    A. 下排污
    B. 补水
    C. 上排污
    D. 炉水化验

267. 通蒸汽总分配联箱的锅炉蒸汽管路应设_____,以免蒸汽倒流。
    A. 截止阀
    B. 泄水阀
    C. 单向阀
    D. 放残阀

268. 立式双锅筒锅炉,汽包和水筒之间有许多水管相连接,其中围绕炉膛的是_____。
    A. 沸水管
    B. 针形管
    C. 下降管
    D. 水冷壁

269. 废气锅炉进、出口间加设旁通烟道,并在废气锅炉入口和旁通烟道入口处安装联动的_____调节挡板。
    A. 多个
    B. 2个
    C. 3个
    D. 4个

270. 对锅炉水腐蚀介质进行处理,一是去掉介质中的有害成分,二是加入_____,减缓腐蚀的速度。
    A. 抗氧化剂
    B. 铁粉
    C. 缓蚀剂
    D. 防腐剂

271. 锅炉点火后,主电磁阀开启让主喷油器喷油,此时风门_____。
   A. 保持不变   B. 保持全开
   C. 减小   D. 开大

272. 冷炉点火时,若热水井与锅炉水空间温差较大,应_____,防止产生过大热应力,导致管子松动。
   A. 快速上水   B. 不上水
   C. 缓慢进行上水   D. 快速降低锅炉水位

273. 热油锅炉供热系统组成部分不包括_____。
   A. 热油储存柜   B. 油气分离器
   C. 阻汽器   D. 膨胀柜

274. 燃烧器喷入炉膛的油雾着火燃烧后,高温火焰的热量主要以_____方式加热炉膛周围的水。
   A. 对流   B. 辐射
   C. 扩散   D. 传递

275. 热油锅炉是一种采用_____为热载体的高效、安全的热能转换装置。
   A. 重油   B. 柴油
   C. 热水   D. 导热油

276. 锅炉喷油器喷油量超过额定量约 10%时,应将雾化片更换或研磨减薄,减少其_____的深度,使喷油量减少。
   A. 纵向槽   B. 切向槽
   C. 倾斜面槽   D. 横向槽

277. 锅炉内部检验中普遍采用的压铅法和金属浇铸法通常用来检查_____。
   A. 变形程度   B. 鼓包程度
   C. 麻点深度   D. 裂纹

278. 蒸汽系统的热损失与热油系统相比,除了存在管路系统热损失外,还增加了_____。
   A. 冷凝损失和锅炉的排污损失   B. 冷凝损失和蒸汽泄漏损失
   C. 锅炉排污损失和蒸汽泄漏损失   D. 锅炉的排污损失

279. 炉水中溶有较多的 O_2、CO_2、Cl^- 和盐,若炉水碱性不足,会促进锅炉受热面发生_____。
   A. 汽水共腾   B. 氧化反应
   C. 电化学腐蚀   D. 苛性脆化

280. 防止锅炉烟道积灰复燃的主要措施是_____。
   ①保证燃烧良好;②及时吹灰,防止可燃物积存;③及时清洗燃油滤器;④停用后 10 h 内应严密关闭烟道和风道挡板以及各种孔门,防止空气漏入
   A. ①②③   B. ①③④
   C. ①②③④   D. ①②④

281. 锅炉上最常采用的火焰感受器是光敏电阻,关于光敏电阻以下说法错误的是_____。
   A. 光敏电阻装有散热片并用空气进行冷却
   B. 光敏电阻是由铊、镉、铅等硫化物或硒化物制成的

C. 光敏电阻在接受光照时阻值增加,在两端所加电压不变的情况下,流过电流减小

D. 光敏电阻由涂在透明底板上的光敏层经金属电极引出线构成

282. 水管锅炉点火前应上水至水位计_____水位。

  A. 工作   B. 中间工作

  C. 最低工作   D. 最高工作

283. 船舶热油锅炉通过燃料燃烧产生热能,来加热系统中的_____。

  A. 水   B. 有机热载体

  C. 柴油   D. 重油

284. 锅炉停用后为了加快冷却,错误的措施是_____。

①快速泄放蒸汽压力;②提早放空炉水;③向炉膛送冷风;④让其自然冷却

  A. ①②④   B. ①②③

  C. ②③④   D. ①③④

285. 为了使锅炉油气早期混合良好,必须使气流扩张角_____燃油雾化角,空气才能以较高速度进入油雾中。

  A. 大于   B. 小于

  C. 等于   D. 不小于

286. 在锅炉压力式喷油器使用一段时间(一般大于 500 h)后,应在验台上检查_____。

  A. 喷油量、雾化角和喷出的油雾圆锥变形与否

  B. 油滴情况、喷油量、油雾圆锥变形与否

  C. 喷油量、雾化角和喷油器磨损情况

  D. 喷油量、雾化角和油滴情况

287. 锅炉进行干燥保养时,应在_____中放置干燥剂。

  A. 炉膛和联箱   B. 锅筒和联箱

  C. 联箱和汽包   D. 汽包和炉膛

288. 锅炉碱洗除垢采用的方法是_____,锅炉酸洗除垢采用的方法是_____。

  A. 水垢松脱;水垢松脱   B. 水垢溶解;水垢溶解

  C. 水垢溶解;水垢松脱   D. 水垢松脱;水垢溶解

289. 钢铁在空气中锈蚀是因为_____,表面出现液膜,空气中的氧和其他腐蚀性气体、氯离子等溶入液体而产生。

  A. 相对湿度较高   B. 干度较高

  C. 含氧量较高   D. 温度较高

290. 常用蒸汽锅炉水被加热后,水中矿物质和杂质会不断在锅炉和水管中沉积,形成水垢,水垢不仅会_____锅炉水管口径,而且会大大_____加热的效率,而热油锅炉则不会产生水垢,而且还可以起保护加热系统的作用。

  A. 增大;提高   B. 缩减;降低

  C. 增大;降低   D. 缩减;提高

291. 燃油锅炉与废气锅炉各自独立,产生的蒸汽由各自的蒸汽管道输出至总蒸汽_____处汇集。

  A. 分配阀箱   B. 总管

C. 排出口   D. 主蒸汽阀

292. 船用热油锅炉在_____时,自动控制系统能切断供给燃烧器的燃油。

①导热油温度超过允许的最高温度;②循环系统中热导油的流量降到最小循环油量以下;③膨胀柜导热油的液位降低到最低液位面以下;④出现与船用蒸汽锅炉中燃烧系统诸如自动点火失败等同样情况

     A. ①②③   B. ①②④

     C. ②③④   D. ①②③④

293. 锅炉的热油系统采用_____循环方式,加热效果_____,而且热能损耗_____在炉顶部设有回油预热器,以使油加热炉的热能得到充分利用。

     A. 闭路;好;很少   B. 开路;好;很少

     C. 开路;差;很少   D. 闭路;差;很少

294. 通常辅锅炉启动前,_____应保持开启,_____应关闭。

     A. 上排污阀和给水阀;空气阀和下排污阀

     B. 上排污阀、给水阀和空气阀;下排污阀

     C. 空气阀和给水阀;排污阀

     D. 排污阀;空气阀和给水阀

295. 锅炉除灰的主要方法中,使用较少的是_____。

     A. 除灰剂除灰   B. 人工机械法除灰

     C. 水洗法除灰   D. 吹灰法除灰

296. 强制循环水管废气锅炉由多组_____放置的盘管组成,每根盘管的进、出口分别与水平的进口联箱和出口联箱相连。

     A. 垂直并列   B. 水平并列

     C. 倾斜并列   D. 螺旋交错

297. 锅炉燃烧时熄火的常见原因不包括_____。

     A. 燃油电磁阀线圈损坏而关闭   B. 燃油油温过低

     C. 风机受损而导致供风中断   D. 锅炉水位达到高位

298. 锅炉排污时间不宜过长,一般阀全开时间不超过_____。

     A. 1 min   B. 2 min

     C. 45 s   D. 30 s

299. 为了防止热油高温氧化,膨胀柜内的油温不得超过_____。

     A. 85 ℃   B. 70 ℃

     C. 100 ℃   D. 120 ℃

300. 下列关于水管锅炉自然循环的说法,不正确的是_____。

     A. 水管锅炉用汽量突然减少,可能使上升管中蒸汽凝结,使循环动力突然降低

     B. 应尽量减少下降管受热不均匀现象发生,以减少循环阻力

     C. 为了避免流阻过大,上升管的管径不宜选得过小

     D. 水管锅炉用汽量突然加大,会使下降管中炉水闪发成汽

301. 关于锅炉内部检查,下列说法错误的是_____。

     A. 最好将水垢先清除,以利检查

B. 如水垢呈褐色,贴附牢固,表示下面是已停止腐蚀的老麻点

C. 如水垢呈褐色,易松脱,下面有黑色氧化铁,表明金属腐蚀在活化阶段

D. 水位波动区域容易遭到腐蚀

302. 锅炉高负荷时,实际指示的水位_____,而且蒸汽逸携水量_____。

　　A. 升高;减少　　　　　　　　　　B. 降低;减少

　　C. 降低;增加　　　　　　　　　　D. 升高;增加

303. 锅炉压力式喷油器是靠较高的_____使油从喷孔中喷出而雾化的。

　　A. 油压　　　　　　　　　　　　B. 密度

　　C. 湿度　　　　　　　　　　　　D. 黏度

304. 锅炉的火焰感受器是一个_____元件,在火焰照射下能给出电信号,配合自动控制。

　　A. 感光　　　　　　　　　　　　B. 热敏

　　C. 导电　　　　　　　　　　　　D. 光电

305. 锅炉水化验测氯离子浓度,用硝酸银标准液滴定至溶液变成_____为止。

　　A. 无色　　　　　　　　　　　　B. 橙色

　　C. 砖红色　　　　　　　　　　　D. 蓝色

306. 锅炉水含盐量太大会引起汽水共腾,恶化蒸汽品质,加剧管路设备腐蚀,因此若含盐量太高,应通过_____来降低。

　　A. 下排污　　　　　　　　　　　B. 上排污

　　C. 上排污和下排污　　　　　　　D. 上排污并补水

307. D型水管锅炉,裂纹一般很少在_____产生。

　　A. 管孔附近　　　　　　　　　　B. 封头弯曲部位

　　C. 焊缝及热影响区域　　　　　　D. 弯曲度较小的平面

308. 锅炉供油管路通过_____后以软管连接燃烧器,以便必要时燃烧器可以旋转移开。

　　A. 止回阀　　　　　　　　　　　B. 截止阀

　　C. 速闭阀　　　　　　　　　　　D. 球阀

309. 关于锅炉维护与保养,以下说法错误的是_____。

　　A. 在应力集中、冷热并行较剧烈的地方以及管端扩管处容易出现裂纹

　　B. 安装附件的孔口边缘和人孔边缘的内侧最容易出现裂纹

　　C. 检查锅炉内部的腐蚀和裂纹前,应清除水垢以便检查更彻底

　　D. 水位波动的蒸汽空间筒壁区域容易遭到腐蚀

310. 紧急情况下,船舶锅炉在燃烧器关闭时,蒸汽压力过高应_____快速减压。

　　A. 打开所有油舱蒸汽加热阀

　　B. 打开锅炉空气阀

　　C. 打开所有日用蒸汽阀

　　D. 通过蒸汽调节向大气冷凝器泄放蒸汽

311. 关于船用锅炉工作蒸汽压力下的检验,下列说法错误的是_____。

　　A. 高水位、低水位、燃油高温、燃油低压报警装置效用试验

　　B. 给水阀、主蒸汽阀等所有阀件或旋塞应灵活可靠

　　C. 水位表、排污装置工作正常

D. 锅炉本体的附件、手孔盖等与锅炉连接处不得有漏汽现象

312. 发生下列情况需要申请临时检验的是_____。
①停用1年以上需要恢复使用;②使用中发生重大事故;③增加或减少重要设备;④改变燃烧方法;⑤锅炉原缺陷有明显发展时
A.①②③④⑤   B.②③⑤
C.③④⑤   D.①③④⑤

313. 储存器与热油锅炉之间应有_____。
A. 干隔舱   B. 隔墙
C. 油气分离器   D. 饱和温度密封舱

314. 关于进入蒸汽锅炉炉膛的空气,下列说法正确的是_____。
①一次风的作用是保证油雾一离开喷油器就有一定量的空气与之混合,以减小产生炭黑的可能性,并使喷油器得到冷却;②二次风是从喷油器外围沿炉墙喷火口进入炉膛;③二次风的作用主要是供给燃烧所需的大部分空气
A.①②③   B.①②
C.②③   D.①③

315. 燃油锅炉通常采用_____减少SO_2的进一步氧化,从而减少硫酸的产生,有效地降低酸露点。
A. 低空气过剩系数的方式   B. 提高一次风比例的方式
C. 高空气过剩系数的方式   D. 低燃点燃油的方式

316. 船用锅炉给水泵一般选用分段式多级_____泵。
A. 离心   B. 水环
C. 旋涡   D. 齿轮

317. 锅炉低负荷进行蒸汽吹灰时,会使炉膛温度_____,_____水循环。
A. 升高;不影响   B. 升高;影响
C. 降低;影响   D. 降低;不影响

318. 燃烧不良时,锅炉受热面积灰主要由_____构成。
A. 钒、钠的化合物   B. 灰分
C. 碳粒   D. 金属氧化物

319. 废气锅炉吹灰时主机负荷应_____,以保证足够高的气流速度将松脱的烟灰吹到炉外。
A. 不大于75%   B. 不小于75%
C. 不小于50%   D. 不大于50%

320. 锅炉喷油器喷孔结焦可以从燃烧火炬不对称或其中有_____来判断。
A. 黑色烟雾   B. 黑色条纹
C. 黑色油迹   D. 火量

321. 锅炉预扫风完毕后,点火变压器通电让电极产生电火花点火,同时_____动作开始向炉膛内喷油。
A. 喷油器   B. 燃油电磁阀
C. 燃油管   D. 燃油转换阀

322. 烟管锅炉换热面积中占主要部分的烟管是对流换热面,烟气在烟管内_____。
    A. 纵向流动   B. 倾斜流动
    C. 螺旋流动   D. 横向流动

323. 锅炉喷油器应具有较大的_____,以适应不同蒸发量的需要。
    A. 喷油量   B. 雾化角
    C. 调节比   D. 流量密度

324. 锅炉点火期间风门应_____,以便于点火。
    A. 关小   B. 保持不变
    C. 开大   D. 保持关闭

325. 锅炉水的 pH 值大小不同,所需锅炉水处理药剂的投放量由_____决定。
    A. 硬度   B. 甲基橙碱度
    C. 酚酞碱度   D. 总碱度

326. 热油循环泵如果流量不足会导致_____。
    ①释放热量不足;②管内油膜加厚;③热油过热结焦;④发生爆管事故
    A. ①②④   B. ②③④
    C. ①②③   D. ①②③④

327. 进入锅炉检查前,如果有其他并联的锅炉在使用,应隔断联通其他锅炉的_____和_____管路,用铁丝将所连的_____绑住。
    A. 蒸汽;给水;止回阀   B. 燃油;给水;截止阀
    C. 蒸汽;燃油;止回阀   D. 蒸汽;给水;截止阀

328. 蒸汽系统的阻汽器可能会有蒸汽漏过,而且凝水流过阻汽器时因_____会产生二次蒸汽。
    A. 压力减小   B. 压力增大
    C. 温度升高   D. 温度降低

329. 锅炉每次排污时间不宜过长,排污量不宜太大,每次排污量为_____水位表高度。
    A. 1/4～1/3   B. 1/3～1/2
    C. 1/5～1/4   D. 1/2～2/3

330. 风机和油泵同时启动,燃油仅通过系统循环而不喷入炉内,这时进行点火前的预扫风,锅炉风门应_____。
    A. 开 1/2   B. 全关
    C. 全开   D. 开 3/4

331. 供应饱和蒸汽的辅锅炉,蒸汽参数用_____表示。
    A. 蒸汽压力   B. 蒸汽温度和压力
    C. 蒸汽温度   D. 蒸汽温度或压力

332. 蒸汽_____上应有接岸供汽管,与位于甲板左右舷的标准接头相通,以备修船时若锅炉停汽,必要时可由岸上或其他船舶供汽。
    A. 总分配联箱   B. 低压分配联箱
    C. 高压分配联箱   D. 加热蒸汽分配联箱

333. 锅炉水处理时,为了提高碱度和降低硬度,常添加磷酸钠或碳酸钠,若碱度太大,则可通过_____使碱度下降。

A. 下排污   B. 上排污

C. 上排污并补充淡水   D. 下排污并补充淡水

334. 锅炉点火时发生爆炸回火,应_____,以免酿成火灾。

A. 立即停炉,打开人孔门,进行灭火

B. 立即启动进行强扫风,冷却炉膛

C. 立即启动消防水枪进行冷却,并进行灭火

D. 立即关闭燃油速闭阀,并停油泵

335. 工作良好的锅炉_____热损失几乎为零。

A. 排烟   B. 化学不完全燃烧

C. 机械不完全燃烧   D. 散热

336. 关于船舶锅炉碱洗法,下列说法不正确的是_____。

A. 碱洗前应将可能接触液体的铜元件拆下

B. 碱洗过程应定期进行排污

C. 碱洗过程应点火使气压始终保持在 0.3 MPa 左右,增强清洗效果

D. 至炉水碱度不再下降时,即可结束煮洗

337. 关于锅炉干燥保养法,下列说法中不正确的是_____。

A. 放空炉水后以小火加速炉内干燥   B. 此法对尾部受热面的保护作用略差

C. 应在锅炉内均匀散布干燥剂   D. 长期保养应清除水垢

338. 辅锅炉燃油供油管路上设有_____,当供油压力太低时,能自动启动备用泵。

A. 湿度传感器   B. 压力传感器

C. 黏度控制器   D. 压力调节阀

339. 供汽量不宜增加过快,以防止蒸汽压力骤降,锅炉内水产生_____现象。

A. 汽水共腾   B. 自蒸发

C. 含盐度升高   D. 携水量增加

340. 若海水冷却的大气冷凝器换热管子破损,则会出现_____。

A. 锅炉水硬度变大   B. 锅炉水氯离子含量升高

C. 锅炉水氯离子含量降低   D. pH 降低

341. 发现锅炉受热面管破裂,下列做法错误的是_____。

A. 除严重失水者外,继续给水   B. 立即停炉放水,安排堵管

C. 不太严重时,加强监视,继续使用   D. 停炉后在锅炉尚有蒸汽压力时,查明漏水部位

342. 如下图所示,燃油锅炉与废气锅炉的联系属于_____。

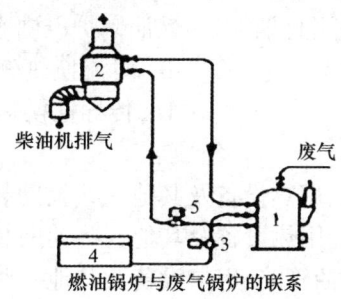

燃油锅炉与废气锅炉的联系

A. 废气锅炉是燃油锅炉的一个附加受热面

B. 燃油锅炉与废气锅炉各自独立

C. 燃油锅炉是废气锅炉的一个附加受热面

D. 废气锅炉和燃油锅炉是组合式锅炉

343. 当锅炉超过_____时,本可分离的较大直径水滴也被蒸汽携出,蒸汽携水量剧增。

A. 最大负荷 　　　　　　　　　　B. 额定负荷

C. 最小负荷 　　　　　　　　　　D. 临界负荷

344. 在船舶进入 ECA 区域,锅炉需要转换为低硫油或轻柴油,若点火失败,锅炉无法点火,主要原因可能有_____。

A. 滤器脏堵,导致进锅炉油压过低,点火失败

B. 轻柴油温度过低,黏度过低,无法点火

C. 换轻柴油后,油压过低,无法点火

D. 轻柴油雾化效果不好,无法点燃

345. 蒸汽在工作之后基本都凝结成水,由凝水系统回_____,再由供水泵经给水系统送回锅炉。

A. 凝水柜 　　　　　　　　　　B. 热水井

C. 污水井 　　　　　　　　　　D. 高置水箱

346. 锅炉点火前,进行预扫风的目的是_____。

A. 将炉内积存的油气彻底吹净 　　B. 将炉内的积碳吹尽

C. 冷却炉膛 　　　　　　　　　　D. 增加空气量,利于更好地燃烧

347. 检查水位计的"叫水"操作是_____。

A. 通水阀关闭,开通汽阀 　　　　B. 通汽阀关闭,开通水阀

C. 通水阀和通汽阀全关 　　　　　D. 通水阀和通汽阀全开

348. 为了尽量减少或避免下降管带汽,给水管应布置在_____使其进水有较大的过冷度。

A. 上升管附近 　　　　　　　　　B. 下降管进口附近

C. 上升管与下降管中间 　　　　　D. 上升管出口处

349. 锅炉喷油器雾化角应_____经配风器出口气流扩张角,使油雾能与空气均匀混合。

A. 等于 　　　　　　　　　　　　B. 大于

C. 小于 　　　　　　　　　　　　D. 稍大于

350. 当燃油灰分含钙时,燃烧后生成的_____与 SO_3 作用生成硫酸钙,形成的灰渣很牢固。

A. 氧化钙 　　　　　　　　　　B. 碳酸钙

C. 氯化钙 　　　　　　　　　　D. 过氧化钙

351. 组合式锅炉中废气锅炉采用直烟管束,燃油锅炉以沸水管束作为_____。

A. 直流换热面 　　　　　　　　B. 对流换热面

C. 辐射换热面 　　　　　　　　D. 传导性换热面

352. 热油锅炉供热系统主要由_____组成。

A. 热油锅炉本体、循环泵、用热设备及其他一些辅助装置

B. 热油锅炉本体、储存器、用热设备及其他一些辅助装置

C. 热油锅炉本体、循环输油管路、用热设备及其他一些辅助装置

D. 热油锅炉本体、膨胀器、用热设备及其他一些辅助装置

353. 油污区宽度和油污层厚度可以判断进入锅炉的油污量,若在锅筒水位线附近壁面黏附有油污,则可能的原因有_____,应予以清洗,弄清真正原因。
  A. 燃油加热器管子破损   B. 锅筒、联箱受腐蚀
  C. 燃油管路漏油   D. 燃油管路垫片破损

354. 锅炉安全阀开启排放蒸汽时,逸汽管受热膨胀,故安全阀与逸汽管之间的连接应设_____和泄水口。
  A. 压缩装置   B. 顶开装置
  C. 泄放装置   D. 膨胀装置

355. 锅炉及蒸汽部件出现泄漏往往是由腐蚀、裂纹等造成的,容易腐蚀的是_____的壁面。
  A. 温度较高处   B. 温度较低处
  C. 水位波动处   D. 水位较低处

356. D 型水管锅炉上、下锅筒都呈圆筒形结构,分别称为_____和_____。
  A. 汽包;水筒   B. 汽包;水管
  C. 气泡;水管   D. 气泡;水筒

357. 一般在水中溶解物质很多,如果存在_____,则对热水锅炉的腐蚀尤为明显。
  A. 溶解铁   B. 溶解钠
  C. 溶解钙   D. 溶解氧

358. 小型锅炉的挡风板,一次风_____,二次风_____。
  A. 旋转;旋转   B. 旋转;不旋转
  C. 不旋转;旋转   D. 不旋转;不旋转

359. 在热水井设有温度传感器,并设有温度调节阀,向热水井中喷射蒸汽来保持较高温度,这样可以减少_____。
  A. 氯离子含量   B. 钠含量
  C. 铁含量   D. 氧含量

360. 在碱度测试中两次滴定硝酸标准的总耗量为总碱度,总碱度为_____。
  A. 甲基橙碱度   B. 酚酞碱度
  C. 酚酞碱度-甲基橙碱度   D. 酚酞碱度+甲基橙碱度

361. 关于锅炉进炉检查,_____是没有必要的。
  A. 用铁丝捆住蒸汽、给水管路上关闭的截止阀,挂上告示牌
  B. 对锅筒内进行充分通风
  C. 照明用工作灯电压不超过 24 V
  D. 全部拆除汽水分离设备、给水管等内部附件

362. 锅炉水化验时,用硝酸标准液滴至溶液颜色变为_____,则记录所消耗硝酸标准液的毫升即为酚酞碱度 mmol/L 数。
  A. 淡红色   B. 砖红色
  C. 蓝色   D. 无色

363. 锅炉运行时靠_____除氧,水中含氧很少,若保持炉水碱度合适,钢铁锈蚀甚微。
  A. 加热   B. 沸腾

C. 热力或化学   D. 化学

364. 压力较高的锅炉可在平板玻璃水位计的平板玻璃靠水一侧加衬_____以保护平板玻璃不受炉水腐蚀。

     A. 垫片   B. 垫圈

     C. 塑料   D. 云母片

365. 若热水井中有油，则会黏附在锅炉受热面上或渗入水垢，_____妨碍水对受热面的冷却，可能使受热面管子变形或爆裂。

     A. 热阻变小   B. 热阻变大

     C. 流阻变大   D. 流阻变小

366. 若水动力矩的方向阻碍转舵定为正值，在小舵角偏转时，平衡舵的转舵力矩为_____，不平衡舵的转舵力矩为_____。

     A. 负值；正值   B. 正值；负值

     C. 负值；负值   D. 正值；正值

367. 液压系统工作油箱的功用有_____。

     ①为系统膨胀空间；②帮助工作油散热；③排出工作油中气体；④沉淀杂质

     A. ①②③④   B. ①②③

     C. ②③④   D. ①②

368. 关于真空沸腾式海水淡化装置，造水量不足的主要原因是_____中_____。

     A. 蒸发器；加热水温度过低   B. 蒸发器；传热系数大

     C. 蒸发器；海水给水量过大   D. 蒸发器；真空度太低

369. 真空沸腾式海水淡化装置向给水投药的作用是_____。

     ①减轻冷凝器污垢；②减轻蒸发器海水侧结垢；③消散盐水泡沫，减少蒸汽携水

     A. ①   B. ①②

     C. ②③   D. ①②③

370. 当把相同体积的稀溶液和浓溶液分别置于一容器的两侧，中间用半透膜隔开，稀溶液穿过半透膜，向浓溶液流动，浓溶液一侧的液面就会逐渐升高到一定压力差，达到_____平衡状态，此种压力差即为渗透压。

     A. 渗透   B. 压力

     C. 动态   D. 浓度

371. 在保证装置气密性和真空喷射器工作状态良好的前提下，造水机产水量通过_____旁通阀的开度来控制。

     A. 加热水   B. 冷却水

     C. 海水出口   D. 真空破坏阀

372. 依 DS-20 型盐度计性能，下列说法正确的是_____。

     A. 水溶液温度升高时电阻会增加

     B. 水的导电性与含盐量成正比，即含盐量越高，电阻就越大，导电性就越好

     C. 水的导电性与含盐量成反比，即含盐量越高，电阻就越大，导电性就越好

     D. 水溶液温度升高时电阻会降低

373. 带板式换热器的海水淡化装置的冷凝器换热板拆洗时一般用_____刷洗。

A. 碱水 B. 冷水

C. 不高于 50 ℃ 的热水 D. 含抑制剂的酸溶液

374. 若海水淡化装置中盐水水位过高,则可能的原因有_____。
①喷射器工作水压太低;②喷射器工作水压太高;③喷射器背压太高;④喷射器喷嘴堵塞
或磨损;⑤盐水吸入管路及止回阀有故障

A.①③④⑤ B.②③④⑤

C.①②③④⑤ D.①②④⑤

375. 影响海水淡化装置加热器结垢的因素有_____。
①被加热水流速;②蒸发器的表面温度;③被加热水的水质条件;④换热器材料;⑤换热
器表面状况

A.①②③④⑤ B.①②④⑤

C.①③④⑤ D.①②③④

376. 板式造水机汽水分离设备一般是_____。

A. 不锈钢材料板翅装 B. 青铜材料板翅装

C. 不锈钢材料丝瓜瓤装 D. 青铜材料丝瓜瓤装

377. 海水淡化装置的产生量主要靠调节_____的开度,改变通过蒸发器的加热水流量。

A. 冷却水旁通阀 B. 加热水进口阀

C. 加热水出口阀 D. 加热水旁通阀

378. 真空沸腾式海水淡化装置正常工作时,设在水喷射器抽真空的吸入管上的观察镜
应_____。

A. 充满水 B. 有含气泡水

C. 断续有水 D. 看不见水

379. 大多数采用柴油机作为推进动力装置的船舶,在航行中海水淡化装置以_____为热源
工作。

A. 废气锅炉蒸汽 B. 主机气缸套冷却水

C. 中央冷却系统的淡水 D. 副机冷却系统的淡水

380. 真空沸腾式海水淡化装置的_____管路不设止回阀。

A. 排盐泵吸入 B. 产水通淡水舱

C. 凝水泵进口 D. 真空泵吸入

381. 处理海水时,在膜的_____渗透到淡水_____,称为_____。

A. 低压侧;高压侧;渗透 B. 高压侧;低压侧;渗透

C. 低压侧;高压侧;反渗透 D. 高压侧;低压侧;反渗透

382. 冬季气温降低,为了适当降低真空度,可以通过_____,但不允许过分加大加热水量,
以免产生剧烈沸腾,使淡水含盐量增加。

A. 加大冷却水量 B. 适当减小冷却水量

C. 升高加热水温度 D. 降低加热水温度

383. 冷却海水在冷凝器管内流过,将管外的蒸汽冷凝成淡水,集聚在冷凝器底部,由_____
抽送至淡水舱。

A. 海水泵 B. 真空泵

C. 凝水泵　　　　　　　　　　　　D. 排盐泵

384. 关于真空沸腾式海水淡化装置，蒸发器结垢的因素，下列说法不妥的是_____。
    A. 盐水浓度加大，则会加重蒸发器换热面结垢
    B. 蒸发温度升高，则会加重蒸发器换热面结垢
    C. 真空度加大，可能会加重蒸发器换热面结垢
    D. 传热温差大，则可能加重蒸发器换热面结垢

385. 当把两种不同浓度的溶液分别置于半透膜的两侧时，稀溶液能自发地穿过半透膜向高浓度溶液侧流动，这种现象叫_____，浓溶液面比稀溶液面有一定的高度，形成一个压力平衡态，此种液位高度差对应的压力称为渗透压。
    A. 渗透　　　　　　　　　　　　B. 动态
    C. 压力　　　　　　　　　　　　D. 浓度

386. 船用真空沸腾式海水淡化装置一般不设_____。
    A. 凝水泵　　　　　　　　　　　B. 海水泵
    C. 蒸汽喷射器　　　　　　　　　D. 水喷射器

387. 海水淡化装置蒸发器中水垢主要成分为_____。
    A. 碳酸钙、氢氧化镁、硫酸钙　　　B. 碳酸钙、氢氧化钙、硫酸钙
    C. 碳酸镁、氢氧化钙、氯化钙　　　D. 碳酸镁、氢氧化镁、氯化钙

388. 海水淡化装置真空度降低的原因有_____。
    ①海水温度过低；②海水温度过高；③工作水温度过低；④工作水温度过高；⑤凝水泵管路阻塞；⑥凝水管路泄漏
    A. ①②③⑤　　　　　　　　　　B. ②④⑤⑥
    C. ②③④⑤　　　　　　　　　　D. ①③⑤⑥

389. 渗透压的大小与半透膜的性质有关，取决于溶液的_____。
    A. 种类、多少、浓度　　　　　　B. 多少、温度、浓度
    C. 种类、多少、温度　　　　　　D. 种类、浓度、温度

390. 半透膜的左边是盐水，右边是淡水，某时刻水通过膜的流量为零，左右两边达到了平衡，对左右两边的液位高度差理解正确的是_____。
    A. 液位高度差等于零，反渗透压为零
    B. 液位高度差大于零，对应的压力为渗透压
    C. 液位高度差等于零，渗透压为零
    D. 液位高度差小于零，对应的压力为反渗透压

391. 若海水淡化装置节流孔径选得太大，则_____，也会造成盐水水位过高。
    A. 加热水量太大　　　　　　　　B. 给水量太大
    C. 凝水量太大　　　　　　　　　D. 冷却水量太大

392. 带板式换热器的海水淡化装置蒸发器泄漏可能会导致_____。
    ①水喷射器抽真空的吸入管观察镜充满水；②盐水水位过高；③主机缸套水的膨胀水柜补水频繁
    A. ②　　　　　　　　　　　　　B. ③
    C. ①②　　　　　　　　　　　　D. ②③

393. 盐度计传感器实际上是一对测量水溶液_____的电极。
    A. 浓度
    B. 含盐量
    C. 导电性
    D. 酸碱性

394. 在船用真空沸腾式海水淡化装置中,让海水的蒸发和蒸汽的冷凝都在高真空度下进行,则_____低。
    A. 沸点
    B. 凝点
    C. 露点
    D. 饱和温度

395. 真空沸腾式海水淡化装置水喷射器排出背压太高不会导致_____。
    A. 抽气能力降低
    B. 排盐水能力降低
    C. 产水量降低
    D. 蒸馏器真空度太高

396. 造水机蒸发器水处理的目的主要是_____。
    A. 投药降低海水中的含氧量;消散气泡,防止海水沸腾过于剧烈
    B. 投药消除海水中的微生物;消散气泡,防止海水沸腾过于剧烈
    C. 投药使海水中的难溶物质不形成水垢;消散气泡,防止海水沸腾过于剧烈
    D. 投药使海水中的难溶物质不形成水垢;降低海水中的含盐量

397. 真空沸腾式海水淡化装置中开始生成硫酸钙硬垢的条件是_____。
    A. 工作温度高于 75 ℃
    B. 真空度小于 90%
    C. 盐水浓缩率大于 1.5
    D. 给水倍率大于 3~4

398. 可能使真空沸腾式海水淡化装置真空度降低的是_____。
    A. 加大凝水泵的流量
    B. 加大喷射泵的流量
    C. 加大缸套水进蒸发器的流量
    D. 加大冷凝器冷却水的流量

399. 关于海水淡化装置,下列各项说法中错误的是_____。
    A. 造水机造出的水几乎不含矿物质,不会直接饮用
    B. 饮用水的含盐量一般不大于 500~1 000 mg/L,呈弱碱性
    C. 目前海水淡化的方法主要有蒸馏法、电渗析法、反渗透法和冷冻法
    D. 船用海水淡化装置一般是真空闪发式海水蒸馏装置

400. 空压机曲轴内钻孔润滑主轴承多采用_____。
    A. 滑油润滑
    B. 注油润滑
    C. 压力润滑
    D. 油雾润滑

401. 空压机缸内发生水击一般不会是因为_____。
    A. 气缸冷却水漏入缸内
    B. 吸气含湿量过大
    C. 气缸冷却水温度太低
    D. 级间冷凝水未能泄放

402. 关于压缩空气油分浓度过高,下列说法错误的是_____。
    A. 气液分离器脏堵
    B. 压缩空气系统自动排泄装置故障
    C. 压缩机润滑油黏度太大
    D. 压缩机油环失效

403. 真空沸腾式海水淡化装置一般会设置_____报警功能。
    A. 产水流量太低
    B. 真空度太低或太高
    C. 盐水水位太高
    D. 产水含盐量超标

404. 海水淡化装置中,若加大加热水流量,产水量_____,若减小加热水流量,产水

量_____。

  A. 降低；提高   B. 提高；降低

  C. 提高；不变   D. 不变；降低

405. 空压机滴油杯式润滑通常由_____带入气缸。

  A. 高压级排气   B. 低压级排气

  C. 低压级吸气   D. 高压级吸气

406. 水的稀溶液的电导率与溶液_____成正比,所以当淡水的含盐量改变时,浸在其中的传感器电极间的电阻值也改变,于是盐度计测量电路中所测的电量改变。

  A. 体积   B. 含盐量

  C. 温度   D. 浓度

407. 现在船舶大多数采用_____船用海水淡化装置。

  A. 真空沸腾式   B. 电渗析法

  C. 真空闪发式   D. 反渗透式

408. 反渗透海水淡化装置首先将海水提取上来,进行初步处理,降低海水浊度,防止细菌、藻类等微生物的生长,然后用特种高压泵增压,使海水进入反渗透膜,由于海水含盐量高,因此海水反渗透膜必须具有_____的特点,经过反渗透膜处理后的海水,其含盐量大大降低。

  A. 高脱盐率、耐磨损、耐高压、抗污染   B. 高脱盐率、耐腐蚀、耐磨损、抗污染

  C. 高渗透率、耐腐蚀、耐高压、抗污染   D. 高脱盐率、耐腐蚀、耐高压、抗污染

409. 为了清洗海水淡化装置海水侧的水垢,需要将换热板浸泡在含有抑制剂的_____溶液中用_____刷洗。

  A. 中性；软刷   B. 碱性；钢丝刷

  C. 酸性；软刷   D. 中性；钢丝刷

410. 海水淡化装置加热器的水垢中所含的盐类在海水中的溶解度_____,并且随着温度升高而_____,在海水被加热汽化而浓缩就会在加热面上析出而形成水垢。

  A. 很高；降低   B. 很高；升高

  C. 很低；升高   D. 很低；降低

411. 在采用盐水作为载冷剂的冷却系统中,对盐水载冷剂的选用应根据制冷装置的_____选择盐水浓度。

  A. 最低温度   B. 最高温度

  C. 平均温度   D. 工作温度

412. 板式真空沸腾式造水机造水量减少,应采取_____等措施排除故障。

  ①拆检清洗板式换热器；②调整安全阀预紧力；③检查系统密封情况；④调整进入造水机的缸套水量

  A. ①②③   B. ①②④

  C. ①③④   D. ①②③④

413. 在采用盐水作为载冷剂的冷却系统中,盐水的 pH 值必须保持在_____范围内。

  A. 5.5~6.5   B. 7.5~8.5

  C. 6.5~7.0   D. 9.0~10.0

414. 船用真空沸腾式海水淡化装置中减少二次蒸汽带水措施不包括_____。
    A. 限制盐水沸腾剧烈程度　　　　　B. 禁止用蒸汽作为海水淡化的热源
    C. 设汽水分离器　　　　　　　　　D. 限制气流上升速度

415. 闭式膨胀柜配油与之相通的氮气密封罐,其作用是_____。
    A. 防止热油溢出　　　　　　　　　B. 有利于膨胀柜膨胀
    C. 防止热油氧化　　　　　　　　　D. 补充系统压力

416. 燃油锅炉与废气锅炉彼此独立,但两者可共用_____。
    A. 给水泵与炉水循环泵　　　　　　B. 热水井与总蒸汽分配阀箱
    C. 给水泵与汽水分离空间　　　　　D. 炉水循环泵与受热面

417. 若锅炉因结垢严重或水循环不良引起受热面管子破裂,会使水位、蒸汽压力迅速降低,烟囱冒_____,有时能听到异常声音。
    A. 黑烟　　　　　　　　　　　　　B. 黄烟
    C. 蓝烟　　　　　　　　　　　　　D. 白烟

418. 锅炉将 pH 值水控制在 10~12,有利于抑制_____。
    A. 水垢生成　　　　　　　　　　　B. 电化学腐蚀
    C. 含盐量增多　　　　　　　　　　D. 过大的破度

419. 在刚开始供汽暖管时,蒸汽分配联箱底部的泄水管泄放凝水,以防止发生_____。
    A. 漏水　　　　　　　　　　　　　B. 爆管
    C. 漏蒸汽　　　　　　　　　　　　D. 液击

420. 检查蒸馏装置的密封性时,启动喷射泵将蒸馏器抽至93%的真空,停止喷射泵的工作。如_____内真空度下降幅度超过_____,则表明密封性不符合要求。
    A. 0.5 h;10%　　　　　　　　　　B. 1 h;5%
    C. 0.5 h;5%　　　　　　　　　　　D. 1 h;10%

421. 喷油器将油雾化成细小油滴,以一定的旋转速度从喷油嘴的喷孔喷入炉内,形成_____。
    A. 圆筒　　　　　　　　　　　　　B. 圆球
    C. 圆柱体　　　　　　　　　　　　D. 圆锥体

422. 如果在锅筒水位线以上壁面沾有泥渣,则说明炉水可能发生了汽水共腾,应加强_____,降低炉水的含盐量。
    A. 上排污和下排污　　　　　　　　B. 补淡水
    C. 下排污　　　　　　　　　　　　D. 上排污

423. 发现锅炉失水后,千万不能立即向_____补水,以防止受热面遭遇冷水而爆裂,甚至导致锅炉爆炸。
    A. 炉外　　　　　　　　　　　　　B. 炉内
    C. 热水井　　　　　　　　　　　　D. 炉膛

424. 锅炉点火变压器的电压_____或电极的铬镁丝_____,则两极的间距_____。
    A. 越高;越细;越大　　　　　　　　B. 越低;越细;越大
    C. 越高;越粗;越小　　　　　　　　D. 越低;越粗;越大

425. 蒸汽用量增加时需加强燃烧,锅炉内水面因水中含汽量增加而_____,分离高

度_____。

A. 升高；降低   B. 降低；降低

C. 降低；升高   D. 升高；升高

426. 对应锅炉烟侧的清洗，一些机务管理不允许采用水冲洗，下列原因错误的是_____。

A. 水冲洗效果太差

B. 清洗后的水不容易处理，可能会造成污染

C. 清洗后的水呈酸性，会腐蚀锅炉内部材料

D. 水冲洗会损坏耐火材料

427. 装有提升盘的锅炉安全阀，只有蒸汽压力降至_____以下若干值，作用在阀盘和提升盘上的蒸汽压力小于弹簧张力时，安全阀才关闭，这就保证了阀开启后不会跳动。

A. 最小压力   B. 最大压力

C. 开启压力   D. 额定压力

428. 下列关于锅炉汽水共腾事故的处理，不正确的是_____。

A. 减弱燃烧，降低锅炉的蒸发量   B. 开下排污阀排污，使水质转好

C. 停止加药，以减少水面泡沫的生成   D. 开蒸汽管道的手动疏水阀

429. 在采用盐水作为载冷剂的冷却系统中，一般不用_____来配置盐水。

A. 氯化钠   B. 氯化钙

C. 氯化氢   D. 氯化镁

430. 关于保证锅炉燃烧质量主要条件中二次风的影响，以下说法正确的是_____。

①二次风占总风量的 70%～90%；②燃烧器中二次风的主要作用是供给大部分所需氧气；③二次风量太大会造成排烟损失大；④锅炉供风量应略大于完全燃烧时理论所需空气量，主要是为了确保燃油与空气能够充分混合

A. ①②③   B. ②③④

C. ①②④   D. ①②③④

431. 锅炉配风器根据二次风旋转与否可分为_____和_____。

A. 旋转式；直流式   B. 旋流式；直流式

C. 旋转式；平流式   D. 旋流式；平流式

432. 锅炉手动点火失败后，应立即采取的措施是_____。

A. 停止供水   B. 停止供油

C. 切断锅炉电源   D. 停止风机

433. 锅炉安全阀的开启压力_____。

A. 设定值由主管轮机员设定   B. 设定值由船厂质检人员设定

C. 设定值由轮机长设定，并铅封   D. 设定值由验船师设定，并铅封

434. 下列关于废气锅炉积灰的原因分析错误的是_____。

A. 燃用劣质燃油   B. 长期机动航行

C. 废气锅炉窄点过大   D. 烟气流速过慢

435. 若锅炉需要检查内部或_____，停火前应先改用柴油，以免重油留存在管路内冷却后凝结。

A. 进行修理时   B. 停用一段时间

C. 暂时不用   D. 要较长时间停用

436. 反渗透造水机半透膜以_____来衡量膜的好坏。
①水的透过速率大小;②脱盐率高低;③选择截留作用
A. ②　　　　　　　　　　　　　　B. ①②③
C. ①②　　　　　　　　　　　　　D. ②③

437. 造水机蒸发器加热面水垢生成的速度成分取决于_____。
①海水温度;②海水沸点;③盐水的含盐量;④传热温差;⑤真空度大小
A. ②③④⑤　　　　　　　　　　　B. ①②③④
C. ①③④⑤　　　　　　　　　　　D. ②③④

438. 关于避免废气锅炉积灰着火的对策,下列说法错误的是_____。
A. 尽量采用压缩空气吹灰,因其效果较蒸汽吹灰好
B. 尽量提高主机燃烧质量,减少积灰的可能
C. 定期进行锅炉水洗,彻底清除积灰
D. 手工除灰时坚硬的灰渣要用工具用力敲击,可以彻底清除

439. 锅炉内部检验每 5 年内不少于_____次,最大间隔应不超过_____年。
A. 2;2　　　　　　　　　　　　　B. 1;3
C. 1;2　　　　　　　　　　　　　D. 2;3

440. 一般含盐量小于_____的水可以算是淡水。
A. 700 mg/L　　　　　　　　　　B. 1 000 mg/L
C. 500 mg/L　　　　　　　　　　D. 800 mg/L

441. 在传热面积相同时,流体物性及进出口温度相同的条件下,逆流换热器的传热能力_____顺流换热器的传热能力。
A. 大于　　　　　　　　　　　　B. 小于
C. 等于　　　　　　　　　　　　D. 不一定大于

442. 对于热交换器,不正确的说法是_____。
A. 壳管式热交换器的盖板中设一隔板的目的是提高流体流动的阻力
B. 热交换器加设肋片的主要目的是减小热阻
C. 同一热交换器采用逆流式的效果比顺流式要好
D. 同一热交换器采用叉流式的效果介于逆流式与顺流式之间

443. 对于热交换器,不正确的说法是_____。
A. 壳管式热交换器的盖板中设一隔板的目的是提高流体的流速
B. 热交换器加设肋片的主要目的是减小热阻
C. 同一热交换器采用逆流式的效果比顺流式要好
D. 同一热交换器采用叉流式的效果比逆流式要好

444. 对同一管式热交换器,采用逆流比顺流冷却方式的冷却效果好是因为_____。
A. 流动阻力小　　　　　　　　　B. 进出口温差大
C. 流动时扰动大　　　　　　　　D. 平均换热温差大

445. 下列说法不正确的是_____。
A. 壳管式热交换器的盖板中设一隔板的目的是提高流体的流速
B. 热交换器加设肋片的主要目的是增加扰动

C. 同一热交换器采用逆流式的效果比顺流式要好

D. 同一热交换器采用叉流式的效果介于逆流式与顺流式之间

446. 壳管式热交换器的盖板中设一隔板,用以提高流体的_____。

A. 速度　　　　　　　　　　　B. 压强

C. 换热面积　　　　　　　　　D. 热阻

447. 热流体系统中的设备/部件一般不包括_____。

A. 膨胀柜　　　　　　　　　　B. 循环柜

C. 循环泵　　　　　　　　　　D. 气液分离器

448. 热流体加热系统中,关于膨胀柜安全阀的说法正确的是_____。

A. 其设定压力一般小于系统工作压力

B. 膨胀柜安全阀任何情况下都不可以作为整个系统的安全阀

C. 对于采用开式膨胀柜的系统,不必设置安全阀

D. 闭式膨胀柜可以不安装安全阀

449. 相对传统蒸汽加热装置,热流体加热系统的特点不包括_____。

A. 在较低的工作压力下实现较高的工作温度

B. 可以用低压设备取代高压设备

C. 具有更高的可靠性

D. 设备需要的耐腐蚀性更高

450. 相对传统蒸汽加热装置,热流体加热系统的特点不包括_____。

A. 在较低的工作压力下实现较高的工作温度

B. 可以用低压设备取代高压设备

C. 设备需要的耐腐蚀性更高

D. 工作中没有相变,避免了传统蒸汽系统的冷凝热损失

451. 下列关于热流体加热装置和传统蒸汽加热装置的说法中,正确的是_____。

A. 都对传热介质进行压力控制　　B. 都对传热介质进行温度控制

C. 都设置压力安全装置　　　　　D. 都设置温度安全装置

452. 下列关于热流体加热装置和传统蒸汽加热装置的说法中,正确的是_____。

A. 都对传热介质进行流量控制　　B. 都对传热介质进行液位控制

C. 都设置流量安全装置　　　　　D. 都设置液位安全控制

453. 与传统蒸汽加热装置相比较,热流体加热装置_____。

A. 采用温度控制,而不采用压力控制

B. 设置温度安全装置,而不设置压力安全装置

C. 传热介质没有相变,传热效率较低

D. 一般工作压力较高,所以需要设置压力安全装置

454. 与传统蒸汽加热装置相比较,热流体加热装置_____。

A. 一般工作压力较高,所以需要设置压力安全装置

B. 一般工作压力较低,所以不需要设置压力安全装置

C. 传热介质没有相变,传热效率较低

D. 一般工作压力较低

解析

第一节　锅炉的故障

1. D	2. B	3. C	4. C	5. C	6. C	7. B	8. D	9. C	10. C
11. B	12. D	13. C	14. A	15. B	16. B	17. C	18. D	19. C	20. D
21. B	22. D	23. B	24. C	25. D	26. D	27. B	28. B	29. B	30. B
31. A	32. D	33. C	34. D	35. D	36. D	37. C	38. A	39. C	40. A
41. D	42. D	43. D	44. B	45. B	46. C	47. A	48. D	49. B	50. B
51. A	52. A	53. D	54. C	55. D	56. D	57. D	58. A	59. B	60. D
61. A	62. D	63. C	64. B	65. D	66. A	67. D	68. C	69. B	70. D
71. D	72. C	73. C	74. A	75. D	76. C	77. A	78. B	79. B	80. D
81. D	82. A	83. A	84. B	85. A	86. D	87. D	88. A	89. D	90. B
91. A	92. B	93. B	94. A	95. C	96. D	97. D	98. A	99. D	100. A
101. C	102. A	103. D	104. C	105. B	106. C	107. B	108. D	109. D	110. D
111. C	112. D	113. B	114. A	115. B	116. B	117. C	118. D	119. D	120. B
121. B	122. B	123. B	124. B	125. B	126. B	127. D	128. C	129. B	130. C
131. C	132. A	133. D	134. B	135. B	136. B	137. C	138. A	139. B	140. B
141. C	142. A	143. A	144. D	145. B	146. D	147. D	148. A	149. C	150. D
151. B	152. C	153. C	154. C	155. B	156. A	157. D	158. B	159. B	160. D
161. C	162. B	163. B	164. D	165. A	166. D	167. B	168. D	169. C	170. D
171. C	172. C	173. B	174. A	175. D	176. C	177. C	178. C	179. C	180. A
181. D	182. B	183. A	184. C	185. A	186. C	187. C	188. B	189. A	190. B
191. D	192. A	193. B	194. A	195. C	196. A	197. A	198. C	199. B	200. B
201. C	202. D	203. C	204. A	205. B	206. B	207. A	208. D	209. D	210. B
211. C	212. B	213. B	214. D	215. D	216. A	217. A	218. A	219. C	220. D
221. D	222. D	223. D	224. D	225. C	226. B	227. C	228. A	229. D	230. B
231. D	232. D	233. A	234. B	235. B	236. A	237. C	238. A	239. B	240. C
241. C	242. C	243. D	244. A	245. B	246. A	247. B	248. A	249. D	250. C
251. A	252. D	253. A	254. C	255. B	256. D	257. B	258. D	259. D	260. C
261. C	262. C	263. A	264. B	265. A	266. D	267. C	268. D	269. B	270. C
271. D	272. C	273. C	274. B	275. D	276. B	277. C	278. A	279. C	280. D
281. C	282. C	283. B	284. B	285. B	286. A	287. B	288. D	289. A	290. B
291. A	292. D	293. A	294. C	295. B	296. A	297. D	298. D	299. B	300. B
301. A	302. D	303. A	304. D	305. C	306. D	307. D	308. C	309. C	310. D
311. A	312. A	313. B	314. A	315. A	316. A	317. C	318. C	319. B	320. B
321. B	322. A	323. C	324. A	325. C	326. D	327. D	328. A	329. B	330. C

331. A	332. A	333. C	334. D	335. C	336. C	337. C	338. B	339. B	340. B
341. B	342. A	343. D	344. A	345. B	346. A	347. B	348. B	349. D	350. A
351. B	352. C	353. A	354. D	355. C	356. A	357. D	358. D	359. D	360. D
361. D	362. D	363. C	364. D	365. B	366. A	367. A	368. C	369. C	370. A
371. A	372. D	373. C	374. A	375. A	376. C	377. D	378. D	379. B	380. C
381. D	382. B	383. C	384. C	385. A	386. C	387. A	388. B	389. D	390. B
391. B	392. D	393. C	394. A	395. D	396. C	397. C	398. C	399. D	400. C
401. B	402. C	403. D	404. B	405. C	406. B	407. A	408. D	409. C	410. D
411. A	412. C	413. B	414. B	415. C	416. B	417. D	418. B	419. D	420. D
421. D	422. D	423. B	424. A	425. A	426. A	427. C	428. B	429. C	430. D
431. B	432. B	433. D	434. C	435. D	436. B	437. D	438. D	439. D	440. B
441. A	442. A	443. D	444. D	445. B	446. A	447. B	448. A	449. D	450. D
451. C	452. D	453. A	454. D						

第三章
其他辅助机械

第一节　空压机和压缩空气系统

1. 往复式空压机可以比往复泵转速高得多,其主要是因为_____。
   A. 对效率要求不高
   B. 气阀比水阀敲击轻
   C. 要求排气量大
   D. 气体流过阀压降小,且无惯性能头和液体汽化问题

2. 关于级差活塞式空压机的以下说法中,错误的是_____。
   A. 一般是无十字头式
   B. 活塞分上大下小两段,都设有密封环和刮油环
   C. 曲轴通常配有飞轮
   D. 每级都必须设安全阀

3. 船用中压空压机的活塞一般由_____制成。
   A. 铁合金　　　　　　　　　　　B. 铝合金
   C. 铜合金　　　　　　　　　　　D. 不锈钢

4. 级差活塞式空压机的高、低压级气阀通常_____。
   A. 前者设在气缸盖内,后者设在气缸中部的阀室内
   B. 前者设在气缸中部的阀室内,后者设在气缸盖内
   C. 都设在气缸盖内
   D. 都设在气缸中部阀室内

5. 必要时常用_____方法检查活塞式空压机的余隙高度。
   A. 塞尺测量　　　　　　　　　　B. 千分尺测量
   C. 游标卡尺测量　　　　　　　　D. 压铅丝

6. 缸盖垫片厚度将影响级差活塞式空压机_____的余隙容积。
   A. 高压级　　　　　　　　　　　B. 低压级
   C. 高压级和低压级　　　　　　　D. 高压级或低压级

7. 空压机通空气瓶的管道上必须有_____。
   A. 减压阀　　　　　　　　　　　B. 节流阀

C. 单向阀　　　　　　　　　　　　D. 流量调节阀

8. 现代级差式空压机活塞刮油环设在活塞_____。

A. 直径较大段上部　　　　　　　　B. 直径较大段下部

C. 直径较小段上部　　　　　　　　D. 直径较小段下部

9. 决定活塞式空压机维修周期的主要因素通常是_____的工作寿命。

A. 空气滤清器　　　　　　　　　　B. 气阀

C. 活塞　　　　　　　　　　　　　D. 轴承

10. 关于往复式空压机允许比往复泵转速高得多的原因,以下说法中不合适的是_____。

A. 即使气体流速高,流过阀的压降也不太大

B. 无须担心惯性能头过大

C. 无须担心吸入液体汽化

D. 空压机要求流量大,但对效率要求不高

11. 活塞式空压机排气阀开启频率_____。

A. 等于转速　　　　　　　　　　　B. 等于转速的二倍

C. 等于转速的 1/2　　　　　　　　D. 随排量而变

12. 活塞式空压机气阀开启频率在_____改变时会改变。

A. 气阀弹簧张力　　　　　　　　　B. 排气量

C. 排气压力　　　　　　　　　　　D. 电机供电频率

13. 关于空压机气阀升程,以下说法错误的是_____。

A. 工作中随流量而变　　　　　　　B. 不宜过大,以免关闭滞后和撞击加重

C. 转速高的及工作压力大的升程较小　D. 严格限制,多在 2~4 mm

14. 空压机通常在_____后面设安全阀。

A. 第一级　　　　　　　　　　　　B. 最末级

C. 每一级　　　　　　　　　　　　D. 第二级

15. 空压机系统不能在_____处泄放压缩空气携带的油分和水分。

A. 级间冷却器后空气管泄水阀　　　B. 液气分离器泄放阀

C. 气缸下部泄水旋塞　　　　　　　D. 空气瓶泄水阀

16. 关于空压机,说法错误的是_____。

A. 安全阀是空压机的自动安全保护装置

B. 高压级安全阀装在高压级气缸出口

C. 低压级安全阀装在高压级气缸进口

D. 安全阀结碳会影响空压机的输气系数

17. 关于空压机气阀,说法正确的是_____。

A. 进、排气阀阀片和弹簧可以互换

B. 空压机卸载启动可以采取顶开吸气阀片

C. 空压机吸气阀泄漏比排气阀泄漏影响大

D. 空压机低压级气阀泄漏比高压级气阀泄漏影响大

18. 空压机滴油杯常设在_____处。

A. 低压级吸气管　　　　　　　　　B. 低压级排气管

C. 高压级吸气管　　　　　　　　　　D. 高压级排气管

19. 空压机中最重要而需优先保证的是_____冷却。
   A. 滑油　　　　　　　　　　　　　　B. 级间
   C. 气缸　　　　　　　　　　　　　　D. 末级排气

20. 空压机气缸冷却不起_____的作用。
   A. 减少压缩功　　　　　　　　　　　B. 降低排气和滑油温度
   C. 提高输气系数　　　　　　　　　　D. 防止高温腐蚀

21. 空压机气缸冷却不宜过强的原因是为避免_____。
   A. 排气压力降低　　　　　　　　　　B. 滑油过黏
   C. 缸壁结露　　　　　　　　　　　　D. 耗功增加

22. 空压机最后级排气冷却主要是为了_____。
   A. 防止着火　　　　　　　　　　　　B. 减小排气比容
   C. 提高排气量　　　　　　　　　　　D. 节省功率

23. 空压机气缸过度冷却有可能造成_____。
   A. 液击　　　　　　　　　　　　　　B. 滑油性能变差
   C. 气缸热应力集中　　　　　　　　　D. 排气压力降低

24. 级差式空压机低压级缸部的润滑是通过_____来实现的。
   A. 飞溅润滑　　　　　　　　　　　　B. 油杯滴油润滑
   C. 油泵压力润滑　　　　　　　　　　D. 飞溅润滑和油泵压力润滑共同作用

25. 空压机级间冷却主要是为了_____。
   A. 减小排气比容　　　　　　　　　　B. 降低排气温度
   C. 防止着火与爆炸　　　　　　　　　D. 使排气中油蒸气冷凝而分离

26. 船用活塞式空压机采用曲轴驱动油泵的压力润滑形式,其润滑部位一般不包括_____。
   A. 活塞环与缸套之间　　　　　　　　B. 主轴承
   C. 连杆大端轴承　　　　　　　　　　D. 连杆小端轴承

27. 关于船用空压机冷却系统,描述不正确的是_____。
   A. 采用空气冷却时,冷却效果较差,必要时可采用三级压缩
   B. 采用海水冷却,冷却效果较好,维护管理方便
   C. 采用淡水冷却可防止冷却水温度过低,水系统污染轻
   D. 为保持良好的润滑和气密作用,也需对滑油进行适当冷却

28. 活塞式空压机的冷却水进出口温差一般为_____℃。
   A. 5~10　　　　　　　　　　　　　B. 10~15
   C. 15~20　　　　　　　　　　　　D. 20~25

29. 空压机采用多级压缩中间冷却的优点主要是_____。
   ①减小压缩比,减轻活塞上的作用力;②提高输气系数;③节省压缩功,级数越多,压缩过程线越接近定温过程线,耗功越少;④降低排气温度,保证有效的润滑;⑤大量减少进入空气瓶压缩空气的含油、含水量,提高压缩空气品质
   A.①②③④⑤　　　　　　　　　　B.①②③⑤

C. ①②④   D. ①②③④

30. 船用空压机自动控制一般不包括_____。
    A. 自动启停   B. 自动卸载和泄放
    C. 排气高温和滑油低压自动停车   D. 滑油温度自动控制

31. 能使空压机停车的自动保护不包括_____。
    A. 排气温度过高   B. 滑油油压过低
    C. 冷却水温度过高   D. 排气压力过高

32. 两台向空气瓶供气的船用空压机分别由两只压力继电器自动控制启停,如产生调节动作的压力值分别为 2.4、2.5、2.9、3.0（MPa）,优先工作的空压机启停压力值分别是_____（MPa）。
    A. 2.4、3.0   B. 2.5、2.9
    C. 2.4、2.9   D. 2.5、3.0

33. 两台向空气瓶供气的船用空压机分别由两只压力继电器自动控制启停,如产生调节动作的压力值分别为 2.4、2.5、2.9、3.0（MPa）,则候补工作的空压机启停压力值分别是_____（MPa）。
    A. 2.4、3.0   B. 2.5、2.9
    C. 2.4、2.9   D. 2.5、3.0

34. 两台向空气瓶供气的船用空压机分别由两只压力继电器自动控制启停,如产生调节动作的压力值分别为 2.4、2.5、2.9、3.0（MPa）,气瓶在_____ MPa 压力范围内不可能两台空压机同时运转。
    A. 2.4～2.9   B. 2.4～2.5
    C. 2.9～3.0   D. 2.5～2.9

35. 船用空压机的自动启停一般采用_____。
    A. 定时器定时控制   B. 空气瓶上的压力继电器来控制
    C. 油压继电器来控制   D. 水压继电器来控制

36. 船用空压机的自动保护包括_____。
    ①油压过低保护;②排气温度过高保护;③油位过低保护
    A. ①   B. ①③
    C. ②③   D. ①②③

37. 船用空压机自动保护一般包括_____。
    A. 能量卸载自动调节   B. 滑油温度自动控制
    C. 电机低电流保护   D. 排气高温和滑油低压自动停车

38. 关于船用空压机各级冷却器泄放电磁阀,错误的功能描述是_____。
    A. 在启动之前和启动最初数秒打开   B. 在空压机冷却器温度较高时打开
    C. 在空压机运行一定间隔期打开   D. 在空压机停机时打开

39. 船用活塞式空压机一般设置自动启停,关于自动启停的压力设定,正确的是_____。
    A. 备用空压机的启动压力低于优先工作的空压机的启动压力
    B. 备用空压机的启动压力高于优先工作的空压机的启动压力

C. 备用空压机的停车压力高于优先工作的空压机的停车压力

D. 备用空压机的停车压力等于优先工作的空压机的停车压力

40. 船用空压机启阀式卸载机构可用强开_____方法卸载。

    A. 第一级吸气阀　　　　　　　　　B. 第二级吸气阀

    C. 第一级排气阀　　　　　　　　　D. 第二级排气阀

41. 初次启动非自动控制的空压机前无须做的是_____。

    A. 接通冷却水管路　　　　　　　　B. 手动卸载

    C. 开启排气管路上的阀　　　　　　D. 开启吸气截止阀

42. 以下有关空压机润滑的叙述,不恰当的是_____。

    A. 曲轴箱油位宁高勿低　　　　　　B. 滴油杯油位不低于 1/3 的高度

    C. 压力润滑油压力不应低于 0.1 MPa　D. 滑油温度不应高于 70 ℃

43. 在关于空压机冷却的以下说法中,错误的是_____。

    A. 级间冷却气温越低越好

    B. 气缸冷却温度越低越好,可省压缩功

    C. 目前空压机冷却多使用淡水

    D. 滑油冷却并非使油温越低越好

44. 巡回检查发现工作中的空压机已经断水,应_____。

    A. 尽快供水　　　　　　　　　　　B. 卸载运转,尽快供水

    C. 停车,供水冷却,拆检　　　　　　D. 停车,自然冷却,拆检

45. 研磨空压机环状阀的运动轨迹以_____为宜。

    A. 往复直线　　　　　　　　　　　B. 圆形

    C. 8 字形　　　　　　　　　　　　D. 摆动形

46. 为防止着火与爆炸,关于活塞式空压机油的管理,描述错误的是_____。

    A. 防止排气温度过高　　　　　　　B. 选用抗氧化性好、黏度和闪点适当的滑油

    C. 及时清除气道中的积碳　　　　　D. 卸载启动后,维持一段时间后,再进行加载

47. 启动手动卸载活塞式空压机,待电流正常后,以下说法错误的是_____。

    A. 手动停止卸载　　　　　　　　　B. 检查排气压力及缸头温度是否正常

    C. 检查泄漏情况及排气温度是否正常　D. 由高至低关闭各级卸载阀

48. 级差活塞式空压机上部活塞环漏气不会使_____。

    A. 低压级有效排气量下降　　　　　B. 高压级有效排气量下降

    C. 排气温度上升　　　　　　　　　D. 空气漏至曲轴箱使滑油温度升高

49. 级差式空压机级间压力过低不会是因为_____泄漏严重。

    A. 低压级吸气阀　　　　　　　　　B. 中间冷却器

    C. 低压级排气阀　　　　　　　　　D. 上部活塞环

50. 空压机排气温度过高的原因不包括_____。

    A. 排气阀泄漏大　　　　　　　　　B. 冷却不良

    C. 余隙容积大　　　　　　　　　　D. 吸气温度高

51. 级差活塞式空压机下部活塞环漏气会使_____。

    A. 低压级有效排气量下降　　　　　B. 级间压力升高

C. 排气温度上升　　　　　　　　　　D. 空气漏至曲轴箱使滑油温度升高

52. 级差式空压机低压级安全阀顶开可能是因为_____泄漏大。

　　A. 高压级吸气阀　　　　　　　　　B. 下部活塞环

　　C. 低压级吸气阀　　　　　　　　　D. 上部活塞环

53. 空压机低压级安全阀顶开可能是因为_____。

　　A. 吸气温度过高　　　　　　　　　B. 通气瓶的排气压力太高

　　C. 低压级排气阀泄漏严重　　　　　D. 高压级排气阀泄漏严重

54. 不会造成空压机排气量下降的是_____。

　　A. 气阀弹簧断裂　　　　　　　　　B. 气缸冷却不良

　　C. 缸头垫片厚度减小　　　　　　　D. 空气滤清器脏堵

55. 管理中空压机排气量减小的最常见的原因是_____。

　　A. 气阀和活塞环泄漏　　　　　　　B. 冷却不良

　　C. 余隙增大　　　　　　　　　　　D. 安全阀泄漏

56. 不致造成空压机排气温度过高的故障是_____泄漏严重。

　　A. 低压级吸气阀　　　　　　　　　B. 低压级排气阀

　　C. 高压级吸气阀　　　　　　　　　D. 高压级排气阀

57. 活塞式空压机气缸冷却不良不会使_____。

　　A. 滑油温度升高　　　　　　　　　B. 排气温度升高

　　C. 安全阀开启　　　　　　　　　　D. 输气系数降低

58. 空压机后冷却好不能使_____。

　　A. 进气瓶气体含液量减少　　　　　B. 排气量明显增加

　　C. 进气瓶空气比容减小　　　　　　D. 进气瓶空气温度降低

59. 两级活塞式空压机高压级安全阀开启原因不包括_____。

　　A. 气瓶压力继电器上限调得太高　　B. 空气瓶的截止阀未开

　　C. 安全阀弹簧调得太松　　　　　　D. 冷却不良,排气温度太高

60. 如发现空压机曲轴箱油尺孔往外冒气甚至带出油来,可能是_____。

　　A. 油温过高　　　　　　　　　　　B. 气阀漏气

　　C. 活塞环漏气　　　　　　　　　　D. 安全阀漏气

61. 由于吸气阻力过大而引起空压机容积流量降低的原因有_____。

　　A. 气缸冷却不良　　　　　　　　　B. 余隙增大

　　C. 气阀弹簧张力过大　　　　　　　D. 缸头垫片厚度减小

62. 级差式空压机级间压力过低常由_____引起。

　　A. 级间冷却不良　　　　　　　　　B. 空压机转速太快

　　C. 前一级流量降低　　　　　　　　D. 后一级气阀积碳严重

63. 在所有能够使船用空压机产生容积流量降低的原因中,最经常发生的并需要管理人员检查保养的是_____。

　　A. 空压机达不到额定转速　　　　　B. 吸排气阀

　　C. 活塞环磨损　　　　　　　　　　D. 气缸冷却不良

64. 空压机发出不正常的敲击声不会是_____。

　　A. 水击声　　　　　　　　　　　　B. 机械敲击声

C. 气流撞击声　　　　　　　　　　　D. 油击声

65. 关于影响空压机输气系数的主要因素,说法正确的是_____。
①容积系数反映了压缩机余隙容积的存在对压缩机输气量的影响;②压力系数反映了吸气压力损失对压缩机输气量的影响;③温度系数反映了在吸气过程中,因气体的预热对输气量的影响;④泄漏系数反映了压缩机工作过程中由于泄漏而引起的对输气量的影响
　A. ②③④　　　　　　　　　　　　　B. ①③④
　C. ①②④　　　　　　　　　　　　　D. ①②③④

66. 压缩空气中若含有较高浓度的油和水,对空压机的影响包括_____。
①油滴和水滴若随空气进入下一级气缸,就会黏附在气阀上,使气阀工作失常,寿命缩短;②水滴沾附于缸壁上,会改善润滑效果;③管路中油滴的大量积聚,则有引起爆炸的危险;④若冷却后的压缩空气直接充入储气瓶,则会降低压缩空气的品质
　A. ①③④　　　　　　　　　　　　　B. ①②④
　C. ①②③　　　　　　　　　　　　　D. ②③④

67. _____ 不是压缩空气中含有较高浓度油或水的原因。
　A. 活塞环方向装反　　　　　　　　　B. 空气含湿量太大
　C. 空压机排量太大　　　　　　　　　D. 曲轴箱滑油油位太高

68. 空压机各级冷却器后面一般都设有_____。
①安全阀;②气液分离器;③泄放阀
　A. ①②③　　　　　　　　　　　　　B. ①③
　C. ①②　　　　　　　　　　　　　　D. ②③

69. 对于空压机润滑油,说法正确的是_____。
　A. 矿物润滑油更符合船用空压机苛刻的要求
　B. 使用矿物润滑油的空压机气阀结碳较多
　C. 使用合成润滑油的空压机滑油容易变质
　D. 使用矿物润滑油的空压机曲轴箱着火或爆炸的可能性极小

70. 关于空压机合成润滑油与矿物润滑油的说法,正确的是_____。
①矿物润滑油价格低;②合成润滑油价格低;③矿物润滑油寿命长;④合成润滑油寿命长;⑤矿物润滑油润滑性好;⑥合成润滑油润滑性好;⑦矿物润滑油对环境污染较大;⑧合成润滑油对环境污染较大
　A. ①③⑤⑦　　　　　　　　　　　　B. ②④⑥⑧
　C. ①④⑥⑦　　　　　　　　　　　　D. ②④⑤⑦

71. 与空压机使用矿物润滑油相比,使用合成润滑油的优点有_____。
①价格低;②寿命长;③润滑性好;④对环境污染较小
　A. ①②③④　　　　　　　　　　　　B. ①②③
　C. ②③④　　　　　　　　　　　　　D. ②③

72. 与空压机使用合成润滑油相比,使用矿物润滑油的优点有_____。
①价格低;②寿命长;③润滑性好;④对环境污染较小
　A. ①②③④　　　　　　　　　　　　B. ①②③
　C. ②③　　　　　　　　　　　　　　D. ①

73. 下面关于合成空压机润滑油和矿物型空压机润滑油,说法错误的是_____。

A. 合成空压机润滑油比矿物油具有更好的抗高温性能,允许在较高的温度下使用

B. 合成空压机润滑油比矿物润滑油黏度指数更低

C. 合成空压机润滑油比矿物润滑油具有更优异的黏温性能和低温流动性能

D. 合成空压机润滑油比矿物润滑油具有更低的挥发性

74. 下面关于合成空压机润滑油和矿物型空压机润滑油,说法错误的是_____。

A. 合成空压机润滑油比矿物油具有更优良的化学稳定性

B. 合成空压机润滑油比矿物润滑油具有更出色的水解稳定性,有效防止酸性物质形成,从而延长合成润滑油的换油周期

C. 合成空压机润滑油比矿物润滑油具有更出色的抗阻性,将不会产生剪切应力,具有更好的能源效率

D. 合成空压机润滑油比矿物润滑油具有更高的挥发性

75. 船用空气瓶的检验和试验项目一般包括_____。

①原材料检验;②制造检验;③无损检验;④焊接试板试验;⑤水压试验;⑥气密性试验;⑦易熔塞试验;⑧安全阀试验

A. ①②③④　　　　　　　　　　B. ①②③④⑦⑧

C. ①②③④⑤⑥　　　　　　　　D. ①②③④⑤⑥⑦⑧

76. 船用空气瓶筒体焊接接头应采用_____的对接接头型式。

A. 全焊透　　　　　　　　　　　B. 深溶焊

C. 全截面焊透　　　　　　　　　D. 部分焊透

77. 船用空气瓶气密性试验的方法是气瓶充气后_____,保压不少于 5 min,进行检查。

A. 将空气瓶浸入水中

B. 涂以肥皂水

C. 将空气瓶浸入水中或其他连接处涂以肥皂水

D. 关闭出口阀

78. 空气瓶一般都设有易熔塞,其主要作用是_____。

①防止压缩空气压力过高;②防止压缩空气温度过高;③防止机舱火灾引起气瓶爆炸

A. ①②③　　　　　　　　　　　B. ②③

C. ①③　　　　　　　　　　　　D. ①②

79. 空气瓶上没有_____附件。

A. 主停气阀　　　　　　　　　　B. 易熔塞

C. 排污阀　　　　　　　　　　　D. 减压阀

80. 新的或者使用若干年后的空气瓶应进行水压试验,其试验压力为_____。

A. 1.5 倍工作压力　　　　　　　B. 1.25 倍工作压力

C. 1.5 倍安全阀压力　　　　　　D. 1.25 倍安全阀压力

81. 关于空压机需要设置的自动保护和报警装置有以下说法:①电机过载保护;②过电流保护;③滑油低压保护;④排气高温保护,其中正确的说法有_____。

A. ①②④　　　　　　　　　　　B. ①②③④

C. ②③④　　　　　　　　　　　D. ①②③

82. 船用中低压活塞式空压机应在_____条件下能正常工作。

A. 横摇±22.5°、横倾±20°　　　　　B. 横摇±35°、横倾±20°

C. 横摇±22.5°、横倾±15°　　　　　D. 横摇±35°、横倾±15°

83. 空压机的排气压力升至额定压力的110%时,_____安全阀必须开启,保证排气压力不再上升。

A. 级间　　　　　　　　　　　　　B. 第一级

C. 最后级　　　　　　　　　　　　D. 每一级

84. 关于空压机润滑油,下列说法错误的是_____。

A. 高温下应保持较高黏度,黏度越高摩擦功越小,积碳越少

B. 若空压机油发生乳化,会降低润滑能力,且在金属表面失去氧化膜

C. 空压机油有良好的抗氧化能力,高温下积碳倾向小,生成的积碳

D. 空压机润滑油闪点高,热稳定性能变差,容易产生结碳

85. 空压机低压级气阀泄漏征兆有以下说法:①阀盖发热;②级间气压偏高或偏低;③排气量降低;④该缸排气温度升高。其中可能的征兆有_____。

A. ①②③④　　　　　　　　　　　B. ①②④

C. ②③④　　　　　　　　　　　　D. ①③④

86. 空压机压缩空气进入惯性式分离器后,容积_____,流速_____。

A. 增大;升高　　　　　　　　　　B. 减小;升高

C. 增大;降低　　　　　　　　　　D. 减小;降低

87. 空气瓶上的_____在空气压力超过设定值时会自动开启,泄放其压力。

A. 止回阀　　　　　　　　　　　　B. 安全阀

C. 减压阀　　　　　　　　　　　　D. 平衡阀

88. 空气压缩机中使用合成润滑油或矿物润滑油的闪点应比缸内最高工作温度高_____。

A. 90~100 ℃　　　　　　　　　　B. 60~70 ℃

C. 5~10 ℃　　　　　　　　　　　D. 20~40 ℃

89. 主管轮机员,应定期检查和校检空气瓶上的_____,检查当空气瓶压力下降到一定程度时,各空压机是否按照设定的次序依次启动。

A. 安全阀　　　　　　　　　　　　B. 压力开关

C. 电磁阀　　　　　　　　　　　　D. 放残阀

90. 压缩空气中含高浓度的油,主要原因是_____。

①活塞环装反;②空压机排量太大;③空压机曲轴箱油位低;④气液分离器故障

A. ①④　　　　　　　　　　　　　B. ①②④

C. ③④　　　　　　　　　　　　　D. ①②③

91. 关于活塞式空气压缩机,下列说法不正确的是_____。

A. 气阀的种类有环状阀、条状阀、网状阀、舌簧阀等

B. 网状阀在空气压缩机中使用最普遍

C. 转速较高的空气压缩机可采用舌簧阀

D. 气阀的升程不宜随意改变

92. 级差式空压机上部活塞环漏气后,有以下说法:①低压级排气量下降;②高压级有效排气量下降;③排气温度上升;④曲轴箱使滑油温度升高。可能会造成的后果有_____。

A. ①③④   B. ①②③④
C. ①②④   D. ①②③

93. 压缩空气中含高浓度的油,可能的原因是_____。
①空压机曲轴箱油位过高;②气阀漏油;③空压机曲轴箱油位低;④气液分离器故障
A. ③④   B. ①④
C. ①②③   D. ①②④

94. 活塞式空气压缩机,排气阀弹簧比吸气阀弹簧硬一些,主要原因是_____。
A. 吸气阀与大气压差小,排气阀与大气压差较大
B. 吸气阀比排气阀压差小,吸气阀与大气压差小
C. 吸气阀比排气阀压差小,排气阀与大气压差大
D. 吸气阀与大气压差大,排气阀与大气压差较小

95. 关于压缩空气含水量过多,下列说法错误的是_____。
A. 气液分离器脏堵   B. 与空气露点无关
C. 压缩空气系统自动排水装置故障   D. 压缩空气系统空气干燥器失灵或超负荷

96. 空压机在_____后面设置安全阀,安全阀开启后,压缩空气排入_____。
A. 每一级;大气   B. 最后级;吸入口
C. 最后级;排气口   D. 第一级;排气口

97. 船用空气瓶易熔塞动作温度一般为_____。
A. 120 ± 5 ℃   B. 80 ± 5 ℃
C. 75 ± 5 ℃   D. 95 ± 5 ℃

98. 空压机缸内发生水击的原因有以下说法:①气缸冷却水漏入缸内;②吸入空气含湿量过大;③气缸冷却水温太低;④级间冷凝水未能泄放。其中可能的原因是_____。
A. ②③④   B. ①②③④
C. ①③④   D. ①②④

99. 空压机中使用合成润滑油、矿物润滑油,两者比较,说法错误的是_____。
A. 合成润滑油降低自动起火、爆炸的危险
B. 合成润滑油的高黏度指数、挥发性不如矿物润滑油
C. 合成润滑油能提高清洁度,减少油泥沉淀
D. 合成润滑油可延长换油周期

100. 引起空压机排气量减少的原因不包括_____。
A. 吸气管积碳过多   B. 转速下降
C. 余隙容积过大   D. 安全阀调整压力过大

101. _____分离器利用液体的黏性来分离。
A. 过滤式   B. 吸附式
C. 惯性式   D. 离心式

102. 初次启动非自动控制的空压机前需要做的是_____。
A. 检查吸气阀   B. 检查排气阀
C. 开启吸气截止阀   D. 开启泄放阀

103. 往复式空压机可以比往复泵转速高得多主要是因为_____。

①空压机对效率要求不高;②气阀比水阀敲击轻;③空压机要求流量大;④气体流过阀压降小,且无惯性能头;⑤空压机无液体汽化问题

A. ②⑤   B. ③⑤

C. ④⑤   D. ①④

104. 空压机采用飞溅润滑时,油勺一般安装在_____。

A. 连杆小端   B. 主轴承

C. 连杆大端下部轴瓦   D. 连杆大端上部轴瓦

105. 空气压缩机的保护装置有_____。

A. 低温保护装置,排气高温保护   B. 滑油高压保护,排气高温保护

C. 滑油低压保护,排气高温保护   D. 低温保护,滑油低压保护

106. 空压机卸载的方法有_____。

A. 顶开第一级吸气阀   B. 顶开第二级排气阀

C. 顶开第二级吸气阀   D. 顶开第一级排气阀

107. 船舶海水淡化装置所产淡水应首先满足_____要求。

A. 柴油机冷却水   B. 饮用水

C. 锅炉给水   D. 洗涤水

108. 若发现活塞式空压机工作中断水,则应_____。

A. 继续运行一段时间后,让其自然冷却

B. 继续运行一段时间,加水冷却

C. 立即停车,加大冷却水冷却

D. 立即停车,让其自然冷却

109. 启动空压机之前,应检查曲轴箱油位,油位应_____合适。

A. 在最高液位   B. 在最低液位

C. 稍低于最低液位   D. 在最大和最低液位中间

110. 中间冷却器和高压缸进气管路中,若泄放阀堵塞,则_____。

A. 压缩机的排出压力升高   B. 压缩机的排气温度升高

C. 压缩空气中的油或水的浓度升高   D. 压缩空气中的油或水的浓度降低

111. 船上主空气瓶向伺服空气瓶供气需经过_____并且由两路控制,其中一路出现故障,可选另一路线来供气。

A. 截止阀   B. 止回阀

C. 减压阀   D. 平衡阀

112. 一般将只能透过_____而不能透过_____的薄膜视为理想的半透膜。

A. 溶剂;溶质   B. 溶质;溶剂

C. 溶液;溶质   D. 溶质;溶液

113. 活塞式空压机若是压力润滑,油压应保持在说明书规定范围内,国际标准规定油泵压力不低于_____。

A. 0.3 MPa   B. 0.5 MPa

C. 0.15 MPa   D. 0.1 MPa

114. 空压机中使用合成润滑油是因为_____。

①矿物润滑油黏度指数高;②合成润滑油氧化和积碳的倾向性小;③合成润滑油的高温氧化安定性好;④合成润滑油比矿物润滑油使用寿命长

A. ①②④   B. ②③④

C. ①②③   D. ①②③④

115. 多级空压机中间冷却效果差主要会使_____效果变差。

     A. 减轻活塞受力   B. 节省压缩功

     C. 降低排气温度   D. 降低排气温度和节省压缩功

116. 给空压机供水时,应打开冷却水系统各阀,打开水腔放气旋塞,直到_____。

     A. 有气泡冒出   B. 有大量空气吹出

     C. 有整股水流出   D. 有少量水冒出

117. 若空压机中间冷却器的水温过高,则会导致压缩空气中_____。

     A. 油或水浓度不变   B. 油或水含量升高

     C. 油或水温度降低   D. 油或水含量降低

118. 在备车使用压缩空气管路系统时,进入空气瓶的压缩空气极限温度不应超过_____。

     A. 800 ℃   B. 30 ℃

     C. 100 ℃   D. 60 ℃

119. 空压机一级气缸与活塞之间的润滑方式有以下说法:①压力润滑;②滴油润滑;③油雾润滑;④飞溅滑油润滑。其中正确的说法有_____。

     A. ①②④   B. ①②③④

     C. ②③④   D. ①②③

120. 空压机检修后启动有以下说法:①盘车;②检查曲轴箱油位;③供给冷却水;④点动启动。其中说法正确的有_____。

     A. ②③④   B. ①②③

     C. ①②③④   D. ①②④

121. 压缩空气中含高浓度的油或水会产生_____影响。

①管路阀门磨损;②设备发生水击;③油滴聚集形成易燃物;④过滤器压降增大

     A. ②③④   B. ①③④

     C. ①②③④   D. ①②③

122. 在螺杆泵工作中,不允许_____。

①滤器堵塞;②油温过低;③吸入空气;④联轴器失中

     A. ①②③④   B. ①③④

     C. ①②④   D. ②③④

123. 空压机中气阀弹簧用来在气阀开启时减缓阀片对_____的撞击。

     A. 安全阀   B. 升程限制器

     C. 活塞   D. 阀座

124. 空压机排气压力升至_____的110%时,最后级安全阀打开。

     A. 低压级吸气压力   B. 低压级最高工作压力

     C. 级间最高工作压力   D. 额定排气压力

125. 空压机油雾吸入式润滑通常从_____吸入油雾。

A. 低压气缸   B. 气液分离器

C. 高压气缸   D. 曲轴箱

126. 关于空气压缩机自动控制的特点,下列说法不正确的是_____。

    A. 空气压缩机运行中突然停机的原因可能是吸入压力过低、电动机过载等

    B. 自动卸载,一般通过压力控制电磁阀的启闭实现空载启动

    C. 空气压缩机不能自动启动的原因可能是电源断电保险丝接触不良、温度控制器失调或发生故障、压力继电器的调定不良

    D. 压缩机自动启停,包括主用备用机组、单机的高低压继电器

127. 船用活塞式空压机的气缸冷却水温度不低于_____。

    A. 20 ℃   B. 40 ℃

    C. 30 ℃   D. 50 ℃

128. 在空压机阀片弹簧硬度的描述中,下列说法正确的是_____。

    A. 进气阀弹簧硬度与排气阀弹簧硬度一样大

    B. 进气阀弹簧硬度比排气阀弹簧硬度大

    C. 排气阀弹簧硬度比进气阀弹簧硬度大

    D. 空压机阀片弹簧硬度对气阀工作没有影响

129. 空压机阀片在_____作用下克服弹簧力开启。

    A. 上下气压差   B. 进气压力

    C. 缸内压力   D. 排气压力

130. 机舱离港备车时,关于压缩空气系统不需要做的是_____。

    A. 空气瓶、空气干燥器等放残阀开启放残水残油

    B. 开启相应主空气瓶出口阀

    C. 开启去气笛的相应阀门

    D. 开启去锅炉吹灰的相应阀门

131. 下列对于活塞式空压机排气温度过高的故障原因,说法正确的是_____。

    A. 吸气温度较低   B. 排气压力较低

    C. 排气阀泄漏   D. 冷却较好

132. 为了避免停车时气流返回空压机,分离器出口常设_____。

    A. 截止阀   B. 蝶阀

    C. 球阀   D. 止回球阀

133. 如果需要转换两台空压机主次关系,调换两台空压机的启停顺序,我们通常_____。

    A. 调节控制面板上的控制的自动/手动按钮

    B. 调节控制面板上的警报设定值

    C. 将两台空压机控制面板对调

    D. 利用次序转换装置将两个压力继电器与其所控制空压机互换

134. 空压机曲轴至下止点时,溅润滑的油勺位于油面上部会导致_____。

    A. 溅油量不足   B. 排气道积碳多

    C. 触碰箱底   D. 溅油量过大

135. 关于空压机启动和停车,下列说法正确的是_____。

A. 一切正常后,空压机应手动停止卸载机构工作并由高到低关闭各级泄放阀

B. 停车时空压机应手动卸载,同时由低至高开启各级泄放阀

C. 启动时注意观察电流和听声音,如负荷过大或声音异常应立即停车检查

D. 油杯油位不低于 2/3,保持每分钟 4~6 滴

136. 下图所示的自动控制系统原理图中,空气压缩机自动控制的特点包括_____。
①自动启停;②自动卸载;③自动泄放;④冷却水自动控制;⑤滑油自动供给;⑥自动安全保护

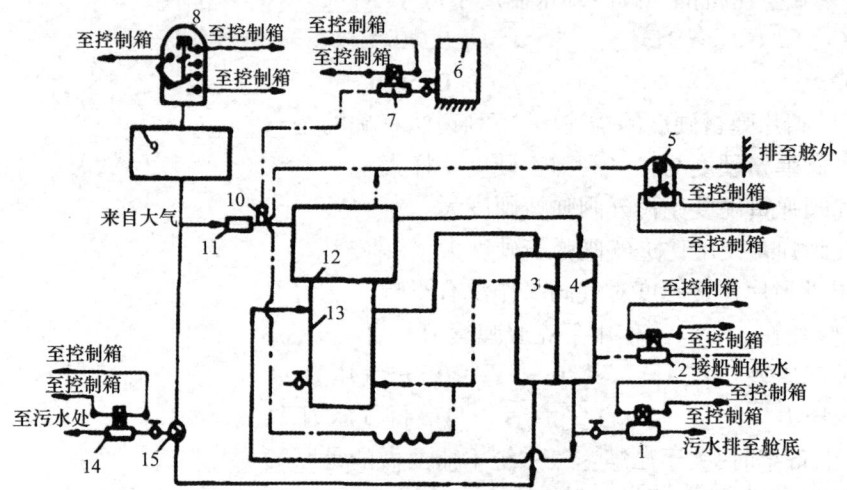

A. ①②③④   B. ②③④⑤⑥

C. ①②③④⑤⑥   D. ①③④⑤⑥

137. 空气压缩机如何实现卸载启动?_____。

A. 利用卸载电磁阀控制压缩空气使第一级吸气阀常开

B. 利用卸载电磁阀控制压缩空气使第一级吸气阀常闭

C. 利用卸载电磁阀控制压缩空气使第二级吸气阀常开

D. 利用卸载电磁阀控制压缩空气使第二级吸气阀常闭

138. 关于启动刚检修过的活塞式空气压缩机,下列注意事项说法错误的是_____。

A. 盘车 1~2 转,检查卡阻情况   B. 检查油位,确保油位在规定刻度内

C. 点动 1~2 次   D. 关闭排出阀启动,待压力正常后打开

139. 日常管理中发现空压机向主空气瓶补气的时间明显增加时,排气量减少,最合理的检查步骤是_____。
①冷却水温度;②气阀;③活塞环;④空气滤清器

A. ②④①③   B. ③④①②

C. ①④③②   D. ④①②③

140. 在空压机本身状况不变的情况下,空压机的输气系数随压力比的减小而_____。

A. 增大   B. 先减小后增大

C. 减小   D. 不变

141. 管理中空压机气阀泄漏一般不会造成_____。
    A. 排气量下降　　　　　　　　B. 缸套异常发热
    C. 安全阀开启　　　　　　　　D. 排气温度上升

142. 为了使排气中的油和水蒸气便于分离,空压机主要采用_____。
    A. 级间冷却　　　　　　　　　B. 滑油冷却
    C. 后冷却　　　　　　　　　　D. 气缸冷却

143. 关于启动刚检修过或长时间未用的活塞式空压机,下列注意事项说法正确的是_____。
    ①盘车1~2转,检查卡阻情况;②启动过程应注意观察电流变化情况,是否有异常声响;③正常启动前先点动1~2次,看是否正常;④先关闭空压机排出阀启动,待电流正常后再打开
    A. ②③　　　　　　　　　　　B. ①③④
    C. ①②③　　　　　　　　　　D. ①②③④

144. 可能导致船用压缩机排气中含油量太高的原因是_____。
    A. 排压过高　　　　　　　　　B. 活塞环与气缸之间的间隙太大
    C. 曲轴箱的油位太低　　　　　D. 气缸冷却效果太差

145. 在船舶空调系统中,普通货船一般采用直布式布风器的优点是_____。
    A. 布风器的出口风速小　　　　B. 布风器的出口风速大
    C. 能够方便进行送风温度的调节　D. 房间的温度均匀性好

146. 降温工况时使用集中式空调装置的正确操作顺序是_____。
    ①开制冷压缩机吸排阀;②启动压缩机;③开通风机
    A. ①②③　　　　　　　　　　B. ③①②
    C. ③②①　　　　　　　　　　D. ②③①

147. 关于空压机冷却,下列说法错误的是_____。
    A. 冷却滑油可延缓油的氧化变质
    B. 空压机冷却水一般最先进入级间冷却器
    C. 气缸冷却温度越低越好
    D. 后冷能使排气中的油和水蒸气冷凝而便于分离

148. 下列关于提高空压机输气系数的方法中,说法不正确的是_____。
    A. 清洁空气滤清器　　　　　　B. 减小余隙高度
    C. 提高排气压力　　　　　　　D. 减少气阀的泄漏

149. 轮机员在日常工作中,每天早上、下午、晚上(无人机舱)至少3次手动开启_____对空气瓶放残,以防止空气瓶中含水量增大,影响各种气动控制阀失效故障。
    A. 进气阀　　　　　　　　　　B. 放气阀
    C. 放残阀　　　　　　　　　　D. 排气阀

150. 在(空气)压缩机采用飞溅润滑时,油勺的安装需要注意的是_____。
    A. 曲轴下止点以油勺浸入油中20~30 mm为宜,油勺勺面顺车方向安装
    B. 曲轴上止点以油勺浸入油中20~30 mm为宜,油勺勺面面对正车方向安装
    C. 曲轴上止点以油勺浸入油中20~30 mm为宜,油勺勺面顺车方向安装

D. 曲轴下止点以油勺浸入油中 20~30 mm 为宜,油勺勺面面对正车方向安装

151. 级差式活塞空压机上部活塞环漏气后,有以下说法:①低压级有效排气量下降;②高压级有效排气量下降;③排气温度上升;④空气漏至曲轴箱使滑油温度升高。可能会导致的结果有_____。
    A. ①③④   B. ①②③④
    C. ①②③   D. ①②④

152. 空气瓶一般都设有易熔塞,其熔点温度为_____℃。
    A. 80   B. 100
    C. 160   D. 200

153. 空气瓶都设有排污阀,关于空气瓶排污,说法错误的是_____。
    A. 船舶航行时应定期排污
    B. 排污阀用来排除瓶底的污油与污水
    C. 空气瓶排污阀放残时应快速、大量地排放残油、污水
    D. 排污的目的是保证气瓶储气量和压缩空气质量

154. 空压机重要而且最易损坏的部件是_____。
    A. 空气滤清器   B. 气阀
    C. 活塞   D. 轴承

155. 空压机气阀与往复泵泵阀要求相同的是_____。
    A. 工作无声   B. 严格限制升程
    C. 不允许用高转速   D. 关闭严密及时

156. 活塞式空压机限制气阀升程是为了避免_____。
    A. 输气系数降低   B. 敲击严重
    C. 机械效率降低   D. 输气系数降低和敲击严重

157. 空压机设液气分离器是分离_____。
    A. 滑油   B. 燃油
    C. 凝水   D. 凝水和滑油

158. 空压机的液气分离器多为_____。
    A. 吸附式   B. 过滤式
    C. 惯性式   D. 聚结式

159. 国标规定活塞式船用空压机末级和中间级安全阀开启压力各不应超过该级额定排气压力的_____。
    A. 110% 及 110%   B. 120% 及 120%
    C. 110% 及 120%   D. 120% 及 110%

160. 空压机最后级排气冷却不是为了_____。
    A. 减小排气比容   B. 防止着火与爆炸
    C. 使排气中水蒸气冷凝而分离   D. 使排气中油蒸气冷凝而分离

161. 关于空压机润滑,下列说法中错误的是_____。
    A. 滑油冷却温度越低越好   B. 冷却滑油可延缓油的氧化变质
    C. 冷却滑油可帮助摩擦面散热   D. 滑油冷却应使油温保持在 70 ℃ 以下

162. 下列关于空压机的润滑说法错误的是_____。
    A. 小型空压机多采用飞溅润滑
    B. 新型空压机轴承多采用压力润滑
    C. 油雾吸入式能将滑油均匀送到缸壁的注油点,能得到满意的润滑效果,可减少滑油消耗
    D. 滴油杯式耗油量较大,大部分滑油以油雾的形式被排气带走,在液气分离器中分离出来

163. 可以实现空压机卸载启动的方式是_____。
    A. 排气回流法
    B. 截断吸气法
    C. 第一级排气阀常开
    D. 将各级冷却器的泄放电磁阀打开

164. 两台向空气瓶供气的船用空压机分别由两只压力继电器自动控制启停,如产生调节动作的压力值分别为2.4、2.5、2.9、3.0(MPa),气瓶在_____ MPa压力时有可能两台空压机同时运转。
    A. 2.4~3.0
    B. 2.5~2.9
    C. 2.4~2.9
    D. 2.5~3.0

165. 关于空压机自动保护和报警说法错误的是_____。
    A. 国标规定空压机后冷却器出口应备有小型易熔塞,或设报警装置
    B. 有的机型代以冷却水高温保护,当冷却水温超过设定值时,温度继电器动作用使压缩机停机
    C. 过电流保护常用空气开关或过电流继电器实现
    D. 滑油低压保护不需要设时间继电器使低油压保护延时动作

166. 船用空压机启动时一般用_____方法卸载。
    A. 顶开吸气阀
    B. 泄放排气
    C. 截断进气
    D. 顶开吸气阀或泄放排气

167. 管理中若发现空压机排气量减少,下述环节:Ⅰ气阀、Ⅱ活塞环、Ⅲ空气滤清器、Ⅳ冷却水,较合理的检查步骤是_____。
    A. Ⅰ→Ⅱ→Ⅲ→Ⅳ
    B. Ⅳ→Ⅰ→Ⅱ→Ⅲ
    C. Ⅱ→Ⅰ→Ⅲ→Ⅳ
    D. Ⅲ→Ⅳ→Ⅰ→Ⅱ

168. 空压机气阀泄漏的征兆包括_____。
    ①该阀温度显著升高,阀盖发热;②级间气压偏高偏低;③该缸排气温度升高;④容积流量降低
    A. ②③④
    B. ①②④
    C. ①③④
    D. ①②③④

169. 关于空压机气阀检修注意事项说法错误的是_____。
    A. 气阀组装好后用煤油试漏
    B. 吸排阀弹簧不要换错或漏装
    C. 吸、排阀不可互相装错,紫铜垫圈在安装前无须退火
    D. 检查阀片升程,应符合说明书要求

170. 对空压机油要求不适当的是_____。

　　A. 良好的抗氧化能力　　　　　　　B. 良好的抗乳化性

　　C. 高温下适当的黏度　　　　　　　D. 尽可能高的闪点

171. 防止空压机着火爆炸的措施中不正确的说法是_____。

　　A. 及时清除气道中积油、积碳

　　B. 选闪点尽量高的滑油

　　C. 防止排气温度超过滑油闪点 20 ℃以上

　　D. 避免长时间空转

172. 对空压机着火爆炸原因的分析表明,下述说法中错误的是_____。

　　A. 含油积碳在高温下氧化放热会自燃

　　B. 自燃并不一定要气温达到油的闪点

　　C. 是否发生爆炸取决于排气温度是否达到滑油闪点

　　D. 长时间空转不安全

第二节　液压控制设备

1. 液压锁允许在_____有压力时接通油路。

　　A. 通液压泵的任一油路　　　　　　B. 通液压泵的某条既定油路

　　C. 通执行元件的任一油路　　　　　D. 通执行元件的某条既定油路

2. 单向阀一般不用来控制_____。

　　A. 油流方向　　　　　　　　　　　B. 回油背压

　　C. 滤器旁通　　　　　　　　　　　D. 超压溢流

3. 单向阀作背压阀用时比一般单向阀_____。

　　A. 允许流量较大　　　　　　　　　B. 压力损失较小

　　C. 开启压力较大　　　　　　　　　D. 动态压力超调量小

4. 布置在同一阀体中的双联液控单向阀常用来_____。

　　A. 控制回油背压　　　　　　　　　B. 在一定条件下锁闭油路

　　C. 改换油流方向　　　　　　　　　D. 作卸荷阀用

5. 液压元件控制方式中手柄式人力控制的图形符号(GB 786.1—93)是_____。

　　A.　　　　　　　　　　　　　　　B.

　　C.　　　　　　　　　　　　　　　D.

6. 液压元件中按钮式人力控制的图形符号(GB 786.1—93)是_____。

　　A.　　　　　　　　　　　　　　　B.

C. 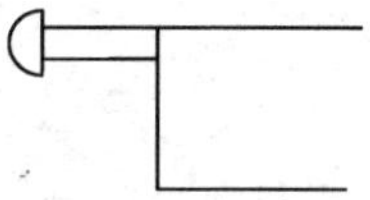   D.

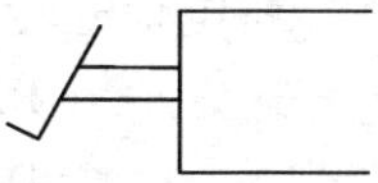

7. 液压控制元件中踏板式人力控制的图形符号（GB 786.1—93）是_____。

A. 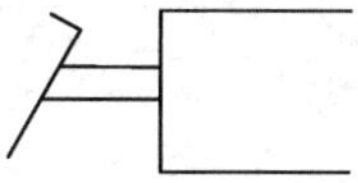   B.

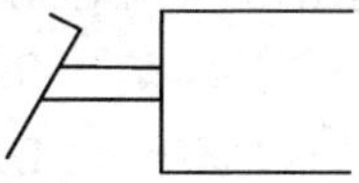

C. 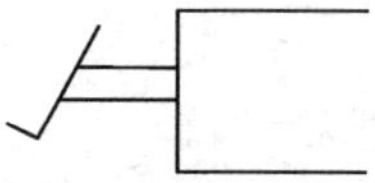   D.

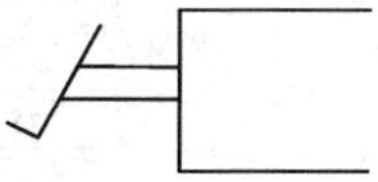

8. 单作用电磁控制的图形符号（GB 786.1—93）是_____。

A. 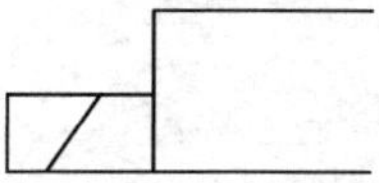   B.

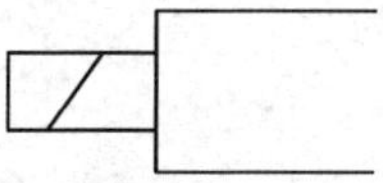

C. 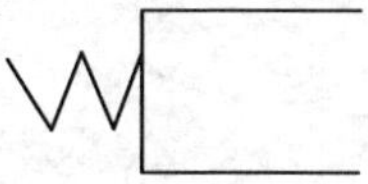   D.

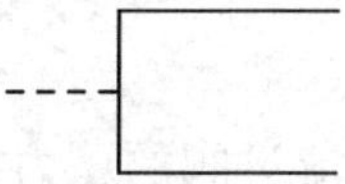

9. 电磁-液压先导控制的图形符号（GB 786.1—93）是_____。

A. 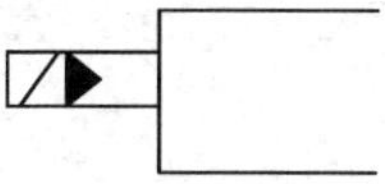   B.

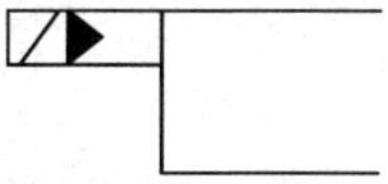

C. 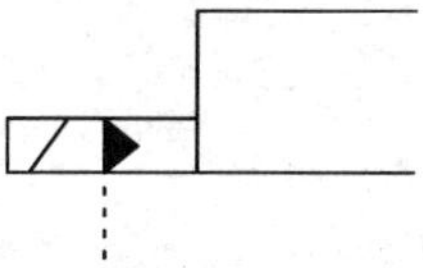   D.

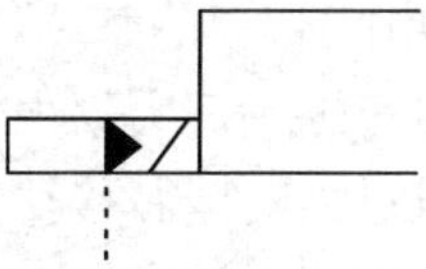

10. 先导式液压控制的图形符号（GB 786.1—93）是_____。

A. 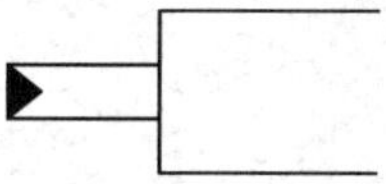   B.

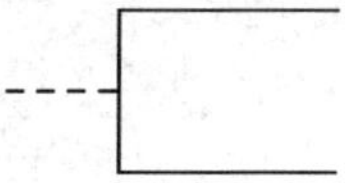

C. 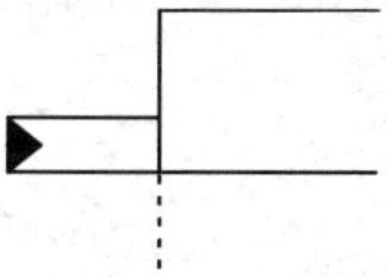   D.

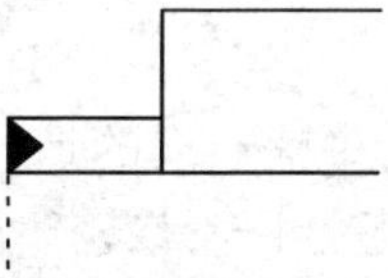

11. 液压锁通常是由一对_____组成。

    A. 直控顺序阀   B. 外控顺序阀

    C. 液控单向阀   D. 单向节流阀

12. 梭阀是指一种_____换向阀。

    A. 阀芯是梭形的   B. 二位二通

    C. 二位三通   D. 三位三通

13. 梭阀是一种_____控制的二位三通阀。

    A. 手动   B. 液动

    C. 电磁   D. 电液

14. 船舶液压装置中使用比例换向阀较多的是_____。

    A. 舵机   B. 锚机

    C. 绞缆机   D. 起货机

15. 船用比例换向阀常用_____将电信号转变为机械信号。
    A. 比例电磁铁
    B. 力矩马达
    C. 伺服电动机
    D. 步进马达

16. 滑阀式换向阀的换向原理是由滑阀相对阀体作_____。
    A. 轴向移动
    B. 径向移动
    C. 转动
    D. 旋转

17. 液控单向阀在要求在_____需加液压信号。
    A. 某个方向关闭时
    B. 某个方向开启时
    C. 任一方向关闭时都
    D. 任一方向开启时都

18. 采用卸荷型液控单向阀是为了_____。
    A. 降低正向开启压力
    B. 减小流过阀的压力损失
    C. 降低反向开启的控制油压
    D. 降低正向开启压力,减小流过阀的压力损失

19. 调节液动换向阀左端阻尼器使其节流口关小,则阀芯移动速度_____。
    A. 向左减慢,向右不变
    B. 向左不变,向右减慢
    C. 向左右都减慢
    D. 向左右都不变

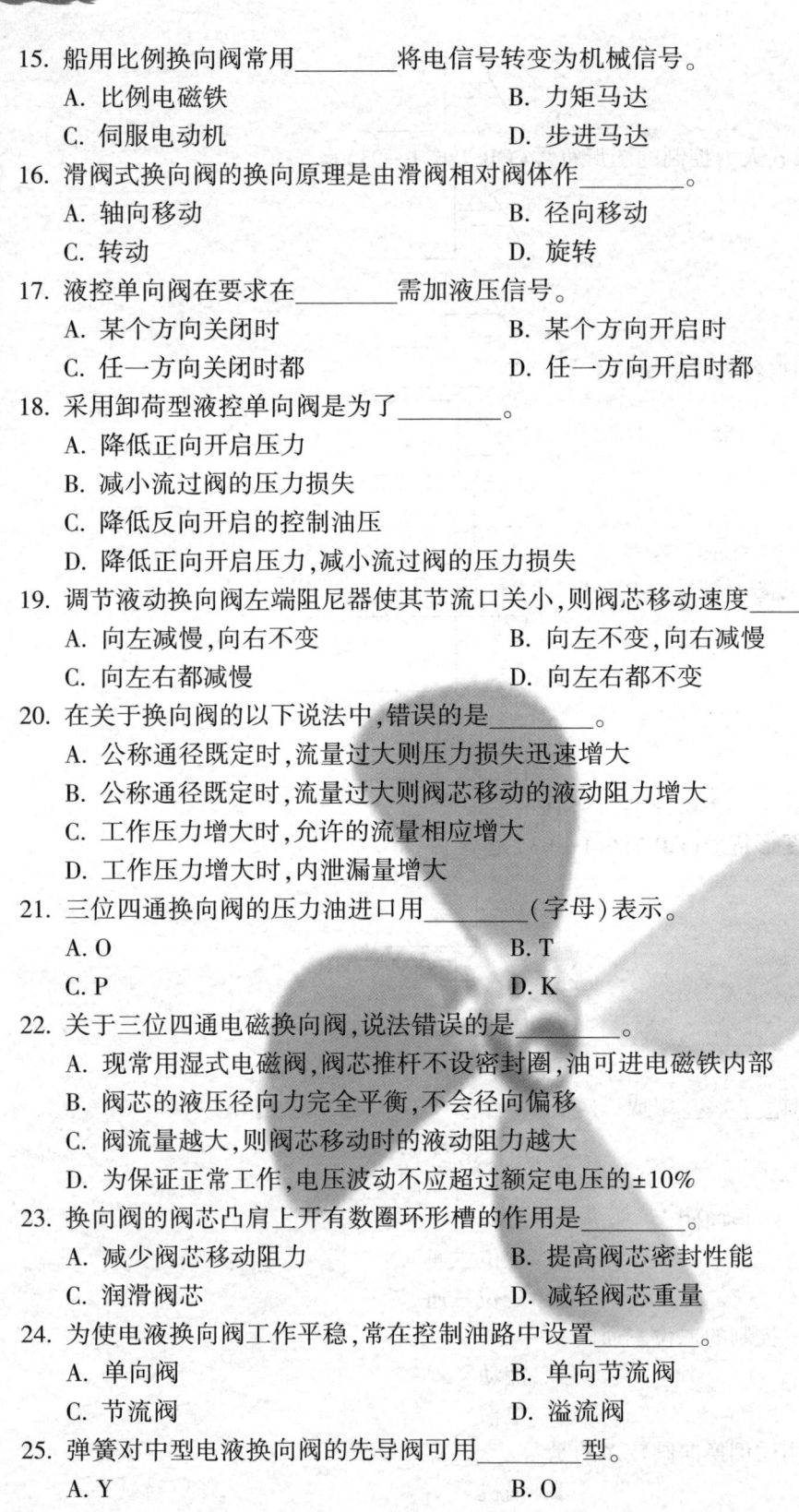

20. 在关于换向阀的以下说法中,错误的是_____。
    A. 公称通径既定时,流量过大则压力损失迅速增大
    B. 公称通径既定时,流量过大则阀芯移动的液动阻力增大
    C. 工作压力增大时,允许的流量相应增大
    D. 工作压力增大时,内泄漏量增大

21. 三位四通换向阀的压力油进口用_____(字母)表示。
    A. O
    B. T
    C. P
    D. K

22. 关于三位四通电磁换向阀,说法错误的是_____。
    A. 现常用湿式电磁阀,阀芯推杆不设密封圈,油可进电磁铁内部
    B. 阀芯的液压径向力完全平衡,不会径向偏移
    C. 阀流量越大,则阀芯移动时的液动阻力越大
    D. 为保证正常工作,电压波动不应超过额定电压的±10%

23. 换向阀的阀芯凸肩上开有数圈环形槽的作用是_____。
    A. 减少阀芯移动阻力
    B. 提高阀芯密封性能
    C. 润滑阀芯
    D. 减轻阀芯重量

24. 为使电液换向阀工作平稳,常在控制油路中设置_____。
    A. 单向阀
    B. 单向节流阀
    C. 节流阀
    D. 溢流阀

25. 弹簧对中型电液换向阀的先导阀可用_____型。
    A. Y
    B. O
    C. M
    D. P

26. 电液换向阀的导阀和主阀的控制方式分别是_____。
    A. 液压、电磁
    B. 电磁、液压
    C. 液压、液压
    D. 电磁、电磁

27. 三位四通电液换向阀如接有四根油管,它应是_____。
    A. 外供控制油,内部泄油
    B. 内供控制油,外部泄油
    C. 外供控制油,外部泄油
    D. 内供控制油,内部泄油

28. 三位四通电液换向阀如接有六根油管,它应是_____。
    A. 外供控制油,内部泄油
    B. 内供控制油,外部泄油
    C. 外供控制油,外部泄油
    D. 内供控制油,内部泄油

29. 电液换向阀的阻尼器是一种_____。
    A. 节流阀
    B. 调速阀
    C. 单向节流阀
    D. 溢流阀

30. 梭阀属于_____。
    A. 方向控制阀
    B. 压力控制阀
    C. 流量控制阀
    D. 复合阀

31. 下图为三位四通换向阀图,换向阀中位机能是_____型。

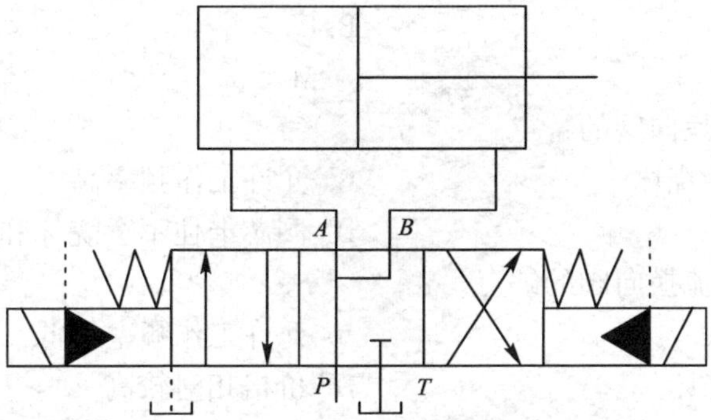

    A. P
    B. Y
    C. H
    D. K

32. M 型三位四通换向阀中位时_____。
    A. 通油泵的油口锁闭,通执行机构的两个油口相通
    B. 通油泵的油口卸荷,通执行机构的两个油口锁闭
    C. 通油泵的油口和通执行机构的两个油口都锁闭
    D. 通油泵的油口和通执行机构的两个油口都卸荷

33. U 型三位四通换向阀中位时_____。
    A. 通油泵的油口锁闭,通执行机构的两个油口相通
    B. 通油泵的油口卸荷,通执行机构的两个油口锁闭
    C. 通油泵的油口和通执行机构的两个油口都锁闭
    D. 通油泵的油口和通执行机构的两个油口都卸荷

34. O 型三位四通换向阀中位时_____。
    A. 通油泵的油口锁闭,通执行机构的两个油口相通
    B. 通油泵的油口卸荷,通执行机构的两个油口锁闭

C. 通油泵的油口和通执行机构的两个油口都锁闭

D. 通油泵的油口和通执行机构的两个油口都卸荷

35. H 型三位四通换向阀中位时_____。
    A. 通油泵的油口锁闭,通执行机构的两个油口相通
    B. 通油泵的油口卸荷,通执行机构的两个油口锁闭
    C. 通油泵的油口和通执行机构的两个油口都锁闭
    D. 通油泵的油口和通执行机构的两个油口都卸荷

36. Y 型三位四通换向阀中位时_____。
    A. 通油泵的油口锁闭,通执行机构的两个油口卸荷
    B. 通油泵的油口卸荷,通执行机构的两个油口锁闭
    C. 通油泵的油口及通执行机构的两个油口都锁闭
    D. 通油泵的油口及通执行机构的两个油口都卸荷

37. 三位四通换向阀能在中位使执行油缸可移动,而油泵卸荷的是_____型。
    A. O   B. P
    C. H   D. M

38. 三位四通换向阀能在中位使执行油缸锁闭、油泵不卸荷的是_____型。
    A. O   B. P
    C. H   D. M

39. _____是直流换向阀的特点。
    A. 阀芯卡住不会烧坏   B. 允许工作频率高
    C. 寿命较短   D. 阀芯卡住不会烧坏和允许工作频率高

40. _____不是交流换向阀的缺点。
    A. 换向冲击较大   B. 允许工作频率较低
    C. 阀芯卡住会烧坏   D. 价格相对较高

41. 先导型溢流阀用于远控调压时导阀弹簧张力应_____。
    A. 调至较大   B. 调至最小
    C. 调至适中   D. 按要求随时调整

42. 电磁溢流阀是由_____组成的。
    A. 电磁换向阀和直动型溢流阀   B. 电磁换向阀和先导型溢流阀
    C. 比例电磁线圈和直动型溢流阀 D. 比例电磁线圈和先导型溢流阀

43. 溢流阀的作用是_____。
    A. 控制通过阀的流量   B. 防止阀前压力超过调定值
    C. 控制阀后压力稳定   D. 控制油流动方向

44. 定压溢流阀可用来保持_____稳定。
    A. 阀前压力   B. 阀后压力
    C. 阀前后压差   D. 溢流流量

45. 先导型溢流阀一般不能做_____用。
    A. 安全阀   B. 定压阀
    C. 卸荷阀   D. 顺序阀

46. 关于溢流阀的以下说法, _____。
    ①作定压阀用时工作中是常开的;②作安全阀用时工作中是常闭的
    A. ①正确　　　　　　　　　　　　B. ②正确
    C. ①②都正确　　　　　　　　　　D. ①②都不正确

47. 关于先导型溢流阀的以下说法, _____。
    ①作定压阀用时工作中是常闭的;②作安全阀用时工作中是常开的
    A. ①正确　　　　　　　　　　　　B. ②正确
    C. ①②都正确　　　　　　　　　　D. ①②都不正确

48. 外部压力控制顺序阀的一般图形符号(GB 786.1—93)是_____。

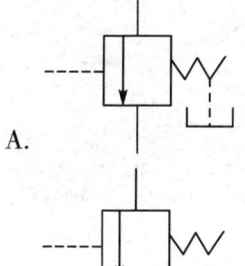
A.

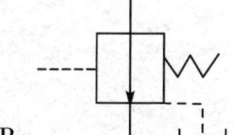
B.

C.

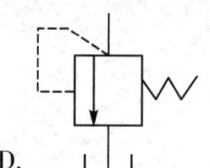
D.

49. 内部压力控制顺序阀的一般图形符号(GB 786.1—93)是_____。

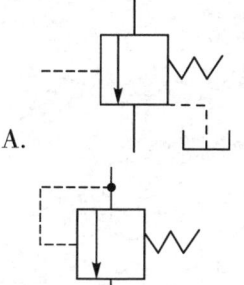
A.

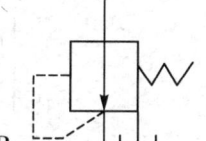
B.

C.

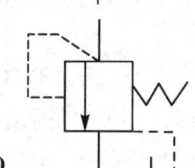
D.

50. 溢流阀的一般图形符号(GB 786.1—93)是_____。

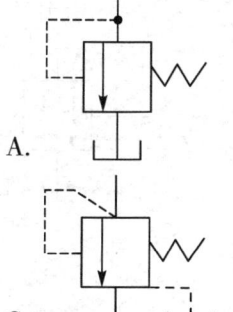
A.

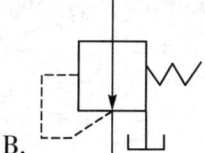
B.

C.

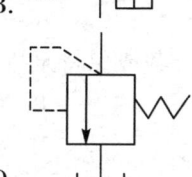
D.

51. 减压阀的一般图形符号(GB 786.1—93)是_____。

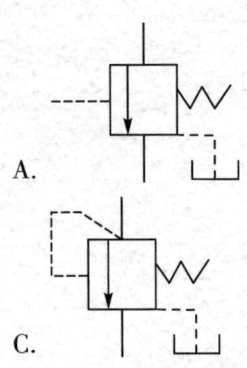

A.　　　　　　　B.

C.　　　　　　　D.

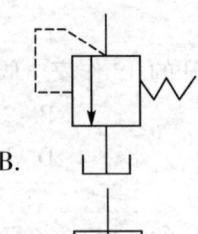

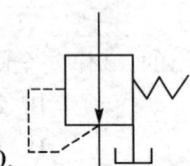

52. 先导型减压阀的图形符号（GB 786.1—93）是_____。

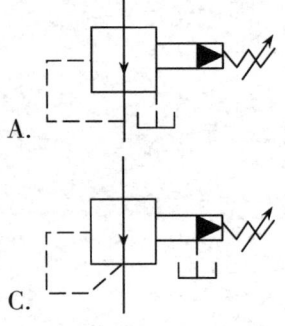

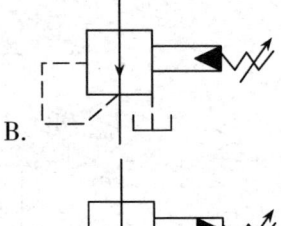

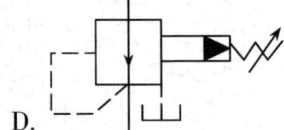

A.　　　　　　　B.

C.　　　　　　　D.

53. 平衡阀的图形符号（GB 786.1—93）是_____。

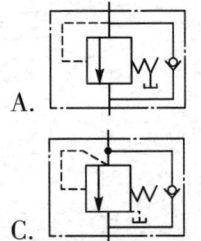

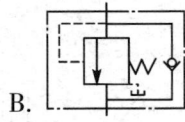

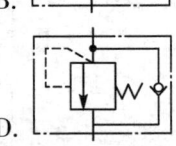

A.　　　　　　　B.

C.　　　　　　　D.

54. 右图所示的图形符号（GB 786.1—93）表示的是_____。

　A. 溢流阀　　　　　　　　B. 减压阀

　C. 卸荷阀　　　　　　　　D. 顺序阀

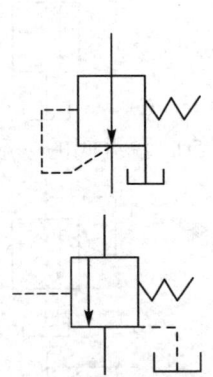

55. 右图所示的图形符号（GB 786.1—93）表示的是_____。

　A. 溢流阀

　B. 减压阀

　C. 卸荷阀

　D. 顺序阀

56. 设_____可防止液压系统过载或保持泵排油压力恒定。

　A. 溢流阀　　　　　　　　B. 减压阀

　C. 平衡阀　　　　　　　　D. 减压阀或平衡阀

57. 在液压系统中要使同一液压泵以不同压力供几个不同用途,应使用_____。

　A. 溢流阀　　　　　　　　B. 减压阀

　C. 平衡阀　　　　　　　　D. 顺序阀

58. 船用液压装置中最常见的减压阀是_____。

    A. 定值减压阀   B. 定差减压阀

    C. 定比减压阀   D. 定积减压阀

59. 定值减压阀通常是保持_____稳定。

    A. 阀前压力   B. 阀后压力

    C. 阀前后压差   D. 阀前流量

60. 可以作为卸荷阀使用的是_____。

    A. 直控顺序阀   B. 外控顺序阀

    C. 减压阀   D. 可调节流阀

61. 可以作为卸荷阀使用的是_____。

    A. 先导型减压阀   B. 先导型溢流阀

    C. 直动型溢流阀   D. 直控顺序阀

62. 顺序阀的作用是_____。

    A. 控制通过阀的流量   B. 控制油流动方向

    C. 当油压信号达到调定值时开启   D. 当油压信号达到调定值时关闭

63. 较常用的定值减压阀是_____的。

    A. 直动型   B. 先导型

    C. 直动型和先导型   D. 直动型或先导型

64. 先导型溢流阀中的先导阀大多采用锥阀结构,因为其_____。

    A. 密封性好   B. 强度好

    C. 灵敏度高   D. 刚性好

65. 先导型溢流阀主阀的关闭依靠_____。

    A. 控制油压   B. 阀上下油压差

    C. 主弹簧力   D. 阀自身重量

66. 卸荷溢流阀用于向蓄能器供油时,蓄能器压力升高到调定值时液压泵_____。

    A. 通蓄能器的油路切断并溢流运转   B. 通蓄能器的油路切断并减压运转

    C. 通蓄能器的油路切断并卸荷运转   D. 停止运转

67. 卸荷溢流阀是由_____组合而成的。

    A. 直动型溢流阀和单向阀

    B. 先导型溢流阀和单向阀

    C. 带控制活塞的先导型溢流阀和单向阀

    D. 卸荷阀和溢流阀

68. 卸荷溢流阀用于双泵供油系统时,当负载压力升高到调定值时,_____。

    A. 小流量泵卸荷   B. 大流量泵卸荷

    C. 大流量泵停转   D. 大、小流量泵同时卸荷

69. 卸荷溢流阀调节弹簧调节的是_____。

    A. 开启压力   B. 关闭压力

C. 开启压力与关闭压力之差　　　　　D. 关闭压力与开启压力之差

70. 先导型减压阀和用作定压阀的先导型溢流阀的导阀在工作中_____。

    A. 全都常开　　　　　　　　　　　B. 全都常闭

    C. 前者常开，后者常闭　　　　　　D. 前者常闭，后者常开

71. 先导型减压阀开大主阀是靠_____。

    A. 主阀上下的油压差

    B. 主弹簧力

    C. 主弹簧力减去主阀上下的油压差而得的力

    D. 主阀上下的油压差减去主弹簧力而得的力

72. 先导型减压阀和做安全阀用的先导型溢流阀的导阀在工作中_____。

    A. 全都常开　　　　　　　　　　　B. 全都常闭

    C. 前者常开，后者常闭　　　　　　D. 前者常闭，后者常开

73. 先导型减压阀的导阀释放的油_____。

    A. 由外控油口通油箱　　　　　　　B. 由外接泄油管通油箱

    C. 由内部通道通主阀后的油通道　　D. 由外接油管通主阀后的油通道

74. 外控顺序阀作卸荷阀用要使系统卸荷应_____。

    A. 加大主弹簧张力　　　　　　　　B. 减小主弹簧张力

    C. 向外控油口供压力油　　　　　　D. 使外控油口直通油箱

75. 先导型顺序阀是_____开启。

    A. 在有控制油压信号时　　　　　　B. 在工作压力高时

    C. 在无控制油压信号时　　　　　　D. 按时间顺序

76. 顺序阀实质上是一种靠_____控制油路通与不通的阀。

    A. 油温　　　　　　　　　　　　　B. 油压

    C. 电信号　　　　　　　　　　　　D. 定时

77. 顺序阀的特点是_____。

    A. 阀开启时进、出油口间油压损失小

    B. 出口通常是直通油箱或与低压管相通

    C. 阀不设外泄油管

    D. 出口通常是直通油箱或与低压管相通，且阀不设外泄油管

78. 外控顺序阀作卸荷阀用，在_____时阀开启卸荷。

    A. 有压力控制信号　　　　　　　　B. 无压力控制信号

    C. 有电信号　　　　　　　　　　　D. 无电信号

79. 右图所示的图形符号（GB 786.1—93）表示的是_____。

    A. 直动式减压阀　　　　　　　　　B. 直动式顺序阀

    C. 先导式溢流阀　　　　　　　　　D. 直动式溢流阀

80. 顺序阀属于_____。

　　A. 方向控制阀　　　　　　　　　B. 压力控制阀

　　C. 流量控制阀　　　　　　　　　D. 复合阀

81. 对开度既定的节流阀的流量影响最大的是_____。

　　A. 阀前后油压之差　　　　　　　B. 油温

　　C. 节流口吸附层厚度　　　　　　D. 油污染程度

82. 目前一般船用液压流量控制阀不要求_____。

　　A. 流量调节范围大　　　　　　　B. 负载变化对流量的影响要小

　　C. 流量与调节幅度成正比　　　　D. 调定流量不受油温影响

83. 下图所示为起货机变幅机构液压系统,在系统中阀 1 的作用是_____。

　　A. 换向　　　　　　　　　　　　B. 调速

　　C. 制动　　　　　　　　　　　　D. 换向、制动和调速

84. 调速阀是通过调节_____来调节执行机构工作速度的。

　　A. 油泵流量　　　　　　　　　　B. 执行机构供油流量

　　C. 执行机构供油压力　　　　　　D. 换向阀移动距离

85. 可调节流阀实质上调节的是_____。

　　A. 阀后油压　　　　　　　　　　B. 阀前油压

　　C. 阀的流量　　　　　　　　　　D. 阀的通流截面积

86. 当负载减小时,调速阀中减压口_____。

　　A. 开大　　　　　　　　　　　　B. 关小

　　C. 不变　　　　　　　　　　　　D. 靠手动调节

87. 调速阀稳定流量主要是靠自动改变_____开度。

　　A. 节流阀　　　　　　　　　　　B. 定差减压阀

　　C. 分流阀　　　　　　　　　　　D. 定值溢流阀

88. 执行机构负载减小时调速阀中_____。

A. 减压阀开大   B. 减压阀关小

C. 溢流阀开大   D. 溢流阀关小

89. 调速阀稳定流量的方法属_____补偿型。

     A. 温度   B. 黏度

     C. 压力   D. 流量

90. 当负载增大时,溢流节流阀中溢流口_____。

     A. 开大   B. 关小

     C. 不变   D. 靠手动调节

91. 溢流节流阀是由节流阀和_____而成。

     A. 定差减压阀并联   B. 定差溢流阀串联

     C. 定差溢流阀并联   D. 定差减压阀串联

92. 溢流节流阀稳定流量主要是靠自动改变_____开度。

     A. 节流阀   B. 定差减压阀

     C. 定差溢流阀   D. 定值溢流阀

93. 执行机构负载增大时,溢流节流阀中_____。

     A. 减压阀开大   B. 减压阀关小

     C. 溢流阀开大   D. 溢流阀关小

94. 溢流节流阀稳定流量的方法属_____补偿型。

     A. 温度   B. 黏度

     C. 压力   D. 温度压力双

95. 以下液压控制阀中不属于方向控制阀的是_____。

     A. 液控单向阀   B. 顺序阀

     C. 换向阀   D. 梭阀

96. 以下液压控制阀中属于方向控制阀的是_____。

     A. 直控顺序阀   B. 卸荷阀

     C. 背压阀   D. 低压选择阀

97. 以下液压控制阀中属于方向控制阀的是_____。

     A. 平衡阀   B. 顺序阀

     C. 溢流节流阀   D. 液压锁

98. 以下液压控制阀中属于压力控制阀的是_____。

     A. 卸荷阀   B. 溢流节流阀

     C. 液控单向阀   D. 低压选择阀

99. 以下液压控制阀中属于压力控制阀的是_____。

     A. 溢流节流阀   B. 调速阀

     C. 电液换向阀   D. 顺序阀

100. 以下液压控制阀中不是由两种阀组合而成的是_____。

     A. 调速阀   B. 平衡阀

     C. 液控单向阀   D. 电液换向阀

101. 以下液压控制阀中不属于压力控制阀的是_____。

A. 溢流节流阀   B. 顺序阀

C. 减压阀   D. 背压阀

102. 以下液压控制阀中不属于压力控制阀的是_____。

A. 卸荷阀   B. 背压阀

C. 顺序阀   D. 低压选择阀

103. 以下液压控制阀中属流量调节阀的是_____。

A. 顺序阀   B. 电液换向阀

C. 调速阀   D. 液控单向阀

104. 以下液压控制阀中属于流量控制阀的是_____。

A. 卸荷阀   B. 背压阀

C. 溢流节流阀   D. 平衡阀

105. 以下液压控制阀中不属于流量控制阀的是_____。

A. 调速阀   B. 溢流节流阀

C. 固定节流阀   D. 卸荷阀

106. 以下液压控制阀中由两种阀组合而成的是_____。

A. 调速阀   B. 平衡阀

C. 液控单向阀   D. 调速阀和平衡阀

107. 下面液压控制阀中没有油直接从阀流回油箱的是_____。

A. 作定压阀用的溢流阀   B. 先导型减压阀

C. 调速阀   D. 溢流节流阀

108. 以下液压阀除进出口外没有泄油口的是_____。

A. 溢流节流阀   B. 调速阀

C. 顺序阀   D. 先导型减压阀

109. 直流电磁换向阀与交流电磁换向阀相比,不具有_____的特点。

A. 工作寿命长   B. 允许换向频率较高

C. 换向动作平稳   D. 价格较低

110. 交流电磁换向阀与直流电磁换向阀相比,_____。

A. 使用寿命长   B. 阀芯卡阻时易烧毁

C. 换向速度慢   D. 价格高

111. 交流电磁换向阀与直流电磁换向阀相比,不具有_____的特点。

A. 价格较低   B. 换向冲击大

C. 换向频率可以较高   D. 使用寿命不如后者

112. 装有溢流阀作安全阀的系统如阀工作正常,则系统油压_____。

A. 不会超过阀的开启压力   B. 不会超过阀的调定压力

C. 有可能瞬时超过调定压力   D. 最大工作压力比调定压力大些

113. 溢流节流阀和调速阀相比,前者比后者_____。

A. 流量稳定性较好,经济性也较好   B. 流量稳定性较差,经济性也较差

C. 流量稳定性较好,但经济性较差   D. 流量稳定性较差,但经济性较好

114. 顺序阀与溢流阀相比,_____是错误的。

A. 顺序阀必须有通油箱的泄油管,溢流阀则无

B. 作卸荷阀用时,溢流阀的远控油口应泄压,顺序阀的远控油口应加压

C. 开启后顺序阀进出口间油压差很小,而溢流阀进出口压差大

D. 顺序阀是方向控制阀,而溢流阀是流量控制阀

115. 直控顺序阀和溢流阀相比,下列说法正确的是_____。
①前者外部泄油,后者内部泄油;②开启后前者进出口油压差小,后者大;③前者控制阀后压力,后者控制阀前压力

A. ①   B. ②

C. ①②   D. ①③

116. 液压装置中,控制元件包括_____。
①液压泵;②液压手摇泵;③换向阀;④液压马达;⑤液压油缸;⑥溢流阀;⑦节流阀

A. ②③④   B. ①②

C. ③⑥⑦   D. ①②④⑤⑥

117. 舵机伺服变量油泵中与舵机操纵机构相连的部件是_____。

A. 差动活塞   B. 伺服滑阀阀芯

C. 斜盘   D. 缸体

118. 阀控型舵机改变转舵方向是靠改变_____。

A. 主泵转向   B. 辅泵供油方向

C. 主泵变量机构偏离中位方向   D. 换向阀阀芯位置

119. 阀控型舵机的液压主泵采用_____泵。

A. 单向定量   B. 双向变量

C. 单向恒功率   D. 单向限压式

120. 阀控型液压随动舵机控制系统的反馈信号发送器一般由_____带动。

A. 三位四通换向阀   B. 舵柄

C. 舵机房的遥控伺服机构   D. 转舵油缸柱塞

121. 阀控型舵机的主油路在换向阀与转舵油缸之间设有溢流阀,其主要作用是_____。

A. 舵叶受风浪冲击时防设备受损   B. 避免过大的换向冲击

C. 防止主泵过载   D. 防止主泵过载和换向冲击

122. 阀控型舵机将舵转到指令舵角后,靠_____锁闭油路。

A. 换向阀   B. 液压主泵

C. 主油路锁闭阀   D. 液压主泵或主油路锁闭阀

123. 在较大的阀控型舵机的液压系统中,换向阀大多使用_____操纵方式。

A. 液压   B. 电磁

C. 电液   D. 机械

124. 阀控型舵机的电气遥控系统的控制对象是_____。

A. 三位四通电磁换向阀   B. 伺服电动机

C. 力矩电动机   D. 力矩或伺服电动机

125. 阀控型舵机的最大优点是_____。

A. 系统简单,初投资少   B. 运行经济性好

C. 油发热轻　　　　　　　　　　　　D. 故障率低

126. 阀控型舵机相对泵控型舵机来说，_____的说法是不对的。

    A. 造价相对较低　　　　　　　　　B. 换向时液压冲击较大

    C. 运行经济性较好　　　　　　　　D. 适用功率范围较小

127. 关于液压舵机的以下说法，错误的是_____。

    A. 泵控型不能用螺杆泵为主泵　　　B. 阀控型不能用闭式系统

    C. 泵控型一般不用开式系统　　　　D. 阀控型不用浮动杆反馈机构

128. 阀控型舵机改变转舵方向时_____。

    A. 主泵回转方向改变　　　　　　　B. 辅泵吸排方向改变

    C. 主泵吸排方向不变　　　　　　　D. 主泵变量机构偏离中位方向改变

129. 阀控型液压舵机，换向阀前后的油路中有时各设一组安全阀，换向阀前的安全阀的作用是_____。

    A. 防止液压泵过载　　　　　　　　B. 防止转舵机构过载

    C. 便于控制系统液压力的大小　　　D. 防止风浪

130. 阀控型液压舵机，换向阀前后的油路中有时各设一组安全阀，换向阀后的安全阀的作用是_____。

    A. 防止液压泵过载　　　　　　　　B. 便于控制系统液压力的大小

    C. 作为防浪阀，防止转舵机构过载　D. 防止压力过大时液压油回流的作用

131. 关于阀控型闭式液压系统的以下说法中，错误的是_____。

    A. 可比开式系统少设限速元件　　　B. 运行经济性不如泵控型

    C. 自然散热比开式系统差　　　　　D. 主泵一律为单向定量泵

132. 阀控型舵机的锁舵功能通常由_____来完成。

    A. 换向阀　　　　　　　　　　　　B. 液控单向阀

    C. 液压泵　　　　　　　　　　　　D. 单向阀

133. 伺服油缸式舵机遥控系统的控制油缸设液控旁通阀是为了_____。

    A. 伺服活塞到位后使泵卸荷

    B. 必要时锁闭控制油路

    C. 停本系统时不妨碍其他方式控制伺服活塞

    D. 油压过高时卸荷

134. 泵控型液压舵机通常采用_____作为补油阀。

    A. 溢流阀　　　　　　　　　　　　B. 单向阀

    C. 节流阀　　　　　　　　　　　　D. 三通阀

135. 泵控型液压舵机辅油泵一般不能起的作用是_____。

    A. 为主油路补油　　　　　　　　　B. 向变量主泵壳体内供油帮助起散热作用

    C. 为主泵伺服变量机构提供控制油　D. 主泵有故障时，应急操舵

136. 泵控型舵机改变转舵方向是靠改变_____。

    A. 主泵转向　　　　　　　　　　　B. 辅泵供油方向

    C. 主泵变量机构偏离中位方向　　　D. 换向阀阀芯位置

137. 泵控型舵机改变转舵方向时_____。

    A. 主泵回转方向不变   B. 辅泵吸排方向改变

    C. 主油路换向阀偏离中位方向改变   D. 主泵吸排方向不变

138. 泵控型舵机的液压主泵采用_____泵。

    A. 单向定量   B. 双向变量

    C. 恒功率   D. 限压式

139. 当今的泵控型舵机将舵转到指令舵角后通常靠_____锁闭油路。

    A. 换向阀   B. 在零排量位置的液压主泵

    C. 加防反转棘轮的液压主泵   D. 主油路锁闭阀

140. 泵控型舵机工作时主泵在舵转到指令舵角后_____。

    A. 始终全流量运转   B. 即空转不排油

    C. 低压小流量排油   D. 即停止转动

141. 泵控型舵机最主要的缺点是_____。

    A. 换向冲击大   B. 运行经济性相对较差

    C. 油发热程度高   D. 初投资较高

142. 泵控型舵机的最大优点是_____。

    A. 初投资较少   B. 运行经济性好

    C. 对油的污染度要求不严   D. 故障率低

143. 泵控型舵机与阀控型舵机工作的主要差别是采用不同的方法控制_____。

    A. 转舵方向   B. 转舵速度

    C. 转舵油压   D. 转舵速度与油压

144. 伺服液压缸式遥控系统中,油路锁闭阀在_____起闭锁作用。

    A. 转舵时   B. 回舵时

    C. 稳舵时   D. 转舵时或回舵时

145. 伺服液压缸式遥控系统中,油路锁闭阀的作用是在_____时帮助稳舵。

    A. 换向阀密封不严   B. 伺服活塞密封不严

    C. 液控旁通阀密封不严   D. 换向阀密封和伺服活塞密封均不严

146. 伺服油缸式舵机遥控系统要改变伺服活塞速度应调节_____。

    A. 控制油泵流量   B. 换向阀开度

    C. 流量调节阀开度   D. 安全阀调定值

147. 伺服油缸式舵机遥控系统要改变转舵方向是靠改变_____。

    A. 液压泵电机转向   B. 液压泵排油方向

    C. 换向阀偏离中位方向   D. 液压泵电机转向或排油方向

148. 伺服油缸式舵机遥控系统要改变伺服活塞的最大推力应调节_____。

    A. 控制油泵流量   B. 换向阀开度

    C. 流量调节阀开度   D. 安全阀整定值

149. 泵控舵机与阀控舵机工作的主要差别是_____的控制方法。

A. 转舵方向　　　　　　　　B. 转舵速度
C. 转舵油压　　　　　　　　D. 转舵快慢

150. 泵控型舵机的稳定性优于阀控型的主要原因是_____。
　　A. 所选主泵的流量可小　　　B. 换向冲击轻
　　C. 运行经济性好　　　　　　D. 散热好

151. 既定舵机的转舵速度主要取决于_____。
　　A. 工作油压　　　　　　　　B. 主泵流量
　　C. 舵的负荷　　　　　　　　D. 舵机功率

152. 液压舵机的最大工作压力选得高,则_____。
　　A. 转舵速度快　　　　　　　B. 可节省舵机功率
　　C. 公称转舵扭矩必定大　　　D. 可减小装置尺寸和重量

153. 船舶进出港和窄水道航行时舵机用双泵并联工作,_____。
　　A. 转舵扭矩提高一倍　　　　B. 转舵速度提高一倍
　　C. 转舵扭矩减半　　　　　　D. 转舵速度减半

154. 通常船舶在进出港时,采用_____系统。
　　A. 自动舵　　　　　　　　　B. 手动操舵
　　C. 应急操舵　　　　　　　　D. 随动操舵

155. 舵机浮动杆追随机构设储存弹簧主要是为了_____。
　　A. 操纵浮动杆所需力可减小
　　B. 舵叶受风浪袭击可暂时移位
　　C. 大舵角操舵可连续进行,主泵可较长时间保持全流量
　　D. 防止浮动杆受力过大而损坏

156. 舵机浮动杆控制机构储存弹簧的连接杆工作时正确的工况是_____。
①受推力作用时弹簧缩短;②受推力作用时弹簧伸长;③受拉力作用时弹簧缩短;④受拉力作用时弹簧伸长
　　A. ①③　　　　　　　　　　B. ①④
　　C. ②③　　　　　　　　　　D. ②④

157. 无论是向左或向右转舵,浮动杆追随机构的储存弹簧_____。
　　A. 始终受压　　　　　　　　B. 始终受拉
　　C. 偏转舵时受压,回舵时受拉　D. 偏转舵时受拉,回舵时受压

158. 舵机浮动杆追随机构中储存弹簧张力过小可能导致_____。
　　A. 最大舵角增大　　　　　　B. 空舵
　　C. 跑舵　　　　　　　　　　D. 操小舵角时,变量泵不排油

159. 舵机浮动杆追随机构中储能弹簧张力过大将导致_____。
　　A. 浮动杆损坏　　　　　　　B. 舵不转
　　C. 大舵角操舵不能连续进行　D. 安全阀开启

160. 带浮动杆装置的舵机遥控系统的反馈信号发送器反映的是_____的动作。

A. 舵柄   B. 转舵机构

C. 主油泵变量机构   D. 舵机房操舵伺服机构

161. 带浮动杆机械追随机构的泵控型舵机,由_____带动控制系统的反馈信号发送器。

     A. 换向阀   B. 舵柄

     C. 舵机房的遥控伺服机构   D. 舵柱

162. 舵机浮动杆控制机构反馈杆受拉力作用时储能弹簧_____,反馈点至舵杆距离_____。

     A. 受压;变短   B. 受压;变长

     C. 受拉;变长   D. 受拉;变短

163. 舵机浮动杆追随机构中设副杠杆是为了_____。

     A. 提高小舵角操舵的灵敏性   B. 增大转舵扭矩

     C. 增大主泵额定流量   D. 防止空舵

164. 关于泵控型舵机浮动杆的作用,说法错误的是_____。

     A. 浮动杆的操纵点由舵机的控制系统控制,接受驾驶台的操舵角

     B. 浮动杆的泵控点与泵的变量机构控制杆铰链,控制该泵的流量

     C. 浮动杆的反馈点与舵柄直接相连,接受舵机的实际舵角的反馈舵角

     D. 浮动杆的操纵点与反馈点都处于相应的 0° 中位时,泵空转不排油

165. 阀控型液压系统的换向通常由控制_____实现。

     A. 液压泵的转向   B. 液压泵的排油方向

     C. 换向节流阀   D. 液控单向阀

166. 液压起货绞车的制动器在_____时抱闸刹车。

     A. 进压力油   B. 泄压力油

     C. 进压力油或泄压力油   D. 刹车与否与压力油无关

167. 起重机构的阀控型液压系统在泵出口至并联节流换向阀间设溢流阀的主要作用是_____。

     A. 防止液压泵排压过高   B. 防制动时液压马达及出油管路油压过高

     C. 使液压泵排压稳定   D. 使液压马达工作压力稳定

168. 阀控型液压系统的调速通常由控制_____实现。

     A. 变量液压泵   B. 换向节流阀

     C. 调速阀   D. 溢流节流阀

169. 起重机构的阀控型液压系统通常选用中位机能为_____的换向节流阀。

     A. O 形   B. V 形

     C. H 形   D. Y 形

170. 以下液压控制阀中能用来限制起重机构开式系统下降速度的是_____。

     A. 调速阀   B. 溢流节流阀

     C. 平衡阀   D. 调速阀或溢流节流阀

171. 以下液压控制阀中不用来限制起重机构下降速度的是_____。

     A. 直控平衡阀   B. 远控平衡阀

     C. 单向节流阀   D. 溢流节流阀

172. 起重机构开式液压系统用单向节流阀限速时,为制动时能锁闭油路,常加设_____。

A. 换向阀　　　　　　　　　　　　B. 减压阀

C. 顺序阀　　　　　　　　　　　　D. 液控单向阀

173. 采用阀控型开式系统的液压起重机构如负荷变动大,则下降限速宜用_____。

A. 单向节流阀　　　　　　　　　　B. 直控平衡阀

C. 远控平衡阀　　　　　　　　　　D. 手动换向阀

174. 为了安全起见,平衡阀一般应安装在靠近_____处。

A. 动力元件　　　　　　　　　　　B. 换向阀

C. 执行元件　　　　　　　　　　　D. 止回阀

175. 起重机构开式液压系统设平衡阀是为了_____。

A. 限制上升速度　　　　　　　　　B. 限制下降速度

C. 调节升降速度　　　　　　　　　D. 防液压冲击

176. 起重机构的开式液压系统采用直控平衡阀限速,达到既定下降速度时对进油压力影响最明显的是_____。

A. 油温　　　　　　　　　　　　　B. 重力载荷的大小

C. 下降速度　　　　　　　　　　　D. 油液黏度

177. 为消除制动冲击,起货机中的液压系统常采用_____作为制动阀。

A. 单向阀　　　　　　　　　　　　B. 平衡阀

C. 直动式溢流阀　　　　　　　　　D. 先导式溢流阀

178. 液压装置能否有效地实现液压制动主要取决于_____。

A. 是开式还是闭式系统　　　　　　B. 操纵手柄回中后系统的密封性

C. 负载大小　　　　　　　　　　　D. 执行元件的运动速度

179. 液压起货绞车的制动器通常是靠_____松闸。

A. 电磁力　　　　　　　　　　　　B. 油压力

C. 弹簧力　　　　　　　　　　　　D. 压缩空气

180. 在带有负载的液压缸下行时,可在其回油路上串联一单向_____作为平衡阀。

A. 溢流阀　　　　　　　　　　　　B. 顺序阀

C. 减压阀　　　　　　　　　　　　D. 节流阀

181. 下图为阀控型液压舵机的工作原理图,图中阀2和阀5分别作为_____使用。

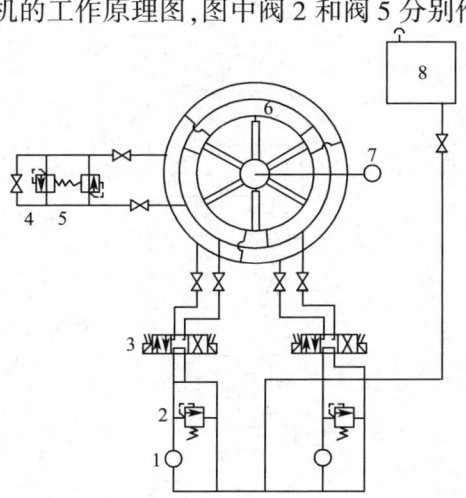

A. 安全阀、防浪阀 　　　　　　B. 安全阀、旁通阀

C. 防浪阀、旁通阀 　　　　　　D. 换向阀、防浪阀

182. 并联节流型换向节流阀的特点不包括_____。

A. 逐渐开大通执行元件的油口时,回油口开度逐渐减小

B. 油液发热比定差节流型换向节流阀多

C. 液压泵出口溢流阀常闭(做安全阀用)

D. 通执行元件流量基本上不受负载影响

183. 定差溢流型换向节流阀相当于在换向阀上_____。

A. 并联一个定差减压阀 　　　　B. 串联一个定差减压阀

C. 并联一个定差溢流阀 　　　　D. 串联一个定差溢流阀

184. 定差减压型换向节流阀相当于在换向阀上_____。

A. 并联一个定差减压阀 　　　　B. 串联一个定差减压阀

C. 并联一个定差溢流阀 　　　　D. 串联一个定差溢流阀

185. 三位四通换向阀如下图所示,该阀控制的是缸定式单杆活塞缸,当换向阀在中位时,活塞处于_____状态。

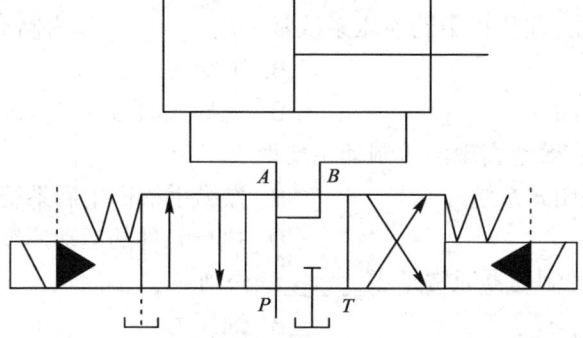

A. 锁闭 　　　　　　　　　　　B. 浮动

C. 差动 　　　　　　　　　　　D. 左移

186. 下图所示为起货机变幅机构液压系统,阀4是常闭溢流阀,在_____是最有可能打开溢流的。

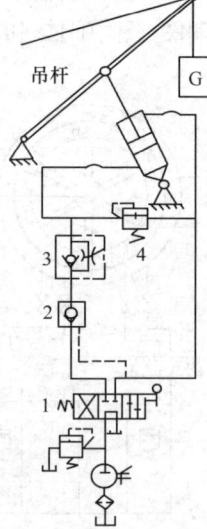

A. 轻载吊杆蒸发压力调节初期   B. 重载吊杆上升初期

C. 重载吊杆下落初期   D. 重载吊杆下落刹车过程

187. 下图所示为起货机变幅机构液压系统,如果阀 2 关闭不严,则可能引起_____。

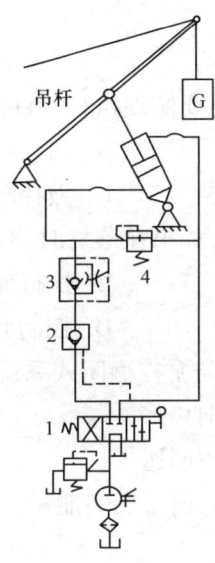

A. 锁闭时吊杆继续缓慢下落   B. 重载吊杆下落不能限速

C. 重载吊杆上升速度太慢   D. 活塞杆最大推力将降低

188. 下图所示为起货机变幅机构液压系统,如果关小阀 3 的节流阀,则_____。

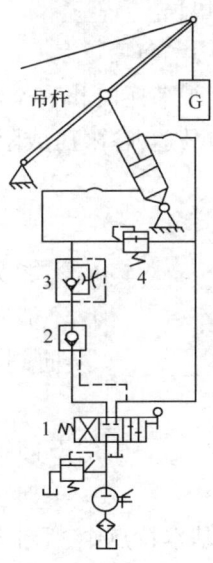

A. 吊杆轻载下落回油温度降低   B. 吊杆轻载下落液压泵轴功率提高

C. 重载吊杆上升速度太慢   D. 不确定

189. 对于采用开式液压系统的舵机,下列说法中不准确的是_____。

    A. 舵叶负扭矩时无法向液压泵反馈能量

    B. 需要油箱小

    C. 油散热条件好

    D. 主泵采用定量泵

190. 甲板机械阀控型开式液压系统,要实现执行元件的双向运动,需要采用_____。

    A. 三位四通换向阀   B. 两位两通换向阀

    C. 单向选择阀   D. 液控单向阀

191. 甲板机械阀控型开式液压系统,如果在落货时,要设法控制_____的回油量。

    A. 动力元件   B. 执行元件

    C. 辅助元件   D. 控制元件

192. 起重机构阀控型闭式液压系统与泵控型闭式系统相比,以下说法中错误的是_____。

    A. 前者用阀换向,后者用泵换向

    B. 前者可节流调速,后者是容积调速

    C. 重物下降时全都用再生限速,向泵反馈能量

    D. 都无须设限速阀件

193. 阀控型液压系统_____。

    A. 只能用开式系统   B. 只能用闭式系统

    C. 可用开式或闭式系统   D. 常用半闭式系统

194. 阀控型闭式液压系统的特点不包括_____。

    A. 可采用单向定量泵,也可选用单向变量泵

    B. 和开式系统一样靠换向节流阀来换向和节流调速

    C. 若选用单向变量泵或变量油马达,在限压或限功率时也可辅以容积调速

    D. 系统补油须设补油泵

195. 阀控型闭式液压系统_____。

    A. 须设辅泵补油   B. 不能实现容积调速

    C. 无须加设其他限速阀件   D. 不能实现再生限速

196. 阀控型闭式舵机液压系统由_____、换向阀(常用电液式)、防浪阀、工况选择阀等组成。

    A. 单向定量液压泵   B. 双向定量液压泵

    C. 双向定量液压马达   D. 单向定量液压马达

197. 在下列阀控型闭式液压系统的基本特点中,不正确的是_____。

    A. 系统简单,初置费用低   B. 换向冲击小,阀工作可靠性比较好

    C. 主泵排量较小   D. 无舵令时,泵的能耗较大,油液易发热

198. 阀控闭式液压系统_____。

    A. 必须采用能耗限速   B. 必须采用再生限速

    C. 采用能耗限速或再生限速   D. 不进行限速

199. 阀控闭式液压系统在油箱通泵吸入口的补油管路上设常开截止阀,该系统可实现_____。

 A. 热油向油箱膨胀　　　　　　　B. 功率限制

 C. 容积调速　　　　　　　　　　D. 再生限速

200. 对于闭式液压系统,下列说法中_____是不准确的。

 A. 散热条件差　　　　　　　　　B. 系统较复杂

 C. 可反馈能量　　　　　　　　　D. 空气易进入

201. 起重机构的泵控型闭式液压系统设中位旁通阀是为了_____。

 A. 实现卸荷启动

 B. 消除制动冲击

 C. 作为机械操纵机构泵中位不准的对策

 D. 实现液压制动

202. 设中位旁通阀的起重机构泵控型闭式液压系统的液压马达_____。

 A. 必须设即时抱闸的机械制动器

 B. 必须设延时抱闸的机械制动器

 C. 可设即时或延时抱闸的机械制动器

 D. 无须设机械制动器

203. 泵控型半闭式液压系统通常是从主泵_____。

 A. 低压侧泄油和补油　　　　　　B. 高压侧泄油和补油

 C. 高压侧泄油,低压侧补油　　　D. 排出侧泄油,吸入侧补油

204. 半闭式液压系统所用低压选择阀通常是_____。

 A. 手动换向阀　　　　　　　　　B. 电磁换向阀

 C. 液动换向阀　　　　　　　　　D. 电液换向阀

205. 回转机构的泵控型半闭式液压系统所用低压选择阀通常是_____换向阀。

 A. 三位四通　　　　　　　　　　B. 三位三通

 C. 二位二通　　　　　　　　　　D. 二位三通

206. 泵控型起货机液压系统的特点不包括_____。

 A. 工作稳定性好　　　　　　　　B. 运行经济性好

 C. 油液不易污染　　　　　　　　D. 散热能力好

207. 泵控型液压系统_____。

 A. 全用开式系统　　　　　　　　B. 全用闭式系统

 C. 可用开式或闭式系统　　　　　D. 可用闭式或半闭式系统

208. 泵控型液压系统的液压泵通常选用_____。

 A. 单向定量泵　　　　　　　　　B. 单向变量泵

 C. 双向变量泵　　　　　　　　　D. 单向定量或变量泵

209. 泵控型液压系统的换向通常由控制_____实现。

 A. 液压泵的转向　　　　　　　　B. 液压泵的排油方向

C. 换向节流阀　　　　　　　　　　D. 液控单向阀

210. 泵控型液压系统的调速通常由控制_____实现。

    A. 调速阀　　　　　　　　　　　　B. 溢流节流阀

    C. 变量液压泵　　　　　　　　　　D. 换向节流阀

211. 起重机构的半闭式液压系统是指_____。

    A. 液压泵封闭在油箱内,电机在油箱外

    B. 重物起升时主油路有部分油液回油箱

    C. 重物升、降时主油路有部分油液回油箱

    D. 重物升、降、停时主油路都有部分油液回油箱

212. 带功率限制器的液压甲板机械_____。

    A. 执行元件工作速度增加时,液压泵的转速变动范围受限

    B. 执行元件工作压力升高时,液压泵的转速变动范围受限

    C. 执行元件工作速度增加时,液压泵的排量变动范围受限

    D. 执行元件工作压力升高时,液压泵的排量变动范围受限

213. 下图为起重机构的泵控型闭式(半闭式)液压系统的原理图,图中起换向和调速作用的是_____。

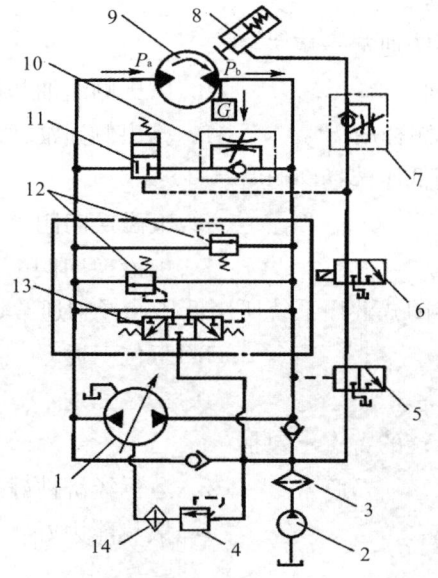

泵控型闭式(半闭式)系统

    A. 1　　　　　　　　　　　　　　B. 13

    C. 11　　　　　　　　　　　　　　D. 10

214. 下图为起重机构的泵控型闭式(半闭式)液压系统的原理图,图中能防止起货机因超载而导致系统油压过高的是_____。

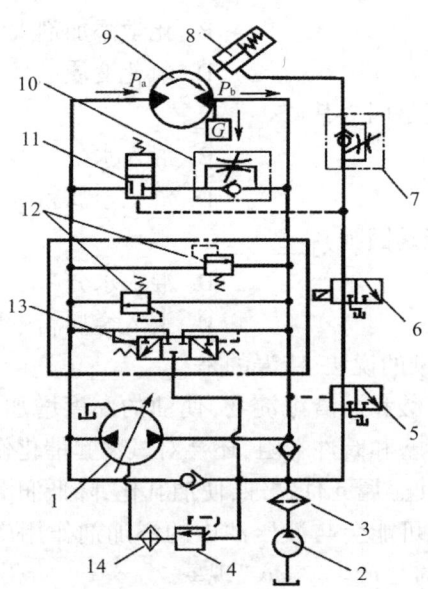

泵控型闭式(半闭式)系统

A. 12　　　　　　　　　　　　　　　B. 13

C. 7　　　　　　　　　　　　　　　　D. 6

215. 液压油氧化速度加快的原因不包括_____。

　　A. 油温太高　　　　　　　　　　　B. 油中杂质多

　　C. 加了化学添加剂　　　　　　　　D. 容积效率低

216. 液压油中气体多的原因一般不会是_____。

　　A. 初次充油时未除尽　　　　　　　B. 低压油管补油压力太低

　　C. 工作油箱油位太低　　　　　　　D. 油液分解变质产生

217. 液压油一般不会受到_____污染。

　　A. 水分　　　　　　　　　　　　　B. 固体杂质

　　C. 空气　　　　　　　　　　　　　D. 硫分

218. 液压油氧化速度加快的原因不包括_____。

　　A. 油温太低　　　　　　　　　　　B. 油温太高

　　C. 混入水分　　　　　　　　　　　D. 混入空气

219. 液压油中水分多的原因一般不会是_____。

　　A. 加油过程带入　　　　　　　　　B. 油的水冷却器漏水

　　C. 工作油箱周围空气含湿量太高　　D. 油液分解变质产生

220. 最容易造成液压控制阀故障的是_____。

　　A. 油液污染　　　　　　　　　　　B. 阀芯磨损

　　C. 工作压力大　　　　　　　　　　D. 弹簧失去弹性

221. 液压油透明且颜色变淡,可能是因为其_____。

　　A. 混入水分　　　　　　　　　　　B. 混入空气

　　C. 混入其他浅色油　　　　　　　　D. 氧化变质

222. 液压油颜色变深有异样气味,可能是因为其_____。

A. 混入其他油种   B. 化学添加剂太多

C. 水分、杂质多   D. 氧化变质

223. 液压油透明发亮，可能是因为其_____。

  A. 氧化变质   B. 混入水分

  C. 混入空气   D. 混入金属粉末

224. 液压油颜色发黑，可能是因为其_____。

  A. 氧化变质   B. 混入水分

  C. 混入空气   D. 混入金属粉末

225. 关于液压油氧化和污染的说法，错误的是_____。

  A. 油氧化会产生有机酸和污渣沉淀物，使油的黏度增加，润滑性和抗蚀性变差，氧化产物可能造成通道堵塞和阀件卡阻，还会对氧化起催化作用

  B. 液压油中含水，易使金属元件锈蚀，使油乳化，降低润滑能力，加速元件磨损

  C. 液压油中含有的水可能会与液压油中的添加剂作用产生黏性胶质，堵塞滤芯或对阀芯产生黏滞；低压时会产生"气穴"现象

  D. 液压油含水，会增强液压系统的传热效果，有利于液压系统的散热

226. 液压油中固体污染物造成的危害不包括_____。

  A. 液压泵和马达磨损加快   B. 阀件故障增多

  C. 促使油液分解   D. 对油液氧化起催化作用

227. 液压油中空气过多造成的危害不包括_____。

  A. 噪声和振动加大   B. 使液压油氧化加快

  C. 执行元件动作迟滞   D. 使液压油乳化

228. 液压油含水过多造成的危害不包括_____。

  A. 使金属锈蚀   B. 使液压油氧化加快

  C. 执行元件动作迟滞   D. 使液压油乳化

229. 液压油氧化变质后，以下现象会发生的是_____。

①颜色变深；②颜色变浅；③酸值增加；④酸值降低；⑤黏度增加；⑥黏度降低

  A. ②④⑥   B. ①③⑤

  C. ①④⑤   D. ①③⑥

230. 液压油中空气多，可能发生的现象是_____。

①乳化而润滑性降低；②氧化加快；③使执行元件动作滞后；④透明但颜色变淡；⑤低压时产生"气穴"现象；⑥使金属锈蚀

  A. ②③⑤⑥   B. ③④⑤⑥

  C. ①②③⑤⑥   D. ①②③④⑤⑥

231. 液压油氧化变质后_____不会增加。

  A. 酸值   B. 沉淀物

  C. 黏度指数   D. 黏度

232. 液压油有水混入，将发生_____的变化。

  A. 颜色变深   B. 颜色变浅

  C. 有异样气味   D. 变得浑浊

233. 液压油的污染主要包括_____。
①空气污染;②固体杂质污染;③水污染
    A.①②③   B.①③
    C.①②   D.②③

234. 液压油的空气污染的主要危害不包括_____。
    A. 执行机构动作迟滞,起重能力不足,功率损失大
    B. 导致气蚀,并产生噪声和振动,使油压不稳定
    C. 使油乳化,润滑能力降低,元件磨损加快
    D. 气体压缩容易发热,会加快油液氧化速度

235. 目前表示固体颗粒污染度的最常用的方法是_____。
    A. 单位重量油中所含固体颗粒的质量
    B. 单位体积油中所含固体颗粒的质量
    C. 单位重量油中所含各种尺寸固体颗粒数
    D. 单位体积油中所含各种尺寸固体颗粒数

236. 船用液压系统换油指标中水分含量的极限值是_____。
    A.2%   B. 0. 2%
    C.0. 5%   D. 0. 02%

237. 液压油换油的指标中不包括_____。
    A. 黏度变化超过 10%~15%   B. 酸值增加超过 0.3 mgKOH/g
    C. 污染度超标   D. 闪点提高超过 8 ℃

238. 在以下各项中,_____通常并非更换液压油的原因。
    A. 黏度变化较大   B. 污染物超标
    C. 闪点下降多   D. 酸值下降多

239. 液压油的工作条件苛刻,因此要定期检查防止液压油污染,下列表述错误的是_____。
    A. 液压油污染度有质量污染度和颗粒污染度两种方法
    B. 液压油的颗粒污染度法对表述液压油的污染度更准确
    C. 液压油混入水会呈乳白色
    D. 液压油颜色变深发黑,有异味,说明可能混有空气

240. 液压油的工作条件苛刻,因此要定期检查防止液压油污染,下列表述错误的是_____。
    A. 发现液压油氧化严重后应全部更换
    B.15~25 μm 的杂质容易使泵磨损
    C. 对液压油样和新油进行摇动,泡沫消失很慢,表明含水量多
    D.5~15 μm 的固体杂质容易引起阀芯卡阻和孔道淤塞

241. 对于液压油质量污染度的测定,说法正确的是_____。
    A. 单位体积的油液中含有固体污染颗粒的质量
    B. 质量污染度容易测定,能很好地反映污染物的尺寸分布
    C. 质量污染物对元件和系统的危害作用与其污染物的质量多少相关
    D. 目前普遍采用质量污染度表示法

242. 对于液压油颗粒污染度的测定,说法正确的是_____。

A. 单位质量的液体内处在某一尺寸范围内的颗粒数目

B. 颗粒污染度容易测定,但不能反映污染物的尺寸分布

C. 颗粒污染物对元件和系统的危害作用不大

D. 目前普遍采用颗粒污染度表示法

243. 起货机油温高温报警传感器一般设在_____。

    A. 高压管   B. 主泵吸口

    C. 回油管   D. 辅泵吸口

244. 液压油的工作温度最适合的是_____℃。

    A. 10~30   B. 30~50

    C. 50~60   D. 比室温高30

245. 液压装置油温在_____℃以下,不允许直接启动。

    A. -10   B. 0

    C. 10   D. 20

246. 液压装置液压泵进口处油温一般不应超过_____℃。

    A. 50   B. 60

    C. 70   D. 80

247. 关于液压装置的使用,以下说法中错误的是_____。

A. 液压泵启动的同时,油冷却器即投入使用

B. 油温越高油氧化速度越快

C. 油温不到10℃时立即启动液压泵连续工作有可能吸空

D. 装置在油温30~50℃时效率最高

248. 液压装置应控制油温的原因是_____。

①油温过高会造成液压油氧化加快,缩短使用寿命;②油温过高会造成液压组件润滑不良;③油温过低会使油泵吸入困难

    A. ①   B. ②

    C. ③   D. ①②③

249. 关于液压系统的说法,不正确的是_____。

    A. 开式系统比闭式系统散热好   B. 重载工作时间长的闭式系统应改为半闭式

    C. 减压阀不会使流过的液压油发热   D. 装置效率低液压油必然发热多

250. 油流过以下阀件中的_____发热程度最轻。

    A. 溢流阀   B. 减压阀

    C. 顺序阀   D. 平衡阀

251. 关于液压甲板机械液压油温度对工作的影响,说法正确的是_____。

A. 液压油工作时最合适的油温是30~50℃

B. 液压油工作时油温低点好,可以减少磨损

C. 液压油工作时油温高点好,可以减少泄漏

D. 液压油工作时油温低于-10℃可以轻载启动

252. 液压装置工作油温过高的危害不包括_____。

    A. 润滑不良,泵和马达磨损加剧   B. 内泄漏增加,容积效率降低

C. 油氧化变质速度加快   D. 液压泵消耗功率明显加大

253. 液压油油温过高对液压系统的危害是_____。
①使液压组件润滑不良;②使液压组件受热卡死;③使液压油泄漏严重
A. ①   B. ②
C. ③   D. ①②③

254. 关于液压油温度过高,表述错误的是_____。
A. 导致内部泄漏加剧
B. 液压油氧化速度加快,导致液压油变质,降低液压油使用寿命
C. 加速密封件老化,密封性能降低
D. 黏度降低,液压油泵原动机的负荷减小

255. _____是使液压装置液压油温度过高的常见原因。
A. 内泄漏过大   B. 泵转速过高
C. 工作压力过高   D. 工作时间过长

256. 液压装置液压油温度高的原因不包括_____。
A. 散热器表面脏污   B. 油箱油量不足
C. 系统溢流量太大   D. 采用半闭式系统

257. 造成液压油温度过高的原因有_____。
①液压装置连续重载工作时间过长;②液压组件的内部泄漏;③液压装置环境温度过高
A. ①   B. ②
C. ③   D. ①②③

258. 造成液压油温度过高的常见原因是_____。
A. 液压装置连续工作时间过长   B. 液压装置负荷过大
C. 液压组件的内部泄漏   D. 液压马达转速过快

259. 液压甲板机械的液压油油温太高的危害是_____。
A. 黏度大,泵吸入困难   B. 流动损失大
C. 泄漏增加,容积效率降低   D. 电机过载

260. 液压甲板机械的液压油温过高的原因包括_____。
①液压系统散热差;②液压系统负荷大;③液压系统功率损失太大
A. ①②③   B. ②③
C. ①③   D. ①②

261. 液压甲板机械的功率损失大的主要原因包括_____。
①机械摩擦损失大;②内泄漏严重;③产生"气穴"现象;④系统溢流损失大;⑤系统管路或阀件、辅件压力损失大
A. ①②③④⑤   B. ②③④⑤
C. ①③④⑤   D. ①②③⑤

262. 液压系统内漏严重所产生的危害不包括_____。
A. 会使油发热加剧   B. 执行元件速度降低
C. 装置效率降低   D. 工作油压增高

263. 起重机构内泄漏严重的危害不包括_____。

A. 难以实现液压制动　　　　　　　　B. 难以有效地限制重物下降的速度

C. 使容积效率降低　　　　　　　　　D. 使机械效率降低

264. 液压装置工作油箱油位明显降低_____。

A. 表明内泄漏增大　　　　　　　　　B. 表明外泄漏增大

C. 表明液压装置流量增大　　　　　　D. 与泄漏无关

265. 液压装置的维护包括_____。

①防止液压油的污染；②控制液压油的温度；③避免液压油的泄漏

A. ①②　　　　　　　　　　　　　　B. ②③

C. ①③　　　　　　　　　　　　　　D. ①②③

266. 液压机械液压油泄漏的主要危害不包括_____。

A. 液压系统发热量大　　　　　　　　B. 液压系统机械效率低

C. 液压系统容积效率低　　　　　　　D. 液压系统制动性能差

267. 液压斜盘式轴向柱塞泵的泄漏面包括_____。

①液压泵轴封；②配油盘与缸体之间的密封面；③柱塞与油缸之间的密封面；④滑履与倾斜盘之间的密封面

A. ①②③④　　　　　　　　　　　　B. ②③④

C. ①③④　　　　　　　　　　　　　D. ①②④

268. 液压斜轴式轴向柱塞泵的泄漏面包括_____。

①液压泵轴封；②配油盘与缸体之间的密封面；③柱塞与油缸之间的密封面；④滑履与倾斜盘之间的密封面

A. ①②③　　　　　　　　　　　　　B. ②③④

C. ①③④　　　　　　　　　　　　　D. ①②④

269. 液压连杆式马达(轴转式)的泄漏面包括_____。

①液压马达轴封；②配流轴与配流壳体之间的密封面；③活塞与油缸之间的密封面；④配流轴与油缸体之间的密封面

A. ②③④　　　　　　　　　　　　　B. ①③④

C. ①②④　　　　　　　　　　　　　D. ①②③

270. 液压内曲线式马达(轴转式)的泄漏面包括_____。

①液压马达轴封；②配流轴与配流壳体之间的密封面；③活塞与油缸之间的密封面；④配流轴与油缸体之间的密封面

A. ②③④　　　　　　　　　　　　　B. ①③④

C. ①②④　　　　　　　　　　　　　D. ①②③

271. 液压机械运转时，_____不可能是由液压油内部泄漏引起的故障。

A. 导致液压系统的机械损失增大　　　B. 液压系统油温升高

C. 导致液压机械速度变慢　　　　　　D. 导致液压机械制动性变差

272. 关于液压装置管理的说法，错误的是_____。

A. 每月至少运行一次

B. 每年必须检验液压油

C. 一般在更换液压油时同时更换齿轮箱油

D. 齿轮箱油不宜加得太满

273. 关于新装液压系统,说法正确的是_____。
   A. 新装液压系统比工作 1 000 h 的液压系统干净
   B. 新装液压系统的清洗可以用系统准备使用的油液作为清洗液
   C. 液压装置管理中应定期清洗油箱,并用干净棉纱擦干
   D. 水混入液压系统内会使液压装置生锈

274. 对液压系统管理的说法,错误的是_____。
   A. 液压油酸值增加过多,颜色变深,应全部更换
   B. 新装液压系统使用前应以轻柴油冲洗
   C. 工作压力越高,对油的污染控制越严
   D. 有水会使液压油氧化变质加快

275. 对液压系统管理的以下说法错误的是_____。
   A. 新油有相当大的部分污染度不符合要求
   B. 污染控制好的液压系统仍要定期清洗滤器
   C. 油箱应经常放残检查
   D. 冲洗系统时采用额定流量

276. 对液压系统管理的以下说法对的是_____。
   A. 液压油酸值增加,颜色变深,至少应更换一半新油
   B. 系统初次清洗彻底,检修时严防杂质混入,滤器则很少需要清洗
   C. 初次充油后,用泵循环工作一段时间再放气
   D. 有水会使液压油氧化变质加快

277. 关于冲洗液压系统的不正确说法是_____。
   A. 最好使用专门的溶剂冲洗   B. 宜采用大流量,使管路中流速达到紊流
   C. 冲洗中用铜锤敲打各焊口   D. 冲洗达到要求的依据是滤器无太多污染物

278. 关于液压油的换油,表述错误的是_____。
   A. 换油时更换或清洁回油滤芯
   B. 加油时必须使用纸滤器
   C. 换油时应将系统及管路的油全部放出
   D. 换油时应检查排放的油是否有金属屑

279. 关于液压油的管理,表述错误的是_____。
   A. 加装新油,必须过滤
   B. 只要型号相同,添加液压油不受品牌的影响
   C. 新造船的液压油系统含杂质较多,应注意检查和过滤
   D. 回油管管口应为斜切口并伸入油箱液面以下,减少液流冲击

280. 下列对于舵机液压系统的清洗和充油,说法错误的是_____。
   A. 液压系统的清洗油一般使用专用清洗油或拟用的液压油
   B. 清洗过程中可以使用系统工作油泵作为冲洗泵
   C. 系统清洗后,即可向系统充油,并驱除系统内的空气
   D. 系统充油后,应对系统进行 1.5 倍设计压力的密封性试验

281. 关于船舶液压油的保管,说法错误的是_____。
    A. 保存场所注意通风与水密
    B. 保存温度一般以−20 ~ 30 ℃为宜
    C. 为了使用方便与通风,一般储存在上甲板
    D. 保存容器一般每隔3个月左右要把桶回转一次

282. 会使液压系统出现液压冲击的是_____。
    A. 油温过高   B. 流量过大
    C. 换向较快   D. 工作压力过高

283. 液压装置泵有载时的排出油压和空载时的排出油压的差值反映了_____的大小。
    A. 液压泵机械摩擦损失   B. 管路流动损失
    C. 执行机构机械摩擦损失   D. 执行机构工作负荷

284. 阀控型液压装置的M或H型换向阀在中位时,泵的排出油压和吸入油压之差值反映了_____的大小。
    A. 液压泵机械摩擦损失   B. 管路流动损失
    C. 执行机构机械摩擦损失   D. 执行机构工作负荷

285. 液压装置执行机构在有负载时进、出口的压降与空载时进、出口的压降之差值反映了_____的大小。
    A. 液压泵机械摩擦损失   B. 管路流动损失
    C. 执行机构机械摩擦损失   D. 执行机构工作负荷

286. 液压装置执行机构在空载时的进、出口油压降反映了_____的大小。
    A. 液压泵机械摩擦损失   B. 管路流动损失
    C. 执行机构机械摩擦损失   D. 执行机构工作负荷

287. 下列说法正确的是_____。
    ①停用的液压装置每月须做一次检查性运转;②液压装置的噪声一般包括液体噪声和机械噪声;③液压装置泄漏只会造成油液损失和环境污染
    A.①②③   B.①③
    C.②③   D.①②

288. 对液压油的简易检查及处理办法的描述,错误的是_____。
    A. 看到液压油透明但有小黑点,判断为混入杂物,可使用过滤处理
    B. 看到液压油颜色变淡,判断为可能混入异种油,检查黏度,如可靠继续使用
    C. 闻到液压油有酸味,判断为正常,不需处理
    D. 摇动油样,有气泡产生并很快消失,判断为正常,不需处理

289. 关于液压系统选用液压油的说法,错误的是_____。
    A. 当液压系统工作压力过高时选用黏度较高的油,以免泄漏过多,效率过低;当工作压力较低时选用黏度较低的油,以减少压力损失
    B. 环境温度高时要选用黏度较高的液压油,温度低时要选用黏度较低的液压油
    C. 当液压系统工作部件运动速度较高时,油液的流速也高,压力损失增大,漏油率减少,要选用黏度较低的液压油

D. 一般来说,选用液压油时最先考虑的是液压油的润滑性和可压缩性,其对液压系统的影响最大

290. 液压系统中空气过多的危害不包括_____。

A. 使工作介质可压缩性增大,执行机构动作迟滞,功率损失增大

B. 在系统低压处压力低于空气分离压时,大量气泡逸出会导致气蚀,并产生噪声和振动,使油压不稳

C. 气体压缩容易发热,会加快油液氧化速度

D. 堵塞滤器,使压力损失增加,并会使泵和液压缸、马达运动副和密封件磨损、擦伤

291. _____不是液压系统内的空气来源。

A. 油缸密封处吸入空气　　　　　　B. 油位过低致泵吸入空气

C. 放气不彻底　　　　　　　　　　D. 液压油温度过低

292. 下图为起重机构的泵控型闭式(半闭式)液压系统的原理图,图中阀 14 用作_____,阀 15 用作_____。

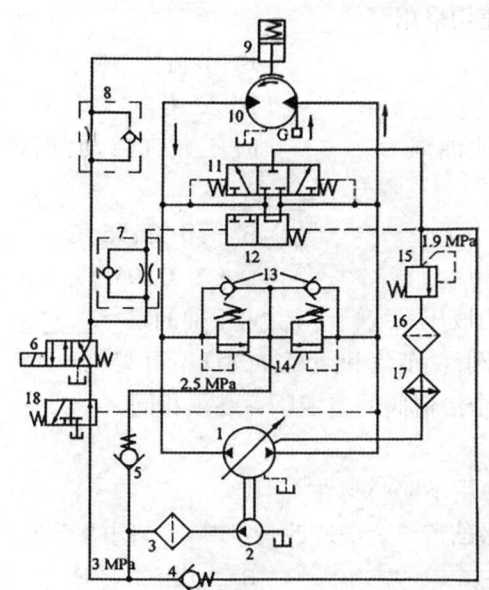

A. 限压保护;调定压力　　　　　　B. 调定压力;限压保护

C. 失压保护;限速和制动　　　　　D. 限速和制动;失压保护

293. 安全工作负荷大于 50 t 的船舶吊车,其试验负荷为安全工作负荷的_____倍。

A. 2　　　　　　　　　　　　　　B. 1. 5

C. 1. 25　　　　　　　　　　　　D. 1. 1

294. 船舶液压系统换油指标包括_____。

①水分;②闪点;③酸值;④比重

A. ②③④　　　　　　　　　　　　B. ①②④

C. ①②③　　　　　　　　　　　　D. ①③④

295. 液压油的工作温度最高不得超过_____℃。

A. 60   B. 80
C. 70   D. 90

296. 液压油污染度等级符合"-/18/13"的含义为 1 mL 给定油样中大于_____的颗粒数有 1 300～2 500 个,大于_____的颗粒数有 40～80 个。

A. 2 μm;15 μm   B. 5 μm;10 μm
C. 5 μm;15 μm   D. 2 μm;10 μm

297. 液压油固体杂质污染主要危害包括_____。
①阀件卡紧或孔口淤塞;②运动件磨损、泄漏;③堵塞滤器;④延缓油的氧化变质

A. ①②④   B. ①③④
C. ①②③   D. ②③④

298. 会使液压舵机工作油压更高的是_____。
A. 提高安全阀整定压力   B. 减用一半转舵油缸
C. 降低船速   D. 采用平衡舵

299. 开式液压系统的限速均采用_____。
A. 回流   B. 节流
C. 刹车   D. 变速

300. 船舶起货机在液压油油温为_____时不允许启动,而最高工作温度允许值不能超过_____。
A. -10 ℃;85 ℃   B. -10 ℃;95 ℃
C. -5 ℃;85 ℃   D. -5 ℃;95 ℃

301. 关于阀控型起重机构液压系统,下列说法正确的是_____。
A. 无论用何种调速阀件,节流和回流损失都不可避免
B. 制动溢流阀和安全溢流阀的整定压力必须相同
C. 不能使用变量泵
D. 换向、调速分别使用不同的阀件

302. 用节流调节法改变泵的流量一般应改变_____阀的开度。
A. 吸入   B. 排出
C. 旁通   D. 安全

303. 阀控型舵机如采用弹簧对中型液动换向阀,其做导阀的电磁换向阀的中位机能应选_____。
A. H   B. O
C. M   D. X

304. 关于阀控型与泵控型舵机,下列说法错误的是_____。
A. 后者系统液压冲击小   B. 舵转到指令舵角后,二者油泵皆停止排油
C. 前者初置费一般较后者低   D. 前者多用于中小功率场合

305. 液压油中气体多的原因有_____。
①初次充油时未除尽;②低压油管补油压力太低;③工作油箱油位太低;④油液分解变质产生;⑤添加剂生成气体

A. ④⑤   B. ①③④⑤

C. ②③④⑤   D. ①②③

306. 液压油氧化速度加快的原因包括_____。

①混入空气;②混入水分;③油温太高;④油温太低

A. ①③④   B. ①②③

C. ②③④   D. ①②③④

307. 关于对液压油氧化加速的影响因素,以下说法中正确的是_____。

①系统压力增大;②工作油压增高、大压差节流;③摩擦副单位面积负载大;④油液中混有金属物和水

A. ①②④   B. ②③④

C. ①②③   D. ①②③④

308. 阀控型闭式液压系统一般包括_____。

①主油泵;②辅油泵;③换向节流阀;④液压马达;⑤冷却器

A. ①②③④   B. ①③④⑤

C. ①②④⑤   D. ①②③④⑤

309. 泵控型舵机浮动杆控制机构操纵点接到转舵指令后,_____。

A. 控泵点和反馈点同时移动   B. 控泵点和反馈点保持原位

C. 反馈点先于控泵点移动   D. 控泵点先于反馈点移动

310. 阀控型液压舵机 O 型换向阀除了起到换向作用外,还能_____。

A. 旁通液压泵   B. 隔离备用泵

C. 卸荷液压泵   D. 卸荷液压马达

311. 下列关于舵机的基本要求,说法不正确的是_____。

A. 液压舵油缸限位开关不一定起作用,因此需要装设有效的舵角限位器

B. 舵机试验时,每一组(台)泵从任意一侧 35° 到另一侧的 30° 所需时间不允许超过 28 s

C. 应急操舵,左满舵到右满舵时间不允许超过 60 s

D. 电液舵机油箱上需要设有液位开关

312. 开航前应检查舵机,工作油箱的油位应保持在油位计限定范围的_____,油温不应低于_____,放气阀应_____。

A. 2/3 左右;10 ℃;打开   B. 1/2 左右;5 ℃;关紧

C. 1/2 左右;5 ℃;打开   D. 2/3 左右;10 ℃;关紧

313. 液压油应在_____管路上取样。

A. 高压   B. 进油

C. 回油   D. 低压

314. 工作温度过高,液压油会加速_____变质。

A. 乳化   B. 催化

C. 氧化   D. 钝化

315. 液压系统含空气多,可能会_____。

①使执行机构动作迟滞;②使油乳化;③使系统产生噪声和振动;④加剧氧化;⑤发生"气

穴"现象

  A. ①③④⑤   B. ①②③⑤

  C. ①②④⑤   D. ①②③④

316. 泵控型舵机浮动杆控制机构中浮动杆的控泵点与_____铰接。

  A. 泵的变量机构控制杆   B. 伺服油缸

  C. 舵机的控制系统   D. 储存弹簧

317. 液压系统滤芯发生了堵塞，可能是因为液体油发生了_____。

  ①固体杂质污染；②空气污染；③水污染

  A. ①③   B. ①

  C. ①②   D. ②③

318. 液压油油温过高的主要危害包括_____。

  ①油液变质；②功率损失大；③元件磨损

  A. ①②③   B. ①③

  C. ①②   D. ①

319. 为了实现阀控型液压舵机的转舵油缸油路锁闭，换向阀的中位机能为_____。

  A. Y 型   B. H 型

  C. P 型   D. O 型

320. 阀控型液压舵机一般采用_____换向阀来控制转舵油缸从而控制转舵方向。

  A. 二位二通   B. 三位四通

  C. 二位四通   D. 二位三通

321. 在液压起货机回转机构液压系统中，一般闭式液压系统采用_____作为流量控制阀。

  A. 双向安全阀   B. 三位四通换向阀

  C. 制动溢流阀   D. 安全溢流阀

322. 在通径相同时，重量最小的是_____。

  A. 止回阀   B. 蝶阀

  C. 截止阀   D. 闸阀

323. 闭式液压系统都需要解决补油问题，舵机闭式液压系统必须通过_____补油。

  A. 单向阀向主油路低压侧   B. 三通阀向主油路高、低压两侧

  C. 单向阀向主油路高压侧   D. 三通阀向主油路高压或低压一侧

324. 目前普遍采用_____表示液压油污染度。

  ①颗粒污染度；②体积污染度；③质量污染度

  A. ②   B. ①

  C. ①③   D. ③

325. 在起重机构的开式液压系统中，平衡阀和单向节流阀等限速阀件安装时要紧贴着执行元件的下降工况_____。

  A. 进油管路   B. 回油口

  C. 溢流口   D. 安全阀前

326. 某液压油的污染度值是 NAS9，下列说法正确的是_____。

A. 该污染度采用的是颗粒污染度

B. 根据经验,该油偶尔发生故障

C. 该污染度采用的是质量污染度

D. 该污染度等级标准是国际化标准组织提出的

327. 关于船用克令吊液压油冷却器,下列说法正确的是_____。

A. 采用对流风冷却,冷却器安装在克令吊顶部

B. 采用消防水冷却,冷却器安装在克令吊基座旁

C. 采用消防水冷却,冷却器安装在克令吊内部泵间

D. 采用对流风冷却,冷却器安装在克令吊基座旁

328. 液压系统中的液压油氧化速度异常,可能是因为液压油发生了_____。

①固体杂质污染;②水污染;③空气污染

A. ②③　　　　　　　　　　　　　　B. ①②

C. ①③　　　　　　　　　　　　　　D. ①②③

329. 液压系统在低压工作时发生噪声和振动,可能是因为液压油发生了_____。

①固定杂质污染;②水污染;③空气污染

A. ①②③　　　　　　　　　　　　　B. ①

C. ③　　　　　　　　　　　　　　　D. ②

330. 与新油相比,摇动后泡沫消失很慢,表明_____已损耗。

A. 抗泡沫剂　　　　　　　　　　　　B. 防锈剂

C. 催化剂　　　　　　　　　　　　　D. 氧化剂

331. 当舵叶转到实际舵角与操舵角相同时,泵控型舵机浮动杆的_____被带到中位,泵停止供油,封闭转舵油缸,舵就停住。

A. 操纵点　　　　　　　　　　　　　B. 控泵点

C. 执行点　　　　　　　　　　　　　D. 反馈点

332. 起货机液压油油温过高的原因主要是_____。

①环境温度过高;②散热不好;③功率损失太大

A. ②③　　　　　　　　　　　　　　B. ①③

C. ②　　　　　　　　　　　　　　　D. ①②③

333. 液压油污染不包括_____污染。

A. 加油　　　　　　　　　　　　　　B. 固体杂质

C. 水　　　　　　　　　　　　　　　D. 空气

334. 调节先导型溢流阀无法使系统油压降低,不可能是因为_____。

A. 主阀卡住开不大　　　　　　　　　B. 导阀阀座小孔堵塞

C. 外控口泄漏　　　　　　　　　　　D. 导阀打不开

335. 自然污染的颗粒数按尺寸分布通常呈_____曲线的情况。

A. 正比　　　　　　　　　　　　　　B. 反比

C. 平方　　　　　　　　　　　　　　D. 指数

336. 油液颗粒污染等级越_____,越容易发生故障。

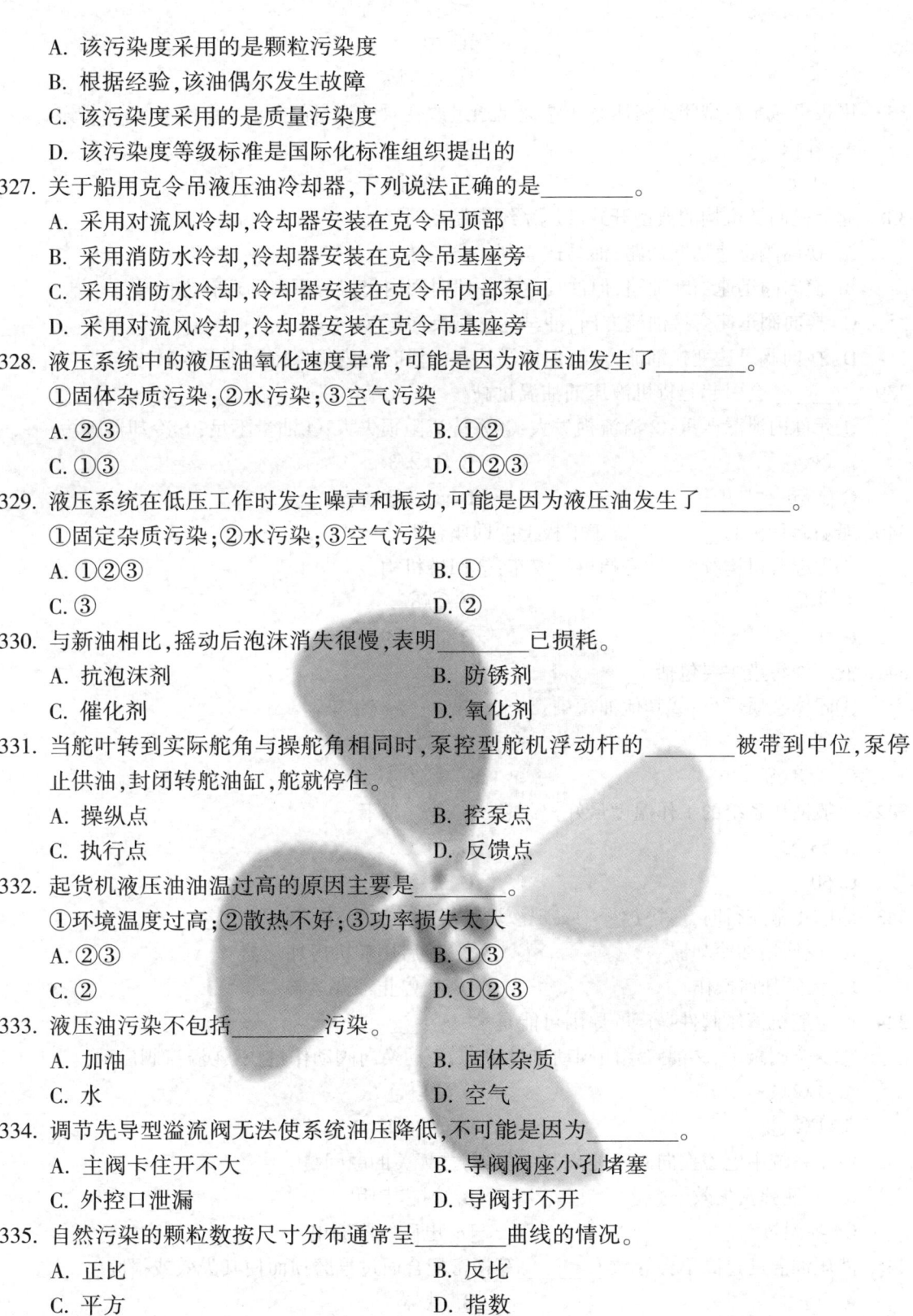

A. 小   B. 中

C. 大   D. 无规律

337. 甲板机械泵控型闭式液压系统调速是通过改变泵的流量的办法，属于_____调速。

A. 容积   B. 流量

C. 压力   D. 喷射

338. 起货机回转机构的典型开式液压系统在制动时，_____。

A. 换向阀迅速切断油路，油马达立刻停止运转

B. 换向阀迅速切断油路，但油马达在一段时间内仍保持原来的运转方向

C. 换向阀迅速变换油流方向，油马达立刻反向运转

D. 换向阀迅速变换油流方向，但油马达在一段时间内仍保持原来的运转方向

339. _____会引起起货机液压油油温过高。

①元件内泄漏严重；②溢流损失大；③系统流阻损失大；④油量不足；⑤冷却器脏污

A. ②④   B. ①②③

C. ④⑤   D. ①②③④⑤

340. 船舶起货机的_____置于甲板上的回座台上。

①主起升机构绞车；②变幅机构绞车；③回转机构

A. ①②   B. ②③

C. ①③   D. ①②③

341. 液压油污染主要包括_____。

①固体杂质污染；②其他油污染；③水污染；④空气污染

A. ①②③   B. ①②④

C. ①③④   D. ②③④

342. 一般液压系统的工作温度最好控制在_____以下。

A. 55 ℃   B. 70 ℃

C. 60 ℃   D. 65 ℃

343. 船舶正常航行时，巡检过程中发现液压舵机的油温为 60 ℃，_____。

A. 应使用油冷却器   B. 应启用舵机房加热器

C. 无须任何操作   D. 应停止油泵运转

344. 产生舵机液压阀件噪声的原因可能是_____。

①安全阀敲击；②油路锁闭阀动作过快；③液动换向阀动作过快；④溢流阀启动

A. ①②④   B. ②③④

C. ①②③   D. ①③④

345. 液压系统中电磁换向阀不能离开中位，与之无关的原因是_____。

A. 一侧弹簧失效   B. 阀芯卡阻

C. 油温过高   D. 电磁线圈断电

346. 液压油温度过高不会导致_____等精密配合面过早磨损而使其失效或报废。

A. 马达   B. 滤器

C. 泵   D. 阀

347. 液压油一旦发生了水污染,可能会_____。
①使阀件卡紧;②使油乳化;③使元件锈蚀;④加快油液氧化;⑤产生"气穴"现象
A. ①②④⑤　　　　　　　　　　　B. ①②③④
C. ①②③⑤　　　　　　　　　　　D. ②③④⑤

348. 液压机械液压油泄漏会造成_____。
①泵不能提供足够的有效油量;②执行元件速度下降;③执行元件难以实现液压制动;
④液压油发热加剧;⑤装置效率降低
A. ②③④⑤　　　　　　　　　　　B. ①③④⑤
C. ①②④⑤　　　　　　　　　　　D. ①②③④⑤

349. 泵控型舵机浮动杆的_____由舵机的控制系统控制。
A. 操纵点　　　　　　　　　　　B. 泵控点
C. 执行点　　　　　　　　　　　D. 反馈点

350. 液压油温度过高将导致液压油_____下降。
①黏度;②容积效率;③工作效率;④质量效率
A. ①②③　　　　　　　　　　　B. ②③④
C. ①③④　　　　　　　　　　　D. ①②④

351. 液压油的工作温度超过 55 ℃后,每升高 9 ℃,使用寿命就会缩短_____。
A. 1/3　　　　　　　　　　　　B. 1/4
C. 1/5　　　　　　　　　　　　D. 1/2

352. 为了使液压甲板机械操作方便,一般都采用_____。
A. 换向节流阀　　　　　　　　　B. 节流阀
C. 换向阀　　　　　　　　　　　D. 单向阀

353. 泵控型舵机浮动杆加装了_____后不但大舵角操舵得以连续进行,而且转舵时泵能较长时间以最大流量供油,加快了转舵速度。
A. 蓄能器　　　　　　　　　　　B. 储存弹簧
C. 刚性杆　　　　　　　　　　　D. 调速器

354. 甲板机械泵控型闭式(半闭式)液压系统的换向和调速特点是_____。
A. 液压冲击小,换向平稳,可实现无级调速
B. 换向平稳,可实现无级调速,但液压冲击大
C. 液压冲击小,换向平稳,但不可实现无级调速
D. 可实现无级调速,但液压冲击大,换向不平稳

355. 当回转式起货机_____低于设定值时,相应压力开关就会动作,切断主电机控制电路并发出报警。
A. 补油压力　　　　　　　　　　B. 控制油压
C. 起升油压　　　　　　　　　　D. 油箱油位

356. 液压系统的故障约有 70%以上是由_____引起的。
A. 液压油泄漏　　　　　　　　　B. 液压油选用不当
C. 液压油污染　　　　　　　　　D. 人为因素

357. 开式液压系统限速措施包括_____。
①单向节流阀限速；②平衡阀限速；③双向节流阀限速；④溢流阀限速
A. ①②　　　　　　　　　　　　B. ②③
C. ③④　　　　　　　　　　　　D. ①③

358. 如果液压甲板机械在重载和轻载时的最高速度相同，那么_____。
A. 原动机的功率较大，轻载时效率高　　B. 原动机的功率较大，轻载时效率低
C. 原动机的功率较小，轻载时效率高　　D. 原动机的功率较小，轻载时效率低

359. 液压泵应选用适当_____等级的工作油。
A. 温度　　　　　　　　　　　　B. 密度
C. 比重　　　　　　　　　　　　D. 黏度

360. 伺服油缸式舵机遥控系统三位四通电磁换向阀的中位机能通常采用_____。
A. Y 型　　　　　　　　　　　　B. O 型
C. H 型　　　　　　　　　　　　D. M 型

361. 先导型溢流阀一般可以用作_____。
①安全阀(常闭)；②定压阀(常开)；③背压阀；④远控卸荷阀；⑤远控调压阀；⑥顺序阀
A. ②③④⑤⑥　　　　　　　　　B. ①②③④⑥
C. ①②③④⑤　　　　　　　　　D. ①②③④⑤⑥

362. 阀控型液压舵机一般由电气遥控系统控制主油路的_____。
A. 电液换向阀　　　　　　　　　B. 伺服滑阀
C. 电液比例变量泵　　　　　　　D. 双向定量泵

363. 液压油油温高的原因有以下说法：①系统液压油油量不足；②溢流损失大；③泵不能卸荷；④半闭式系统换油量大。其中正确的是_____。
A. ①②③　　　　　　　　　　　B. ②③④
C. ①④　　　　　　　　　　　　D. ①②③④

364. 空气压缩机中使用合成润滑油或矿物润滑油，有以下说法：①黏度低的润滑油形成漆膜和积碳的倾向性小；②黏度高的润滑油密封性能好；③合成润滑油与矿物润滑油相比高温氧化安定性好；④合成润滑油与矿物润滑油相比残炭低。其中正确的是_____。
A. ①②④　　　　　　　　　　　B. ①②③④
C. ①②③　　　　　　　　　　　D. ②③④

365. 泵控型半闭式液压系统制动时通常是_____。
A. 一直液压制动　　　　　　　　B. 先液压制动后机械制动
C. 先机械制动后液压制动　　　　D. 一直机械制动

366. 液压油水污染的主要危害包括_____。
①金属元件锈蚀；②使油乳化；③产生黏性物质；④低压时产生腐蚀
A. ②③④　　　　　　　　　　　B. ①②③
C. ①③④　　　　　　　　　　　D. ①②④

367. 对船舶起货机的基本要求包括_____。
①能以额定的起货速度吊起额定负荷；②能以操作者的要求方便、灵活地起落货物；③任

何工况下,均能在较广的范围内调节运行的速度;④具有良好的加速和减速特性;⑤能根据需要随时停止并握持货重

A. ①②③④⑤　　　　　　　　　　B. ①②③④

C. ①②④⑤　　　　　　　　　　　D. ①③④⑤

368. 根据换向和调速的控制方式,甲板机械液压系统一般较少使用_____。

A. 阀控型开式液压系统　　　　　　B. 阀控型闭式液压系统

C. 泵控型开式液压系统　　　　　　D. 泵控型闭式(半闭式)液压系统

369. 控制液压油的工作温度,最主要目的是_____。

A. 防止烫伤人员

B. 防止液压油加速氧化变质

C. 防止油温过高产生气蚀现象

D. 防止油温过高而降低油液黏度

370. 液压系统装配过程中存在_____,导致液压油污染。

①铁锈;②熔渣;③空气;④液压油

A. ②③④　　　　　　　　　　　　B. ①②③

C. ①③④　　　　　　　　　　　　D. ①②④

371. 对于液压起货机,_____不是防止空气进入系统的主要措施。

A. 初次充油时应尽可能地快速操作,防止空气进入

B. 泵的吸入管口与系统回油管口必须插入最低油面之下

C. 有正吸高的泵应防止吸入管泄漏和吸入滤器堵塞

D. 闭式系统应有足够高的补油压力

372. 甲板机械阀控开式液压系统所用换向阀的结构主要有_____两种。

A. 定差溢流节流阀调速结构和定差减压阀节流阀调速结构

B. 定差溢流节流阀调速结构和定压式节流阀调速结构

C. 并联节流调速结构和定差节流阀调速结构

D. 并联节流调速结构和串联节流阀调速结构

373. 安全工作负荷小于 20 t 的船舶吊车,其试验负荷为_____倍的工作负荷。

A. 1. 5　　　　　　　　　　　　　B. 1. 1

C. 2　　　　　　　　　　　　　　D. 1. 25

374. 转叶式转舵机构的优点包括_____。

①占地面积大;②重量轻;③安装方便;④管理简单

A. ②③④　　　　　　　　　　　　B. ①③④

C. ①②④　　　　　　　　　　　　D. ①②③

375. 下列_____不是液压起货机组在使用过程中必须要注意的问题。

A. 查找异常噪声和振动　　　　　　B. 防止液压油的污染

C. 防止装置超负荷　　　　　　　　D. 限制液压油的泄漏

376. 下图所示阀控型舵机液压系统中,系统油压低于正常值,可能会出现_____。

①不能转舵;②转舵慢;③冲舵;④滞舵;⑤噪声和振动

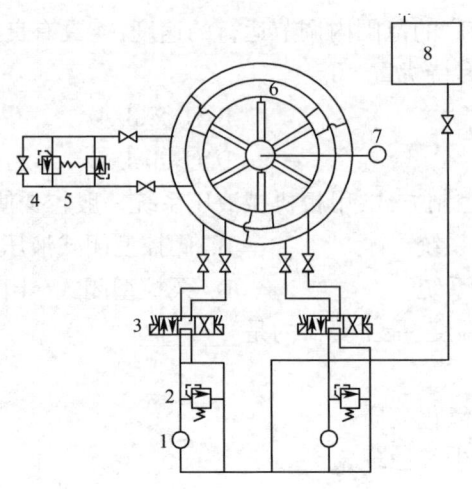

1—单向定量泵；2—安全阀；3—三位四通换向阀；4—旁通阀；
5—防浪阀；6—转舵油缸；7—反馈发信器；8—油柜

A. ③④⑤ 　　　　　　　　　　B. ①②③④⑤

C. ①②④ 　　　　　　　　　　D. ②③④

377. 泵控型液压舵机的主要部件有_____。

①接受驾驶台转舵信号的伺服油缸；②接受驾驶台转舵信号的电液换向阀；③提供动力油的变向变量泵；④提供动力油的定量泵；⑤驱动舵叶的转舵机构；⑥液压阀件

A. ①③⑤⑥ 　　　　　　　　　　B. ②③⑤⑥

C. ①④⑤⑥ 　　　　　　　　　　D. ②④⑤⑥

378. 十字头式转舵机构的 V 型密封圈应_____压力油腔，油压高时密封圈会_____。

A. 背向；撑小 　　　　　　　　B. 背向；撑大

C. 面向；撑大 　　　　　　　　D. 面向；撑小

379. 液压克令吊一般设置的保护是_____。

①吊臂高仰角及低仰角保护；②起重索卷筒卷满及放空保护；③变幅索卷筒卷满或放空保护；④起重索或变幅索松弛保护

A. ①②③④ 　　　　　　　　　　B. ②③④

C. ①②④ 　　　　　　　　　　　D. ①③

380. 采用并联节流调速的起货机一般采用_____控制起升机构的换向与调速。

A. 换向阀和溢流阀 　　　　　　B. 换向节流阀

C. 差压式溢流阀 　　　　　　　D. 变量马达

381. _____会使液压油泄漏加重。

①运动件因磨损使配合间隙变大；②负荷变化使油温升高；③密封件老化；④密封件损坏

A. ②③④ 　　　　　　　　　　　B. ①②④

C. ①③④ 　　　　　　　　　　　D. ①②③

382. 控制液压油的工作温度，主要目的包括_____。

①防止烫伤人员；②有益于液压装置；③防止液压油加速氧化变质；④延长液压油使用

寿命

　　A. ①②③　　　　　　　　　　　　B. ①②④

　　C. ②③④　　　　　　　　　　　　D. ①③④

383. 泵控型舵机液压系统供油方向是由_____来决定的。

　　A. 油泵控制杆控制泵的变量机构偏离中位的大小

　　B. 浮动杆控制泵的变量机构偏离中位的大小

　　C. 油泵控制杆控制泵的变量机构偏离中位的方向

　　D. 浮动杆控制泵的变量机构偏离中位的方向

384. 起货机回转机构的负荷特点是_____。

　　①静力负荷单向存在；②静力负荷双向存在；③静力负荷数值较大；④静力负荷数值不大；⑤动力负荷数值较大；⑥动力负荷数值不大

　　A. ②④⑤　　　　　　　　　　　　B. ②③⑤

　　C. ①③⑤　　　　　　　　　　　　D. ②④⑥

385. 甲板机械阀控型开式液压系统需采取的限速措施有_____。

　　①平衡阀限速；②溢流阀限速；③单向节流阀限速

　　A. ①②　　　　　　　　　　　　　B. ①②③

　　C. ①③　　　　　　　　　　　　　D. ②③

386. 液压甲板机械采用_____调速时,泵的最大输出功率与马达转速成正比。

　　A. 恒排量　　　　　　　　　　　　B. 恒扭矩

　　C. 恒压力　　　　　　　　　　　　D. 恒功率

387. 甲板机械泵控型闭式(半闭式)液压系统是通过_____来实现换向和调速的。

　　A. 变量变向主泵　　　　　　　　　B. 定量泵和节流阀

　　C. 变量泵和节流阀　　　　　　　　D. 变量泵和平衡阀

388. 在船上加装液压油时,要注意_____。

　　①油品牌号的核对；②油品保证书的验证和保管；③将不同港口加装的油分别保管,使用时要防止掺混使用；④先将使用过的液压油净化处理后方可保存在原油品牌号的专用桶中

　　A. ②③④　　　　　　　　　　　　B. ①③④

　　C. ①②④　　　　　　　　　　　　D. ①②③

389. 舵机液压系统充油后,对系统进行_____倍设计压力的密封性试验。

　　A. 1　　　　　　　　　　　　　　B. 1. 25

　　C. 1. 5　　　　　　　　　　　　　D. 1. 75

390. 阀控型闭式液压系统锚机的液压泵采用单作用_____定量泵。

　　A. 齿轮式　　　　　　　　　　　　B. 叶片式

　　C. 螺杆式　　　　　　　　　　　　D. 叶轮式

391. 液压油中有过多空气,会使液压油_____增大,导致起重能力和速度不足。

　　A. 密封性　　　　　　　　　　　　B. 传递性

　　C. 流动性　　　　　　　　　　　　D. 压缩性

392. 关于空气进入液压系统的危害,不正确的是_____。
    A. 使油液乳化变质　　　　　　　　B. 噪声增大
    C. 油液氧化加快　　　　　　　　　D. 执行机构工作迟滞

393. 泵控型舵机浮动杆控制机构中浮动杆的操纵点由_____控制。
    A. 舵机的控制系统　　　　　　　　B. 储存弹簧
    C. 限位器　　　　　　　　　　　　D. 变量泵

394. 双吊杆起货机装卸货物时,_____的位置不动,两人配合操作两台超重绞车,改变两根吊货索的长度。
    A. 立柱　　　　　　　　　　　　　B. 圈筒
    C. 吊钩　　　　　　　　　　　　　D. 吊杆

395. 起重机构的阀控型闭式液压系统的特点不包括_____。
    A. 采用阀换向
    B. 通常采用节流调速和能耗限速
    C. 无需限速元件
    D. 常以辅泵补油

396. 对于新装舵机,在运行的最初数百小时内,管理人员最应注意的是_____。
    A. 安全阀是否正常开启　　　　　　B. 电气绝缘
    C. 液压油滤器是否堵塞　　　　　　D. 有无异常振动

397. 采用 ISO 4406 油液污染等级标准表示液压油污染度时,以斜线分隔的前、后两个数码分别表示_____。
    A. 100 mL 油中尺寸大于 5 μm 及大于 15 μm 的颗粒数
    B. 颗粒数目和颗粒尺寸
    C. 颗粒尺寸和颗粒数目
    D. 质量污染度和颗粒污染度

398. 泵控型舵机浮动杆控制机构中浮动杆的反馈点通过_____与舵柄相连。
    A. 调节螺套　　　　　　　　　　　B. 储能弹簧、舵机反馈杆
    C. 伺服油缸　　　　　　　　　　　D. 泵的变量机构控制杆

399. 给闭式舵机液压系统第一次充油时,应将工作油_____。
    ①加入补油箱,使之达到最高油位;②加入循环油箱,使之达到最高油位;③灌满液压泵;④经过精滤器;⑤经过粗滤器
    A. ①②③⑤　　　　　　　　　　　B. ②④
    C. ①③④　　　　　　　　　　　　D. ①③⑤

400. 伺服液压缸式舵机遥控系统中,溢流节流阀的作用主要有_____。
    A. 调节控制油泵流量
    B. 控制伺服活塞式运动速度,防止油泵过载
    C. 控制伺服活塞运动速度
    D. 防止控制油泵过载

401. 海船最大舵角一般定为_____。

A. 35°　　　　　　　　　　　　　B. 30°

C. 45°　　　　　　　　　　　　　D. 28°

402. 液压系统中电液换向阀如果主阀芯不能回到中位,最可能的原因是_____。

　　A. 导阀弹簧失效

　　B. 电磁导阀线圈断电

　　C. 主阀两侧单向阻尼器之一不起阻尼作用

　　D. 导阀卡死在中位

403. 在液压系统中,下图(GB 786.1—1993)属于_____的图形符号。

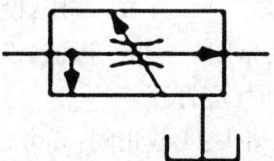

　　A. 可调节流阀　　　　　　　　B. 旁通型调速阀

　　C. 可调单向节流阀　　　　　　D. 单向调速阀

404. 下图是一泵控闭式液压动图演示回路截图,单击"运行"按钮,动画将演示回路的工作过程,请根据图中的问题进行选择:系统突然断电,下列_____元件首先动作实现安全保护。

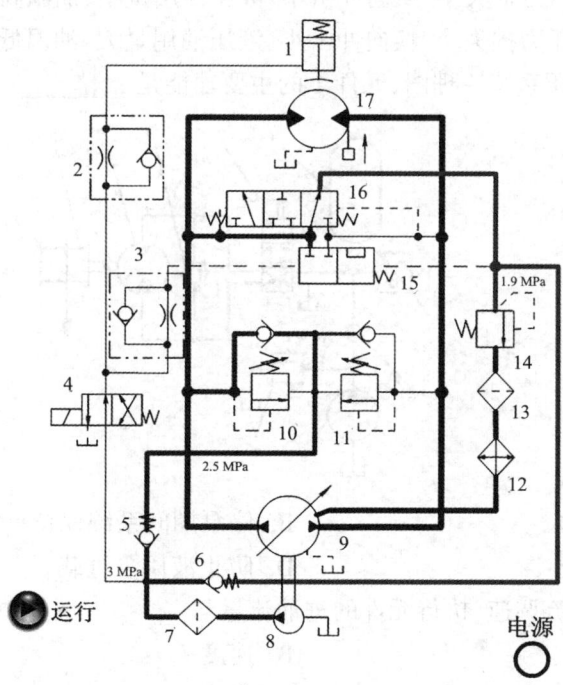

　　A. 元件 1　　　　　　　　　　B. 元件 4

　　C. 元件 8　　　　　　　　　　D. 元件 16

405. 如下图所示,阀 6 是_____阀,它起_____作用,正常工作时_____。

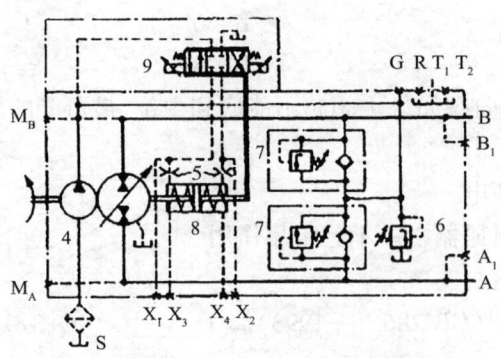

A. 溢流;设定辅泵排压;常开 B. 减压;设定辅泵排压;常开

C. 溢流;防止辅泵排压过高;常闭 D. 溢流;设定辅泵排压;常闭

406. 给舵机液压系统第一次充油时,应打开_____。

①放气阀;②泄放阀;③放气堵头;④截止阀;⑤旁通阀

A. ①④   B. ①②③

C. ①③④⑤   D. ②③④⑤

407. 与开式液压系统相比,阀控型闭式液压系统的特点是_____。

A. 工作压力大、压力损失小、换向冲击小、液压油用量小、油温高

B. 工作压力小、压力损失小、换向冲击小、液压油用量大、油温低

C. 工作压力小、压力损失小、换向冲击小、液压油用量小、油温高

D. 工作压力大、压力损失小、换向冲击小、液压油用量大、油温低

408. 下图为绞缆机液压系统原理图,元件 1 的主要功能是_____。

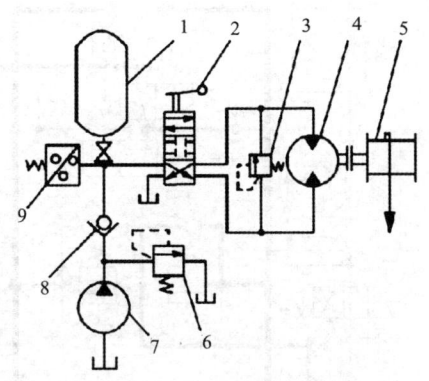

A. 减少流量脉动   B. 停泵期间系统保持一定的供油压力

C. 避免液压冲击   D. 防止液压泵过载

409. 采用定差溢流节流调速,执行元件的进油流量与_____无关,执行元件的速度较稳定。

A. 压力   B. 速度

C. 载荷   D. 黏度

410. 起货机回转机构的典型闭式液压系统中,在制动时其机构的大部分动能_____。

A. 转变成了制动器的热能 B. 通过双向安全阀转化为机械能

C. 通过制动阀转化为热能 D. 通过双向安全阀转化为热能

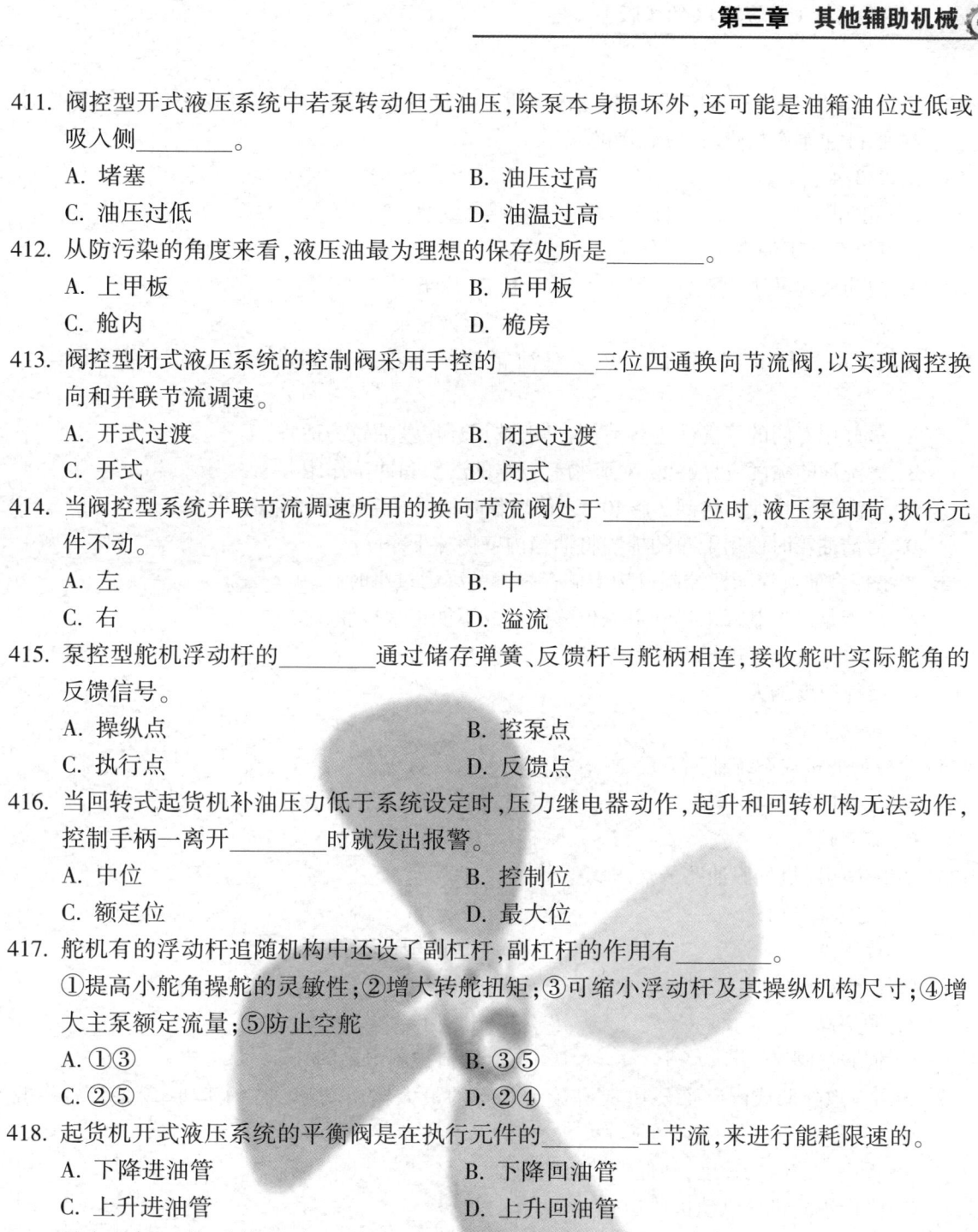

411. 阀控型开式液压系统中若泵转动但无油压,除泵本身损坏外,还可能是油箱油位过低或吸入侧_____。
    A. 堵塞
    B. 油压过高
    C. 油压过低
    D. 油温过高

412. 从防污染的角度来看,液压油最为理想的保存处所是_____。
    A. 上甲板
    B. 后甲板
    C. 舱内
    D. 桅房

413. 阀控型闭式液压系统的控制阀采用手控的_____三位四通换向节流阀,以实现阀控换向和并联节流调速。
    A. 开式过渡
    B. 闭式过渡
    C. 开式
    D. 闭式

414. 当阀控型系统并联节流调速所用的换向节流阀处于_____位时,液压泵卸荷,执行元件不动。
    A. 左
    B. 中
    C. 右
    D. 溢流

415. 泵控型舵机浮动杆的_____通过储存弹簧、反馈杆与舵柄相连,接收舵叶实际舵角的反馈信号。
    A. 操纵点
    B. 控泵点
    C. 执行点
    D. 反馈点

416. 当回转式起货机补油压力低于系统设定时,压力继电器动作,起升和回转机构无法动作,控制手柄一离开_____时就发出报警。
    A. 中位
    B. 控制位
    C. 额定位
    D. 最大位

417. 舵机有的浮动杆追随机构中还设了副杠杆,副杠杆的作用有_____。
    ①提高小舵角操舵的灵敏性;②增大转舵扭矩;③可缩小浮动杆及其操纵机构尺寸;④增大主泵额定流量;⑤防止空舵
    A. ①③
    B. ③⑤
    C. ②⑤
    D. ②④

418. 起货机开式液压系统的平衡阀是在执行元件的_____上节流,来进行能耗限速的。
    A. 下降进油管
    B. 下降回油管
    C. 上升进油管
    D. 上升回油管

419. 具有电气遥控系统的液压舵机,驾驶台操纵不能转动,但机旁操纵正常,可能原因是_____。
    ①保险丝烧断;②电路接触不良;③电气元件损坏;④机械传动部分导杆卡阻;⑤主泵变量机构卡死
    A. ①②⑤
    B. ①②③
    C. ③④⑤
    D. ①②③④

420. 泵控型液压舵机辅油泵的作用是_____。

中华人民共和国海船船员培训大纲熟悉训练资源

①为主油路补油；②向变量主泵壳体内供油起散热作用；③为主泵伺服变量机构提供控制油；④主泵有故障时，应急操舵

    A. ②③④   B. ①②④

    C. ①②③   D. ①②③④

421. 不可能存在困油现象的设备是_____。

    A. 内曲线式马达   B. 叶片泵

    C. 转子泵   D. 正齿轮泵

422. 舵机安装完毕正式充油前，必须对油箱和系统进行彻底的清洗，下列说法错误的是_____。

    A. 最好用专门的清洗油进行清洗，一般选用环烷基油较为适宜

    B. 清洗油的黏度应足够低，对脏物有较强的溶解和冲洗作用

    C. 清洗时应将油加热到 30~40 ℃，使用临时油泵对系统循环冲洗

    D. 清洁油箱时使用干净的棉纱将油箱内壁擦抹干净

423. 当泵控型舵机浮动杆控制机构中储存弹簧的弹力过小时，_____。

    A. 可能是泵控制杆未达到最大位移而造成不能正常转舵

    B. 无法一次连续进行大舵角操舵

    C. 转舵速度加大

    D. 转舵正常

424. 泵控型舵机在系统补油方面常采用_____。

    A. 三通阀   B. 溢流阀

    C. 节流阀   D. 单向止回阀

425. 能够锁闭舵机伺服油路的液压阀件是_____。

    A. 液控单向阀   B. 平衡阀

    C. 背压阀   D. 低压选择阀

426. 阀控型液压舵机主泵卸荷一般由_____控制溢流阀。

    A. 顺序阀   B. 电液换向阀

    C. 伺服滑阀   D. 卸荷控制电磁阀

427. 为了有效降低或限制液压甲板机械重载时的最大输出功率，提高其功率利用率，一般应_____。

    A. 提高重载时的速度，降低轻载时的速度

    B. 降低甲板机械原动机的功率

    C. 降低重载时的速度，提高轻载时的速度

    D. 避免甲板机械轻载运行

428. 连杆式马达可做成_____可变的变量马达。

    A. 活塞行程   B. 偏心距

    C. 活塞直径   D. 同轴度

429. 可造成起货机液压油油温过高的原因包括_____。

    ①液压油油量不足；②冷却水的流量不足；③系统流量损失大；④元件内泄漏严重；⑤冷

却器脏堵、脏污

A. ①③⑤　　　　　　　　　　B. ①④⑤

C. ①②③　　　　　　　　　　D. ①③④

430. 关于液压马达使用注意事项,下列说法不正确的是_____。

A. 长期连续工作时,油压以不高于75%的额定压力为宜

B. 输出轴与被驱动机构的同心度应保持在允许范围内,或采用挠性连接

C. 使用时,油温和污染度可以不控制在允许范围内

D. 初次使用的马达壳体内应灌满工作油

431. 使用系统主泵充油时,应关闭系统的放气阀和和转舵油缸的_____。

A. 进油阀　　　　　　　　　　B. 回油阀

C. 溢流阀　　　　　　　　　　D. 旁通阀

432. 关于液压系统用的密封件存放要求,下列说法正确的是_____。

①应堆放;②应吊挂存放;③应按进库先后顺序使用

A. ①③　　　　　　　　　　　　B. ②

C. ②③　　　　　　　　　　　　D. ③

433. 关于新装或大修后的舵机充油,下列说法错误的是_____。

A. 应先加满工作油箱,并向液压泵壳体内灌注清洁的工作油

B. 若无专用加油泵,可机旁操纵主泵以最大流量轮流向两侧充油

C. 以主泵充油时,应关闭系统的旁通阀

D. 充油过程应反复开启放气阀,直至有整股油流出为止

434. _____的催化作用会使液压油的氧化速度提高20倍。

A. 铁　　　　　　　　　　　　　B. 镁

C. 锌　　　　　　　　　　　　　D. 铜

435. 起重机构的泵控型液压系统采用_____限速。

A. 单向节流阀　　　　　　　　B. 平衡阀或单向节流阀

C. 平衡阀　　　　　　　　　　D. 减小变量泵排量

436. 下列属于液压系统控制元件的有_____。

①单向阀;②换向阀;③减压阀;④顺序阀;⑤液压马达;⑥液压缸

A. ①②③④　　　　　　　　　B. ⑤⑥

C. ①②　　　　　　　　　　　　D. ③④

437. 在甲板机械阀控型液压系统中,与节流阀节流前后油路相通的调速方法是_____。

A. 减压节流调速　　　　　　　B. 并联节流调速

C. 溢流节流调速　　　　　　　D. 串联节流调速

438. 关于起货机散热差的原因,下列说法正确的有_____。

①油冷却效能低;②油箱太小或油量不足;③采用半闭式系统换油量太少;④系统设计有缺陷

A. ①③④　　　　　　　　　　B. ①②③④

C. ②③④　　　　　　　　　　D. ①②④

439. 检查油箱油温可以判断液压系统液压油_____。
  A. 外漏程度　　　　　　　　　　B. 内漏程度
  C. 外漏和内漏程度　　　　　　　D. 泄漏程度

440. 空压机排气高温保护除了可以备有小型易熔塞外,还可以由替代_____。
  A. 冷却水流量检测开关　　　　　B. 滑油低压保护
  C. 过电流保护　　　　　　　　　D. 电机过载保护

441. 甲板起货机中,阀控型开式液压系统要实现油马达的运动方向改变,需选用_____。
  A. 三位四通换向阀　　　　　　　B. 平衡阀
  C. 变向变量泵　　　　　　　　　D. 单向节流阀

442. 液压阀中锥阀与球阀相比较,_____。
  A. 锥阀密封性好于球阀　　　　　B. 两者密封性相同
  C. 球阀密封性好于锥阀　　　　　D. 两者密封性与工作条件有关

443. 当手柄向起锚方向扳动时,阀控型闭式液压系统锚机的控制滑阀离开中位下移,通油道油口关小,供油压力_____,使马达按起锚方向回转。
  A. 降低　　　　　　　　　　　　B. 不变
  C. 升高　　　　　　　　　　　　D. 封闭

444. 液压系统中液压阀属于_____。
  A. 执行元件　　　　　　　　　　B. 控制元件
  C. 动力元件　　　　　　　　　　D. 辅助元件

445. 通过油箱_____等带入污染物,导致液压油污染。
  A. 出油阀　　　　　　　　　　　B. 呼吸孔
  C. 加油阀　　　　　　　　　　　D. 进油阀

446. 液压油污染控制的措施不包括_____。
  A. 过滤和净化　　　　　　　　　B. 防止污染物侵入
  C. 控制液压油油位　　　　　　　D. 元件和系统加工和装配后清洗

447. 关于液压油的申请和保管,以下说法正确的是_____。
  A. 备用油的数量务必一次性购置足量,待几乎全部用完后,再行申请
  B. 可以保存大量的备用油,因液压油无有效期方面的规定
  C. 备用油按需要申请,同品种油料也需分批保管
  D. 不能保存备用油,每航次供用燃油时均可按需申请

448. 液压设备档案中应明确记载本设备所用的_____。
  ①油品牌号;②用油数量;③过滤情况;④换油情况
  A. ②③④　　　　　　　　　　　B. ①②④
  C. ①③④　　　　　　　　　　　D. ①②③

449. 脱开液压泵或马达壳体上的泄油管,检测其在额定转速下的泄油流量,可以初步判断其_____。
  A. 内漏程度　　　　　　　　　　B. 泄油管堵塞程度
  C. 外漏程度　　　　　　　　　　D. 漏油程度

450. 阀控型液压舵机的液压泵过载保护由_____实现。
    A. 卸荷溢流阀
    B. 防浪安全阀
    C. 电液换向阀
    D. 隔离旁通阀

451. 节流阀装在_____液压源后面的油路中或_____液压源的分支油路上,可起到调节流量的作用。
    A. 定压;定量
    B. 定压;定压
    C. 定量;定量
    D. 定量;定压

452. 高压选择阀一般是指_____。
    A. 单向阀
    B. 减压阀
    C. 节流阀
    D. 梭阀

453. 三位四通电磁换向阀当右端电磁铁通电而左端断电时,阀芯往_____移动,阀工作在_____。
    A. 右;左位
    B. 右;右位
    C. 左;右位
    D. 左;左位

454. 换向阀的尺寸、工作压降和流量越大,则液流的动量变化越大,液动力变_____,滑阀离开中位的阻力变_____。
    A. 大;小
    B. 大;大
    C. 小;大
    D. 小;小

455. 由辅泵或主油路分出的减压油路从专设油口向导阀供油的方式称为_____;由供给主阀的压力油经阀内通道分出一路向导阀供油的方式称为_____。
    A. 内控;内泄
    B. 内控;外泄
    C. 外控;内控
    D. 内控;外控

456. 导阀的泄油如果经阀内油道通主阀的回油口,称为_____;若主阀的回油背压大高,导阀泄油应从单独的泄油口通油箱,称为_____。
    A. 内泄;内控
    B. 内控;外泄
    C. 外泄;内泄
    D. 内泄;外泄

457. 三位四通换向阀通油箱的油口用_____(字母)表示。
    A. O
    B. T
    C. P
    D. K

458. 三位四通换向阀通执行元件的油口用_____(字母)表示。
    A. O1 和 O2
    B. T1 和 T2
    C. A 和 B
    D. P1 和 P2

459. 三位四通电液换向阀采用外供控制油,内部泄油,阀上应接有_____根油管。
    A. 3
    B. 4
    C. 5
    D. 6

460. 三位四通电液换向阀采用内供控制油,外部泄油,阀上应接有_____根油管。
    A. 3
    B. 4
    C. 5
    D. 6

461. 液压对中型电液换向阀的先导阀可用_____型。
  A. Y   B. O
  C. M   D. P

462. P 型三位四通换向阀中位时_____。
  A. 通油泵的油口锁闭, 通执行机构的两个油口卸荷
  B. 油泵通执行机构的两个油口不卸荷
  C. 通油泵的油口及通执行机构的两个油口都锁闭
  D. 通油泵的油口及通执行机构的两个油口都卸荷

463. U 型三位四通换向阀中位时_____。
  A. 通油泵的油口锁闭, 通执行机构的两个油口相通
  B. 通油泵的油口卸荷, 通执行机构的两个油口锁闭
  C. 通油泵的油口和通执行机构的两个油口都锁闭
  D. 通油泵的油口和通执行机构的两个油口都卸荷

464. K 型三位四通滑阀在中位时_____。
  A. P、T、A、B 全通   B. P、B、T 相通
  C. B、T 相通, P、A 相通 D. P、A、T 相通

465. N 型三位四通滑阀在中位时_____。
  A. P、B 不通, A、T 相通 B. P、A 不通, B、T 相通
  C. B、T 不通, P、A 相通 D. P、A、T 相通

466. J 型三位四通滑阀在中位时_____。
  A. P、B 不通, A、T 相通 B. P、A 不通, B、T 相通
  C. B、T 不通, P、A 相通 D. P、A、T 相通

467. C 型三位四通滑阀在中位时_____。
  A. P、B 不通, A、T 相通 B. P、A 不通, B、T 相通
  C. B、T 不通, P、A 相通 D. P、A、T 相通

468. 将溢流阀从卸荷状态突然关闭, 溢流阀进口压力会迅速升至峰值压力, 然后振荡衰减后稳定于_____, 两者的差值称为_____。
  A. 调定压力; 压力超调量 B. 调定压力; 调压偏差
  C. 开启压力; 压力超调量 D. 开启压力; 调压偏差

469. 直动型溢流阀一般适用流量较小的场合, 它动作灵敏, 压力超调量_____, 很适合作_____。
  A. 较大; 安全阀   B. 较小; 安全阀
  C. 较大; 定压阀   D. 较小; 定压阀

470. 先导型溢流阀适用于流量较大而要求调压偏差较小的场合, 压力超调量_____, 很适合作_____。
  A. 较大; 安全阀   B. 较小; 安全阀
  C. 较大; 定压阀   D. 较小; 定压阀

471. 液压油水分多可能发生的现象有_____。

①乳化而润滑性降低;②氧化加快;③低温时生成冰晶;④透明但颜色变淡;⑤低压时产生"气穴"现象;⑥锈蚀金属

    A. ②③⑤⑥   B. ③④⑤⑥

    C. ①②③⑤⑥   D. ①②③④⑤⑥

472. 关于液压油的管理,下列说法中对的是_____。

    A. 新装液压系统使用前应以轻柴油冲洗清除杂质

    B. 定期清洗工作油箱,并用干净棉纱擦干

    C. 漏油应用细铜纱网过滤后再补入系统使用

    D. 工作压力越高,对油的污染控制越严

473. 船用液压系统管理中,以下说法正确的是_____。

    A. 每年要换油一次   B. 新安装的系统最干净

    C. 大修后的系统要冲洗   D. 新油的污染度一般合乎要求

474. 液压油若透明,但颜色变淡,正确的处理措施是_____。

    A. 全部换油   B. 过滤后使用

    C. 照常使用   D. 检查黏度,如符合要求可继续使用

475. 液压油若透明,但有黑点,正确的处理措施是_____。

    A. 分离、除水   B. 过滤后使用或换油

    C. 照常使用   D. 检查黏度,如符合要求可继续使用

476. 液压油若变浑浊或发白,正确的处理措施是_____。

    A. 分离、除水   B. 过滤后使用或换油

    C. 照常使用   D. 检查黏度,如符合要求可继续使用

477. 在实际工作中,液压油如有_____项指标超过规定值,可继续使用并加强监督。

    A. 1   B. 2

    C. 3   D. 4

478. 在实际工作中液压油如有_____项指标超过规定值,应立即换新油。

    A. 1   B. 2

    C. 3   D. 4

479. 如需启用液压装置,液压油温为 10~15 ℃,则_____。

    A. 可以先轻载使用

    B. 可以空载运行,至油温升到 10 ℃以上再正常使用

    C. 可投入正常工作

    D. 必须先加热至油温 10 ℃以上方可使用

480. 如需启用液压装置,液压油温为 −10~10 ℃,则_____。

    A. 可以先轻载使用

    B. 可以空载运行,至油温升到 10 ℃以上再正常使用

    C. 可投入正常工作

    D. 必须先加热至油温 10 ℃以上方可使用

481. 如需启用液压装置,液压油温低于 −10 ℃,则_____。

A. 可以先轻载使用

B. 可投入正常工作

C. 可以空载运行,至油温升到 10 ℃以上再正常使用

D. 须先加热使油温升至-10 ℃以上,再空载运行,至油温升到 10 ℃以上再正常使用

482. 负荷不大的室内液压装置可将最高工作油温定为_____℃。

    A. 55   B. 65

    C. 75   D. 85

483. 舵机通常最高工作油温定为_____℃。

    A. 50   B. 60

    C. 70   D. 80

484. 下列导致液压油油温过高的原因中属于散热差的是_____。

    A. 泵或马达机械摩擦损失大   B. 元件内泄漏严重

    C. 开式、半闭式系统油箱太小   D. 系统溢流损失大

485. 下列导致液压油油温过高的原因中属于功率损失大的是_____。

    A. 油冷却器效能低   B. 元件内泄漏严重

    C. 开式系统油箱太小   D. 开式系统油量不足

486. 执行元件满载比空载的最大工作速度降低很多,是因为_____。

    A. 电动机功率不足   B. 电源电压不稳

    C. 装置容积效率低   D. 执行机构摩擦阻力大

487. 液压装置有载电流和空载电流的差值反映了_____的大小。

    A. 液压泵机械摩擦损失   B. 管路流动损失

    C. 执行机构机械摩擦损失   D. 执行机构工作负荷

488. 液压装置空载时泵的排出和吸入油压之差反映了_____的大小。

    A. 液压泵机械摩擦损失   B. 管路流动损失

    C. 执行机构机械摩擦损失   D. 管路流动损失和执行机构机械摩擦损失

489. 液压装置有载时泵的排出和吸入油压之差反映了_____的大小。

    A. 管路流动损失和执行机构工作负荷

    B. 执行机构机械摩擦损失和执行机构工作负荷

    C. 执行机构工作负荷

    D. 管路流动损失、执行机构机械摩擦损失和执行机构工作负荷

490. 液压装置空载时的电流反映了_____的大小。

    A. 液压泵机械摩擦损失和执行机构机械摩擦损失

    B. 管路流动损失和液压泵机械摩擦损失

    C. 执行机构机械摩擦损失和管路流动损失

    D. 管路流动损失、液压泵机械摩擦损失和执行机构机械摩擦损失

491. 液压装置有载时的电流反映了_____的大小。

    A. 液压泵和执行机构的机械摩擦损失

    B. 管路流动损失、液压泵和执行机构的机械摩擦损失

C. 执行机构工作负荷、液压泵和执行机构的机械摩擦损失

D. 管路流动损失、液压泵和执行机构的机械摩擦损失、执行机构工作负荷

第三节 液压动力系统

1. _____适合作液压泵。

   A. 叶轮式泵   B. 容积式泵

   C. 喷射式泵   D. 叶轮式、容积式、喷射式泵都

2. 右图所示图形符号(GB 786.1—93)表示_____。

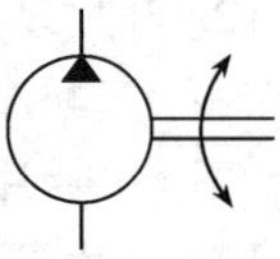

   A. 单向定量液压泵   B. 单向变量液压泵

   C. 定量液压马达   D. 变量液压马达

3. 双向变量液压泵的图形符号(GB 786.1—93)是_____。

   A. 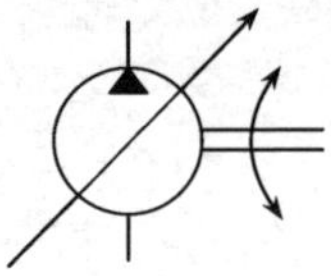   B.

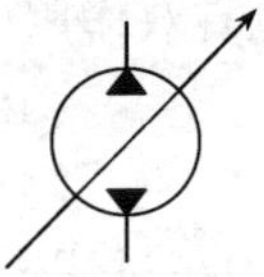

   C. 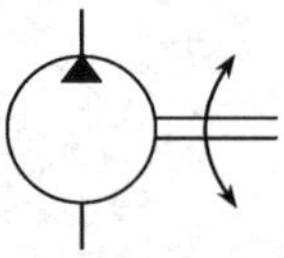   D.

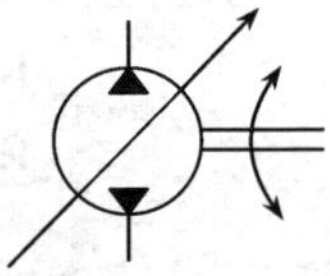

4. 变量泵的流量随工作压力增高成反比减小，则称为_____泵。

   A. 限压式   B. 恒流量式

   C. 恒功率式   D. 伺服式

5. 以下液压泵中会自动调节流量的是_____液压泵。

   A. 恒功率式   B. 恒压式

   C. 伺服变量式   D. 恒功率式和恒压式

6. 液压系统图中符号只表示_____。

   A. 元件的具体结构   B. 元件的参数

   C. 元件在机器中的实际安装位置   D. 元件的职能和连接系统的通路

7. 液压传动系统基本组成部件包括_____。

   ①动力元件；②执行元件；③控制元件；④辅助元件

   A. ①②③   B. ①②④

   C. ②③④   D. ①②③④

8. 液压传动系统相对于电动装置的主要优点有_____。

   ①操作性能好，可大范围内实现无级调速和微速运动；②保证严格的传动比；③便于带负荷启动；④不受温度变化影响

   A. ①②   B. ②③

   C. ①③   D. ③④

9. 被广泛用作液压泵的是_____。

   ①齿轮泵；②叶片泵；③离心泵；④螺杆泵；⑤柱塞泵

A. ②③④⑤
B. ①③④⑤
C. ①②④⑤
D. ①②③④

10. 船舶液压甲板机械的主泵以采用_____最为普遍。

    A. 单向定量泵
    B. 双向变量泵

    C. 单向变量泵
    D. 双向定量泵

11. 叶片泵设计成双作用式结构，有利于平衡_____液压力。

    A. 轴向
    B. 径向

    C. 切向
    D. 法向

12. 叶片泵内部泄漏最大的间隙是在_____之间。

    A. 配流盘与转子
    B. 叶片与叶槽

    C. 叶片与定子
    D. 叶片与配流盘

13. 叶片泵作为液压泵，以下说法正确的是_____。

    ①都是定量泵；②既有单作用也有双作用

    A. ①正确
    B. ②正确

    C. ①②都正确
    D. ①②都不正确

14. 限压式单作用叶片泵在工作压力超过调定值时_____。

    A. 使溢流阀溢流
    B. 使泵停止排油

    C. 使定子的偏心距减小
    D. 使转速降低

15. 单作用叶片泵叶片底部通常_____。

    A. 与吸入腔相通

    B. 与排出腔相通

    C. 与吸、排腔都不相通

    D. 吸入区叶片底部与吸入腔相通，排出区叶片底部与排出腔相通

16. 双作用叶片泵叶片底端空间一般_____。

    A. 通排油腔
    B. 通吸油腔

    C. 与吸、排腔都不通
    D. 吸、排区分别通吸、排腔

17. 双作用叶片泵配流盘油窗口一端开有三角形槽是为了_____。

    A. 解决困油现象
    B. 减轻液压冲击

    C. 改善密封区润滑
    D. 提高容积效率

18. 单侧配流盘排油的叶片泵在另一侧配流盘相应排油窗口处开有盲孔，是为了_____。

    A. 减小液压冲击
    B. 平衡叶片轴向力

    C. 平衡径向力
    D. 消除困油

19. 在关于叶片泵的以下说法中，错误的是_____。

    A. 在所有液压泵中单位功率重量最轻

    B. 对油液黏度和污染度比齿轮泵、螺杆泵敏感

    C. 不宜采用皮带传动

    D. 只能用于中、低压工作

20. 双作用叶片泵叶片采用前倾角的主要目的是_____。

    A. 改善泵的吸入性能
    B. 提高泵的效率

C. 减轻叶片缩回时所受弯曲力　　　　　D. 增加泵的流量

21. 叶片泵按转向看,叶片通常是采用_____。

    A. 前倒角　　　　　　　　　　　　　B. 后倒角

    C. 无倒角　　　　　　　　　　　　　D. 前倒角或后倒角或无倒角

22. 双作用叶片泵叶片两侧面反装,则_____。

    A. 无法工作　　　　　　　　　　　　B. 叶片弯曲,与槽磨损加重

    C. 液压冲击严重　　　　　　　　　　D. 叶片不易贴紧定子,泄漏加重

23. 叶片泵与齿轮泵相比,以下说法错误的是_____。

    A. 流量较均匀　　　　　　　　　　　B. 同样流量时尺寸更紧凑

    C. 容积效率更高　　　　　　　　　　D. 对所送液体的要求较宽松

24. 关于叶片泵,说法正确的是_____。

    A. 各叶片尺寸相同,可与各叶片槽任意换装使用

    B. 定子过一定使用期后,可两端面互换安装

    C. 叶片装入叶槽中不能太松,应用手轻推才移动

    D. 叶片和转子与配流盘的轴向间隙是相等的

25. 与单作用叶片泵相比,双作用叶片泵的优点不包括_____。

    A. 容积效率高　　　　　　　　　　　B. 使用寿命长

    C. 流量均匀性好　　　　　　　　　　D. 易于实现无级变量

26. 柱塞式液压泵常用调节_____的方法来调节流量。

    A. 工作油缸数目

    B. 柱塞行程

    C. 转速

    D. 改变工作油缸数目、柱塞行程或转速三种调节方法使用率几乎一样

27. 斜盘式轴向柱塞泵改变排油方向是靠改变_____来实现的。

    A. 转向　　　　　　　　　　　　　　B. 缸体偏摆方向

    C. 斜盘倾斜方向　　　　　　　　　　D. 浮动环偏心方向

28. 斜盘式轴向柱塞泵改变流量是靠改变_____来实现的。

    A. 转速　　　　　　　　　　　　　　B. 缸体摆角

    C. 工作油缸数目　　　　　　　　　　D. 斜盘倾角

29. 斜轴式轴向柱塞泵改变流量是靠改变_____来实现的。

    A. 转速　　　　　　　　　　　　　　B. 缸体摆角

    C. 工作油缸数目　　　　　　　　　　D. 斜盘倾角

30. 对斜盘泵排量不直接产生影响的是_____。

    A. 柱塞直径和个数　　　　　　　　　B. 斜盘倾角

    C. 油缸分布圆直径　　　　　　　　　D. 柱塞长度

31. 在下列斜盘泵的部件中不转动的是_____。

    A. 缸体　　　　　　　　　　　　　　B. 滑履

    C. 回程盘　　　　　　　　　　　　　D. 斜盘

32. 在下列斜轴泵的部件中不转动的是_____。

A. 缸体   B. 中心连杆

C. 柱塞   D. 配流盘

33. 斜盘式轴向柱塞泵中采用静力平衡措施的元件不包括_____。

    A. 柱塞   B. 油缸体

    C. 滑履   D. 斜盘

34. 斜盘泵是靠_____的帮助将回程盘压在斜盘上。

    A. 中心弹簧   B. 主泵油压

    C. 辅泵油压   D. 螺栓

35. 柱塞式液压泵的柱塞数目_____。

    A. 为了受力平衡,多采用偶数   B. 为降低流量脉动率,多采用奇数

    C. 为了加工制造方便,多采用偶数   D. 偶数、奇数都有

36. 柱塞式液压泵除主油管外,壳体上还有直通油箱的油管,主要是为了_____。

    A. 向壳体供润滑油

    B. 适应泵壳体内油受热膨胀

    C. 补充泄漏

    D. 以漏油置换泵体内的油回油箱,防止搅动发热

37. 柱塞式液压泵壳体上的泄油口通常应_____。

    A. 朝上   B. 朝下

    C. 朝左   D. 朝右

38. 对斜盘式轴向柱塞泵的容积效率影响最大的密封是在_____。

    A. 柱塞与柱塞孔之间   B. 配流盘与缸体之间

    C. 配流盘与泵体之间   D. 配流轴与缸体之间

39. 斜盘式轴向柱塞泵配流盘在_____处设有阻尼孔。

    A. 两油窗口的两端   B. 两油窗口的油缸转入端

    C. 排油窗口的两端   D. 两油窗口的油缸转出端

40. 斜盘泵配流盘采用负重叠型可以_____。

    A. 减轻液压冲击   B. 避免容积效率明显降低

    C. 避免困油现象   D. 减轻液压冲击和避免容积效率明显降低

41. 具有负重叠配流盘的轴向柱塞泵,容积效率_____。

    A. 有所增加   B. 下降较多

    C. 略有下降   D. 不一定

42. 轴向柱塞泵的非对称配流盘设阻尼孔,有利于降低泵的_____。

    A. 压力冲击   B. 不平衡液压力

    C. 困油现象   D. 排出阻力

43. 轴向柱塞泵配流盘上的盲孔的作用是_____。

    A. 改善润滑   B. 减少压力冲击

    C. 消除困油   D. 平衡作用

44. 限压式斜盘泵在工作压力超过调定值时_____。

    A. 使溢流阀溢流   B. 使泵停止排油

C. 使斜盘倾角减小 　　　　　　　　D. 使泵的转速降低

45. 限压式斜轴泵在工作压力超过调定值时_____。
　　A. 使溢流阀溢流 　　　　　　　　B. 使泵停止排油
　　C. 使缸体摆角减小 　　　　　　　D. 使泵的转速降低

46. 斜盘式轴向柱塞泵配流盘上的辅助支承面起_____作用。
　　A. 静压平衡 　　　　　　　　　　B. 减轻磨损
　　C. 密封 　　　　　　　　　　　　D. 减少液压冲击

47. 斜盘式柱塞泵工作中既不转动又不连续往复运动的零件是_____。
　　A. 斜盘 　　　　　　　　　　　　B. 滑履
　　C. 柱塞 　　　　　　　　　　　　D. 缸体

48. 斜轴式变量液压泵,结构上不存在的部件是_____。
　　A. 配流盘 　　　　　　　　　　　B. 滑履
　　C. 缸体 　　　　　　　　　　　　D. 柱塞

49. 相对于斜盘式变量液压泵,在下列斜轴式变量液压泵的优点中,不正确的是_____。
　　A. 取消了滑履,结构强度和抗冲击性更好
　　B. 变量范围更大,功率质量比更高
　　C. 采用球面配油,抗油液污染能力强
　　D. 驱动轴不穿过缸体,工艺简单,造价低廉

50. 柱塞式液压泵不宜长时间在零排量位置运转主要是为了_____。
　　A. 节省电耗 　　　　　　　　　　B. 减少噪声
　　C. 防油变质 　　　　　　　　　　D. 防止摩擦面润滑、冷却差

51. 斜盘式轴向柱塞泵柱塞和滑履上的油孔堵塞,_____。
　　A. 容积效率下降 　　　　　　　　B. 滑履严重磨损
　　C. 吸入性能变差 　　　　　　　　D. 系统油压大于正常值

52. 曾经工作正常的液压泵若工作压力达不到要求,最常见的原因是_____。
　　A. 电压不足 　　　　　　　　　　B. 转速变低
　　C. 内漏过大 　　　　　　　　　　D. 摩擦损失严重

53. 斜盘式轴向柱塞泵内泄漏不会发生在_____之间。
　　A. 柱塞与油缸体 　　　　　　　　B. 配流盘与油缸体
　　C. 泵壳体与油缸体 　　　　　　　D. 滑履与斜盘

54. 在液压装置中,动力元件的作用_____。
　　A. 是把机械能转换成液压能
　　B. 是把液压能转换成机械能
　　C. 是对系统中的压力、流量或流动方向进行控制或调节
　　D. 对保证系统正常工作是必不可少的

55. 在液压装置中,辅助元件的作用是_____。
　　A. 把机械能转换成液压能
　　B. 把液压能转换成机械能
　　C. 对系统中的压力、流量或流动方向进行控制或调节

D. 保证系统正常工作

56. 在液压装置中,工作介质的作用是_____。
　　A. 把机械能转换成液压能　　　　B. 传递能量
　　C. 把液压能转换成机械能　　　　D. 控制或调节

57. 在液压装置中,执行元件包括_____。
　　①液压泵;②液压手摇泵;③液压阀件;④液压马达;⑤液压油缸;⑥液压油
　　A. ①②③④　　　　　　　　　　B. ④⑤⑥
　　C. ④⑤　　　　　　　　　　　　D. ②④⑤⑥

58. 在液压系统中液压泵安装时,泵进口压力不允许太低的主要原因是_____。
　　①无自吸能力;②易产生"气穴"现象;③容积效率太低;④易产生不平衡力;⑤易使泵的铰链部件损坏
　　A. ①③⑤　　　　　　　　　　　B. ①②③⑤
　　C. ②③⑤　　　　　　　　　　　D. ③④⑤

59. 在安装液压泵时,应该注意的事项有_____。
　　①泵轴与电动机应以弹性联轴器直接连接;②泵轴与电动机可以用皮带轮、链条连接;③液压泵都是容积式泵,有自吸能力,允许自吸;④泵壳体上的泄油管向上行;⑤保持各部件清洁和润滑
　　A. ②④⑤　　　　　　　　　　　B. ①④⑤
　　C. ①②③④　　　　　　　　　　D. ②③⑤

60. 对初次使用或刚经拆修的液压泵,启动前必须向泵壳内灌油的主要目的是_____。
　　A. 增加液压泵的自吸性能
　　B. 防止液压泵内各轴承和润滑面的锈蚀
　　C. 使泵内各轴承和润滑面得以充分地润滑
　　D. 排除液压泵壳体内的气体

61. 对于液压泵的拆装,说法错误的是_____。
　　A. 拆装时不得用力捶击和撬拨
　　B. 泵内零件多经研配,并应防止换错偶件
　　C. 装配前各零件应用挥发性洗涤剂清洗并吹干
　　D. 装配前各零件应用干净的棉纱等擦洗

62. 液压马达的实际输出扭矩小于理论输出扭矩是因为_____。
　　A. 油在马达内流动存在压力损失
　　B. 油在马达内流动存在泄漏损失
　　C. 液压马达相对运动部件存在摩擦损失
　　D. 油在马达内流动存在压力损失与液压马达相对运动部件存在摩擦损失

63. 液压马达的实际输出扭矩与理论输出扭矩之比称为液压马达的_____。
　　A. 机械效率　　　　　　　　　　B. 容积效率
　　C. 水力效率　　　　　　　　　　D. 指示效率

64. 定量液压马达转速的大小主要取决于_____。
　　A. 输入功率　　　　　　　　　　B. 供入油流量

C. 进、出口油压差　　　　　　　　　　D. 负载

65. 液压马达调速方法一般不包括改变_____。
　　A. 液压泵排量　　　　　　　　　　B. 液压马达排量
　　C. 液压泵转速　　　　　　　　　　D. 流量调节阀供油流量

66. 高速液压马达的特点是_____。
　　A. 每转排量小　　　　　　　　　　B. 每转排量大
　　C. 输出功率小　　　　　　　　　　D. 工作油压低

67. 液压甲板机械采用高速液压马达的好处是_____。
　　A. 输出功率大　　　　　　　　　　B. 工作压力高
　　C. 结构尺寸小　　　　　　　　　　D. 可省去减速机构

68. 定量液压马达是指液压马达_____不变。
　　A. 进油流量　　　　　　　　　　　B. 每转排量
　　C. 转速　　　　　　　　　　　　　D. 功率

69. 变量液压马达是指液压马达_____可改变。
　　A. 进油流量　　　　　　　　　　　B. 每转排量
　　C. 转速　　　　　　　　　　　　　D. 功率

70. 液压马达调速方法中属于节流调速的是改变_____。
　　A. 液压泵排量　　　　　　　　　　B. 液压马达排量
　　C. 液压泵转速　　　　　　　　　　D. 流量调节阀供油流量

71. 定量液压马达的工作油压大小取决于液压马达的_____。
　　A. 功率　　　　　　　　　　　　　B. 流量
　　C. 转速　　　　　　　　　　　　　D. 负载

72. 液压柱塞泵若直接改作液压马达使用,则将是_____液压马达。
　　A. 低速、大扭矩　　　　　　　　　B. 低速、小扭矩
　　C. 高速、大扭矩　　　　　　　　　D. 高速、小扭矩

73. 低速液压马达的特点是_____。
　　A. 每转排量小　　　　　　　　　　B. 每转排量大
　　C. 结构强度大　　　　　　　　　　D. 输出功率大

74. 液压甲板机械采用低速液压马达的好处是_____。
　　A. 输出功率大　　　　　　　　　　B. 工作压力高
　　C. 结构强度高　　　　　　　　　　D. 可省去减速机构

75. 变量液压马达重载工作时其排量应_____。
　　A. 取较小值　　　　　　　　　　　B. 取较大值
　　C. 按转速需要取　　　　　　　　　D. 按输出功率需要取

76. 变量液压马达轻载工作时其排量应_____。
　　A. 取较小值　　　　　　　　　　　B. 取较大值
　　C. 按转速需要取　　　　　　　　　D. 按输出功率需要取

77. 液压甲板机械采用高速液压马达_____。
　　A. 适用扭矩小的负载　　　　　　　B. 适用小功率负载

C. 需配高减速比传动机构　　　　　　D. 完全不合适

78. 以下液压马达中一般不属于高速马达的是_____马达。

A. 齿轮式　　　　　　　　　　　　B. 内曲线式

C. 螺杆式　　　　　　　　　　　　D. 轴向柱塞式

79. 液压马达输入功率的大小主要由_____决定。

A. 供入油流量　　　　　　　　　　B. 进排油压差

C. 供入油流量×进排油压差　　　　D. 进排油压差×转速

80. 液压马达的输出功率与_____无直接关系。

A. 供入液压马达的流量　　　　　　B. 进出液压马达的压差

C. 电动机的拖动功率　　　　　　　D. 液压马达的总效率

81. 液压马达在液压系统中的功用是将_____能变为_____能。

A. 电;液压　　　　　　　　　　　B. 液压;机械

C. 机械;液压　　　　　　　　　　D. 电;机械

82. 液压马达与电动机相比,不具有_____的优点。

A. 同样功率体积更小、重量更轻

B. 容易实现低速转动

C. 易于大范围无级调速

D. 对环境温度适应性强

83. 液压马达与电动机相比,所具有的优点包括_____。

A. 对环境温度适应性强　　　　　　B. 便于带负荷启动

C. 可实现精确的传动比　　　　　　D. 维护更方便

84. 在 GB 786.1—93 中,右图所示图形符号表示_____。

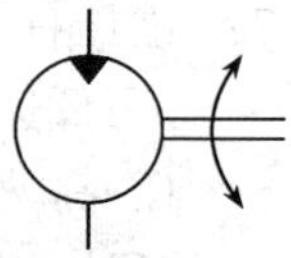

A. 定量液压泵

B. 变量液压泵

C. 单向定量液压马达

D. 单向变量液压马达

85. 右图所示图形符号(GB 786.1—93)表示双向_____。

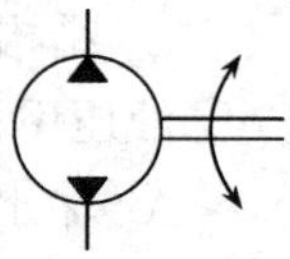

A. 定量液压泵

B. 变量液压泵

C. 定量液压马达

D. 变量液压马达

86. 将轴转式内曲线马达的输出轴和缸体固定,而允许壳体和配流轴转动,则可做成_____。

A. 壳转式马达　　　　　　　　　　B. 叶片式马达

C. 连杆式马达　　　　　　　　　　D. 螺杆式马达

87. 以下不属于液压传动系统特点的是_____。

A. 操作性能好,能在大范围内实现无级调速

B. 便于带负荷启动

C. 易于实现过载保护

D. 能保证严格的传动比

88. 液压马达除有进、回油的主油管外,壳体上_____。

    A. 有通回油管的油管   B. 有直通油箱的油管

    C. 有通进油管的油管   D. 没有油管,只有丝堵

89. 相对于电动机直接带动工作机械,液压马达的优点是_____。

    ①体积小,重量轻;②便于维修;③易于大范围无级调速;④便于带负荷启动

    A. ②③④   B. ①③④

    C. ①②④   D. ①②③

90. 相对于电动机直接带动工作机械,液压马达的缺点是_____。

    ①对液压油和系统的清洁及元件的精度要求很高;②不宜在油温过高或过低的情况下工作;③不适合传动比精度要求高的场合;④不宜带负荷启动

    A. ②③④   B. ①③④

    C. ①②④   D. ①②③

91. 叶片式液压马达一般不采用_____。

    A. 单作用   B. 三作用

    C. 四作用   D. 六作用

92. 叶片式马达的叶片通常径向安置的原因是为了_____。

    A. 减小叶片高度   B. 便于转子加工

    C. 允许马达正、反转   D. 叶片受力平衡

93. 叶片式马达不适用于高压的主要原因是_____。

    A. 径向液压力不平衡   B. 轴向液压力不平衡

    C. 容积效率低   D. 结构强度差

94. 关于叶片式马达,以下说法中错误的是_____。

    A. 叶片顶端左右对称   B. 两个油口口径相同

    C. 叶片一律径向安置   D. 除主油管外无直通油箱的泄油管

95. 关于船用叶片式液压马达结构的说法,错误的是_____。

    A. 叶片必须有压紧定子的机构   B. 结构必须对称以便允许正、反转

    C. 轴承处应有通油箱的泄油管   D. 可以做成有级变量或无级变量

96. 叶片式液压马达的叶片必须有压紧定子的机构,其主要目的是_____。

    A. 提高容积效率   B. 允许马达正、反转

    C. 便于马达启动   D. 防止叶片撞击定子

97. 叶片式液压马达的优点是_____。

    A. 容易实现有级变量或无级变量   B. 低速稳定性好

    C. 机械效率和启动效率高   D. 单位排量重量最轻

98. 叶片式液压马达的优点不包括_____。

    A. 结构相对简单   B. 单位排量的重量最轻

    C. 可以做成多级变量马达   D. 径向力平衡,能适用高压范围

99. 以下液压马达中,适用压力最低的是_____液压马达。

    A. 连杆式   B. 五星轮式

　　C. 内曲线式　　　　　　　　　　　　D. 叶片式

100. 关于叶片式马达与叶片式泵结构上的主要差异,下列说法正确的是_____。
　　A. 叶片式马达不需要叶片压紧机构
　　B. 马达只需单方向移动,而泵常需要正、反转
　　C. 马达的叶片一律轴向放置,叶片顶端左右对称
　　D. 当马达轴承处需要泄油时,必须有单独的通油箱的泄油管

101. 叶片式马达与柱塞式马达相比,说法错误的是_____。
　　A. 结构简单　　　　　　　　　　　　B. 单位排量的重量最轻
　　C. 容积效率较高　　　　　　　　　　D. 工作压力低

102. 不直接影响连杆式液压马达排量的是_____。
　　A. 油缸直径　　　　　　　　　　　　B. 连杆长度
　　C. 偏心轮偏心距　　　　　　　　　　D. 油缸数目

103. 关于连杆式马达的以下说法中,不正确的是_____。
　　A. 配流轴可以做成静压平衡
　　B. 配流轴常和曲轴做成一体
　　C. 压力油可通至连杆大端底部,实现静压平衡
　　D. 连杆小端球头不太好实现静压平衡

104. 连杆式液压马达的进出油管接在_____上。
　　A. 壳体　　　　　　　　　　　　　　B. 配流轴
　　C. 端盖　　　　　　　　　　　　　　D. 配流壳

105. 连杆式液压马达的连杆,一端与活塞_____,另一端是凹形圆弧面与曲轴上的_____的外圆配合。
　　A. 固定;偏心轮　　　　　　　　　　B. 固定;五星轮
　　C. 铰接;偏心轮　　　　　　　　　　D. 铰接;五星轮

106. 单列连杆式马达_____变量马达。
　　A. 可做成偏心距可变的　　　　　　　B. 不可以做成
　　C. 可做成改变有效缸数的　　　　　　D. 可做成改变活塞直径的

107. 如果把连杆式马达做成轴转式马达,说法错误的是_____。
　　A. 进、回油管接在配流轴上　　　　　B. 曲轴是固定的
　　C. 配流轴是转动的　　　　　　　　　D. 马达壳体是转动的

108. 连杆式马达的特点包括_____。
　　①结构简单,但工艺性较差;②转矩和转速的脉动率大;③对油液黏度要求较低;④启动转矩比较小,机械效率低
　　A. ②③④　　　　　　　　　　　　　B. ①③④
　　C. ①②④　　　　　　　　　　　　　D. ①②③

109. 内曲线式液压马达泄漏的最主要部位通常是_____。
　　A. 柱塞与油缸体间　　　　　　　　　B. 油缸体与配流轴间
　　C. 输出轴与端盖间　　　　　　　　　D. 配流盘与端盖间

110. 内曲线式液压马达的泄漏不发生在_____之间。

A. 柱塞与油缸体　　　　　　　　　B. 油缸体与壳体

C. 油缸体与配流轴　　　　　　　　D. 输出轴与端盖

111. 不会影响内曲线液压马达排量的是_____。

A. 导轨曲面段数　　　　　　　　　B. 导轨曲面升程

C. 柱塞数目　　　　　　　　　　　D. 配流轴直径

112. 会影响内曲线液压马达排量的是_____直径。

A. 配流轴　　　　　　　　　　　　B. 油缸体

C. 滚轮　　　　　　　　　　　　　D. 柱塞

113. 轴转式的内曲线式液压马达的进出油管接在_____上。

A. 壳体　　　　　　　　　　　　　B. 配流轴

C. 端盖　　　　　　　　　　　　　D. 配流壳

114. 内曲线液压马达的作用数通常由_____决定。

A. 柱塞数　　　　　　　　　　　　B. 油窗口数

C. 导轨曲面段数　　　　　　　　　D. 滚轮数

115. 内曲线液压马达中的径向液压力不能平衡的是_____。

A. 壳体　　　　　　　　　　　　　B. 油缸体

C. 配流轴　　　　　　　　　　　　D. 柱塞

116. 轴转式内曲线液压马达与进出油管以软管相接是为了_____。

A. 减振　　　　　　　　　　　　　B. 减轻液压冲击

C. 配流轴位置可微调　　　　　　　D. 便于安装

117. 内曲线液压马达的配流轴和缸体之间的配合位置有严格的要求,为弥补制造和安装的误差,所采取的措施是_____。

A. 把配流轴和液压马达的端盖固连在一起

B. 在设计时内曲线的过渡段尽量短

C. 在配流轴和液压马达的端盖之间设置偏心销

D. 将液压马达做成壳转式马达

118. 内曲线式马达的回油压力一般保持在 0.5~1.0 MPa,是因为其_____。

A. 可以使柱塞的径向处于平衡状态

B. 可以使柱塞的轴向处于平衡状态

C. 可以提高马达的效率

D. 可以使处于排油阶段上的滚轮不会与导轨相脱离

119. 双速液压马达轻载时使用重载挡,以下现象会出现的是_____。
①转速提不高;②工作油压较高;③工作油压较低;④噪声增大

A. ①②　　　　　　　　　　　　　B. ①③

C. ①②④　　　　　　　　　　　　D. ①③④

120. 双速液压马达重载时使用轻载挡,以下现象可能出现的是_____。
①爬行现象;②工作压力过低;③安全阀开启;④转速过快

A. ①②　　　　　　　　　　　　　B. ①③

C. ②④　　　　　　　　　　　　　D. ③

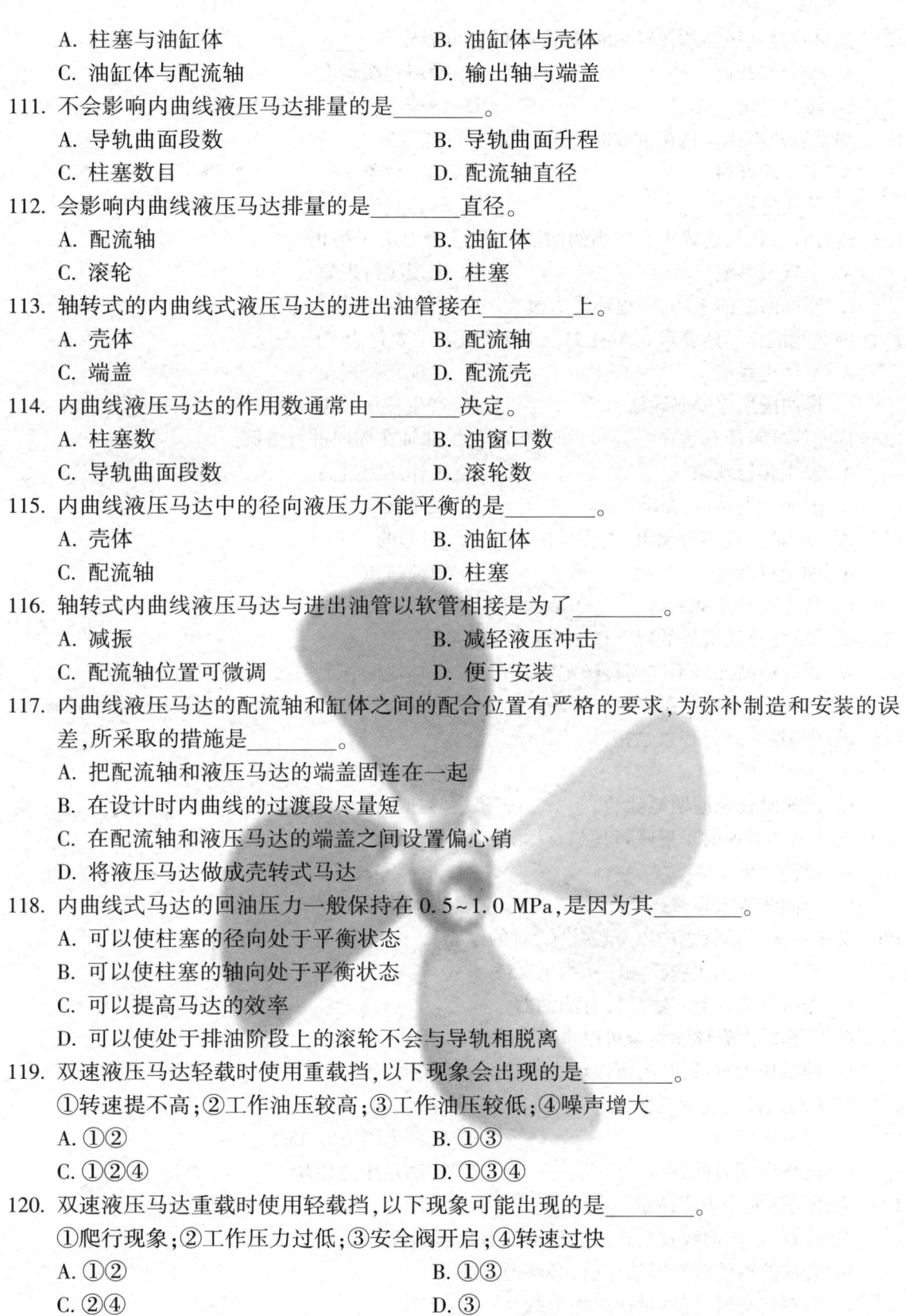

121. 如果双速液压马达在轻载时使用重载挡，可能导致_____。

    A. 安全阀开启　　　　　　　　　B. 噪声和振动大

    C. 转速过快　　　　　　　　　　D. 转速过慢

122. 如果双速液压马达在重载时使用轻载挡，可能导致_____。

    A. 安全阀开启　　　　　　　　　B. 爬行现象

    C. 转速过快　　　　　　　　　　D. 转速过慢

123. 连杆式液压马达要求有适当的回油背压，主要是为了防止_____。

    A. 空气进系统　　　　　　　　　B. 出现爬行现象

    C. 连杆两端的卡环、回程环受力过大　　D. 产生液压冲击

124. 内曲线液压马达要求 0.5~1 MPa 回油背压，主要是为了防止_____。

    A. 空气进系统　　　　　　　　　B. 出现爬行现象

    C. 排油段滚轮脱离导轨　　　　　D. 产生液压冲击

125. 内曲线式液压马达在_____时，可将其配油轴在周向进行微调。

    A. 发生爬行现象　　　　　　　　B. 工作压力过高

    C. 困油产生噪声、振动　　　　　D. 发生液压冲击

126. 液压马达出现爬行现象，主要是由_____引起的。

    A. 油压过低　　　　　　　　　　B. 负荷过重

    C. 马达瞬时排量不均　　　　　　D. 摩擦力太大

127. 关于液压马达管理的以下说法中，错误的是_____。

    A. 瞬时最高油压不许超过额定压力　　B. 壳体泄油管上一般不允许加任何附件

    C. 初次工作前，在壳体内应灌油　　D. 有些液压马达必须使回油保持足够的背压

128. 液压马达的爬行现象是指其_____。

    A. 转速太低　　　　　　　　　　B. 低速时输出扭矩小

    C. 低速时转速周期地脉动　　　　D. 转速太快

129. 液压马达低速时出现爬行现象是因为_____。

    A. 负荷太重　　　　　　　　　　B. 润滑不良

    C. 回油背压太高　　　　　　　　D. 瞬时排量不均匀

130. 关于液压马达管理的以下说法中，对的是_____。

    A. 长期工作油压应比额定压力低 25% 为宜

    B. 壳体泄油管上一般常接有滤油器

    C. 工作时由壳体泄油量可以求出其容积效率

    D. 回油压力越低越好，可以增大工作压差

131. 液压马达长期连续工作，油压应_____为宜。

    A. 以额定压力　　　　　　　　　B. 比额定压力低 25%

    C. 比额定压力低 50%　　　　　　D. 比额定压力稍高

132. 液压马达使用中应注意_____。

    A. 连杆式、内曲线式马达必须使回油有足够的背压

    B. 壳体的泄油管接回油箱前，必须通过滤器

    C. 低温启动时，应尽量使用大负载，使油温上升

D. 液压马达长期连续工作,应尽量升压到额定压力

133. 下列关于液压马达的描述,错误的是_____。

  A. 锚机的液压马达将液压油的压力能转化成驱动锚链轮回转的机械能

  B. 非对称设计的液压泵可以用来当作液压马达

  C. 克令吊起升液压马达要求能低速双向运动

  D. 保证输出轴与驱动机构同心度

134. 液压马达的泄漏量直接影响马达的容积效率,测量泄漏量的方法是_____。

  A. 在设备空载运转时测量,防止液压油泄漏太多污染环境

  B. 通过测量密封间隙的大小进行计算

  C. 可以脱开液压马达壳体上的泄油管,测量工作时的泄漏量,但测量的仅仅是外泄漏量

  D. 可以脱开液压马达出口管,测量工作时的出口流量,这样通过进、出口管的流量之差计算出总的泄漏量

135. 柱塞式液压油马达泄油管的最高水平位置应当_____。

  A. 高于马达   B. 位于马达中部

  C. 位于马达下部   D. 无特殊要求

136. 滤油器的性能参数不包括_____。

  A. 过滤精度   B. 初始压力损失

  C. 公称流量和公称压力   D. 使用寿命

137. 滤油器的滤芯应能承受_____。

  A. 额定工作压力   B. 初始压降

  C. 饱和压降   D. 饱和压降及可能的液压冲击

138. 国际标准化组织以_____来评定滤油器过滤精度。

  A. 绝对过滤精度   B. 过滤效率

  C. 过滤比   D. 滤芯孔隙直径

139. 对于某一尺寸为 x 的颗粒来说,过滤比 βx 的数值达到_____时,$x(\mu m)$ 值被认为是滤油器的绝对过滤精度。

  A. 50   B. 75

  C. 95   D. 100

140. 滤油器的压力损失在达到_____时,应清洗或更换滤芯。

  A. 110%初始压降   B. 120%初始压降

  C. 饱和压降   D. 110%饱和压降

141. 滤油器的公称流量是指_____不超过标示值所允许通过的最大流量。

  A. 流速   B. 初始压降

  C. 饱和压降   D. 工作油压

142. 滤油器的压降随使用时间增加的速度与_____有关。

  A. 过滤精度   B. 有效过滤面积

  C. 油液品质   D. 过滤精度、有效过滤面积和油液品质

143. 甲板机械液压系统很少在_____设置滤油器。

  A. 执行元件回油管路   B. 开式系统主泵进口

C. 高压系统主泵出口　　　　　　　　D. 辅泵补油管路

144. 以下滤器中属表面型的是_____滤油器。

A. 纤维型　　　　　　　　　　　　B. 纸质

C. 线隙式　　　　　　　　　　　　D. 金属粉末烧结型

145. 以下滤油器中属于深度型的是_____滤油器。

A. 金属网式　　　　　　　　　　　B. 金属线隙式

C. 缝隙式　　　　　　　　　　　　D. 纤维型

146. 以下形式的滤油器中常用作吸油滤器的是_____。

A. 线隙式　　　　　　　　　　　　B. 纤维式

C. 金属网式　　　　　　　　　　　D. 烧结式

147. 在以下同样规格滤油器中纳垢量最大的是_____。

A. 金属网式　　　　　　　　　　　B. 金属线隙式

C. 金属粉末烧结式　　　　　　　　D. 纤维式

148. 液压装置滤油器不使用_____滤油器。

A. 表面型　　　　　　　　　　　　B. 深度型

C. 磁性　　　　　　　　　　　　　D. 重力分离型

149. 以下滤油器中属易清洗的是_____滤油器。

A. 网式　　　　　　　　　　　　　B. 纸质

C. 线隙式　　　　　　　　　　　　D. 纸质与线隙式

150. 以下滤油器中作为精滤器使用的是_____滤油器。

A. 网式　　　　　　　　　　　　　B. 纸质

C. 磁性　　　　　　　　　　　　　D. 网式与磁性

151. 清洗或更换滤油器滤芯时要特别注意_____。

A. 清洗后用棉纱揩净　　　　　　　B. 清洗后用水冲净

C. 不允许用洗涤剂　　　　　　　　D. 别忘清洗滤器壳体内部

152. 在液压系统中，关于纸质滤器的描述，错误的是_____。

A. 多将其归入深度型滤器　　　　　B. 强度差，不可以用于高压

C. 无法清洁，脏堵后必须更换滤芯　D. 流通能力大，使用十分普遍

153. 滤油器对于某给定尺寸杂质颗粒的过滤比是 10 时，其过滤效率为_____。

A. 90%　　　　　　　　　　　　　B. 80%

C. 60%　　　　　　　　　　　　　D. 40%

154. 液压系统工作油箱的功用不包括_____。

A. 为系统工作油热胀冷缩及漏油、补油提供储存空间

B. 帮助工作油散热

C. 分离工作油中的气体和杂质

D. 添补液压油添加剂

155. 液压系统油箱内的隔板_____。

A. 应高出油面　　　　　　　　　　B. 高度约为油面高度的一半

C. 高度约为油面高度的 2/3　　　　D. 可以不设

156. 液压装置工作油箱油位高度以_____为宜。
　　A. 约为 1/2 油箱高
　　B. 不超过箱内隔板
　　C. 停泵时不超过 80% 的油箱高
　　D. 工作时约为 80% 的油箱高

157. 关于液压系统油箱的说法,错误的是_____。
　　A. 内壁的防锈涂层应能与油相容
　　B. 内有隔板高度至油面的 2/3 高度
　　C. 为容积泵每分钟排量的 1~2 倍,以利散热和分离气体和杂质
　　D. 底部宜成凹型,便于放油

158. 液压系统工作油箱应有足够容积,这不是为了_____。
　　A. 利于分离空气
　　B. 利于分离固态杂质
　　C. 利于散热
　　D. 尽可能多存放液压油

159. 液压系统油箱透气孔处需设置_____。
　　A. 空气滤清器
　　B. 补油滤器
　　C. 防溢油装置
　　D. 普通滤器

160. 为防止空气进入液压系统,错误的措施是_____。
　　A. 回油管出口加工成斜切面
　　B. 回油管出口置于油箱油面之上
　　C. 系统高位设置放气装置
　　D. 保持油箱较高油位

161. 液压装置工作油箱内设隔板是为了_____。
　　A. 增加油箱刚度
　　B. 船摇晃时减轻液面变化
　　C. 更好地分离回油中的气体、杂质
　　D. 油泄漏时不至于流光

162. 关于液压系统的工作油箱,以下说法错误的是_____。
　　A. 回油管出口 45° 切口使出油朝向箱壁
　　B. 泄油管出口必须在液面下足够深度以防带入空气
　　C. 吸油管常与回油管、泄油管置于隔板两侧
　　D. 通气孔应设空气滤网及孔罩

163. 下列不属于油箱主要功能的是_____。
　　A. 膨胀和补油
　　B. 散热
　　C. 分离气体、沉淀固体
　　D. 提供系统背压

164. 油箱的设计里,必须满足的要求有_____。
　　A. 容积足够大,内部不设隔板
　　B. 内壁应涂有耐油防锈涂层
　　C. 底部应尽量与地面接触,以便散热
　　D. 回油管应在油液面以上,以分离气体

165. 液压系统的闭式油箱上部需要通以压缩空气,压力一般为_____。
　　A. $(0.5~1.5) \times 10^5$ Pa
　　B. $(0.1~0.3) \times 10^5$ Pa
　　C. $(2.0~2.5) \times 10^5$ Pa
　　D. $(3.0~4.5) \times 10^5$ Pa

166. 以下不属于液压系统中油箱主要功能的是_____。
　　A. 适应油温变化而引起的涨缩
　　B. 向系统补充油液
　　C. 散热
　　D. 减小液压冲击

167. 蓄能器在液压系统中不具备的功能是_____。
　　A. 停泵期间系统保持一定的供油压力

    B. 减小液压冲击

    C. 防止液压泵过载

    D. 增大瞬时供油能力

168. 在以下蓄能器中,在液压系统中使用较多的是_____蓄能器。

    A. 活塞式   B. 重锤式

    C. 弹簧式   D. 气囊式

169. 吸收液压冲击或压力脉动用的蓄能器,应安装在_____。

    A. 换向阀处   B. 泵出口处

    C. 靠近冲击源或脉动源处   D. 无特殊要求

170. 气囊式蓄能器通常充的是_____。

    A. 空气   B. 氧气

    C. 氮气   D. 二氧化碳

171. 蓄能器与液压泵之间应设_____。

    A. 调速阀   B. 单向阀

    C. 减压阀   D. 节流阀

172. 关于蓄能器的使用,以下各项中不正确的是_____。

    A. 充气式蓄能器中常用的是氮气

    B. 以油口向下垂直安装为宜

    C. 蓄能器与液压泵之间应安装单向阀

    D. 蓄能器需用焊接固定,以免因振动而松动

173. 关于蓄能器,说法不正确的是_____。

    A. 蓄能器中禁止充氧气或空气

    B. 至少每六个月检查一次其中的气体压力

    C. 需用支架固定,但不能用焊接固定

    D. 以油口向上垂直安装为宜

174. 安装和使用蓄能器时,蓄能器与管路之间安装_____,以便长期停用及充气检修时将其切断。

    A. 单向阀   B. 溢流阀

    C. 换向阀   D. 截止阀

175. 安装和使用蓄能器时,蓄能器与液压泵之间安装_____,以防止泵停转时蓄能器内的压力油向泵倒灌。

    A. 溢流阀   B. 换向阀

    C. 单向阀   D. 截止阀

176. 液压系统中蓄能器的作用一般不包括_____。

    A. 作辅助动力源   B. 作紧急动力源

    C. 补充泄漏   D. 补充油液

177. 对于 O 形密封圈的保管,下列说法不对的是_____。

    A. O 形圈的存放必须离开加热设备 1 m 以外,而且不允许放在有酸、碱的室内

    B. O 形圈在存放时,不允许受压,以免引起压缩永久变形

C. 存放 O 形圈的聚乙烯塑料袋,必须记载其制造和出厂日期,以便按先后次序使用

D. 橡胶材料制 O 形圈的保管有效期一般为 5~7 年

178. O 形密封圈_____。

A. 只能用于静密封
B. 只能用于动密封
C. 可以用于静密封和动密封
D. 只能用于旋转密封

179. O 形密封圈应_____保存。

A. 用铁丝穿栓悬挂
B. 用密封的塑料袋
C. 放在高温场所
D. 放在阳光直射场所

180. 安装 V 形密封圈时,V 形开口朝向_____。

A. 密封介质侧
B. 压盖侧
C. 轴颈侧
D. 任意侧

181. 下列_____不是 V 形密封圈的组成部分。

A. 密封环
B. 压环
C. 承磨环
D. 支撑环

182. 关于密封装置的分类,根据被密封部分的运动特性可分为_____。

A. 动密封和固定密封
B. 软密封和硬密封
C. 动密封和软密封
D. 固定密封和硬密封

183. 下列关于 O 形密封圈的使用管理,错误的是_____。

A. 应避免捆扎挂在针或金属线上以免 O 形圈变形及唇口端损伤

B. 安装 O 形圈前,注意清洁沟槽

C. O 形圈表面有白色粉末,说明 O 形圈损坏,不能继续使用

D. O 形圈一般不可重复使用

184. 采用低位油箱补油的闭式舵机液压系统放气应在_____进行。

A. 舵机停用时
B. 舵机空转时
C. 小舵角转舵时高压侧
D. 转舵时低压侧

185. 舵机液压系统充油后放气过程应让液压主泵_____。

A. 大流量连续转舵
B. 小流量连续转舵
C. 小流量间断转舵
D. 大流量间断转舵

186. 舵机闭式液压系统必须向主油路_____侧补油。

A. 低压
B. 高压
C. 高、低压
D. 高压或低压

187. 舵机闭式系统选用辅泵或高位、低位油箱补油取决于_____。

A. 转舵扭矩
B. 主泵流量
C. 主泵工作压力
D. 主泵允许吸入真空度

188. 舵机系统充油,应根据不同舵机的具体情况,按说明书的要求来进行。下述操作要点不正确的是_____。

A. 设法充分驱除系统中的空气,保证系统各处充满油液

B. 使用系统中油泵驱除空气时,应尽可能小流量连续工作

C. 系统中设有手摇泵时,应尽可能使用其为系统充油

D. 充入系统中的工作油液一定要通过滤器

189. 舵机新装或大修后的充油,应从_____加油。

    A. 舵机专用加油阀直接   B. 工作油箱的通气口经滤器

    C. 舵机系统的旁通阀   D. 工作油箱的通气口直接

190. 舵机液压系统安装完毕,充油前应对系统进行清洗,主要步骤是:①选择专用清洗油;②对油进行适当加热;③启动舵机油泵经系统滤器循环;④将清洗油放掉,并再次冲洗。其操作中不适当的步骤是_____。

    A. ①   B. ②

    C. ③   D. ④

191. 舵机液压系统安装、清洗完毕,对系统充油主要步骤是:①选择合适的液压油;②选择干净漏斗将油灌入系统;③将油加至放气阀有连续油流出后关闭放气阀;④启动舵机油泵以小流量转舵,并经压力侧放气阀放气。其中操作不适当的步骤是_____。

    A. ①   B. ②

    C. ③   D. ④

192. 按《液压舵机通用技术条件》的要求,采用随动操舵时,操舵仪的指示舵角与舵停住后的实际舵角之间的偏差应_____。

    A. 为 0   B. $\not> \pm0.5°$

    C. $\not> \pm1°$ D. $\not> \pm2°$

193. 舵机操舵器指示舵角与舵停止的实际舵角在_____处不应有偏差。

    A. 最大舵角   B. 零位

    C. 任何舵角   D. 常用舵角

194. 在台架试验中,舵柱扭矩达公称值时往复式液压舵机跑舵速度不应超过_____。

    A. 0.5°/min   B. 1°/min

    C. 2°/min   D. 4°/min

195. 在台架试验中,舵柱扭矩达公称值时转叶式液压舵机跑舵速度不应超过_____。

    A. 0.5°/min   B. 1°/min

    C. 2°/min   D. 4°/min

196. 采用液压或机械方式操纵的舵机,滞舵时间应不大于_____。

    A. 0.1 s   B. 1 s

    C. 0.5 s   D. 0.75 s

197. 新装的舵机应在充油后以_____对转舵液压缸和主油路系统进行液压密封性试验。

    A. 1.25 倍工作压力   B. 1.25 倍设计压力

    C. 1.5 倍设计压力   D. 1.5 倍工作压力

198. 关于舵机航行试验,说法错误的是_____。

    A. 在船以最深吃水、最大营运航速前进时,对主操舵装置在正舵和左、右满舵间进行试验

    B. 在船以最深吃水、最大营运航速前进时,对辅操舵装置在正舵和左、右15°间进行试验

    C. 倒航试舵时船速一般为最大正航速度的一半,但不低于 7 kn

    D. 应急电源、自动舵、报警和自动切换装置也应进行效用试验

199. 对不设机械追随机构的舵机电器遥控系统进行调整时,当舵轮在零位时,应要求:①操舵仪输出信号为零;②实际舵角为零;③反馈信号为零;④反馈舵角与实际舵角偏差不大于±1°。上述要求不准确的是_____。
    A. ①   B. ②
    C. ③   D. ④

200. 舵机调整安全阀设定值时,舵置于_____。
    A. 极限位置   B. 最大舵角处
    C. 零舵角处   D. 任意舵角处

201. 舵机安全阀的调整工作应在_____在场的情况下进行。
    A. 船检部门   B. 轮机长
    C. 海事机关有关人员   D. 船检部门与轮机长

202. 在舵机液压系统安全阀调试过程中,安全阀每次开启时间不宜超过_____s。
    A. 10   B. 15
    C. 30   D. 60

203. 舵机液压系统中安全阀调整时,不正确的是_____。
    A. 须两台油泵同时工作
    B. 须移开控制机构的操舵角限制组件
    C. 须转换为机旁操作
    D. 当舵叶接近最大舵角时,应尽量使泵以小流量工作

204. 在舵机液压系统安全阀调试中,安全阀开启时,应使泵保持_____。
    A. 小流量工作   B. 低于额定流量工作
    C. 额定流量工作   D. 略高于额定流量工作

205. 如果将液压舵机安全阀整定压力提高,对液压舵机最可能造成的变化是_____。
    A. 转舵力矩提高   B. 水动力矩异常增大时可能造成过载
    C. 油泵工作流量提高   D. 转舵速度提高

206. 液压锚机可采用_____来限制功率。
    ①有级变量液压马达;②恒功率液压泵;③恒功率液压马达
    A. ①②   B. ②③
    C. ①③   D. ①②③

207. 对液压锚机系统和所受压部件应进行_____试验。
    A. 压力   B. 气密性
    C. 水密性   D. 安全

208. 液压锚机系统中液压泵试验压力为_____最大工作压力。
    A. 1.1 倍   B. 1.2 倍
    C. 1.5 倍   D. 2.0 倍

209. 液压锚机系统中系统和其他受压部件试验压力为_____设计压力。
    A. 1.1 倍   B. 1.25 倍
    C. 1.5 倍   D. 2.0 倍

210. 液压锚机系统中液压泵试验压力为1.5倍的_____压力。

A. 最大工作   B. 安全

C. 设计   D. 常用工作

211. 液压锚机系统中系统和其他受压部件试验压力为 1.25 倍_____。

 A. 设计压力   B. 最大工作压力

 C. 常用工作压力   D. 安全压力

212. 液压锚机进行停止操作时,如不设机械刹车装置,_____。

 A. 绞车会有轻微的爬行   B. 绞车停止不动

 C. 绞车无法停止   D. 绞车会逆向运动

213. 清洗舵机液压系统应使用_____。

 ①系统工作油泵;②专用冲洗泵;③系统辅泵

 A. ①或③   B. ②或③

 C. ①或②或③   D. ①或②

214. 舵机日常管理中,以下关于油温控制的说法不合适的是_____。

 A. 工作时最适宜的油温是 30~50 ℃

 B. 油温升到 10 ℃以上时,才能正常使用

 C. 油温低于-10 ℃时,一定要经过加热到一定温度才能启动

 D. 油温超过 85 ℃时停止工作,查明原因,加以解决

215. 关于开航前舵机试验,通常无须做的是_____。

 A. 值班轮机员会同值班驾驶员分别在舵机房和驾驶室一起试验

 B. 在驾驶室用遥控按钮先后启动两套液压泵机组同时试验

 C. 先后自 0°起向一舷及另一舷作 5°、15°、25°、35°的操舵试验

 D. 备用遥控系统应试验

216. 柱塞和转舵油缸的 V 形密封圈需要更换时应该_____。

 A. 用专用工具取出   B. 用竹木工具撬出

 C. 用油缸油压挤出   D. 用螺丝刀撬出

217. 液压舵机系统中的液压油至少每_____取样做外观检查。

 A. 半年   B. 1 年

 C. 1 年半   D. 2 年

218. 液压舵机系统中工作油箱油位应保持在油位计的_____高度左右。

 A. 1/3   B. 2/3

 C. 1/2   D. 9/10

219. 液压舵机启动时,系统油温最低应达到_____,否则主泵应以小排量、小舵角反复操舵,直至油温升到该温度以上。

 A. 5 ℃   B. 10 ℃

 C. 30 ℃   D. 50 ℃

220. 船舶液压舵机在运转时,不会造成舵系严重敲击的是_____。

 A. 各舵承与舵杆或舵销的配合间隙过大

 B. 舵承松动,舵系安装不良

C. 消音材料或消音效果太差

D. 舵机上舵底座或船体刚度不足

221. 自动绞缆机指自动_____的绞缆机。

    A. 控制缆绳收放速度

    B. 限制绞缆机功率

    C. 使缆绳张力保持在一定范围内

    D. 控制缆绳收放速度、限制绞缆机功率和使缆绳张力保持在一定范围内

222. 液压自动绞缆机一般是自动控制_____的。

    A. 液压马达转速　　　　　　　　B. 液压泵流量

    C. 液压马达工作油压　　　　　　D. 液压泵功率

223. 定量泵自动绞缆机缆绳的最大张力由系统中_____决定。

    A. 溢流阀调定压力　　　　　　　B. 大液压泵额定压力

    C. 小液压泵额定压力　　　　　　D. 大液压泵输出功率

224. 具有大、小液压泵的自动绞缆机在正常收放缆时_____。

    A. 只有大液压泵工作　　　　　　B. 大、小液压泵同时工作

    C. 只有小液压泵工作　　　　　　D. 小液压泵与蓄能器配合工作

225. 具有大、小液压泵的自动绞缆机在系泊期间_____。

    A. 只有大液压泵工作　　　　　　B. 大、小液压泵同时工作

    C. 只有小液压泵工作　　　　　　D. 小液压泵与蓄能器配合工作

226. 采用溢流阀控制的自动绞缆机系泊期间缆绳张紧时溢流阀_____。

    A. 泄放液压泵全部流量　　　　　B. 泄放液压泵绝大部分流量

    C. 关闭不泄油　　　　　　　　　D. 泄放液压泵小部分流量

227. 下图为绞缆机液压系统原理图,在正常收放缆时组件 3 的状态是_____。

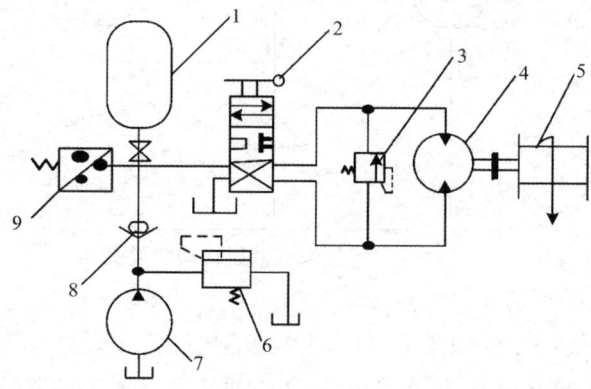

    A. 关闭　　　　　　　　　　　　B. 全开

    C. 有溢油　　　　　　　　　　　D. 不确定

228. 下图为绞缆机液压系统原理图,在缆绳张紧状态时组件 7 _____。

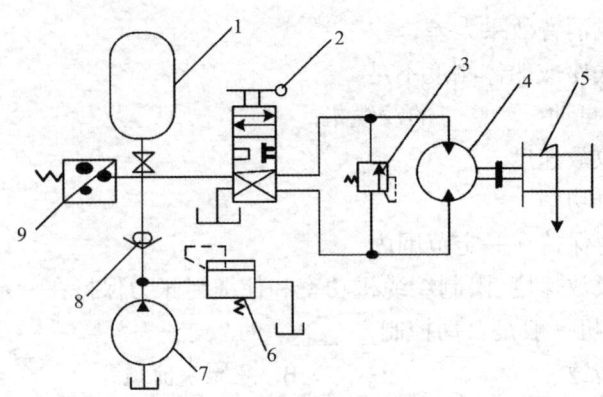

A. 间断工作   B. 连续工作

C. 不工作   D. 不确定

229. 变量泵式液压自动绞缆机常采用_____液压泵。

     A. 恒压式   B. 恒流量式

     C. 恒功率式   D. 恒扭矩式

230. 定量泵式液压自动绞缆机,系缆期间溢流阀作_____用。

     A. 安全阀   B. 定压阀

     C. 卸荷阀   D. 顺序阀

231. 下图为定量泵式液压自动绞缆机的原理简图,系泊在码头的船舶自动绞缆机的工作描述,错误的是_____。

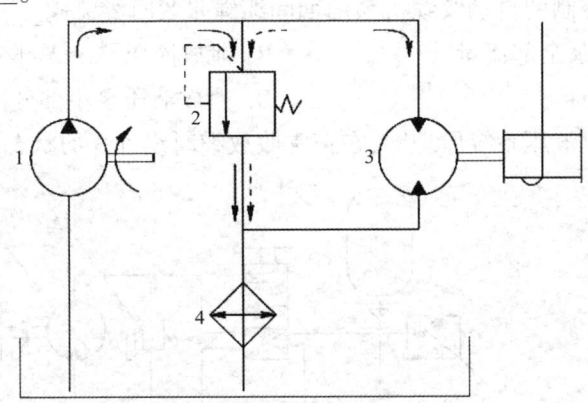

定量泵式液压自动绞缆机

     A. 回油管应做成平切口

     B. 通过调整溢流阀 2 的预紧力可以调整绞缆机的最大张力

     C. 稳定系泊时,液压马达不转,大部分液压油经溢流阀 2,再经冷却器 4 回油箱

     D. 定量泵始终运转,系统效率低

232. 液压系统根据具体功能和负载特性的不同,分为:①起升机构液压系统;②回转机构液压系统;③变幅机构液压系统;④移吊机构液压系统;⑤支撑机构液压系统,其中一般的液压起货机均有的系统包括_____。

     A. ①②③④⑤   B. ①②③④

C. ①②③⑤ D. ①②③

233. 对一般的液压起货机而言,其液压系统包括起升机构液压系统、回转机构液压系统和_____。

   A. 变幅机构液压系统 B. 下降机构液压系统
   C. 移吊机构液压系统 D. 支撑机构液压系统

234. 对一般的液压起货机而言,对起升机构液压系统的主要要求是_____。

   A. 能握持货物,使其不会自行下滑,并能控制落货速度,以防因重力作用而加速下落
   B. 能防止在机构制动和反转时出现严重的液压冲击
   C. 工作速度不能太快
   D. 工作速度不能太慢

235. 对一般的液压起货机而言,对回转机构液压系统的主要要求是_____。

   A. 能握持货物,使其不会自行下滑,并能控制落货速度,以防因重力作用而加速下落
   B. 能防止在机构制动和反转时出现严重的液压冲击
   C. 工作速度不能太快
   D. 工作速度不能太慢

236. 采用变量泵与定量油马达的闭式起升系统的起货机一般具有_____功能。
   ①换向和调速;②限速和制动;③限压保护;④失压保护;⑤补油;⑥散热

   A. ①②③④⑤⑥ B. ①②③④⑤
   C. ①②③④⑥ D. ①②③④

237. 采用定量泵与定量油马达的开式起货系统,可采用_____来实现落货限速。
   ①单向节流阀限速;②平衡阀限速;③溢流阀限速

   A. ①②③ B. ①②
   C. ①③ D. ②③

238. 采用定量泵与定量油马达的开式起货系统一般具有_____功能。
   ①换向和调速;②限速和制动;③限压保护;④补油;⑤散热

   A. ①③④⑤ B. ①②④⑤
   C. ①②③④ D. ①②③

239. 下图为用压力调节阀控制的定量泵式自动绞缆机原理图,关于此种系统,说法错误的是_____。

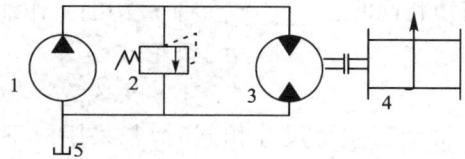

1—油泵;2—压力调节阀;3—油马达;4—卷筒;5—油箱

   A. 结构简单,但工作时大量高压油液流经压力调节阀,压力骤减而温度升高,需充分冷却
   B. 油泵总在大流量下工作,经济性差
   C. 此种系统一般只适用于功率较大的场合

D. 压力调节阀工作条件不稳定，工作中需充分注意

240. 采用叶片式马达的锚机的液压系统一般多是_____系统。

    A. 定量泵-变量马达开式   B. 定量泵-变量马达闭式

    C. 变量泵-定量马达闭式   D. 变量泵-变量马达闭式

241. 阀控型锚机的闭式液压系统补油的油箱放在高位是为了_____。

    A. 提高系统效率   B. 加强油液冷却

    C. 改善泵吸入条件   D. 改善叶片马达的工作条件

242. 船舶变距桨一般是采用液压系统_____以适应各种工况需求的。

    A. 转动桨叶   B. 转动桨毂

    C. 拉伸桨叶   D. 拉伸桨毂

243. 船舶卧式锚机的特点是_____。

    A. 卧式锚机操作管理比较麻烦   B. 可以避免遭受风浪侵蚀

    C. 一般大船多采用卧式锚机   D. 一般军舰多采用卧式锚机

244. 对于船舶锚机的一般要求包括_____。

①必须由独立的原动机驱动；②具有足够的功率；③能在任意状态启动和换向；④锚链轮与驱动轴之间不应有离合器；⑤具有可靠的制动设备，运行平稳

    A. ①②③⑤   B. ②③④⑤

    C. ①③④⑤   D. ①②③④

245. 液压锚机的限速和制动装置包括_____。

①换向手柄；②液压制动；③带式机械制动器

    A. ①②   B. ②③

    C. ①③   D. ①②③

246. 当结构尺寸和工作油压既定时，拨叉式转舵机构所能产生的转舵扭矩随舵角的增大而_____。

    A. 增大   B. 减小

    C. 不变   D. 先减小后增大

247. _____转舵机构在最大工作油压和主要尺寸既定时，所能产生的最大转舵扭矩随舵角的增大而减小。

    A. 拨叉式   B. 滚轮式

    C. 转叶式   D. 十字头式

248. 当主要尺寸和转舵扭矩相同时，_____转舵机构的工作油压最高。

    A. 拨叉式   B. 滚轮式

    C. 转叶式   D. 十字头式

249. 当公称转舵扭矩和油缸数目主要尺寸相同时，若采用以下转舵机构：①拨叉式；②滚轮式；③转叶式，所需的最大工作油压_____。

    A. ①较大   B. ②较大

    C. ③较大   D. 都相等

250. 柱塞不受侧推力的转舵机构是_____。

    A. 十字头式   B. 拨叉式

C. 滚轮式   D. 十字头式和拨叉式

251. 当结构尺寸和工作油压既定时,十字头式转舵机构所能产生的转舵扭矩随舵角的增大而_____。
     A. 增大   B. 减小
     C. 不变   D. 先减小后增大

252. _____转舵机构在最大工作油压和主要尺寸既定时,所能产生的最大转舵扭矩随舵角的增大而增大。
     A. 滚轮式   B. 摆缸式
     C. 转叶式   D. 拨叉式

253. 当结构尺寸和工作油压既定时,滚轮式转舵机构所能产生的转舵扭矩随舵角的增大而_____。
     A. 增大   B. 减小
     C. 不变   D. 先减小后增大

254. 当主要尺寸和转舵扭矩相同时,_____转舵机构的工作压力最低。
     A. 拨叉式   B. 滚轮式
     C. 转叶式   D. 摆缸式

255. 当结构尺寸和工作油压既定时,摆缸式转舵机构所能产生的转舵扭矩随舵角的增大而_____。
     A. 增大   B. 减小
     C. 不变   D. 先减小后增大

256. _____转舵机构在最大工作油压和主要尺寸既定时,所能产生的转舵扭矩与舵角的大小无关。
     A. 拨叉式   B. 滚轮式
     C. 转叶式   D. 摆缸式

257. 可能会使摆缸式转舵机构产生撞击的原因是_____。
     A. 换向太频繁   B. 工作油太高
     C. 铰接处磨损   D. 转舵速度过快

258. 转舵油缸常采用双作用式的是_____转舵机构。
     A. 滚轮式   B. 摆缸式
     C. 拨叉式   D. 十字头式

259. 以下转舵机构中不属于往复式的是_____。
     A. 十字头式   B. 拨叉式
     C. 摆缸式   D. 转叶式

260. 当结构尺寸和工作油压既定时,转叶式转舵机构所能产生的转舵扭矩随舵角的增大而_____。
     A. 增大   B. 减小
     C. 不变   D. 先减小后增大

261. 以下转舵机构中扭矩特性最好的是_____。
     A. 滑式   B. 滚轮式
     C. 摆缸式   D. 转叶式

262. 回转机构的泵控型液压系统始终承受高压的是_____。
    A. 液压泵至执行元件进油口的管路在运动和停止时
    B. 液压泵至执行元件出油口的管路在运动和停止时
    C. 液压泵至执行元件进油口的管路在运动时
    D. 液压泵至执行元件出油口的管路在运动时

263. 在关于船舶克令吊回转机构液压系统的说法中,错误的是_____。
    A. 液压马达无须设机械制动器
    B. 若无船倾斜或风力等影响,停止运动后所有液压管路皆无油压
    C. 若设有中位旁通阀,开始转动时松机械刹车无须延时
    D. 两条主油路安全阀的调定值相同

264. 根据回转机构液压系统的负荷特点,以下说法中错误的是_____。
    A. 匀速转动时工作负荷始终与运动方向相反
    B. 启动和停止运动时惯性负荷相对较大
    C. 若无船倾斜或风力等影响,液压马达可不用机械制动器制动
    D. 两条主油路之一必须设限速阀件

265. 关于对船舶克令吊回转机构液压系统的设计要求,以下说法不恰当的是_____。
    A. 对执行元件两侧主油路限压保护的要求相同
    B. 必须有限制执行元件任一方向运动速度过快的措施
    C. 无须设机械制动器
    D. 无须限制功率的措施

266. 起货机回转机构液压系统执行元件两侧油管_____。
    A. 始终是高压
    B. 始终是低压
    C. 一根始终是高压,另一根始终是低压
    D. 一根是高压,另一根是低压,并根据工作状态转换

267. 起货机回转机构开式液压系统制动溢流阀的整定压力_____安全溢流阀的整定压力。
    A. 大于   B. 等于
    C. 小于   D. 远小于

268. 起货机回转机构闭式液压系统低压选择阀是_____位换向阀。
    A. 二   B. 三
    C. 四   D. 五

269. 起重机构的阀控型液压系统_____之间的油路无须设溢流阀限压。
    ①液压泵至换向阀;②换向阀至执行元件下降出油口;③换向阀至执行元件下降进油口
    A. ①   B. ②
    C. ③   D. ②③

270. 回转机构液压系统的特点包括_____。
    ①其静力负荷双向存在;②静力负荷一般不大;③其双向动力负荷较大
    A. ①   B. ②
    C. ③   D. ①②③

271. 回转式起货机的安全保护装置一般没有_____。

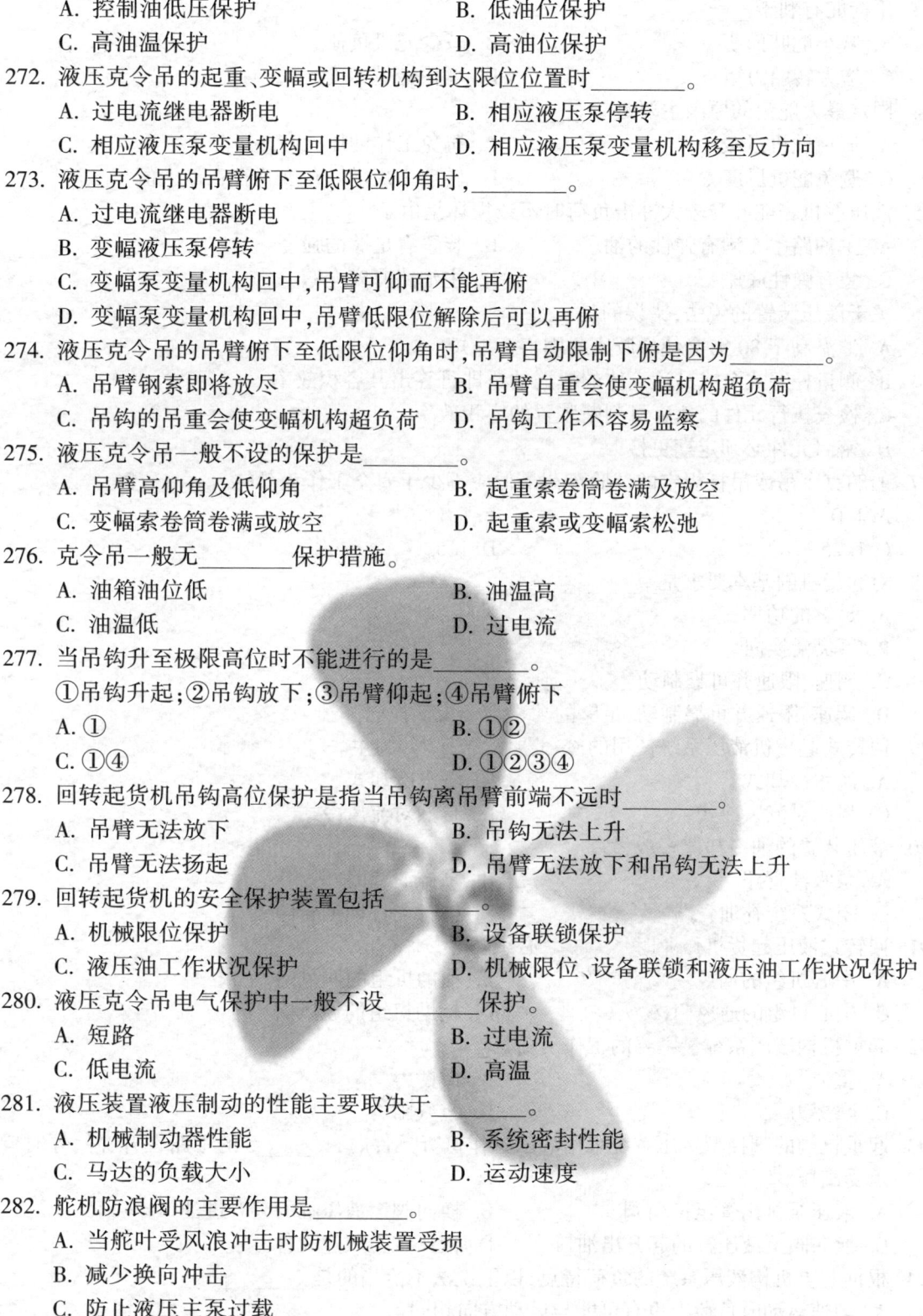

　　A. 控制油低压保护　　　　　　　　　B. 低油位保护

　　C. 高油温保护　　　　　　　　　　　D. 高油位保护

272. 液压克令吊的起重、变幅或回转机构到达限位位置时_____。

　　A. 过电流继电器断电　　　　　　　　B. 相应液压泵停转

　　C. 相应液压泵变量机构回中　　　　　D. 相应液压泵变量机构移至反方向

273. 液压克令吊的吊臂俯下至低限位仰角时，_____。

　　A. 过电流继电器断电

　　B. 变幅液压泵停转

　　C. 变幅泵变量机构回中，吊臂可仰而不能再俯

　　D. 变幅泵变量机构回中，吊臂低限位解除后可以再俯

274. 液压克令吊的吊臂俯下至低限位仰角时，吊臂自动限制下俯是因为_____。

　　A. 吊臂钢索即将放尽　　　　　　　　B. 吊臂自重会使变幅机构超负荷

　　C. 吊钩的吊重会使变幅机构超负荷　　D. 吊钩工作不容易监察

275. 液压克令吊一般不设的保护是_____。

　　A. 吊臂高仰角及低仰角　　　　　　　B. 起重索卷筒卷满及放空

　　C. 变幅索卷筒卷满或放空　　　　　　D. 起重索或变幅索松弛

276. 克令吊一般无_____保护措施。

　　A. 油箱油位低　　　　　　　　　　　B. 油温高

　　C. 油温低　　　　　　　　　　　　　D. 过电流

277. 当吊钩升至极限高位时不能进行的是_____。

　　①吊钩升起；②吊钩放下；③吊臂仰起；④吊臂俯下

　　A. ①　　　　　　　　　　　　　　　B. ①②

　　C. ①④　　　　　　　　　　　　　　D. ①②③④

278. 回转起货机吊钩高位保护是指当吊钩离吊臂前端不远时_____。

　　A. 吊臂无法放下　　　　　　　　　　B. 吊钩无法上升

　　C. 吊臂无法扬起　　　　　　　　　　D. 吊臂无法放下和吊钩无法上升

279. 回转起货机的安全保护装置包括_____。

　　A. 机械限位保护　　　　　　　　　　B. 设备联锁保护

　　C. 液压油工作状况保护　　　　　　　D. 机械限位、设备联锁和液压油工作状况保护

280. 液压克令吊电气保护中一般不设_____保护。

　　A. 短路　　　　　　　　　　　　　　B. 过电流

　　C. 低电流　　　　　　　　　　　　　D. 高温

281. 液压装置液压制动的性能主要取决于_____。

　　A. 机械制动器性能　　　　　　　　　B. 系统密封性能

　　C. 马达的负载大小　　　　　　　　　D. 运动速度

282. 舵机防浪阀的主要作用是_____。

　　A. 当舵叶受风浪冲击时防机械装置受损

　　B. 减少换向冲击

　　C. 防止液压主泵过载

　　D. 防止海水进入系统

283. 平衡舵有利于_____。
    A. 减小舵叶面积
    B. 减少舵机负荷
    C. 增大转船力矩
    D. 增快转舵速度

284. 限定最大舵角的原因主要是_____。
    A. 避免舵机过载
    B. 避免工作油压太高
    C. 避免舵机尺度太大
    D. 转船力矩随舵角变化存在最大值

285. 液压舵机当舵叶受较大冲击负荷时不致损坏是由于_____。
    A. 主油路中充满有弹性的油
    B. 装置有足够的强度
    C. 装有弹性底座
    D. 主油路有安全阀

286. 关于液压装置的说法,错误的是_____。
    A. 油温高于 80 ℃会使橡胶密封圈寿命缩短
    B. 测量柱塞式泵或马达壳体的泄漏油量即可算出其容积效率
    C. 检查执行元件的速度可判断装置的容积效率
    D. 密封元件必须定期更换

287. 船舶克令吊或吊杆规定的试验负荷最低应不少于安全工作负荷的_____倍。
    A. 1. 0
    B. 1. 1
    C. 1. 25
    D. 1. 5

288. 对起货机的基本要求是_____。
    A. 足够的功率
    B. 可灵活换向
    C. 调速、限速并可靠制动
    D. 调速、限速并可靠制动;足够的功率和可灵活换向

289. 回转式起货机液压系统使用的冷却器以_____为主。
    A. 淡水冷却式
    B. 海水冷却式
    C. 强制对流风冷式
    D. 自然对流风冷式

290. 液压装置的油冷却器一般设在_____。
    A. 泵吸油管路
    B. 泵排油管路
    C. 闭式系统补油管路
    D. 执行元件回油管路

291. 回转式液压起货机作业时_____必须打开。
    A. 中心机组的回风门
    B. 辅助机组的回风门
    C. 中心机组的通风门
    D. 辅助机组的通风门

292. 起重机构液压系统最主要的工作负荷是_____。
    A. 重力
    B. 惯性力
    C. 摩擦力
    D. 空气阻力

293. 起重机构的阀控型液压系统采用液压缸作执行元件时,_____的管路在升、降、停时皆承受高压。
    A. 液压泵排出管至换向阀
    B. 换向阀至液压缸的起升进油口
    C. 换向阀至液压缸的起升出油口
    D. 液压缸至限速元件

294. 根据起重机构液压系统的负荷特点,以下说法不恰当的是_____。
    A. 匀速运动时负荷力也有可能与运动方向相同
    B. 停止运动后,负荷可能仍然存在

C. 如果执行元件是液压马达,不设机械制动器则可能停不稳

D. 无论何种系统都必须设限速阀件

295. 根据起重机构液压系统负荷的特点,以下说法对的是_____。

  A. 最主要的工作负荷是重力和空气阻力

  B. 最主要的工作负荷是重力和惯性力

  C. 停止运动后,负荷即消失

  D. 如果执行元件是液压马达,不设机械制动器则可能停不稳

296. 回转式起货机液压系统工作状况保护一般包括_____。
①补油低压保护;②控制油低压保护;③起升高油压保护;④高油温保护;⑤低油温保护;⑥低油位保护

  A. ①②③④⑤⑥   B. ①②③④⑤

  C. ①⑤⑥   D. ①②③④⑥

297. 回转式起货机设备联锁保护一般不包括_____。

  A. 机组通风联锁保护   B. 油冷却器联锁保护

  C. 电机的自动加热联锁保护   D. 起吊钢丝最大拉力联锁保护

298. 回转式起货机电气工作状况保护一般不包括_____。

  A. 主电机过电流保护   B. 主电机低温保护

  C. 控制电流过高保护   D. 短路保护和过载保护

299. 使用恒功率变量泵的液压甲板机械当定量液压马达输出扭矩增大时,以下说法错误的是_____。

  A. 工作压力成正比升高

  B. 液压马达转速近似成反比降低

  C. 液压泵转速近似成反比降低

  D. 液压泵流量近似成反比降低

300. 使用恒功率变量泵的液压甲板机械当定量液压马达输出扭矩增大时,以下说法对的是_____。

  A. 工作压力大致不变   B. 液压马达进油流量大致不变

  C. 液压泵转速近似成反比降低   D. 液压泵排量近似成反比降低

301. 使用恒功率变量马达的液压甲板机械当液压马达输出扭矩增大时,以下说法错误的是_____。

  A. 工作压力大致不变   B. 液压马达排量成正比升高

  C. 液压马达转速成反比降低   D. 液压泵流量成反比降低

302. 限制功率的液压系统实质上是限制_____。

  A. 最大工作压力   B. 液压马达转速

  C. 工作压差和流量的乘积   D. 液压马达的扭矩

303. 起货机液压系统采用高、低速挡不是为了_____。

  A. 轻载时采用高速,提高装卸效率

  B. 重载时采用低速,减小功耗

  C. 无须配太大电机并提高电机功率利用率

  D. 实现恒功率控制

304. 恒功率泵是使_____和_____的乘积近似不变的泵。

A. 流量;转速　　　　　　　　　B. 流量;工作压力

C. 工作压力;转速　　　　　　　D. 转速;电流

305. 甲板机械中一般无须限制功率的是_____。

A. 锚机　　　　　　　　　　　　B. 绞缆机

C. 舵机　　　　　　　　　　　　D. 起货机

306. 恒功率式变量泵是_____。

A. 泵的流量随工作压力的增大而增大

B. 泵的流量随工作压力的减小而减小

C. 泵的流量随工作压力的增大而成反比减小

D. 工作压力超过整定值时流量迅速减小

307. 限压式变量泵是_____。

A. 泵的流量随工作压力的增大而增大

B. 泵的流量随工作压力的减小而减小

C. 泵的流量随工作压力的增大而成反比减小

D. 工作压力超过整定值时流量迅速减小

308. 液压甲板机械限制功率的办法一般不包括采用_____。

A. 有级变量液压泵

B. 有级变量液压马达

C. 恒功率变量泵或恒功率变量马达

D. 带功率限制器的液压变量泵

309. 下图为起重机构开式液压系统图,图中实现调速功能的元件是_____。

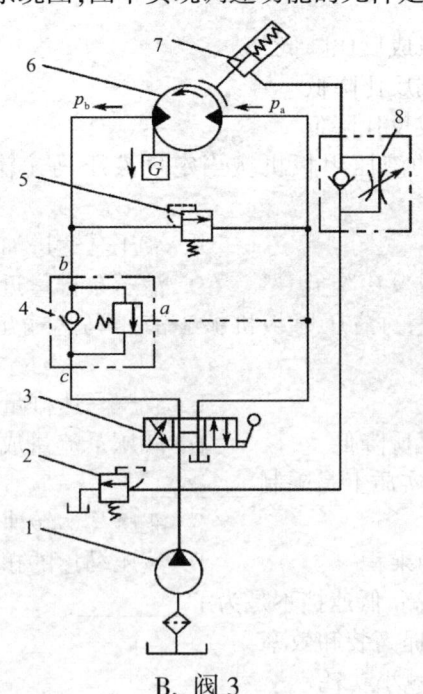

A. 泵 1　　　　　　　　　　　　B. 阀 3

C. 阀 4　　　　　　　　　　　　D. 阀 8

310. 下图为起重机构开式液压系统图,图中实现限速功能的元件是_____。

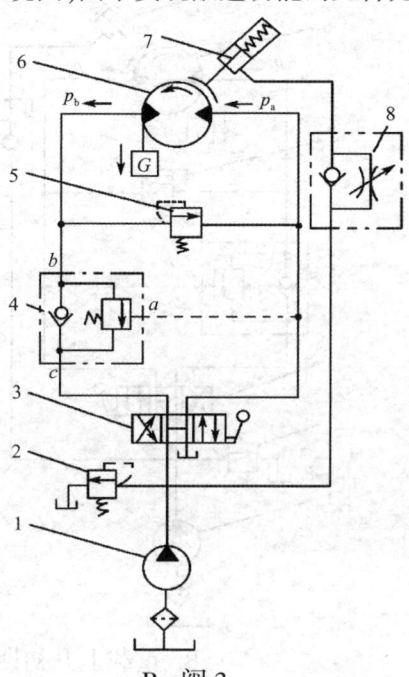

A. 阀 2　　　　　　　　　　　　　B. 阀 3
C. 阀 4　　　　　　　　　　　　　D. 阀 5

311. 下图为起重机构开式液压系统图,图中设置阀 8 的作用是_____。

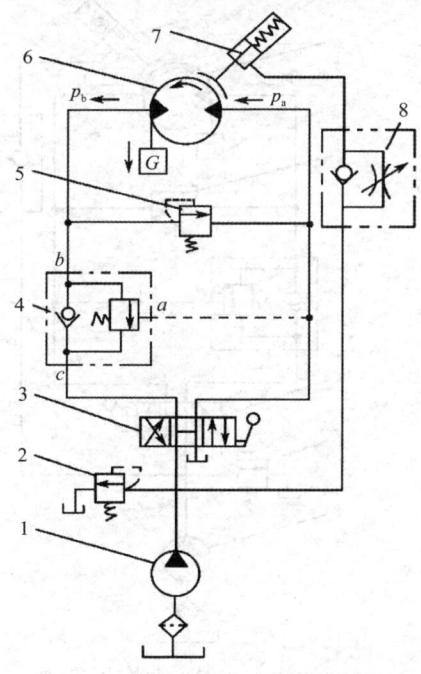

A. 避免重物瞬间下坠　　　　　　　B. 减少摩擦带磨损
C. 防止液压冲击　　　　　　　　　D. 无法确定

312. 下图为起重机构开式液压系统图,在图中,阀 5 是常闭溢流阀,在_____最有可能打开溢流的。

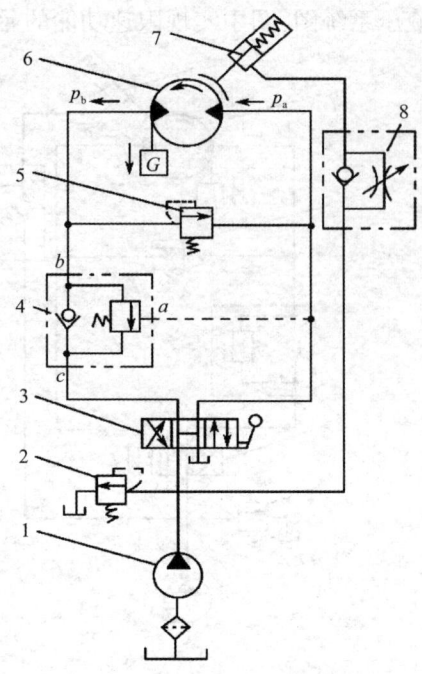

A. 轻载上升初期　　　　　　　　B. 重载上升初期

C. 重载下降初期　　　　　　　　D. 重载下降刹车过程

313. 下图为起重机构开式液压系统图,在图中,阀4通常称为_____。

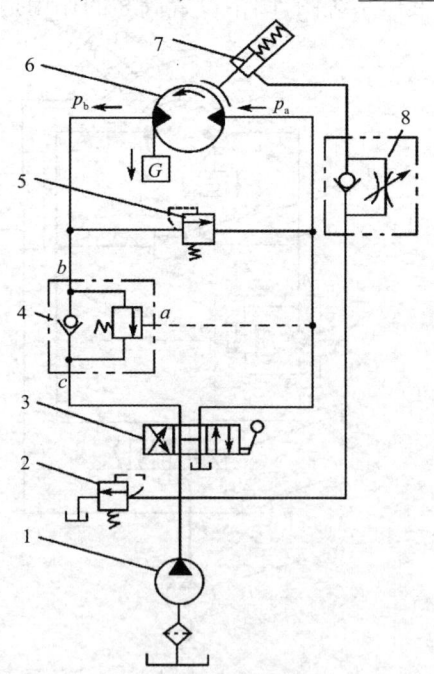

A. 单向溢流阀　　　　　　　　　B. 直控平衡阀

C. 远控平衡阀　　　　　　　　　D. 制动溢流阀

314. 舵机主油路混入较多空气会导致_____。

A. 滞舵　　　　　　　　　　　　B. 舵不转

C. 冲舵　　　　　　　　　　　　　D. 跑舵

315. 舵机控制系统机械传动部件的间隙大会导致_____。
　　A. 舵不转　　　　　　　　　　　B. 转舵慢
　　C. 舵不准　　　　　　　　　　　D. 滞舵

316. 舵机滞舵的原因是_____。
　　A. 系统中混有空气
　　B. 泵控型油路内漏严重
　　C. 控制杆件传动间隙过大
　　D. 系统中混有空气或泵控型油路内漏严重或控制杆件传动间隙过大

317. 会造成液压舵机滞舵的是_____。
　　A. 主泵流量太小　　　　　　　　B. 舵上水动力矩大
　　C. 安全阀调定压力低　　　　　　D. 伺服油缸遥控系统中有空气

318. 舵机液压系统中有空气会导致_____。
　　A. 爬行现象　　　　　　　　　　B. 冲舵
　　C. 滞舵　　　　　　　　　　　　D. 舵不转

319. 滞舵是指_____。
　　A. 舵到指令舵角不停　　　　　　B. 舵转得太慢
　　C. 操舵后舵滞后一段时间才转动　D. 舵停在某舵角时逐渐偏离

320. 转舵太慢的原因不包括_____。
　　A. 主泵流量太小　　　　　　　　B. 遥控系统动作太慢
　　C. 主油路泄漏或旁通　　　　　　D. 油路油压太高

321. 舵机主油路锁闭不严会导致_____。
　　A. 滞舵　　　　　　　　　　　　B. 跑舵
　　C. 转舵慢　　　　　　　　　　　D. 舵不转

322. 舵机液压系统主油路锁闭不严一般会造成_____。
　　A. 转舵慢　　　　　　　　　　　B. 转舵快
　　C. 跑舵　　　　　　　　　　　　D. 滞舵

323. 设浮动杆装置的泵控型舵机在稳舵期间发生跑舵,则_____。
　　A. 浮动杆操纵点离开指令舵角位置　B. 变量泵仍保持中位
　　C. 控泵点离开中位　　　　　　　　D. 对浮动杆不产生影响

324. 泵控型舵机舵叶受浪冲击偏离指令舵角较远后,液压泵_____,舵转回到指令舵角。
　　A. 以小排量工作　　　　　　　　B. 以大排量工作
　　C. 不对外供油　　　　　　　　　D. 间断工作

325. 液压舵机工作中舵叶停在某舵角受较大外力冲击时,_____。
　　A. 油路锁闭,舵叶不动　　　　　　B. 跑舵,需重新操舵使之回原位
　　C. 跑舵,外力消失后自动回原位　　D. 舵机将过载并报警

326. 共用一套浮动杆控制的两台舵机,主变量泵零位不一致,则同时使用时会_____。
　　A. 滞舵　　　　　　　　　　　　B. 冲舵
　　C. 跑舵　　　　　　　　　　　　D. 舵慢

327. 舵停在某舵角时逐渐偏离叫_____。
　　A. 冲舵　　　　　　　　　　　B. 滑舵
　　C. 跑舵　　　　　　　　　　　D. 偏舵

328. 跑舵是指_____。
　　A. 舵转得太快　　　　　　　　B. 舵转到指令舵角时不停
　　C. 稳舵期间舵偏离所停舵角　　D. 舵转得太大

329. 采用伺服油缸式遥控系统的舵机如不设油路锁闭阀容易导致_____。
　　A. 滞舵　　　　　　　　　　　B. 跑舵
　　C. 冲舵　　　　　　　　　　　D. 操舵慢

330. 液压舵机工作时,发生跑舵的原因可能是_____。
　　A. 油泵的油压太高
　　B. 油泵的油压太低
　　C. 舵叶与舵杆之间产生松动,造成舵角不稳定
　　D. 主油路锁闭不严

331. 液压舵机工作时,发生跑舵不可能的原因是_____。
　　A. 主油路锁闭不严　　　　　　B. 防浪阀开启
　　C. 舵叶与舵杆之间产生松动　　D. 舵机控制系统工作不稳定

332. 主泵变量机构不能及时回中会导致舵机_____。
　　A. 回舵慢　　　　　　　　　　B. 滞舵
　　C. 冲舵　　　　　　　　　　　D. 舵不转

333. 舵机伺服控制系统电磁阀弹簧断裂会导致_____。
　　A. 转舵慢　　　　　　　　　　B. 滞舵
　　C. 冲舵　　　　　　　　　　　D. 舵不转

334. 舵机发生冲舵故障可能是因为_____。
　　A. 主油路混入较多空气　　　　B. 电磁换向阀线圈断路
　　C. 主泵变量机构离开中位速度缓慢　D. 控制系统反馈信号滞后

335. 液压舵机主泵变量机构不能及时回中,将导致_____。
　　A. 只能单向转舵　　　　　　　B. 冲舵
　　C. 滞舵　　　　　　　　　　　D. 跑舵

336. 舵转到指令舵角时不停,继续向前转称为_____。
　　A. 跑舵　　　　　　　　　　　B. 冲舵
　　C. 滞舵　　　　　　　　　　　D. 空舵

337. 液压舵机发生冲舵时,_____会一直冲到底。
　　A. 主油路锁闭阀泄漏　　　　　B. 反馈信号发送不准
　　C. 反馈信号发送杆脱落　　　　D. 主油路旁通阀泄漏

338. 采用伺服油缸式遥控系统的舵机在_____的情况下会冲舵。
　　A. 控制油泵流量过大　　　　　B. 电磁换向阀一端线圈断路
　　C. 电磁换向阀一端弹簧失效　　D. 液控旁通阀卡在常通位

339. 冲舵是指_____。

A. 舵转得太快　　　　　　　　　　B. 舵转到指令舵角时不停

C. 舵停在某舵角时逐渐偏离　　　　D. 舵转得太慢

340. 舵机液压主泵不能回中时,会造成_____。

    A. 冲舵　　　　　　　　　　　　　B. 跑舵

    C. 滞舵　　　　　　　　　　　　　D. 偏舵

341. 液压舵机反馈信号发送失灵会导致_____。

    A. 舵不转　　　　　　　　　　　　B. 滞舵

    C. 跑舵　　　　　　　　　　　　　D. 冲舵

342. 液压舵机发生冲舵,_____,舵冲过指令舵角又会回行。

    A. 阀控型舵机换向阀在偏离中位处卡死

    B. 变量泵的变量机构发生故障时不能回中

    C. 反馈信号发送杆脱落

    D. 主油路锁闭不严

343. 采用伺服油缸式遥控系统的舵机,_____不会导致冲舵。

    A. 反馈信号发送器失灵　　　　　B. 换向阀一侧弹簧失去弹性

    C. 伺服活塞密封失严　　　　　　D. 换向阀电磁线圈断路

344. 采用伺服油缸式遥控系统,如换向阀卡死不能回中,将导致_____。

    A. 冲舵　　　　　　　　　　　　　B. 跑舵

    C. 滞舵　　　　　　　　　　　　　D. 舵不准

345. 舵机遥控系统的伺服油缸旁通阀开启会导致_____。

    A. 舵机振动　　　　　　　　　　　B. 滞舵

    C. 转舵慢　　　　　　　　　　　　D. 舵不转

346. 舵机遥控系统的伺服油缸一侧严重外部泄漏会导致_____。

    A. 舵不转　　　　　　　　　　　　B. 只能单向转舵

    C. 液压油高温　　　　　　　　　　D. 滞舵

347. 阀控型舵机主油路电液换向阀的一个电磁线圈断路会导致_____。

    A. 冲舵到机械舵角限位器所限制的角度

    B. 跑舵

    C. 舵不转

    D. 只能单向转舵

348. 舵机备用泵油路锁闭不严,会导致_____。

    ①转舵慢;②冲舵;③跑舵;④滞舵;⑤只能单向转舵

    A. ①②③⑤　　　　　　　　　　　B. ①②③④

    C. ①③④⑤　　　　　　　　　　　D. ②③④⑤

349. 舵机主泵柱塞磨损会导致_____。

    A. 冲舵　　　　　　　　　　　　　B. 跑舵

    C. 转舵慢　　　　　　　　　　　　D. 只能单向转舵

350. 当最大舵角限位开关失灵时,_____可能使柱塞撞击转舵油缸底部。

    A. 缸内有空气　　　　　　　　　　B. 舵上负扭矩太大

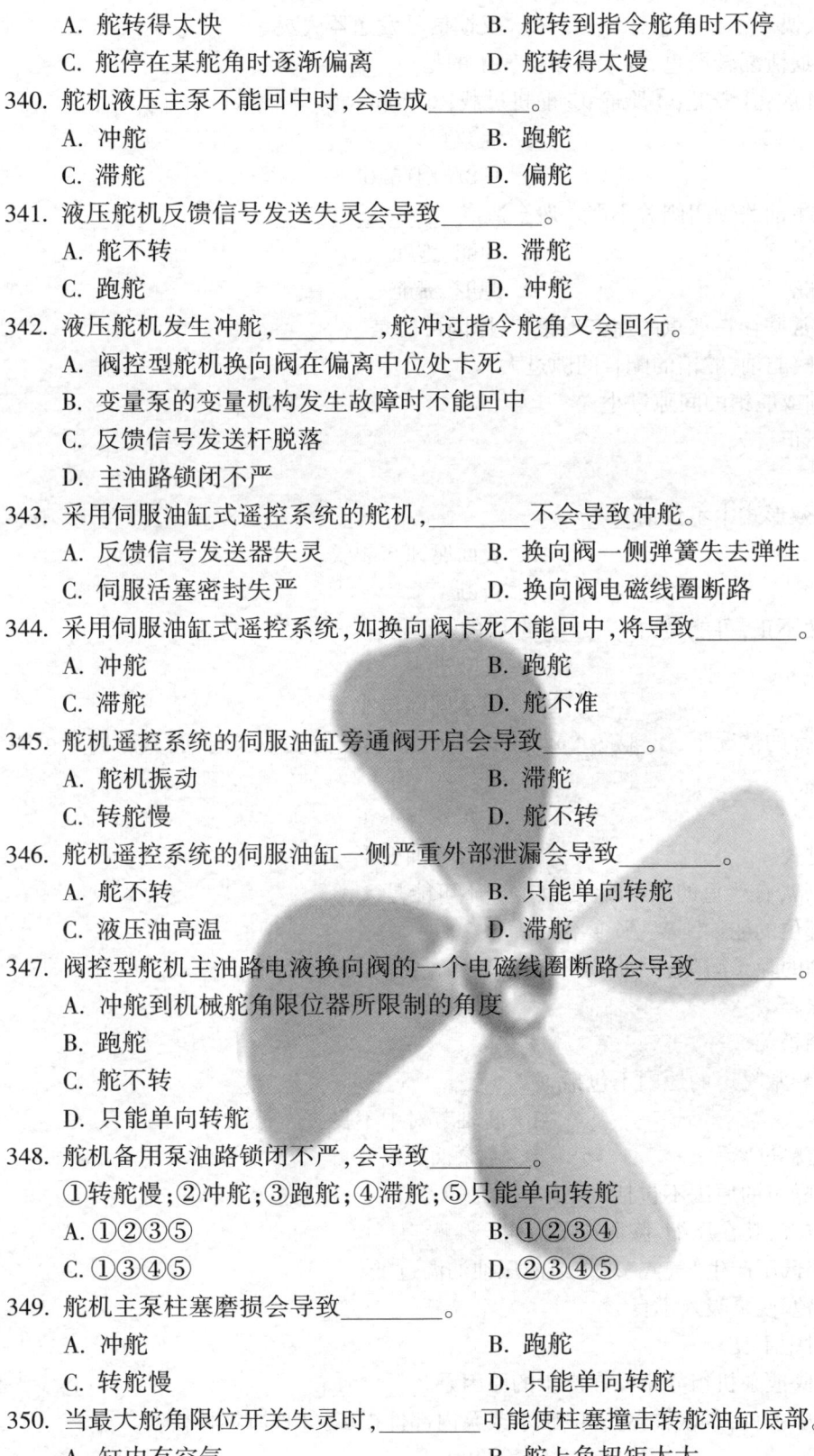

C. 转舵速度太快　　　　　　　　D. 反馈信号发送器失灵

351. 舵机主油路旁通泄漏较严重,以下现象会发生的是_____。
①转舵慢;②冲舵;③滞舵;④跑舵;⑤舵机过载;⑥转舵太快
A. ①　　　　　　　　　　　　　B. ②③④⑥
C. ①②③④　　　　　　　　　　D. ①②③④⑤⑥

352. 舵机液压系统主油路锁闭阀关不严一般会造成_____。
A. 滞舵、转舵慢　　　　　　　　B. 冲舵、跑舵
C. 转舵慢、冲舵　　　　　　　　D. 跑舵、滞舵

353. 转舵时声音异常并存在严重的撞击现象,其原因可能是_____。
A. 舵承与舵杆、舵轴、舵销的配合间隙过大
B. 舵承与舵轴或舵销的间隙过小
C. 舵系安装不正
D. 舵杆变形

354. 舵杆常见的失效形式中不包括_____。
A. 轴颈磨损　　　　　　　　　　B. 表面腐蚀与裂纹
C. 变形　　　　　　　　　　　　D. 折断

355. 转舵不准、舵角不正,可能是由_____造成的。
A. 舵杆折断　　　　　　　　　　B. 舵叶进水
C. 舵杆变形　　　　　　　　　　D. 舵承间隙过小

356. 在舵机功能正常的情况下,出现舵沉重,转舵不灵,转满舵需要较长时间,其原因不可能是_____。
A. 舵叶进水　　　　　　　　　　B. 舵系安装不正
C. 舵承间隙过大　　　　　　　　D. 舵杆弯曲变形

357. 转舵时声音异常,有严重的撞击现象,其原因不可能是_____。
A. 舵系安装部位的船体刚度、强度不足
B. 舵承与舵轴的配合间隙过大
C. 上舵承滚珠碎裂
D. 上舵承护圈松动

358. 舵机工作产生异常噪声的原因不包括_____。
A. 油液黏度太大　　　　　　　　B. 联轴节对中不良
C. 油缸柱塞填料过紧　　　　　　D. 主泵油压高

359. 液压舵机液流噪声的原因不包括_____。
A. 系统内有空气,其在压缩、膨胀或节流时产生噪声
B. 系统内局部低压产生"气穴"现象或液压油油温过低
C. 吸入滤器堵塞使泵吸入不良
D. 泵与电机对中不良

360. 液压舵机液压阀或泵机组异常噪声产生的原因是_____。
①泵与电机对中不良;②联轴器损坏、轴承或泵内部件损坏;③地脚螺栓松动
A. ①③　　　　　　　　　　　　B. ①②

C. ②③ 　　　　　　　　　　D. ①②③

361. 可能引起液压舵机异常噪声或振动的原因有_____。

①转舵油缸填料过紧;②舵杆轴承磨损或润滑不良;③管路或其他部件固定不牢;④舵机负荷较低

A. ①②③ 　　　　　　　　　　B. ①②④

C. ③④ 　　　　　　　　　　D. ①②③④

362. 有四个柱塞式转舵油缸的舵机如斜对角一对油缸损坏漏油,则_____。

A. 用单泵及其余两缸工作 　　　　B. 用双泵及其余两缸工作

C. 对工作影响不大 　　　　　　　D. 不能工作

363. 四个转舵油缸有一个漏油,需采用应急工况,舵机转舵速度_____。

A. 约降低一半 　　　　　　　　B. 约提高 1 倍

C. 不变 　　　　　　　　　　　D. 约降低 1/4

364. 四个转舵油缸有一个漏油,改应急工况后,舵机最大转舵扭矩_____。

A. 增加 1 倍 　　　　　　　　　B. 减小 1/4

C. 减小 1/2 　　　　　　　　　D. 不变

365. 有四个柱塞式转舵油缸的舵机,某油缸严重漏油时,应_____。

A. 单独停用该缸 　　　　　　　B. 停用该缸及斜对角油缸

C. 停用同柱塞或同舷一对油缸 　　D. 全部停用

366. 船正常航行时四缸液压舵机的某转舵油缸泄漏,应采取的措施是_____。

A. 立即停车检修 　　　　　　　B. 报告公司到港修理

C. 立即改成手动操作 　　　　　D. 改双缸工作,禁用大舵角操纵

367. 双柱塞四缸转舵机构停用一对油缸时,以下说法中错误的是_____。

A. 同样条件下转舵,工作油压提高 　B. 同样条件下转舵,转舵速度下降

C. 同样条件下转舵,舵机功率增大 　D. 舵杆会受到油压力产生的侧推力

368. 四缸柱塞式液压舵机的某缸有故障采用单泵双缸工况时,说法正确的是_____。

A. 避免使用大舵角 　　　　　　B. 转舵速度明显降低

C. 转同样舵角时工作油压明显降低 　D. 转舵速度与工作油压明显降低

369. 有四个柱塞式转舵油缸的液压舵机,在进出港或窄水道航行时为加快转舵速度,应采用_____工况。

A. 单泵双缸 　　　　　　　　　B. 双泵双缸

C. 单泵四缸 　　　　　　　　　D. 双泵四缸

370. 液压舵机停用部分转舵油缸,通知驾驶台_____。

A. 转舵速度会变慢 　　　　　　B. 避免用大舵角

C. 舵机可能过载 　　　　　　　D. 舵机不能使用

371. 液压舵机停用部分转舵油缸应急工作,如全速前进用大舵角,则会_____。

A. 舵机过载 　　　　　　　　　B. 转舵很慢

C. 开启安全阀 　　　　　　　　D. 转舵很快

372. 舵杆轴颈表面腐蚀面积超过总面积 25% 时,应进行_____修复。

A. 堆焊后光车 　　　　　　　　B. 光车后镀铬

C. 光车后堆焊   D. 光车后镀铁

373. 液压舵机工作时,发生冲舵后可以采取的措施有_____。
①检查系统油压;②检查油泵的变量机构;③阀控型系统,检查换向阀的回中情况;④查看液压油中是否混入水分;⑤检查转舵油缸锁闭情况
 A. ①②③   B. ②③⑤
 C. ③④⑤   D. ①②⑤

374. 主操舵装置在应急操舵时要求能在最深航海吃水,并以最大营运航速前进时,将舵从一舷的35°转至另一舷的30°的时间不应大于_____ s。
 A. 28   B. 30
 C. 35   D. 60

375. 主操舵装置应能在最深航海吃水并以最大营运航速前进时,将舵在_____ s 内从一舷_____转至另一舷_____。
 A. 28;35°;35°   B. 28;35°;30°
 C. 30;35°;35°   D. 30;35°;30°

376. 辅操舵装置在应急操舵时要求能在最深航海吃水,并以最大营运航速的一半(不小于7 kn)前进时,将舵从一舷的15°转至另一舷的15°的时间不应大于_____ s。
 A. 28   B. 30
 C. 35   D. 60

377. 根据《钢质海船入级规范》要求,辅操舵装置应能在最深航海吃水并以最大营运航速前进时,将舵在_____ s 内从一舷_____转至另一舷_____。
 A. 60;35°;30°   B. 60;15°;15°
 C. 30;15°;15°   D. 28;15°;15°

378. 舵机安全阀能通过流量应不小于液压泵_____总流量,这时压力升高量不应超过_____。
 A. 100%;10%安全阀开启压力   B. 110%;10%舵机最大工作压力
 C. 110%;10%安全阀开启压力   D. 110%;10%设计压力

379. 舵柄处舵杆直径大于230 mm(不包括航行冰区加强)的船应设有能在_____ s 内向操舵装置提供的替代动力源。
 A. 30   B. 45
 C. 60   D. 120

380. 一万总吨及以上油船舵机管系或动力设备发生单项故障时,应能在_____的时间内恢复操舵能力。
 A. 30 s   B. 45 s
 C. 1 min   D. 2 min

381. 每套液压系统有可能被隔断,而设有两组安全阀的液压舵机是_____。
 A. 泵控型   B. 阀控型
 C. 大型   D. 泵控型和大型

382. 舵机安全阀的开启压力应_____。
 A. ≮最大工作压力   B. ≮1.25倍最大工作压力

C. ≮1.5 倍最大工作压力   D. 等于设计压力

383. 舵机液压系统_____通常不能产生声、光报警。
  A. 油柜油位低   B. 液压油温度低
  C. 滤油器压差大   D. 可能导致舵机失灵的液压阻塞

384. 舵机_____通常不能产生声、光报警。
  A. 动力设备或控制系统的动力故障   B. 自动舵装置故障
  C. 电路或电动机断相及过载   D. 舵转动太慢

385. 一万总吨及以上的船舶,舵机替代动力源应可供工作_____。
  A. 10 min   B. 30 min
  C. 1 h   D. 1 h 以上

386. 舵机的替代动力源是指_____。
  A. 主机轴带发电机   B. 应急电源
  C. 舵机室独立动力源   D. 应急电源或舵机室独立动力源

387. 海船的舵角限位器应在舵角达到_____时予以限制。
  A. 35°   B. 34.5°~35.5°
  C. 36°~37°   D. 45°

388. 舵机通常是靠_____避免操作不当使舵角转得过大。
  A. 机械挡块   B. 转舵油缸运动部件到达最大行程
  C. 限位开关   D. 操舵仪报警装置

389. 舵机修理后应进行试验,在航行中对主操舵装置进行操舵试验时主要检查_____。
  ①舵角从一舷35°转至另一舷30°所需时间;②电动机电压及电流;③电动机除湿设备;④液压系统油压
  A. ②③   B. ①②④
  C. ①③   D. ①②③④

390. 在进行舵机试验时,说法正确的是_____。
  A. 系泊试验时,进行操舵试验,转舵时间应符合 SOLAS 公约的规定
  B. 船舶以港速前进时,进行操舵试验,转舵时间应符合 SOLAS 公约的规定
  C. 船舶以微速前进时,进行操舵试验,转舵时间应符合 SOLAS 公约的规定
  D. 船舶以最大营运速度前进时,进行操舵试验,转舵时间应符合 SOLAS 公约的规定

391. 在对舵机的应急电源进行操舵试验时,应_____。
  A. 试验操舵次数,以检验应急电源的效用
  B. 试验操舵力矩,以检验应急电源的能力
  C. 试验转舵力矩,以检验应急电源的能力
  D. 试验左右满舵,以检验应急电源供电的可靠性

392. 舵机系泊和航行试验应在_____在场的情况下进行。
  A. 验船人员和船厂代表   B. 验船人员和船方代表
  C. 船厂代表和轮机长   D. 船厂代表和船方代表

393. 舵杆工作轴颈与舵叶轴承孔同轴度检验前,先将舵杆与舵叶组装在一起,并使_____。
  A. 舵杆与舵叶法兰结合面贴紧

　　B. 法兰连接最少有 4 个紧配螺栓

　　C. 舵杆与舵叶法兰结合面紧贴或法兰连接最少有 4 个紧配螺栓

　　D. 舵杆与舵叶法兰结合面紧贴且法兰连接最少有 4 个紧配螺栓

394. 位于船体内部舵机房的上舵承一般采用_____。

　　A. 铁力木滑动轴承　　　　　　　　B. 白合金滑动轴承

　　C. 滚动轴承　　　　　　　　　　　D. 整体衬套式轴承

395. 舵杆纵向裂纹通常采用_____修复。

　　A. 修刮　　　　　　　　　　　　　B. 焊补

　　C. 粘接　　　　　　　　　　　　　D. 更换

396. 舵杆弯曲变形时直线度误差大于 2 mm/m,通常采用_____进行修复。

　　A. 冷校直　　　　　　　　　　　　B. 热校直

　　C. 加热-机械校直　　　　　　　　　D. 机械校直

397. 舵按旋转轴线的位置划分不包括_____。

　　A. 平衡舵　　　　　　　　　　　　B. 穿心舵轴平衡舵

　　C. 半平衡舵　　　　　　　　　　　D. 不平衡舵

398. 舵角指示器正常时,_____会导致转舵不准,舵角不正,正舵时舵角不在零位。

　　A. 舵机故障　　　　　　　　　　　B. 舵安装时没有对准零位

　　C. 舵机功率不足　　　　　　　　　D. 舵杆安装不良

399. 舵杆容易发生的失效形式有_____。

　　①磨损;②表面腐蚀;③纵向裂纹;④弯曲变形;⑤断裂;⑥横向裂纹

　　A. ①②③④⑤　　　　　　　　　　B. ②③④⑤⑥

　　C. ①③④⑤⑥　　　　　　　　　　D. ①②③④⑥

400. 锈蚀的舵杆经过光车处理以后发现轴径减少值为公称直径的 10%,比较经济的修复方法是_____。

　　A. 焊补　　　　　　　　　　　　　B. 堆焊后光车

　　C. 不修理　　　　　　　　　　　　D. 喷涂后光车

401. 舵杆有横向裂纹以后,可进行_____修复。

　　A. 焊补　　　　　　　　　　　　　B. 堆焊

　　C. 修刮　　　　　　　　　　　　　D. 换新

402. 如果舵杆公称直径为 100 mm,检修时发现有 1 条纵向裂纹,其长度为 20 mm,比较经济的修复方法是_____。

　　A. 焊补　　　　　　　　　　　　　B. 粘接

　　C. 修刮　　　　　　　　　　　　　D. 换新

403. 如果舵杆公称直径为 100 mm,检修时发现有 4 条纵向裂纹,其中最长裂纹的长度为 20 mm,修复方法是_____。

　　A. 焊补　　　　　　　　　　　　　B. 堆焊

　　C. 修刮　　　　　　　　　　　　　D. 换新

404. 检修舵杆时,在 2 000 mm 长度内存在 3 mm 误差,比较经济的修复方法是_____。

　　A. 焊补　　　　　　　　　　　　　B. 冷校直

C. 热校直　　　　　　　　　　　D. 换新

405. 舵系中心线与轴系中心线位置度检验通常采用_____。

A. 专用量具　　　　　　　　　　B. 平台测量法

C. 专用量具或光学仪器法　　　　D. 拉线法

406. 舵承孔同轴度偏差过大时,可采取_____的措施修复。

A. 更换舵承衬套　　　　　　　　B. 偏镗舵承孔衬套

C. 衬套需可靠定位以防转动　　　D. 镗削全部舵承衬套

407. 检查舵系中心线的状态,通常采用_____。

A. 平轴法　　　　　　　　　　　B. 平轴计算法

C. 拉线法　　　　　　　　　　　D. 经验法

408. 先进的舵系校中常采用_____进行校中。

A. 拉钢丝线法　　　　　　　　　B. 光学仪器法

C. 测量法　　　　　　　　　　　D. 塞尺法

409. 在进行舵系固定件同轴度检验时,拉出舵系固定件中心线的钢丝线后,测量各舵承孔至钢丝线的_____距离,以确定各舵承孔的同轴度偏差。

A. 上下、左右　　　　　　　　　B. 前后、左右

C. 上下、前后　　　　　　　　　D. 空间

410. 阀控型舵机如果主油路换向阀卡死在中位会导致_____。

A. 冲舵　　　　　　　　　　　　B. 转舵慢

C. 舵不转　　　　　　　　　　　D. 主泵过载

411. 舵只能单向转动的原因不可能是_____。

A. 遥控系统只能单向工作　　　　B. 双向变量主泵只能单向排油

C. 主油路单向旁通　　　　　　　D. 主油路电液换向阀不能离开中位

412. 舵机转舵慢不可能是因为_____。

A. 遥控系统伺服油缸内部泄漏　　B. 主油路旁通阀不能开启

C. 主油路旁通阀关闭不严　　　　D. 主泵转速低

413. 舵不能转动的常见故障不包括_____。

A. 遥控系统失灵　　　　　　　　B. 主油泵不能供油

C. 安全阀调整压力过高　　　　　D. 船尾搁浅,舵转动受阻

414. 若液压舵机只能单向转舵,但改用机旁操舵即正常,可能是_____。

A. 主泵只能单方向排油

B. 某侧安全阀开启压力过低

C. 伺服油缸遥控系统电磁换向阀一端线圈断路

D. 主油路锁闭阀之一在回油时不能开启

415. 液压舵机小舵角转舵可以,但无法转到最大舵角,可能是_____。

A. 主泵流量太小　　　　　　　　B. 系统中有空气

C. 安全阀整定值太低　　　　　　D. 辅泵补油压力不足

416. 不会使液压舵机转舵太慢的是_____。

A. 主泵容积效率低　　　　　　　B. 泵控型舵机辅泵容积效率低

  C. 转舵油缸旁通阀漏   D. 阀控型舵机换向阀内泄漏太大

417. 会使液压舵机转舵太慢的是_____。
  A. 舵水动力矩较大   B. 转舵油缸减缸工作
  C. 伺服油缸遥控系统液压泵流量小   D. 闭式系统辅泵容积效率低

418. 舵机的转舵扭矩与_____关系不大。
  A. 船舶吃水   B. 转舵方向
  C. 转舵舵角   D. 航速

419. 舵叶两侧所受水压力的合力,称为舵压力,它指向_____。
  A. 舵叶的背水面   B. 舵叶的中心
  C. 舵叶的近水面   D. 无固定方向

420. 舵的水动力矩与舵机的扭矩_____。
  A. 变化趋势相同   B. 变化趋势不同
  C. 成正比关系   D. 无直接关系

421. 关于转船力矩和转舵扭矩的说法,错误的是_____。
  A. 转船力矩(舵效)和舵叶的浸水面积及相对水速的平方成正比,没有相对水速就没有舵效
  B. 其他因素不变时,随着舵角的增大,转船力矩会出现一个最大值,之后随着舵角的增加,转船力矩反而减小
  C. 舵机工作时施加于舵杆的扭矩称为转舵扭矩,转舵时转舵扭矩不仅要克服舵的水动力矩,还要克服舵承的摩擦扭矩
  D. 舵机的额定转舵扭矩一般根据倒航最大水动力矩选配

422. 若油缸尺寸和最大工作油压既定,滑式转舵机构所产生的转矩 M 与舵角 α 的关系是_____。
  A. 随着舵角的增大转矩减小   B. 随着舵角的减小转矩不变
  C. 随着舵角的增大转矩增大   D. 两者没有关系

423. 若油缸尺寸和最大工作油压既定,滚轮式转舵机构所产生的转矩 M 与舵角 α 的关系是_____。
  A. 随着舵角的增大转矩减小   B. 随着舵角的减小转矩不变
  C. 随着舵角的增大转矩增大   D. 两者没有关系

424. 若油缸尺寸和最大工作油压既定,转叶式转舵机构所产生的转矩 M 与舵角 α 的关系是_____。
  A. 随着舵角的增大转矩增大   B. 随着舵角的减小转矩增大
  C. 随着舵角的增大转矩不变   D. 两者没有关系

425. 若油缸尺寸和最大工作油压既定,回转式转舵机构所产生的转矩 M 与转叶两侧油压差 p 的关系是_____。
  A. 随着压差 p 的增大转矩 M 增大   B. 随着压差 p 的减小转矩 M 增大
  C. 随着压差 p 的增大转矩 M 不变   D. 两者没有关系

426. 回转式转舵机构所产生的转矩 M 与转叶单侧面积 A 的关系是_____。
  A. 转矩 M 与面积 A 成反比   B. 转矩 M 与面积 A 成正比

C. 转矩 M 与面积 A 的平方成正比 　　　D. 两者没有关系

427. 滑式转舵机构所产生的转矩 M 与撞杆直径 D 的关系是_____。
    A. 转矩 M 与撞杆直径 D 成反比
    B. 转矩 M 与撞杆直径 D 成正比
    C. 转矩 M 与撞杆直径 D 的平方成正比
    D. 两者没有关系

428. 滑式转舵机构作用于撞杆两端油压差的作用力 F_P 与舵角 α 的关系是_____。
    A. 随着舵角的增大作用力增大 　　　B. 随着舵角的减小作用力增大
    C. 随着舵角的增大作用力不变 　　　D. 两者没有关系

429. 叶片泵配流盘在_____开有三角形槽。
    A. 排出口叶片转来端 　　　B. 排出口叶片离开端
    C. 吸入口叶片转来端 　　　D. 吸入口叶片离开端

430. 叶片泵采用后倾角叶片的原因是_____。
    A. 便于加工
    B. 利于叶片从吸入区转入排出区时贴紧定子
    C. 利于叶片从排出区转入吸入区时贴紧定子
    D. 利于叶片从排出区转入吸入区时贴紧转子

431. 采用液压操纵的舵机,滞舵时间应不大于_____;操舵手轮的空转不得超过_____;手轮上的最大操纵力应不超过_____。
    A. 1 s;半圈;0.1 kN 　　　B. 2 s;半圈;0.2 kN
    C. 2 s;一圈;0.2 kN 　　　D. 1 s;一圈;0.1 kN

432. 舵的水动力横向分力会引起船向偏舵相反的方向_____,而纵向分力会_____。
    A. 横向漂移;减小航行阻力 　　　B. 横向漂移;增大航行阻力
    C. 纵向漂移;减小航行阻力 　　　D. 纵向漂移;增大航行阻力

433. _____越小,达到最大转船力矩的舵角就越大。
    A. 高度比 　　　B. 面积比
    C. 展舷比 　　　D. 体积比

434. 只能单相(向)转舵的原因包括_____。
    ①遥控系统只能单向动作;②变量泵只能单向排油;③主油路不通;④主油路单方向旁通
    A. ①②④ 　　　B. ①③④
    C. ②③④ 　　　D. ①②③

435. 带功率限制器的变量泵液压甲板机械_____,泵的功率受限。
    A. 在全运行过程中 　　　B. 在轻载或重载时
    C. 在重载时 　　　D. 在轻载时

436. 有级变量马达如果重载工作,下列说法正确的是_____。
    A. 马达一个油口进油,两个油口回油
    B. 变量泵一个油口进油,两个油口回油
    C. 马达两个油口同时进油,一个油口回油
    D. 变量泵两个油口同时进油,一个油口回油

437. 舵机充油时应注意放气阀、放气堵头放气情况,待有_____流出后才可关闭。
    A. 断续油流　　　　　　　　　　B. 断续空气
    C. 连续空气　　　　　　　　　　D. 连续油流

438. 下列不属于充气式储能器的是_____。
    A. 气瓶式　　　　　　　　　　　B. 弹簧式
    C. 活塞式　　　　　　　　　　　D. 气囊式

439. 变量型活塞连杆式油马达在配流套和壳体之间加装了_____。
    A. 变量滑环　　　　　　　　　　B. 变量滑块
    C. 矩形滑块　　　　　　　　　　D. 十字滑块

440. _____叶片泵能够平衡径向液压力。
    ①单作用;②双作用
    A. ①和②均不能　　　　　　　　B. ②
    C. ①　　　　　　　　　　　　　D. ①②

441. 通常,斜盘式轴向柱塞泵靠改变_____实现泵的流量改变。
    A. 电机转速的高低　　　　　　　B. 工作油缸数目
    C. 缸体摆角的大小　　　　　　　D. 斜盘倾角的大小

442. 关于液压泵的使用管理,下列说法正确的是_____。
    A. 对用油经泵壳强制循环冷却的泵,对泵壳内的油压无特殊要求
    B. 安装时,应经泵回油管的位置低于各轴承
    C. 对于刚经拆修的泵,启动前必须向泵壳内灌油
    D. 对于初次使用的泵,无需向泵壳内灌油即可启动

443. 船用密封装置应满足的要求不包括_____。
    A. 密封装置和密封部件之间的摩擦力要大
    B. 抗腐蚀能力强,不易老化
    C. 结构简单,使用方便
    D. 在一定的压力、温度范围内具有良好的密封性能

444. 具有大、小液压泵的自动绞缆机在正常收放缆时,_____,而在系泊期间,_____。
    A. 小液压泵工作;大液压泵工作
    B. 大小液压泵同时工作;大小液压泵同时工作
    C. 大液压泵工作;小液压泵工作
    D. 大小液压泵同时工作;小液压泵工作

445. 液压锚机系统中的三位四通换向节流阀_____。
    A. 既不能实现阀控换向,又不能实现节流调速
    B. 既能实现阀控换向,又能实现节流调速
    C. 只能实现节流调速,不能实现阀控换向
    D. 只能实现阀控换向,不能实现节流调速

446. 船舶在静水中航行时,当舵角在_____位置时水流对舵叶两侧所受的水作用力相等,对船舶的运动方向不产生影响。
    A. 额定舵角　　　　　　　　　　B. 最大舵角

C. 小舵角　　　　　　　　　　D. 正舵

447. 有四个柱塞式转舵油缸的舵机,某油缸严重漏油时,正确的处理方法是_____。

  A. 将通往该缸的阀关掉,使用双泵

  B. 将该缸及斜对角油缸停用,使用双泵

  C. 停用故障缸及与其相邻油缸,使用单泵

  D. 将该缸及斜对角油缸停用,使用单泵

448. 舵机发生滞舵的原因有_____。

  ①控制杆件传动间隙大;②液压伺服系统混入空气;③储存弹簧张力过小;④泵控型主油路内部泄漏

  A. ②③④　　　　　　　　　　B. ①②③④

  C. ①②④　　　　　　　　　　D. ①③④

449. 当回转式起货机起升油压升高到设定值时,相应压力继电器就会动作,使_____动作中断。

  A. 下降　　　　　　　　　　　B. 起升

  C. 回转　　　　　　　　　　　D. 变幅

450. 单吊杆起货机的_____收放吊货索控制吊钩升降。

  A. 起重绞车　　　　　　　　　B. 变幅绞车

  C. 控制绞车　　　　　　　　　D. 回转绞车

451. 关于油箱管理的注意事项,下列说法正确的是_____。

  ①透气孔处滤器应保持清洁;②定期打开底部放残阀放残;③换油时须用棉纱仔细擦净油箱内部;④停止工作时,油位应不高于油箱高度的80%

  A. ①③④　　　　　　　　　　B. ②④

  C. ①②④　　　　　　　　　　D. ①②③④

452. 液压泵的输出压力大小由_____决定,而额定压力是指泵允许达到的_____。

  A. 负载;正常工作压力　　　　　B. 流量;正常工作压力

  C. 负载;最大工作压力　　　　　D. 负载;最小工作压力

453. 下列滤油器中过滤精度最高的滤芯是_____。

  A. 网式　　　　　　　　　　　B. 纸质

  C. 磁性　　　　　　　　　　　D. 纤维

454. 安装良好的轴向柱塞泵噪声异常大的最常见原因是_____。

  A. 系统进入空气　　　　　　　B. 工作温度高

  C. 排出压力高　　　　　　　　D. 油氧化变质

455. 下列关于油箱管理的注意事项中,不妥的是_____。

  A. 透气孔处滤器应保持清洁　　B. 定期打开底部放残阀放残

  C. 换油时须用棉纱仔细擦净油箱内部　D. 停止工作时,油位应不高于油箱高度的80%

456. 双作用叶片泵叶片间夹角 θ、封油区圆心角 ε、定子圆弧段圆心角 β 之间,如果 $\varepsilon > \beta > \theta$,则_____。

  A. 容积效率降低　　　　　　　B. 发生困油现象

  C. 径向力增大　　　　　　　　D. 容积效率降低并发生困油现象

457. 对保管期限过长的液压系统用的橡胶密封件_____。
A. 应进行报废处理　　　　　　B. 应进行检查处理，不符合质量要求的应报废
C. 无需进行任何检查或处理　　D. 应继续保管，以免无法对账

458. 当手柄向抛锚方向扳动，阀控型闭式液压系统锚机的控制滑阀离开中位上移，形成与_____相反的液压阻尼转矩。
A. 摩擦力　　　　　　　　　　B. 转向
C. 压力　　　　　　　　　　　D. 重力

459. 转舵时，转舵扭矩等于水动力矩与_____的摩擦扭矩之和。
A. 舵承　　　　　　　　　　　B. 水
C. 液压油　　　　　　　　　　D. 风

460. 关于转舵扭矩，下列说法错误的是_____。
A. 转舵扭矩是指舵机工作时施加于舵杆的扭矩
B. 转舵扭矩大小与舵的水动力矩大小相等
C. 转舵扭矩在舵偏转过程基本为正值，回舵过程为负值
D. 舵机的额定转舵扭矩是根据正航最大水动力矩选配的

461. 关于主操舵装置操舵试验，正确的说法有_____。
①船舶以最深吃水、最大营运航速前进；②正舵→右满舵，保持 10 s；③正舵→右舵 15°，保持 10 s；④左满舵→右满舵，转舵后保持 10 s；⑤右舵 15°→左舵 15°，保持 10 s
A. ②③④　　　　　　　　　　B. ①②④
C. ①②③④⑤　　　　　　　　D. ①②③

462. _____是指舵转过指令舵角不停。
A. 舵不准　　　　　　　　　　B. 滞航
C. 冲舵　　　　　　　　　　　D. 跑舵

463. 舵机舵不能转动，检查发现油泵机组不能启动，可通过_____判断是机械故障还是电故障。
A. 重新设定旁通阀旁通量　　　B. 进行机旁操作
C. 换用备用泵　　　　　　　　D. 盘车

464. 液压舵机系统中，_____会导致液压泵机组异常噪声。
①泵与电机对中不良；②轴承或联轴器损坏；③地脚螺栓松动；④转舵油缸柱塞填料过紧
A. ②③④　　　　　　　　　　B. ①②③
C. ①②③④　　　　　　　　　D. ①③④

465. 下列转舵机构扭矩特性最差的是_____。
A. 拨叉式　　　　　　　　　　B. 十字头式
C. 摆缸式　　　　　　　　　　D. 转叶式

466. 液压舵机撞杆式推舵机构的最大舵角限值是由_____来完成的。
A. 机械挡块　　　　　　　　　B. 油缸底部
C. 液压控制阀　　　　　　　　D. 行程开关

467. 遥控系统响应迟滞引起滞舵的原因不包括_____。
A. 伺服系统有空气　　　　　　B. 换向阀开度过大

C. 控制杆件传动间隙大　　　　　　D. 储存弹簧过小

468. 改变内曲线式马达柱塞的有效作用数或改变多列柱塞的工作列数可改变其_____。
    A. 排量　　　　　　　　　　　　B. 转速
    C. 压力　　　　　　　　　　　　D. 温度

469. 采用油马达作变幅机构执行元件的起货机,在_____时能在最低限位角下操纵吊臂。
    A. 任何工况作业
    B. 轻载作业
    C. 作业开始或结束用钥匙闭合手动开关
    D. 重载作业

470. 舵机系统通过充油来驱除系统内的空气,正确的操作步骤有_____。
    ①开启系统中各放气阀(或松开压力表接头)、旁通阀及其他各截止阀;②充油时注意放气阀的放气情况,有连续油流出后关闭;③关闭转舵油缸的旁通阀,在机旁操纵主泵,小流量交替间断向两侧转舵进行充油;④油液充满后,手动操舵机
    A. ②③④　　　　　　　　　　　B. ①②③
    C. ①　　　　　　　　　　　　　D. ①②③④

471. 在变量泵和定向油马达组成的恒功率调速系统中,_____。
    A. 油泵排量的调节与载荷成正比　　B. 油泵排量的调节与油马达转速成正比
    C. 油泵排量的调节与载荷成反比　　D. 油泵排量的调节与载荷没有关系

472. 适用工作油压相对较低的转舵机构是_____。
    A. 拨叉式　　　　　　　　　　　B. 滚轮式
    C. 摆缸式　　　　　　　　　　　D. 转叶式

473. 靠改变缸体摆角的泵来改变排油流量的是_____。
    A. 双作用叶片泵　　　　　　　　B. 斜盘式轴向柱塞泵
    C. 斜轴式轴向柱塞泵　　　　　　D. 限压式变量叶片泵

474. 关于液压泵使用管理,下列说法错误的是_____。
    A. 不许在关闭排出阀的情况下启动
    B. 油的黏度等级符合液压泵工作要求时就可添加
    C. 不宜使泵在零位长时间运转
    D. 工作时,油压和油温均应符合规定

475. 通常在船舶进出港时,采用_____操舵系统。
    A. 随动　　　　　　　　　　　　B. 自动
    C. 应急　　　　　　　　　　　　D. 手动

476. 抛锚工况手柄扳动角度决定了上部法兰开启的回油口的大小,从而可改变马达的流量,实现_____调速。
    A. 无级回流　　　　　　　　　　B. 无级节流
    C. 有级回流　　　　　　　　　　D. 有级节流

477. O 形密封圈的_____能起密封作用。
    ①外侧;②内侧;③端面;④径向
    A. ①②③　　　　　　　　　　　B. ②③④

C. ①②④   D. ①③④

478. 倒航时,如舵角和水流速度与正航时相同,_____会比正航时大。
    A. 转船力矩   B. 转舵扭矩
    C. 摩擦扭矩   D. 水动力矩

479. 关于转船力矩,下列说法错误的是_____。
    A. 转船力矩又称为舵的水动力矩
    B. 船舶与水没有相对速度时,转船力矩为零
    C. 转船力矩使船体朝偏舵的一舷转动
    D. 转船力矩就是舵的水动力产生使船体转动的力

480. 两台变量泵共同工作的液压舵机易发生_____故障。
    A. 转舵太慢   B. 冲舵
    C. 滞舵   D. 跑舵

481. 可能造成舵机主油路油压高于正常值的原因有_____。
    A. 安全阀关闭不严   B. 备用泵锁闭阀关闭不严
    C. 旁通阀开启   D. 安全阀开启压力过高

482. 舵机液压系统空气排尽前,不要让系统油泵_____运转。
    A. 高负荷   B. 额定负荷
    C. 低负荷   D. 长时间

483. 减摇鳍所产生的力偶矩方向的改变应与船舶_____同步。
    A. 艏摇   B. 纵摇
    C. 纵荡   D. 横摇

484. 必须使回油保持足够的背压才能正常工作的液压马达是_____。
    ①连杆式;②内曲线式;③叶片式;④五星轮式
    A. ②④   B. ①②
    C. ①②③   D. ②③④

485. _____液压马达不属于径向柱塞式液压马达。
    A. 连杆式   B. 五星轮式
    C. 叶片式   D. 内曲线式

486. 有关叶片式马达,下列说法正确的是_____。
    ①轴承处的泄油可流回泵壳;②轴承处的泄油必须单独通油箱;③进、出油口口径略有区别;④进、出油口口径相同
    A. ①③   B. ②③
    C. ①④   D. ②④

487. 甲板机械阀控型开式液压系统为了限制功率,采用_____。
    A. 恒功率变量泵或变量油马达   B. 恒功率变量油马达
    C. 恒功率变量泵   D. 恒功率定量泵

488. 对于自动挡锚机的三作用自动变量叶片式马达来说,两腔进油时马达所能承受最大的扭矩是_____,最大转速是_____。
    A. 2/3 额定扭矩;150% 额定转速   B. 1/3 额定扭矩;300% 额定转速

C. 1/3 额定扭矩；200% 额定转速　　　　D. 额定扭矩；额定转速

489. 下图为起重机构的泵控型闭式（半闭式）液压系统的原理图,对系统突然失压起保护作用的是_____。

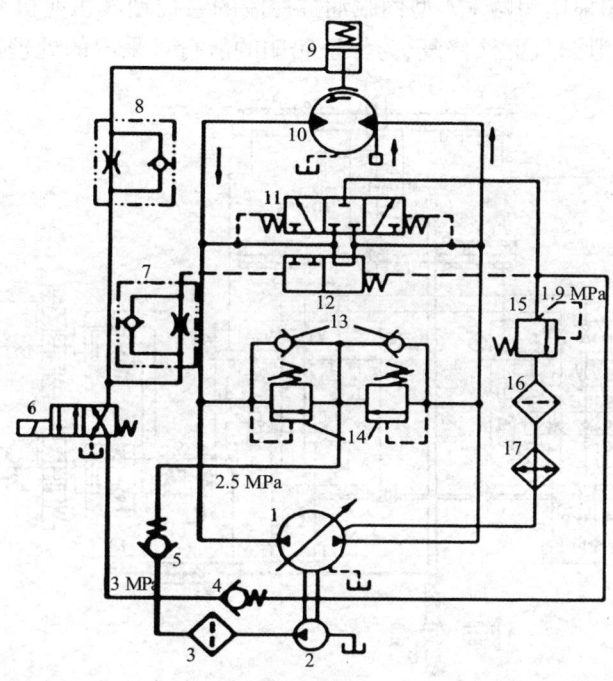

A. 5

B. 6

C. 7

D. 8

490. 关于连杆式液压马达,其连杆大端的凹形圆弧面和偏心轮的外圆配合,由_____连接。

A. 半圆形球承座

B. 弹性格删

C. 抱环紧箍

D. 连杆大端轴承

491. 舵机液压系统充油后,无残存空气的特征是舵机转动平稳,无异常_____。

A. 温度

B. 压力

C. 噪声

D. 速度

492. 关于舵的水动力,下列说法正确的是_____。

A. 舵的水动力就是舵压力

B. 舵的水动力方向垂直于舵叶中心,指向背水面

C. 舵的水动力包括水流对舵叶产生的摩擦力

D. 舵的水动力就是与水流方向垂直的升力

493. 对于采用伺服油缸控制的泵控型双泵四缸液压舵机系统,若某缸故障需要采用单泵双缸应急工作时,下列说法正确的是_____。

A. 若航速未降低,可以使用大舵角操舵

B. 若航速未提高,必须在机旁应急操舵

C. 若航速未降低,必须避免大舵角操舵

D. 若航速未提高,可以使用大舵角操舵

494. _____会造成液压装置工作油箱中的油位明显降低。

    A. 液压装置流量增大　　　　　　　B. 系统液压油箱温度明显升高

    C. 液压系统存在外泄漏故障　　　　D. 油泵或马达内泄漏增加

495. 如下图所示为船舶采用川崎 FM 型伺服油缸控制的泵控型液压舵机系统，在定速航行时，若 C_1 缸发生严重泄漏且无法修复，为保证船舶的航行可采取的处理措施是_____。

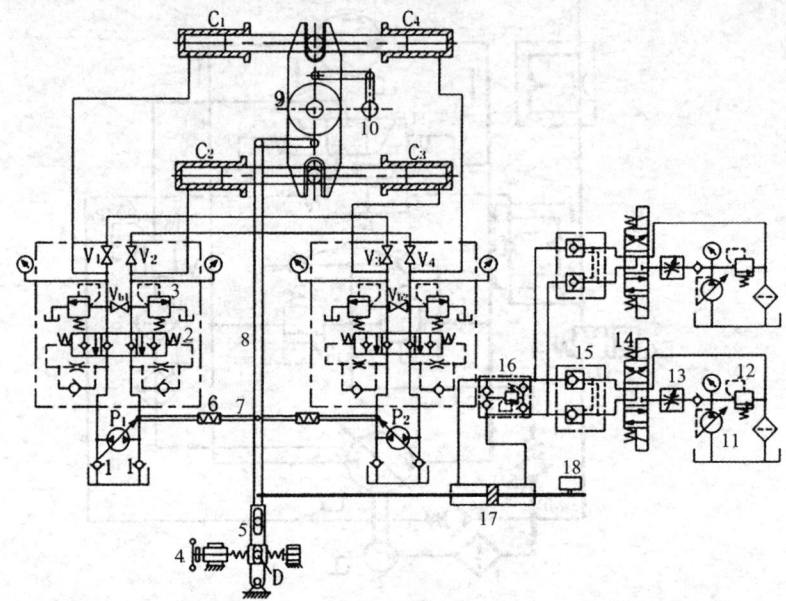

    A. 开启 V_{b_1} 使油缸 C_1、C_2 旁通，关闭 V_1、V_2，使用 P_2 泵组和油缸 C_3、C_4 转舵

    B. 开启 V_{b_2} 使油缸 C_3、C_4 旁通，关闭 V_1、V_2，使用 P_2 泵组和油缸 C_1、C_2 转舵

    C. 开启 V_{b_2} 使油缸 C_3、C_4 旁通，关闭 V_3、V_4，使用 P_1 泵组和油缸 C_3、C_4 转舵

    D. 开启 V_{b_1} 使油缸 C_1、C_2 旁通，关闭 V_3、V_4，使用 P_1 泵组和油缸 C_1、C_2 转舵

496. 液压马达的作用是将液压油的压力能转换为_____。

    A. 动能　　　　　　　　　　　　　B. 机械能

    C. 势能　　　　　　　　　　　　　D. 静压力

497. 起货机闭式液压系统能够起散热作用的阀件是_____。

    A. 换向节流阀　　　　　　　　　　B. 背压阀

    C. 低压选择阀　　　　　　　　　　D. 平衡阀

498. 船用密封装置中对密封材料的一般要求是_____。

    ①材料致密性好，不易泄漏介质；②有适当的机械强度和硬度；③压缩性和回弹性好，永久变形小；④高温下不软化、不分解，低温下不硬化、不脆裂

    A. ①②③④　　　　　　　　　　　B. ①②③

    C. ②③④　　　　　　　　　　　　D. ①③④

499. 液压马达的"爬行现象"是指其_____的现象。

    A. 负荷太大时，输出扭矩增大、低速甚至堵转

    B. 液压泵输出流量低时，马达转速太低

    C. 低速时转速随角度周期性地脉动

D. 转速太快时输出转矩太小或无力

500. 拨叉式转舵机构中限制柱塞行程的部件是_____。

  A. 止动块   B. 调节螺栓

  C. 导向架   D. 导杆

501. 液压马达的实际输出功率主要取决于_____。

  ①工作压差;②供入液压马达的流量;③容积效率;④机械效率

  A. ①②③   B. ②③④

  C. ①②③④   D. ①②④

502. 液压蓄能器按结构可分为_____。

  ①重力式;②弹簧式;③充气式;④皮囊式;⑤活塞式;⑥气瓶式

  A. ①②③   B. ③④⑤⑥

  C. ①③⑤   D. ①②③④⑤⑥

503. 下图为起重机构的泵控型闭式(半闭式)液压系统的原理图,图中低压选择阀 11 在_____工作于右位。

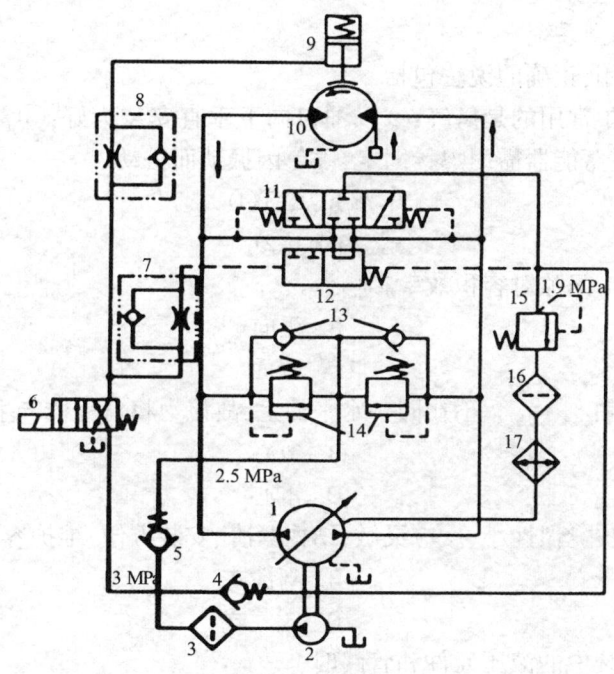

  A. 货物上升时   B. 货物下降时

  C. 货物上升或下降时   D. 货物悬停在半空中时

504. 船用液压舵机共用一套浮动杆控制两台主变量泵,如果泵变量机构的零位不一致,则同时使用时会导致_____。

  A. 跑舵   B. 舵慢

  C. 冲舵   D. 滞舵

505. _____会使液压油可压缩性增大,执行机构动作迟滞,形成气泡。

  A. 液压油氧化变质严重   B. 液压油污染严重

C. 液压油混入过多海水　　　　　　　　D. 液压油混入过多空气

506. 蓄能器与管路之间应装截止阀,吸收液压冲击或压力,一般尽可能_____为宜。
A. 水平安装在管路转角处
B. 水平安装在液压泵排出口处
C. 垂直安装在换向阀处
D. 垂直安装在靠近冲击源或脉动源处

507. 关于回转式液压起货机包括的安全保护装置,下列说法正确的是_____。
①补油高压保护;②控制油低压保护;③起升高油压保护;④低油位保护;⑤高油温保护;
⑥吊钩高位保护;⑦吊货索滚筒终端保护
A. ①②④⑥⑦　　　　　　　　　　　　B. ②③④⑤⑥⑦
C. ①③④⑤⑦　　　　　　　　　　　　D. ①②③⑤⑥

508. 采用恒功率变量马达液压系统的锚绞机械_____。
A. 既能采用阀控型系统,也能采用泵控型系统
B. 既不能采用阀控型系统,也不能采用泵控型系统
C. 只能采用阀控型系统
D. 只能采用泵控型系统

509. 关于蓄能器的使用,正确的说法包括_____。
①充气式蓄能器中常用的是氮气;②以油口向下垂直安装为好;③蓄能器与液压泵之间应安装单向阀;④蓄能器需用焊接固定,以免因振动而松动
A. ①③④　　　　　　　　　　　　　　B. ②③④
C. ①②③　　　　　　　　　　　　　　D. ①②

510. 叶片泵的_____间隙对容积效率影响最大。
A. 轴向　　　　　　　　　　　　　　　B. 径向
C. 叶片　　　　　　　　　　　　　　　D. 端面

511. 由于水动力与船舶_____不在同一水平面上,故该力将对船体产生横倾和纵倾力矩。
A. 浮心　　　　　　　　　　　　　　　B. 中心
C. 垂心　　　　　　　　　　　　　　　D. 重心

512. _____蓄能器皮囊惯性小、反应灵敏、结构紧凑、安装方便、维护容易。
A. 重力式　　　　　　　　　　　　　　B. 刚性式
C. 弹簧式　　　　　　　　　　　　　　D. 充气式

513. 拆卸液压舵机系统中的液压元件和管路时,_____。
①绝不能使用溶剂清洗;②必要时可用溶剂清洗;③可用绸布遮盖元件和管路;④不能用绸布遮盖元件和管路
A. ②③　　　　　　　　　　　　　　　B. ②④
C. ①③　　　　　　　　　　　　　　　D. ①④

514. 与柱塞式马达相比,叶片式液压马达_____。
①噪声小;②噪声大;③工作压力高;④工作压力低
A. ①④　　　　　　　　　　　　　　　B. ②③
C. ②④　　　　　　　　　　　　　　　D. ①③

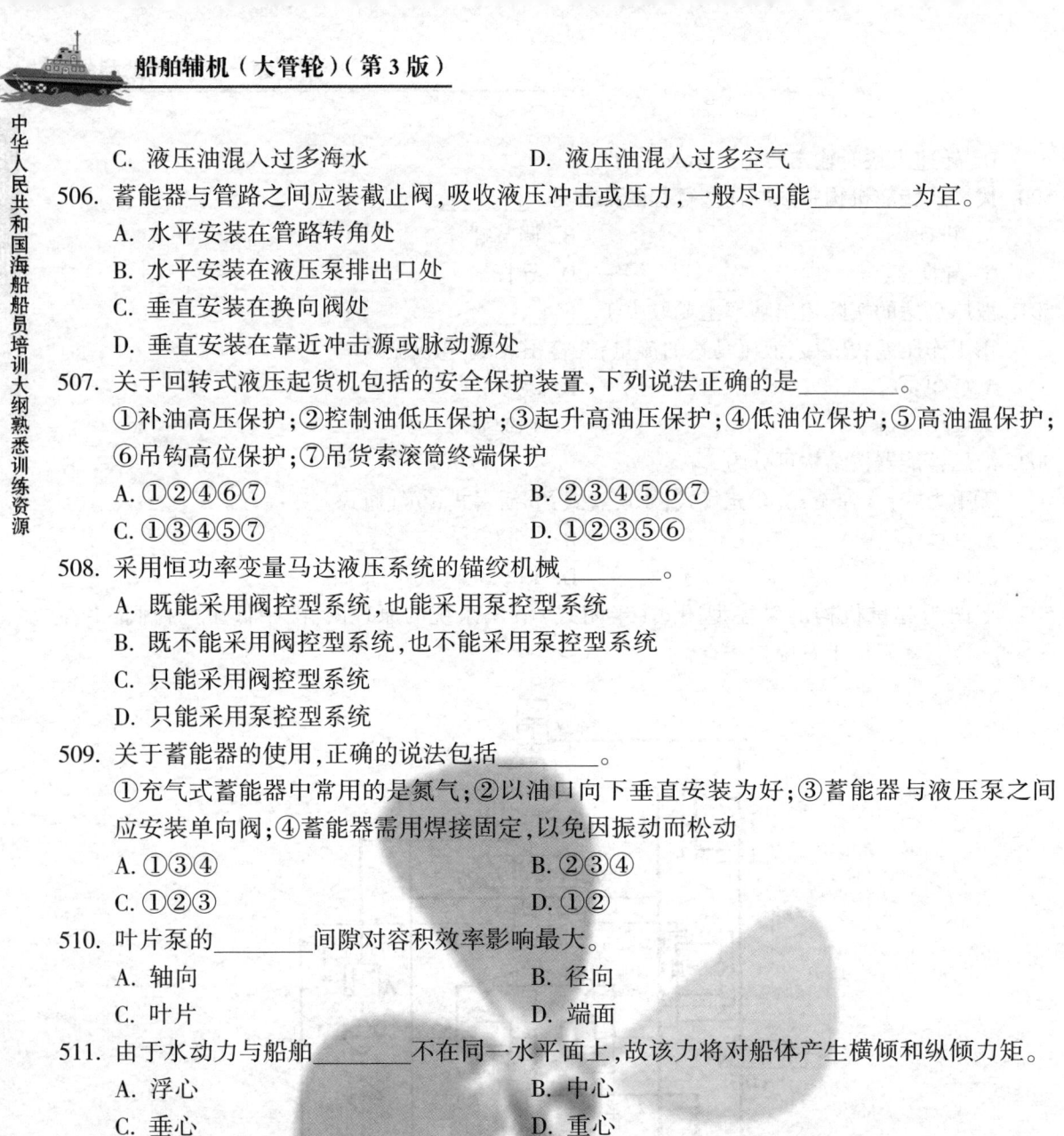

515. 气囊式液压储能器内应充_____。
①二氧化碳;②空气;③氧气;④氮气
　A. ④
　B. ②③
　C. ①②
　D. ①

516. 转船力矩大致随_____的增大而增大。
　A. 摩擦力
　B. 舵角
　C. 压力
　D. 阻力

517. 液压系统中储能器的功能不包括_____。
　A. 储存油液
　B. 散热以控制油温
　C. 使系统保持一定的油压力
　D. 吸收压力冲击和压力脉动

518. 舵杆顽固性泄漏往往由舵杆轴承_____支承损坏所致。
　A. 径向
　B. 轴向
　C. 周向
　D. 内侧

519. 工作过程负荷变化大的液压甲板机械,可采用恒_____变量泵作为液压系统主泵,配合定量液压油马达工作。
　A. 转速
　B. 功率
　C. 扭矩
　D. 压力

520. 内曲线式马达为了在液压缸转过进、回油窗口之间时不会产生_____现象,导轨曲面在相应位置须有一小段圆弧形过渡段。
　A."气穴"
　B. 跑油
　C. 困油
　D. 溢油

521. 液压舵机控制系统中的反馈信号发送部分发生故障,可能会导致_____。
　A. 转舵太慢
　B. 冲舵
　C. 滞舵
　D. 跑舵

522. 甲板机械常用的可限功率液压系统有_____。
①恒功率变量油马达液压系统;②恒功率变量泵液压系统;③无级变量马达液压系统;④有级变量马达液压系统;⑤带功率限制器的变量泵液压系统;⑥带功率限制器的变量油马达液压系统
　A. ②③④⑤
　B. ①②④⑤
　C. ①④⑥
　D. ②③⑤

523. 安装液压系统油缸填料时,注意不要划伤密封圈和_____表面。
　A. 油缸
　B. 压盖
　C. 柱塞
　D. 弹簧圈

524. 锚机的液压系统一般包括_____。
①液压泵;②液压马达;③控制阀;④滤器;⑤油箱
　A. ①②③④⑤
　B. ①③④⑤
　C. ①②③⑤
　D. ①②④⑤

525. 舵机液压系统主油路发生泄漏,可能会导致_____。
①转舵太慢;②滞舵;③冲舵;④只能单向转舵;⑤跑舵

A. ①③　　　　　　　　　　　　B. ①②③④

C. ①②③⑤　　　　　　　　　　D. ①②④⑤

526. 叶片式马达的工作压力为_____范围。

A. 高压　　　　　　　　　　　　B. 中压

C. 低压　　　　　　　　　　　　D. 中、低压

527. 回转式起货机发生控制油低压保护时，动作的元件一般为_____。

A. 压力开关　　　　　　　　　　B. 油位继电器

C. 主开关　　　　　　　　　　　D. 压力继电器

528. 滑式液压舵机撞杆和转舵油缸之间的 V 形密封圈的开口应朝向_____方向。

A. 撞杆圆周面　　　　　　　　　B. 油缸低压侧

C. 油缸高压侧　　　　　　　　　D. 油缸内壁

529. _____是指舵的转动明显滞后于操舵动作。

A. 滞舵　　　　　　　　　　　　B. 冲舵

C. 跑舵　　　　　　　　　　　　D. 舵不准

530. 油泵运转正常，机旁操舵正常，驾驶台操舵时舵不能转动，是因为_____。

A. 遥控系统失灵　　　　　　　　B. 主泵不供油

C. 主油路故障　　　　　　　　　D. 油位低位

531. 液压泵的作用是为液压系统供给足够的量和压力的油液去驱动_____。

A. 油马达　　　　　　　　　　　B. 阀

C. 执行元件　　　　　　　　　　D. 运转部件

532. 叶片式液压马达的叶片_____。
①径向安装；②轴向安装；③顶端不对称；④顶端对称

A. ①③　　　　　　　　　　　　B. ①④

C. ②③　　　　　　　　　　　　D. ②④

533. 稳舵或舵停在某舵角时，受水力作用导致舵角逐渐偏离原舵角，这种现象叫_____。

A. 舵不准　　　　　　　　　　　B. 冲舵

C. 偏舵　　　　　　　　　　　　D. 跑舵

534. _____不是锚机液压系统的组成部件。

A. 液压泵　　　　　　　　　　　B. 液压阀

C. 液压马达　　　　　　　　　　D. 压缩油柜

535. 液压舵机一旦出现跑舵故障，可以进行_____。
①检查系统中有无空气；②检查滤器是否堵塞；③检查内部是否泄漏；④检查液压锁是否泄漏

A. ②③④　　　　　　　　　　　B. ①②④

C. ①②③　　　　　　　　　　　D. ①③④

536. 舵机系统泵机组异常振动或有噪声的原因不包括_____。

A. 地脚螺栓松动　　　　　　　　B. 泵与电机对中不良

C. 联轴器损坏　　　　　　　　　D. 液压油温度过高

537. 泵控型液压系统都采用双向变量液压泵和_____系统。

A. 开式   B. 闭式

C. 电控   D. 气控

538. 关于气囊式液压储能器的安装和使用,下列说法正确的是_____。
①油口向上垂直安装;②油口向下垂直安装;③装在管路上的蓄能器需用支架固定;④装在管路上的蓄能器需焊接固定

A. ①③   B. ①④

C. ②③   D. ②④

539. 斜盘式轴向柱塞液压伺服式变量机构泵控点下移时,其差动活塞正确的是_____。

A. 液压油可以来自泵本身,活塞上下腔油压强相等,差动活塞不动

B. 液压油可以来自辅泵,活塞上下腔压力相等,差动活塞不动

C. 液压油可以来自泵本身,活塞上下腔油压强相等,差动活塞移动

D. 液压油可以来自辅泵,活塞上下腔压力相等,差动活塞移动

540. 如下图所示,如果系泊时缆绳张力过大,本系统中元件 8 _____。

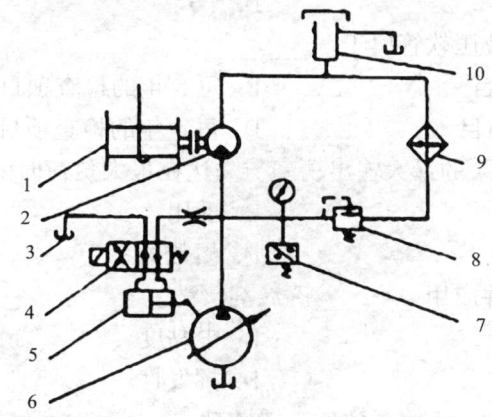

A. 处于关闭状态   B. 处于开启状态

C. 会反向开启   D. 泄压卸载

541. 舵机舵不能转动,检查发现液压系统主油路安全阀开启,故障原因很可能是_____。
①主泵不能供油;②泵阀不能开启;③缸阀未开;④主油路液控锁不能开启

A. ①②③   B. ①③④

C. ①②④   D. ②③④

542. 内曲线式油马达的特点是_____。
①低速稳定性好;②低速稳定性差;③对材料的要求较高;④对材料的要求不高;⑤结构和制作工艺简单;⑥结构和制作工艺复杂

A. ①③⑤   B. ②④⑥

C. ①③⑥   D. ②④⑤

543. 舵机液压系统安装完毕后,充油前应_____。

A. 调速   B. 驱气

C. 试验   D. 串油清洗

544. 液压系统发生了"气穴"现象,这可能是因为液压油发生了_____。

①固体杂质污染；②空气污染；③水污染

A. ①   B. ②

C. ①②③   D. ③

545. 液压舵机的工作油箱油位太低，可能会导致_____。

A. 冲舵   B. 跑舵

C. 转舵太慢   D. 滞舵

546. 对起货机的基本要求是起货机都必须_____。

①具有足够的功率；②可正、反转换向工作；③能够依工况在较大的范围内调节运行速度；④能可靠地有效制动和锁紧

A. ①②③④   B. ③④

C. ②③④   D. ①②

547. 液压锚机系统和其他受压部件的液压试验压力应为设计压力的_____倍。

A. 1   B. 2

C. 1.25   D. 1.5

548. 更换起货机所有的液压软管属于_____。

A. 每2年的检查项目   B. 每5年的检查项目

C. 每10年的检查项目   D. 每4年的检查项目

549. 采用恒扭矩调速时，泵的最大输出功率与马达在最大负荷时的最高转速成_____。

A. 正比   B. 反比

C. 平方关系   D. 指数关系

550. 装配液压泵前各零件应用_____洗涤剂清洗。

A. 低黏度   B. 中黏度

C. 高黏度   D. 挥发性

551. 舵机伺服系统中_____将导致舵不能转动。

①辅泵损坏；②伺服油缸旁通；③通信中断；④换向阀损坏

A. ①②④   B. ②③④

C. ①②③   D. ①③④

552. 采用_____变量液压马达，可根据负荷大小，通过手动的换挡阀来改变马达的排量，达到限制功率的目的。

A. 无级   B. 有级

C. 恒功率   D. 恒转速

553. 液压泵轴与电动机应以_____直联。

A. 皮带   B. 链轮

C. 弹性联轴器   D. 刚性联轴器

554. 双吊杆起货机由_____组成。

①两根吊货杆；②两台起重绞车；③两根回转杆；④两根转幅杆

A. ①②   B. ②③

C. ③④   D. ①②③

555. 舵机液压系统伺服油缸控制油路中存有气体，可能会导致_____。

A. 转舵太慢 　　　　　　　　B. 舵转到指令舵角后冲转过头

C. 舵的转动滞后于操舵动作 　　D. 稳舵时舵偏离所停舵角

556. 舵机滞舵的原因可能是_____。

①控制系统响应迟钝;②系统漏油严重;③主油路中混有大量空气

A. ①②③ 　　　　　　　　　　B. ①

C. ②③ 　　　　　　　　　　　D. ②

557. 液压系统用的密封件应避免放在_____的地方。

①室温较高;②日光直射;③潮湿;④空气对流;⑤阴暗

A. ①②③④ 　　　　　　　　　B. ①②③

C. ①②④⑤ 　　　　　　　　　D. ③④⑤

558. 舵机液压系统在检修过程中放气不够彻底,可能会导致_____。

A. 转舵太慢 　　　　　　　　　B. 冲舵

C. 滞舵 　　　　　　　　　　　D. 跑舵

559. 不属于清洗型滤油器的是_____滤油器。

A. 网式 　　　　　　　　　　　B. 纸质

C. 线隙式 　　　　　　　　　　D. 磁性

560. 舵机主油路油压低于正常值的原因有_____。

①旁通阀开启;②安全阀关闭不严;③备用泵锁闭阀关闭不严;④安全阀开启压力过高

A. ②③④ 　　　　　　　　　　B. ①②③

C. ①③④ 　　　　　　　　　　D. ①②④

561. 液压舵机发生跑舵的故障,多数是由于_____。

①两台变量泵同时工作;②主油路锁闭不严;③遥控系统工作不稳定;④两台变量泵共用的浮动杆中位调节不一致

A. ①②③ 　　　　　　　　　　B. ①②④

C. ①③④ 　　　　　　　　　　D. ①②③④

562. 更换液压系统油缸填料时,应拆开压盖,用专用工具取出_____和填料。

A. 弹簧环 　　　　　　　　　　B. 曲径环

C. 胀环 　　　　　　　　　　　D. 压环

563. 安装内曲线式马达配流轴时应注意使配流窗口之间密封段的中点对准导轨曲面过渡段的_____。

A. 始点 　　　　　　　　　　　B. 中点

C. 终点 　　　　　　　　　　　D. 2/3 点

564. 阀控型系统一般采用定量液压泵,泵的排油方向不变,要实现执行元件的运动方向的改变,需要设_____换向阀。

A. 二位三通 　　　　　　　　　B. 三位四通

C. 溢流 　　　　　　　　　　　D. 双向

565. 船舶正常航行时,关于舵机闭式液压系统主油路中主泵吸入侧和排出侧的油压,下列说法正确的是_____。

A. 吸入侧油压不低于补油条件所确定的正常范围,排出侧油压低于规定的最大工作油压

B. 吸入侧油压不高于补油条件所确定的正常范围,排出侧油压低于规定的最大工作油压

C. 吸入侧油压不低于补油条件所确定的正常范围,排出侧油压不高于规定的最大工作油压

D. 吸入侧油压不高于补油条件所确定的正常范围,排出侧油压不高于规定的最大工作油压

566. 当使用舵机液压系统主泵充油时,系统放气阀和转舵油缸的旁通阀的状态_____。

    A. 均应关闭   B. 应分别为开启和关闭

    C. 均应开启   D. 应分别为关闭和开启

567. 当负荷超过额定负荷的50%时,所有工作腔全部投入工作,马达排量增至最大,转速在0至最大额定转速之间无级调速,为_____档。

    A. 半速   B. 低速

    C. 中速   D. 高速

568. 斜盘式轴向柱塞泵液压伺服式变量机构当泵控点左移时,下列正确的是_____。

    A. 伺服滑阀右移,差动活塞左移一定位置

    B. 伺服滑阀左移,差动活塞左移一定位置

    C. 伺服滑阀右移,差动活塞右移一定位置

    D. 伺服滑阀左移,差动活塞右移一定位置

569. 液压马达的机械效率总是小于1,液压泵和液压马达的容积效率均小于1,这是因为_____。

    ①油在液压马达内流动存在泄漏损失;②油在液压马达内流动;③油在液压马达内流动还存在压力损失;④液压马达各相对运动部件存在摩擦损失

    A. ②③④   B. ①②④

    C. ①②   D. ③④

570. 液压系统密封装置应满足的要求包括_____。

    ①密封性能良好;②密封装置和运动件之间的摩擦力要足够大,摩擦系数稳定;③抗腐蚀力强;④结构简单

    A. ①②③   B. ①③④

    C. ①②④   D. ②③④

571. 带功率限制器的变量泵液压系统中,当油马达重载工作时,变量泵的_____位移受限。

    A. 差动活塞   B. 变量机构

    C. 功率限制器活塞   D. 伺服滑阀

572. 转舵扭矩随舵角增大而减小的转舵机构是_____。

    A. 转叶式   B. 十字头式

    C. 摆缸式   D. 拨叉式

573. 限压式变量泵是_____变量,而最大流量调整是通过改变_____。

    A. 单向;偏心距   B. 双向;偏心距

    C. 双向;补偿弹簧预紧力   D. 单向;补偿弹簧预紧力

574. 使内曲线式油马达旋转的力,是作用在导轨曲面上的_____。

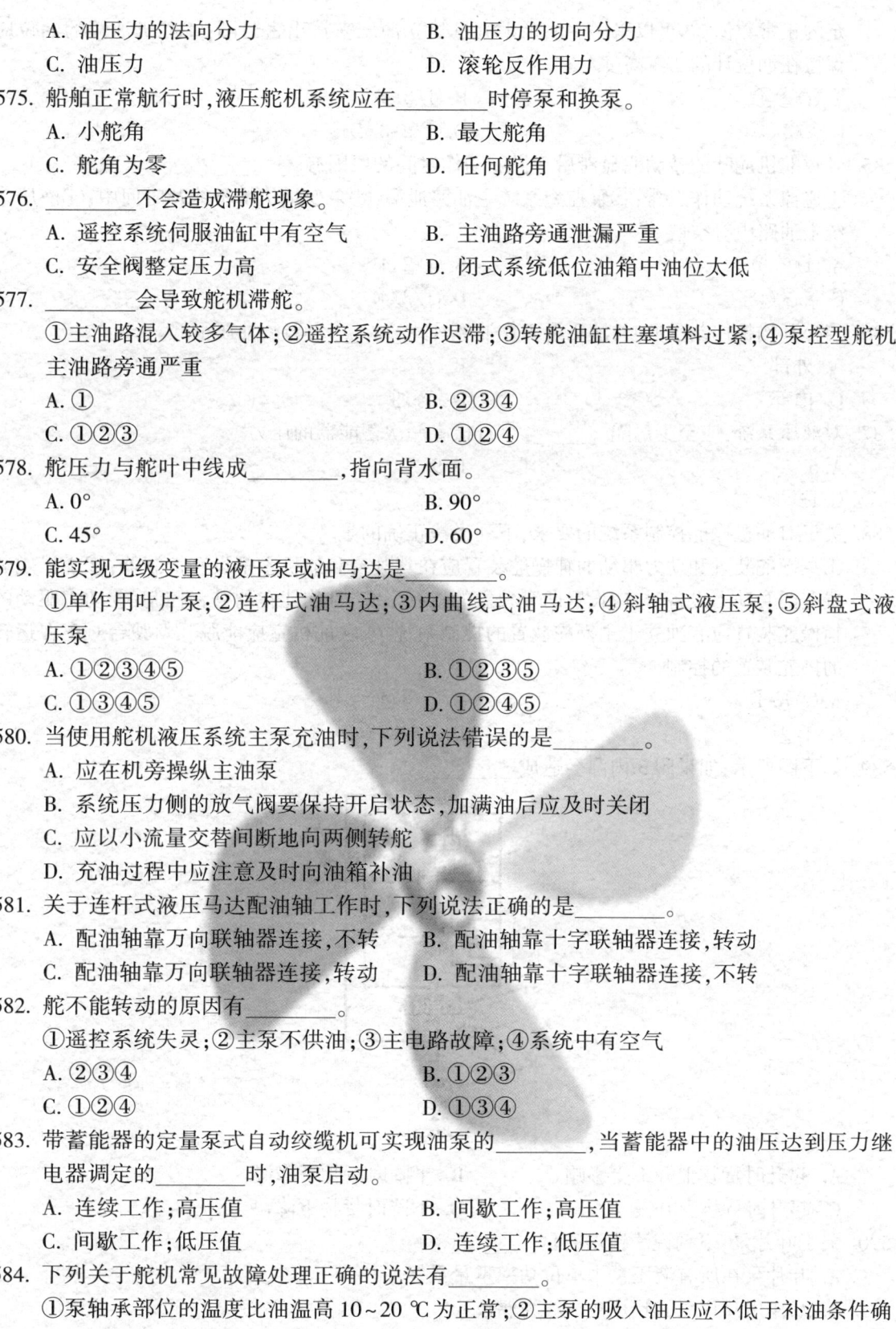

A. 油压力的法向分力   B. 油压力的切向分力

C. 油压力   D. 滚轮反作用力

575. 船舶正常航行时,液压舵机系统应在_____时停泵和换泵。

  A. 小舵角   B. 最大舵角

  C. 舵角为零   D. 任何舵角

576. _____不会造成滞舵现象。

  A. 遥控系统伺服油缸中有空气   B. 主油路旁通泄漏严重

  C. 安全阀整定压力高   D. 闭式系统低位油箱中油位太低

577. _____会导致舵机滞舵。

  ①主油路混入较多气体;②遥控系统动作迟滞;③转舵油缸柱塞填料过紧;④泵控型舵机主油路旁通严重

  A. ①   B. ②③④

  C. ①②③   D. ①②④

578. 舵压力与舵叶中线成_____,指向背水面。

  A. 0°   B. 90°

  C. 45°   D. 60°

579. 能实现无级变量的液压泵或油马达是_____。

  ①单作用叶片泵;②连杆式油马达;③内曲线式油马达;④斜轴式液压泵;⑤斜盘式液压泵

  A. ①②③④⑤   B. ①②③⑤

  C. ①③④⑤   D. ①②④⑤

580. 当使用舵机液压系统主泵充油时,下列说法错误的是_____。

  A. 应在机旁操纵主油泵

  B. 系统压力侧的放气阀要保持开启状态,加满油后应及时关闭

  C. 应以小流量交替间断地向两侧转舵

  D. 充油过程中应注意及时向油箱补油

581. 关于连杆式液压马达配油轴工作时,下列说法正确的是_____。

  A. 配油轴靠万向联轴器连接,不转   B. 配油轴靠十字联轴器连接,转动

  C. 配油轴靠万向联轴器连接,转动   D. 配油轴靠十字联轴器连接,不转

582. 舵不能转动的原因有_____。

  ①遥控系统失灵;②主泵不供油;③主电路故障;④系统中有空气

  A. ②③④   B. ①②③

  C. ①②④   D. ①③④

583. 带蓄能器的定量泵式自动绞缆机可实现油泵的_____,当蓄能器中的油压达到压力继电器调定的_____时,油泵启动。

  A. 连续工作;高压值   B. 间歇工作;高压值

  C. 间歇工作;低压值   D. 连续工作;低压值

584. 下列关于舵机常见故障处理正确的说法有_____。

  ①泵轴承部位的温度比油温高10~20 ℃为正常;②主泵的吸入油压应不低于补油条件确

定的正常数值;③可以采用主油泵小流量建立油压来挤出密封圈;④舵机油箱的油位应保持在油位计的 2/3 高度左右

A.①②④

B.①③④

C.②③④

D.①②③④

585. 导致舵机舵叶的转动明显滞后于操舵动作时间的原因有_____。

①遥控系统动作迟滞;②泵控型系统主油路泄漏;③泵变量机构不能及时回中;④液压系统主油路中有空气

A.①②③

B.①②④

C.②③④

D.①③④

586. 当松开锚机控制手柄时,液压泵工作油经马达_____循环,油压很低。

A. 外部

B. 溢流

C. 内部

D. 旁通

587. 对液压系统,应至少每隔_____个月检查一次蓄能器的压力。

A.6

B.9

C.12

D.3

588. 关于对舵机操舵控制系统的要求,下列说法正确的是_____。

①主操舵装置和动力驱动的辅操舵装置应在驾驶台和舵机室都设有控制器;②主操舵装置有两套动力设备时,应设置两套独立的控制系统,且均能在驾驶台控制;③动力驱动的辅操舵装置应有独立于主操舵装置的控制系统;④在舵机室应能脱开驾驶台对正在运转的操舵装置的控制

A.②③④

B.①③④

C.①②

D.①②③④

589. 如下图所示,如果阀 3 内漏会造成_____。

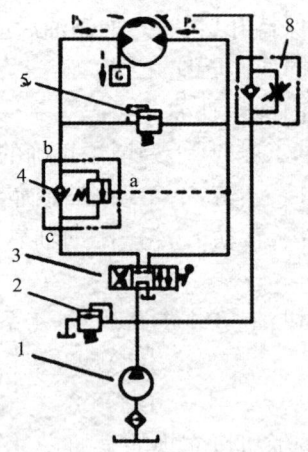

A. 起升时货物上升不受影响

B. 下降时货物下降慢

C. 起升时货物上升慢

D. 下降时货物下降快

590. 关于叶片泵,下列说法错误的是_____。

A. 叶片泵在所有液压泵中单位功率重量最轻

B. 双作用叶片泵的叶片数一般为偶数

278

C. 叶片泵的径向间隙对容积效率影响最大

D. 叶片泵的叶片与叶槽的间隙过大会降低容积效率

591. 泵控型舵机舵不能转动,检查发现液压系统主泵吸、排油压相近,故障原因可能是_____。

①备用泵锁闭不严;②旁通阀开启;③安全阀开启压力过低;④主油路液控单向阀未开启

A. ①②④ B. ①②③

C. ②③④ D. ①③④

592. 电气舵角指示器的指示舵角与实际舵角之间的偏差应不大于_____,而且正舵时的偏差应_____。

A. ±2°;不大于0° B. ±1°;不大于0°

C. ±2°;小于±1° D. ±1°;小于±1°

593. _____是防止污染物侵入液压油的措施。

①油箱要合理密封;②控制液压油工作温度;③为油箱装设高效能的空气滤清器;④在液压缸的活塞杆端装设防尘密封装置

A. ②③④ B. ①②③

C. ①③④ D. ①②④

594. 舵机间应保持_____。

①清洁;②干燥;③合适的温度;④合适的压力

A. ②③④ B. ①②③

C. ①③④ D. ①②④

595. 如发现液压系统空载时油压力和液压泵工作电流超过正常值,应检查_____。

①执行机构机械摩擦损失;②液压管路流动阻力损失;③密封件密封情况

A. ①②③ B. ①②

C. ②③ D. ①③

596. 蓄能器在液压系统中的用途包括_____。

①作辅助动力源;②补充泄漏和保持恒压;③作紧急动力源;④增加液压冲击和压力脉动

A. ①②③ B. ②③④

C. ①②④ D. ①③④

597. 阀控型(液压舵机)系统中液动换向主阀不能及时回中,将引起_____。

A. 跑舵 B. 滞舵

C. 冲舵 D. 舵不准

598. 滤油器的性能参数中,_____越大,滤器的工作寿命越长。

A. 额定压力 B. 压力降

C. 纳垢量 D. 额外流量

599. 关于内曲线式油马达,下列说法错误的是_____。

A. 油马达换向后,其导轨曲面的工作段和排油段也会发生转换

B. 其各配流口处的泄漏量是马达总泄漏量的主要部分

C. 内曲线式油马达可做成壳转式油马达

D. 内曲线式油马达低速稳定性不好

600. 回转式起货机机械限位保护包括_____。
①吊钩高位保护；②低油位保护；③吊货索滚筒终端保护；④吊臂高位限位保护；⑤吊臂低位限位保护

A. ①②④⑤   B. ①②③④
C. ①③④⑤   D. ①②③⑤

601. 油箱在液压系统中的主要功能包括_____。
①提供储油空间；②保持液压油温度；③分离油中的气体；④沉淀固体杂质

A. ②③④   B. ①②③
C. ①③④   D. ①②④

602. 电气遥控系统故障，不能及时正确传递反馈信号，将引起_____。

A. 滞舵   B. 冲舵
C. 跑舵   D. 舵不准

603. 液压系统密封圈形式不包括_____形。

A. V   B. O
C. X   D. Y

604. 为确保液压系统正常工作，_____不是油箱必须要求的。

A. 内设隔板   B. 油箱底部紧贴地面
C. 内壁涂有耐油防锈层   D. 容积足够大

605. 关于舵的水动力和舵压力，下列说法正确的是_____。

A. 舵的水动力大于舵压力   B. 舵的水动力等于舵压力
C. 舵的水动力小于舵压力   D. 舵的水动力与舵压力没有对应关系

606. 甲板机械泵控型闭式液压系统当重物下降时，油马达受落货的重力驱动排油，此时的油马达相当于_____。

A. 控制阀   B. 溢流阀
C. 安全阀   D. 液压泵

607. 六作用内曲线式油马达有_____个配流窗口。

A. 3   B. 6
C. 12   D. 24

608. 液压油的_____对温度非常敏感。

A. 黏性   B. 比重
C. 密度   D. 流动性

609. 双泵四缸泵控型液压舵机系统，工况选择正确的是_____。

A. 双泵四缸工况，适于机动航行
B. 单泵双缸工况，某缸有故障
C. 双泵双缸工况，狭窄水道，某缸出现故障
D. 单泵四缸工况，适于开阔水域机动航行

610. 下图所示阀控型舵机液压系统中，转舵慢的原因是_____。
①安全阀失灵；②旁通阀未关严；③防浪阀泄漏；④换向阀失灵；⑤锁闭阀泄漏

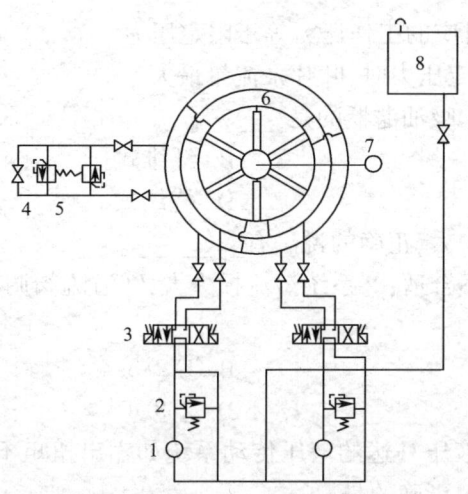

1—单向定量泵；2—安全阀；3—三位四通换向阀；4—旁通阀；
5—防浪阀；6—转舵油缸；7—反馈发信器；8—油柜

A.①②③④⑤　　　　　　　　B.①②③④
C.②③④⑤　　　　　　　　　D.①②④⑤

611. 关于舵机舵不转的可能原因,下列说法正确的有_____。
①电磁阀阀芯卡阻;②变量机构卡阻;③安全阀开启压力过低;④阀控型开式系统油箱油位过低

A.①③④　　　　　　　　　　B.②③④
C.①②④　　　　　　　　　　D.①②③④

612. 具有弧形挺杆部件的液压马达是_____。
A. 齿轮式马达　　　　　　　　B. 叶片式马达
C. 连杆式马达　　　　　　　　D. 柱塞式马达

613. 关于 O 形密封圈的使用与保管,正确的说法包括_____。
①应该存放在阴凉,但不潮湿的地方;②O 形密封圈可以堆放;③O 形密封圈吊挂;④O 形密封圈一般不可以重复使用

A.①④　　　　　　　　　　　B.①②
C.②③④　　　　　　　　　　D.①②③

614. 液压系统用的橡胶密封件的实际使用期限是_____。
A. 工作期−保管期　　　　　　B. 保管期
C. 保管期+工作期　　　　　　D. 工作期

615. 在闭式系统变量泵和定量油马达组成的恒功率调速系统中,马达的速度改变是由_____导致的。
A. 变量泵排出压力　　　　　　B. 变量泵吸入流量
C. 变量泵吸入压力　　　　　　D. 定量油马达出口压力

616. 关于外反馈式限压式变量叶片泵压力−流量特性曲线,下列说法正确的是_____。
A. 工作压力小于限定压力时,偏心距最小,流量最小
B. 曲线拐点时,其对应的压力为泵的极限压力

C. 曲线拐点时,其对应的工作压力等于限定压力

D. 工作压力大于限定压力时,叶片泵流量最大

617. 以下滤油器中常用作吸油滤器的是_____。

    A. 线隙式   B. 纤维式

    C. 金属网式   D. 烧结式

618. 关于起货机功率损失大,正确的说法有_____。

    ①液压油黏度选择不合适;②系统溢流损失大;③溢流阀调定值过高;④操作手柄零位时泵不能卸荷

    A. ①③④   B. ①②③④

    C. ①②④   D. ②③④

619. 采用变量泵和变量液压马达的液压传动系统如输出扭矩不变,若减小变量泵流量(设管路阻力变化可忽略),正确的是_____。

    A. 液压马达转速降低   B. 最大输出扭矩降低

    C. 工作油压降低   D. 液压马达转速不变

620. 叶片式马达的叶片一律_____放置,叶片顶端左右对称,两个主轴口口径相同。

    A. 径向   B. 周向

    C. 轴向   D. 分散

621. 舵机液压系统内空气的压缩、膨胀或在流经节流口时,将引起_____。

    A. 液流噪声   B. 液压阀噪声

    C. 泵机噪声   D. 电机噪声

622. 液压舵机安装完毕正式充油前,对液压系统和油箱的清洗_____。

    ①使用黏度足够低的油进行清洗;②一般选用烷氨基油较为适宜;③清洗时先使用辅油泵,用热的清洗油对系统循环冲洗;④清洁油箱时使用干净的棉纱将油箱内壁擦抹干净

    A. ①②   B. ①②③

    C. ①②④   D. ③④

623. 带阻尼孔的负重叠型非对称的斜盘式柱塞液压泵如果反转,将会_____。

    A. 电机过载   B. 产生噪声和振动

    C. 正常运转   D. 发生困油现象

624. 蓄能器在液压系统中的主要功能是_____。

    ①储存能量;②吸收脉动压力;③吸收冲击;④散发热量

    A. ②③④   B. ①②③

    C. ①③④   D. ①②④

625. 液压泵的作用是将原动机的机械能转变为液压油的_____。

    A. 压力能   B. 动力能

    C. 势能   D. 运动能

626. 对于液压泵的拆装,下列说法正确的是_____。

    ①拆装时不得用力捶击和撬拨;②泵内零件多经研配,并应防止换错偶件;③装配前各零件应用挥发性洗涤剂清洗并吹干;④装配前各零件应用干净的棉纱等擦洗

    A. ①②④   B. ①②③

C. ①③④　　　　　　　　　　　　　　D. ②③④

627. 液压系统中最常用的蓄能器是_____储能器。

    A. 气囊式　　　　　　　　　　　　　　B. 膜片式

    C. 活塞式　　　　　　　　　　　　　　D. 弹簧式

628. 在机旁操舵时滞舵现象也不会消除,导致这种故障的原因往往是_____。

    A. 主油路中有较多的气体　　　　　　B. 舵杆轴承磨损或润滑不良

    C. 油中固体颗粒较多较粗　　　　　　D. 遥控系统动作迟滞

629. 锚机在满足额定拉力和公称速度的条件下应能连续工作_____。

    A. 1 h　　　　　　　　　　　　　　　B. 30 min

    C. 任意　　　　　　　　　　　　　　D. 45 min

630. 采用滤纸滴油法时,若环形痕迹明显,表明_____的程度严重。

    A. 污染　　　　　　　　　　　　　　B. 氧化

    C. 锈蚀　　　　　　　　　　　　　　D. 催化

631. 起重机构的泵控型闭式液压系统执行元件采用液压缸时,承受高压的是_____。

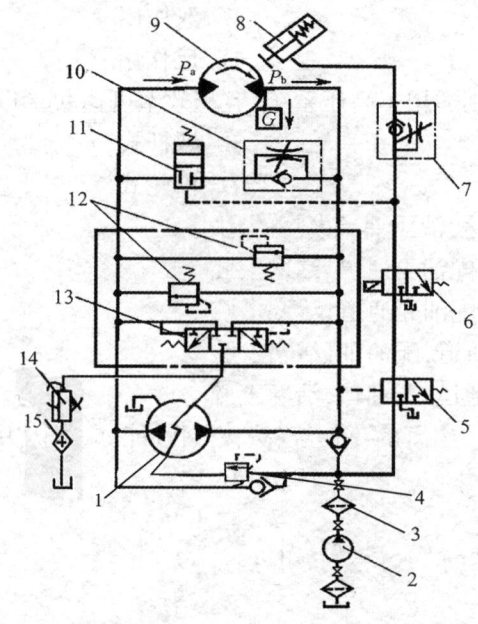

    A. 液压泵至液压缸下降进油口之间的管路在升、降时

    B. 液压泵至液压缸起升进油口之间的管路在升、降时

    C. 液压泵至液压缸的下降进油口之间的管路在升、降时和停止后

    D. 液压泵至液压缸的起升进油口之间的管路在升、降时和停止后

632. 锚机应能在过载拉力(不小于1.5倍额定拉力)下连续工作_____。

    A. 2 min　　　　　　　　　　　　　　B. 1 min

    C. 10 min　　　　　　　　　　　　　D. 5 min

633. 液压马达的功率损失包括_____损失。

    ①泄漏;②涡流;③摩擦;④液力

    A. ②③④　　　　　　　　　　　　　B. ①②③

C. ①③④   D. ①②④

634. 变量泵不宜在_____排量长时间运转。
    A. 零   B. 高
    C. 额定   D. 低

635. _____型系统主油路内部泄漏或旁通较严重,会引起滞舵。
    A. 泵控   B. 阀控
    C. 电磁   D. 控制

636. 当舵叶偏向一舷偏转一个舵角时,_____上的水压力比_____要小。
    A. 迎水面;背水面   B. 背水面;迎水面
    C. 混水面;纯水面   D. 纯水面;混水面

637. 液压马达在工作转速过低时会出现_____现象。
    A. 失速   B. 停止
    C. 空转   D. 爬行

638. 连杆式马达属于_____液压马达。
    A. 单作用   B. 双作用
    C. 正作用   D. 反作用

639. _____液压泵特别适用于高压系统,容积效率可达95%以上。
    A. 叶片式   B. 螺杆式
    C. 柱塞式   D. 齿轮式

640. 有关连杆式液压马达,液压油流向对的是_____。
    A. 配油口,配油轴,配油壳通道,活塞上腔
    B. 配油轴,配油口,配油壳通道,活塞上腔
    C. 配油口,配油壳通道,配油轴,活塞上腔
    D. 配油轴,配油壳通道,配油口,活塞上腔

641. _____形密封圈结构简单、制造容易、密封性能好、摩擦力小、安装方便。
    A. O   B. Y
    C. V   D. J

642. O形密封圈比所要求的_____尺寸小。
    A. 密封   B. 挡板
    C. 沟槽   D. 轴径

643. 关于液压系统用的密封件存放要求,下列说法正确的是_____。
    ①应装入聚乙烯袋并封口保存;②应开口存放;③应存放在阴暗处;④应存放在凉爽处
    A. ①③   B. ①③④
    C. ②④   D. ②③④

644. 液压舵机发生_____现象时,会导致跑舵故障。
    ①两台变量泵同时工作;②主油路锁闭不严;③遥控系统工作不稳定;④两台变量泵共用的浮动杆中位调节不一致;⑤主油路产生泄漏
    A. ①②③④⑤   B. ②③⑤
    C. ③④⑤   D. ①②③④

645. 下列滤油器中,_____属于一次性使用的滤油器。
  A. 折叠圆筒型滤油器　　　　　　B. 线隙式滤油器
  C. 烧结式滤油器　　　　　　　　D. 纸质滤油器

646. 船舶正常航行时,液压舵机系统中的柱塞和柱塞杆_____。
  A. 表面应该有油膜,也允许滴油　　B. 表面不能有油膜,更不得滴油
  C. 表面应该有油膜,但不得滴油　　D. 表面可以有油膜,但不得滴油

647. 舵机发生不能转动的原因有_____。
  ①安全阀开启压力过大;②阀控系统换向阀卡在中位;③阀控系统卸荷阀不能关闭;④储存弹簧折断或张力不足
  A. ①②④　　　　　　　　　　　B. ①③④
  C. ①②③④　　　　　　　　　　D. ②③④

648. _____能产生较高的压力,且流量受工作压力的影响较小,适合作液压泵。
  A. 叶轮式泵　　　　　　　　　　B. 容积式泵
  C. 喷射式泵　　　　　　　　　　D. 动力式泵

649. 液压装置中,动力元件包括_____。
  ①液压泵;②液压手摇泵;③换向阀;④液压马达;⑤液压油缸;⑥溢流阀;⑦蓄能器
  A. ①②　　　　　　　　　　　　B. ①②④⑤⑥
  C. ①②⑦　　　　　　　　　　　D. ②③④

650. 初步判断液压系统液压油的内漏情况的方法是_____。
  A. 观察液压系统油槽存油情况
  B. 定期检查并记录执行机构在空载、若干负荷和额定负荷下的速度,与原始数据比较
  C. 检查油箱油位
  D. 避开液压泵或马达壳体上的泄油管,检测其在额定状态下的泄油流量

651. 当舵机系统出现_____时,通常在位于主机处所或集控室内明显位置以及驾驶台内,给出声、光报警。
  ①动力设备或控制系统的动力故障;②液压油柜油位低;③电路或电动机断相及过载;④舵转动太慢
  A. ②③④　　　　　　　　　　　B. ①②③④
  C. ①②④　　　　　　　　　　　D. ①②③

652. 舵机发生冲舵的原因有_____。
  ①伺服系统换向阀卡阻不能及时回中;②泵变量机构不能及时回中;③阀控型系统中液动换向主阀不能及时回中;④油缸内存在较多空气
  A. ①②③　　　　　　　　　　　B. ②③④
  C. ①②③④　　　　　　　　　　D. ①③④

653. 与齿轮式马达相比,叶片式液压马达_____。
  ①低速稳定性好;②低速稳定性差;③对油液污染度敏感;④对油液污染度不敏感
  A. ①④　　　　　　　　　　　　B. ②③
  C. ②④　　　　　　　　　　　　D. ①③

654. _____液压马达属于低速液压马达。

A. 齿轮式   B. 螺杆式

C. 叶片式   D. 轴向柱塞式

655. 叶片泵单位功率的重量是所有液压泵中_____。

A. 最轻的   B. 居中的

C. 最重的   D. 最不确定的

656. 叶片式马达两侧端盖内侧有油道,使叶槽底部始终与叶片_____相通,油压保持一致。

A. 顶部   B. 中部

C. 底部   D. 油槽

657. 下列关于O形密封圈的使用管理,说法错误的是_____。

A. 尽量避免阳光直射或放置在锅炉等高温热源附近

B. O形圈安装时,要保证干净,避免沾上油脂

C. 在不使用的情况下尽量不要打开O形圈原包装

D. O形圈装入沟槽中时,注意不要使O形圈发生扭曲

658. 液压系统油箱的功能包括_____。

①储存油液;②散热控制油温;③释放油压力能;④分离气泡;⑤沉淀油中杂质

A. ①②③⑤   B. ①②④⑤

C. ①②③④   D. ①③④⑤

659. 液压系统中的_____选择不当,导致系统中的固体颗粒越积越多。

A. 管路   B. 滤油器

C. 控制元件   D. 分离器

660. 活塞连杆式油马达瞬时排量随输出轴的_____变化而变化。

A. 输出功率   B. 转速

C. 转角   D. 扭矩

661. 斜盘式变量泵运转中柱塞依靠_____移动而往复运动。

A. 中心弹簧   B. 主泵油压

C. 斜盘   D. 辅泵油压

662. 当松开控制手柄时,阀控型闭式液压系统锚机的控制滑阀会在内设复位弹簧作用下停在_____。

A. 中位   B. 安全位

C. 右位   D. 左位

663. 关于起升系统和回转系统的低压选择阀,下列说法正确的是_____。

A. 起升系统和回转系统都必须是二位二通

B. 起升系统和回转系统都是二位三通

C. 回转系统是三位三通,起升系统可以是二位三通

D. 起升系统是三位三通,回转系统可以是二位三通

664. 关于液压马达使用注意事项,下列说法正确的是_____。

①长期连续工作,油压应不高于75%额定压力为宜;②输出轴与被驱动机构的同心度应保持在允许范围内;③叶片式马达必须使回油保持足够的背压;④初次使用的马达壳体内要灌满工作油;⑤泄油管最高水平位置应低于马达;⑥通过检查泄油量的大小可判断

是否内漏

A. ①②③④⑤⑥　　　　　　　　B. ①②④⑥

C. ②③④⑤　　　　　　　　　　D. ①②④⑤⑥

665. 液压起货机电气操纵机构的控制对象不是_____。

　　A. 比例电磁换向节流阀　　　　B. 电磁比例泵

　　C. 电磁比例马达　　　　　　　D. 电磁比例行程控制器

666. 转舵扭矩与舵角无关的转舵机构是_____。

　　A. 十字头式　　　　　　　　　B. 转叶式

　　C. 拨叉式　　　　　　　　　　D. 滚轮式

667. 舵机遥控系统中,自动操舵系统的转舵依据是_____。

　　A. 手动操舵转舵、停转指令　　B. 舵叶实际舵角与指令舵角之差

　　C. 船舶实际航向与设定航向之差　D. 风、水流等的扰动信号

668. 关于斜盘式轴向柱塞泵,下列说法错误的是_____。

　　A. 斜盘式轴向柱塞泵一般通过改变斜盘倾角来调节流量

　　B. 柱塞的长度和直径会影响斜盘式轴向柱塞泵的排量

　　C. 柱塞的直径和斜盘倾角会影响斜盘式轴向柱塞泵的排量

　　D. 柱塞的个数和斜盘倾角会影响斜盘式轴向柱塞泵的排量

669. 转舵扭矩随舵角的增大而增大的转舵机构是_____。

　　A. 滚轮式　　　　　　　　　　B. 拨叉式

　　C. 摆缸式　　　　　　　　　　D. 转叶式

670. 调整机翼剖面相对于水流的攻角,使两舷的减摇鳍所产生的_____形成一个阻碍船舶横摇的力偶矩。

　　A. 阻力　　　　　　　　　　　B. 升力

　　C. 降力　　　　　　　　　　　D. 推力

671. 关于连杆式马达的以下说法中,不正确的是_____。

　　A. 配流轴可以做成静压平衡

　　B. 压力油可通至连杆大端底部,实现静压平衡

　　C. 连杆小端球头接触面积大易实现静压平衡

　　D. 配流轴需和曲轴通过十字形滑块联轴器连在一起同步转动

672. 转叶式转舵机构最薄弱的环节是_____。

　　A. 内部密封差　　　　　　　　B. 润滑不方便

　　C. 扭矩特性最差　　　　　　　D. 舵承负荷大

673. 关于舵机的日常管理,下列说法正确的有_____。

　　①油位应经常保持在油位计显示范围的 2/3 左右;②主泵排出侧的油压应不高于规定的最大工作油压;③对需要加油的摩擦部位,必须适时适量地加油;④油箱油温通常不应比室温高出 30 ℃以上

　　A. ②③④　　　　　　　　　　B. ①②④

　　C. ①②③④　　　　　　　　　D. ①③④

674. 从液压油保管期限考虑,应_____。

A. 一次性购置备用油的数量,待几乎全部用完后,再行购置

B. 备用油按需而定,分批保管,按次序使用

C. 按需供应,不能保存备用油

D. 因液压油无有效期方面的规定,可以保存大量的备用油

675. 关于叶片泵,下列说法错误的是_____。

A. 叶片泵设计成双作用式结构,有利于平衡轴向液压力

B. 叶片泵按转向看,叶片通常是采用后倾角

C. 叶片泵在所有液压泵中单位功率重量最轻

D. 双作用叶片泵叶片通常采用前倾角

676. 关于回转式液压起货机包括的安全保护装置,下列说法不正确的是_____。

A. 货物下降时,钢丝绳在滚筒上只剩下三圈时,限位开关工作,终止货物降低

B. 吊臂设高位和低位限制

C. 起升机构超载,油压升高至设定值时,将切断主控制电路

D. 当补油压力低于系统设定值时,将切断主控制电路

677. 船舶进出港和窄水道航行时舵机用双泵并联工作,目的是_____。

①转舵速度提高一倍;②转舵扭矩提高一倍

A. ①②都不对   B. ①

C. ②   D. ①②

678. 关于O形密封圈安装使用的注意事项,下列说法错误的是_____。

A. 装配前,密封沟槽、密封耦合面必须严格清洗;同时对O形圈装配中要通过的表面涂敷润滑脂

B. 安装过程中不允许出现O形圈被划伤和位置安装不正,但允许出现O形圈稍有扭曲的现象

C. 为了防止O形圈在安装时被尖角和螺纹等锐边切伤或划伤,应在安装的轴端和孔端留有15°~30°的引入角

D. 当O形圈需通过外螺纹时,应使用专用的薄壁金属导套,套住外螺纹

679. 转叶式转舵机构的特点不包括_____。

A. 任何舵角工作油压不变

B. 转舵时油压不对舵杆产生侧推力

C. 内部密封难度大,适用油压不如往复式高

D. 结构紧凑,安装方便

680. 斜盘式轴向泵吸入压力过低时,容易产生_____现象。

A. 腐蚀   B. 气蚀

C. "气穴"   D. 困油

681. _____的作用是将液压油的压力能转变成机械能。

A. 液压马达   B. 液压泵

C. 控制阀   D. 蓄能器

682. 叶片式马达叶片顶端对定子内表面_____较大,机械效率、启动效率较低。

A. 传动力   B. 惯性力

C. 离心力　　　　　　　　　　　D. 摩擦力

683. 液压舵机油泵轴承部位的温度比油温高_____为正常。
　　A. 5~10 ℃　　　　　　　　　　B. 10~20 ℃
　　C. 20~30 ℃　　　　　　　　　　D. 30~40 ℃

684. 舵机液压泵在停用时,工作油箱和补油箱的油位应保持在油位计的_____。
　　A. 2/3　　　　　　　　　　　　B. 3/4
　　C. 1/2　　　　　　　　　　　　D. 1/3

685. 当回转式起货机主油箱油位低于设定值时,_____继电器就会断路,使主电机断电并报警。
　　A. 压力　　　　　　　　　　　　B. 温度
　　C. 速度　　　　　　　　　　　　D. 油位

686. _____不是摆缸式转舵机构的特点。
　　A. 进排油量不等,油路中需采取容积补偿措施
　　B. 扭矩特性好
　　C. 主油管要用高压软管
　　D. 常用活塞式双作用油缸,内表面加工及密封要求高

687. 正航船舶平衡舵的转舵扭矩会出现负扭矩的是_____。
　　①小舵角回中;②小舵角转离中位;③大舵角回中;④大舵角转离中位
　　A. ①③④　　　　　　　　　　　B. ②③
　　C. ①②③　　　　　　　　　　　D. ②③④

688. 关于舵压力,下列说法错误的是_____。
　　A. 舵压力方向垂直于舵叶中心,指向背水面
　　B. 舵压力是指舵叶所受水压力的合力
　　C. 舵压力在舵叶中线的作用点称为舵压力中心
　　D. 舵压力即为水流对舵叶产生的水动力

689. 转舵扭矩与舵叶浸水面积的_____和相对水速的_____成正比。
　　A. 一次方;一次方　　　　　　　B. 一次方;二次方
　　C. 二次方;一次方　　　　　　　D. 二次方;二次方

690. 根据《钢质海船入级规范》规定,锚机链轮或卷筒应装有可靠的制动器,制动器刹紧后应能承受锚链断裂负荷_____的静拉力。
　　A. 25%　　　　　　　　　　　　B. 35%
　　C. 45%　　　　　　　　　　　　D. 55%

691. 双作用叶片泵与齿轮泵相比,不具备的优点是_____。
　　A. 流量更均匀　　　　　　　　　B. 径向液压力平衡
　　C. 结构更紧凑　　　　　　　　　D. 管理更简单

692. 关于叶片泵,下列说法正确的是_____。
　　A. 各叶片尺寸相同,可与各叶片槽任意换装使用
　　B. 定子过一定使用期后,可两端面互换安装
　　C. 叶片装入叶槽中不能太松,应用手轻推才移动

D. 叶片和转子与配流盘的轴向间隙是相等的

693. 双作用高压叶片泵重点要解决的是_____。

    A. 使轴承能适应高的径向负荷

    B. 使电动机功率提高

    C. 使泵体强度增加

    D. 降低叶片在吸入区时底部的油压,以免过度磨损

694. 关于柱塞式液压泵管理的说法,正确的是_____。

    A. 有自吸能力,初用时不必向泵壳内灌油

    B. 泵壳内有油,长时间在零排量位置运转没关系

    C. 为防止虹吸,泵壳泄油管出口可在油箱液面之上

    D. 有安全阀,关排出阀启动没有危险

695. 关于柱塞式液压泵的以下说法中,正确的是_____。

    A. 不宜用皮带传动　　　　　　　　B. 允许的吸入真空度较大

    C. 泵壳内的油压不允许大于 0.5 MPa　D. 允许在中位较长时间运转

696. 关于斜轴式轴向柱塞泵,下列说法中错误的是_____。

    A. 滤油精度要求比斜盘式低

    B. 油缸摆角可较大,故流量调节范围比斜盘式大

    C. 轴不穿过缸体,外形更为紧凑

    D. 泵的耐冲击性优于斜盘式

697. 斜盘泵的非对称配流盘是指其_____。

    A. 两配油口宽度不等　　　　　　　B. 两配油口弧长不等

    C. 中线相对斜盘中线偏转　　　　　D. 油窗口两端阻尼孔不对称

698. 斜盘泵的负重叠型配流盘是指油缸配油口的圆心角_____。

    A. 小于配流盘封油角　　　　　　　B. 大于配流盘封油角

    C. 小于配流盘油窗口圆心角　　　　D. 大于配流盘油窗口圆心角

699. 内曲线液压马达配油轴上油窗口的数目等于_____。

    A. 导轨曲面段数　　　　　　　　　B. 柱塞数目

    C. 导轨曲面段数的两倍　　　　　　D. 柱塞数目的两倍

700. 壳转式内曲线液压马达的进出油管是接在_____上。

    A. 壳体　　　　　　　　　　　　　B. 配油轴

    C. 缸体　　　　　　　　　　　　　D. 端盖

701. 关于内曲线液压马达的优点,下列说法中错误的是_____。

    A. 扭矩脉动率为零　　　　　　　　B. 工艺简单

    C. 最低稳定转速低　　　　　　　　D. 壳体、油缸体和配油轴上径向液压力完全平衡

702. 直接影响连杆式液压马达排量的是_____。

    A. 连杆长度　　　　　　　　　　　B. 偏心轮直径

    C. 转速　　　　　　　　　　　　　D. 偏心轮的偏心距

703. 关于连杆式马达的以下说法中错的是_____。

    A. 可以做成轴转式,也可做成壳转式　B. 可以做成有级变量,也可做成无级变量

C. 转速越高,需要的回油背压越高　　D. 有五个油缸的马达称为五作用油马达

704. 叶片式马达的缺点不包括_____。

  A. 容积效率较低　　　　　　　　B. 低速稳定性差

  C. 不能适用高压　　　　　　　　D. 只能做成低速马达

705. 液压马达除有供进回油的主油管外,壳体上_____。

  A. 有通回油管的油管　　　　　　B. 有通进油管的油管

  C. 有直通油箱的油管　　　　　　D. 没有油管,只有丝堵

706. 拨叉式转舵机构与十字头式的相比,下列说法错误的是_____。

  A. 结构简单,拆装方便　　　　　B. 尺寸,重量较小

  C. 柱塞要受侧推力,影响密封　　D. 扭矩特性相同

707. 使用日久后,舵柄与转舵机构之间的间隙磨损后能自动补偿的是_____转舵机构。

  A. 十字头式　　　　　　　　　　B. 拨叉式

  C. 滚轮式　　　　　　　　　　　D. 摆缸式

708. 滚轮式转舵机构与拨叉式的相比,下列说法错误的是_____。

  A. 结构和拆装更简单

  B. 布置方式可更灵活

  C. 不会因磨损而引起撞击

  D. 最大工作油压公称扭矩相同时,油缸直径较小

709. _____转舵机构的主油管与油缸之间要以软管连接。

  A. 转叶式　　　　　　　　　　　B. 滚轮式

  C. 摆缸式　　　　　　　　　　　D. 拨叉式

参考答案

解析

第一节　空压机和压缩空气系统

1. D	2. B	3. B	4. B	5. D	6. B	7. C	8. D	9. B	10. D
11. A	12. D	13. A	14. C	15. C	16. D	17. B	18. A	19. B	20. D
21. C	22. B	23. A	24. B	25. B	26. A	27. B	28. B	29. B	30. D
31. D	32. D	33. C	34. C	35. B	36. D	37. C	38. B	39. A	40. A
41. D	42. A	43. B	44. D	45. C	46. D	47. C	48. D	49. C	50. C
51. D	52. A	53. D	54. C	55. A	56. C	57. C	58. C	59. C	60. C
61. C	62. C	63. C	64. C	65. D	66. A	67. C	68. C	69. C	70. C
71. C	72. D	73. B	74. D	75. D	76. A	77. C	78. A	79. D	80. A
81. B	82. B	83. C	84. A	85. A	86. C	87. C	88. D	89. D	90. A
91. B	92. D	93. B	94. A	95. B	96. C	97. C	98. C	99. B	100. D
101. B	102. D	103. C	104. C	105. C	106. A	107. C	108. D	109. D	110. C
111. C	112. A	113. D	114. B	115. C	116. C	117. B	118. D	119. D	120. C
121. C	122. A	123. B	124. D	125. D	126. A	127. C	128. C	129. A	130. D

131. C	132. D	133. D	134. A	135. B	136. C	137. D	138. D	139. D	140. A
141. C	142. C	143. C	144. B	145. A	146. B	147. C	148. C	149. C	150. D
151. C	152. B	153. C	154. B	155. D	156. D	157. D	158. C	159. C	160. B
161. A	162. C	163. D	164. C	165. D	166. D	167. D	168. D	169. C	170. D
171. B	172. C								

第二节　液压控制设备

1. A	2. D	3. C	4. B	5. A	6. B	7. B	8. A	9. C	10. D
11. C	12. C	13. B	14. D	15. A	16. A	17. B	18. C	19. A	20. C
21. C	22. B	23. A	24. B	25. A	26. B	27. D	28. C	29. C	30. A
31. A	32. B	33. A	34. C	35. D	36. A	37. C	38. A	39. D	40. D
41. A	42. B	43. B	44. A	45. A	46. C	47. D	48. C	49. D	50. D
51. D	52. D	53. C	54. C	55. D	56. A	57. D	58. A	59. B	60. C
61. B	62. C	63. B	64. C	65. C	66. C	67. C	68. B	69. A	70. A
71. C	72. C	73. B	74. C	75. A	76. B	77. A	78. B	79. B	80. C
81. A	82. D	83. D	84. B	85. C	86. B	87. B	88. B	89. C	90. B
91. C	92. C	93. D	94. C	95. B	96. C	97. C	98. A	99. B	100. C
101. A	102. D	103. C	104. C	105. D	106. D	107. C	108. B	109. C	110. B
111. C	112. C	113. D	114. D	115. C	116. C	117. B	118. D	119. A	120. B
121. A	122. A	123. C	124. A	125. A	126. C	127. B	128. C	129. A	130. C
131. D	132. A	133. C	134. B	135. D	136. C	137. D	138. B	139. D	140. D
141. D	142. B	143. A	144. C	145. A	146. C	147. C	148. C	149. C	150. B
151. B	152. D	153. B	154. C	155. C	156. A	157. A	158. C	159. C	160. D
161. C	162. B	163. A	164. C	165. C	166. B	167. A	168. D	169. C	170. C
171. D	172. D	173. C	174. C	175. B	176. A	177. C	178. B	179. B	180. B
181. A	182. C	183. C	184. B	185. C	186. D	187. A	188. C	189. B	190. A
191. B	192. C	193. C	194. D	195. C	196. A	197. B	198. C	199. A	200. D
201. C	202. A	203. A	204. C	205. B	206. D	207. D	208. C	209. B	210. C
211. C	212. D	213. A	214. A	215. C	216. D	217. D	218. A	219. D	220. A
221. C	222. D	223. D	224. A	225. D	226. C	227. D	228. D	229. D	230. A
231. C	232. D	233. A	234. C	235. D	236. B	237. D	238. D	239. D	240. C
241. A	242. D	243. C	244. B	245. A	246. B	247. A	248. D	249. C	250. C
251. A	252. D	253. D	254. C	255. D	256. D	257. D	258. C	259. C	260. C
261. A	262. B	263. B	264. B	265. D	266. B	267. A	268. A	269. D	270. B
271. A	272. C	273. B	274. B	275. D	276. D	277. A	278. B	279. B	280. C
281. C	282. C	283. B	284. B	285. D	286. C	287. D	288. C	289. C	290. D
291. D	292. A	293. D	294. C	295. D	296. C	297. C	298. A	299. B	300. A
301. A	302. B	303. A	304. B	305. D	306. B	307. D	308. B	309. D	310. B

311. C	312. D	313. C	314. C	315. A	316. A	317. A	318. A	319. D	320. B
321. B	322. B	323. A	324. B	325. B	326. A	327. A	328. D	329. C	330. A
331. B	332. D	333. A	334. C	335. D	336. C	337. A	338. B	339. D	340. D
341. C	342. D	343. A	344. C	345. A	346. B	347. D	348. B	349. A	350. A
351. D	352. A	353. B	354. A	355. B	356. C	357. A	358. B	359. B	360. D
361. C	362. A	363. A	364. B	365. B	366. B	367. A	368. C	369. B	370. B
371. A	372. C	373. D	374. A	375. D	376. C	377. A	378. B	379. C	380. B
381. C	382. C	383. C	384. A	385. C	386. B	387. A	388. B	389. B	390. B
391. D	392. A	393. A	394. D	395. D	396. C	397. A	398. B	399. B	400. C
401. A	402. A	403. B	404. B	405. A	406. C	407. A	408. B	409. B	410. D
411. A	412. C	413. A	414. B	415. D	416. A	417. A	418. B	419. D	420. C
421. C	422. D	423. A	424. D	425. A	426. B	427. C	428. D	429. B	430. D
431. D	432. D	433. B	434. D	435. D	436. A	437. C	438. B	439. B	440. A
441. A	442. A	443. C	444. B	445. C	446. D	447. C	448. B	449. B	450. B
451. A	452. D	453. A	454. B	455. C	456. D	457. B	458. C	459. C	460. C
461. D	462. B	463. A	464. D	465. A	466. C	467. C	468. A	469. C	470. C
471. C	472. D	473. C	474. C	475. B	476. A	477. A	478. C	479. C	480. B
481. D	482. B	483. C	484. C	485. B	486. C	487. D	488. D	489. D	490. D
491. D									

第三节　液压动力系统

1. B	2. A	3. D	4. C	5. D	6. D	7. D	8. C	9. C	10. B
11. B	12. D	13. B	14. C	15. D	16. A	17. B	18. B	19. D	20. C
21. B	22. D	23. D	24. B	25. D	26. B	27. C	28. D	29. B	30. D
31. D	32. D	33. D	34. A	35. B	36. D	37. A	38. B	39. D	40. D
41. C	42. A	43. A	44. C	45. C	46. B	47. A	48. B	49. D	50. D
51. B	52. C	53. C	54. A	55. D	56. D	57. C	58. C	59. D	60. C
61. D	62. D	63. A	64. B	65. C	66. A	67. C	68. B	69. B	70. D
71. D	72. D	73. B	74. D	75. B	76. A	77. C	78. B	79. C	80. C
81. B	82. D	83. B	84. C	85. C	86. A	87. D	88. B	89. B	90. D
91. A	92. C	93. C	94. D	95. D	96. C	97. D	98. D	99. B	100. D
101. C	102. B	103. B	104. D	105. C	106. A	107. C	108. C	109. B	110. B
111. D	112. D	113. B	114. C	115. D	116. C	117. C	118. D	119. B	120. D
121. D	122. A	123. C	124. C	125. C	126. C	127. A	128. C	129. C	130. A
131. B	132. A	133. B	134. C	135. A	136. C	137. D	138. D	139. D	140. C
141. B	142. D	143. C	144. C	145. D	146. C	147. D	148. D	149. A	150. B
151. D	152. B	153. A	154. C	155. C	156. C	157. D	158. C	159. A	160. B
161. C	162. B	163. D	164. B	165. A	166. D	167. C	168. D	169. C	170. C

171. B	172. D	173. D	174. D	175. C	176. D	177. D	178. C	179. B	180. A
181. C	182. A	183. C	184. C	185. C	186. A	187. D	188. B	189. B	190. C
191. B	192. C	193. B	194. A	195. D	196. B	197. D	198. B	199. D	200. A
201. D	202. C	203. A	204. C	205. B	206. D	207. A	208. C	209. B	210. A
211. A	212. A	213. D	214. D	215. D	216. C	217. A	218. D	219. B	220. C
221. C	222. C	223. A	224. C	225. C	226. B	227. A	228. A	229. C	230. B
231. A	232. D	233. A	234. A	235. B	236. A	237. B	238. D	239. D	240. B
241. C	242. A	243. C	244. D	245. D	246. B	247. B	248. C	249. D	250. D
251. A	252. D	253. B	254. C	255. B	256. C	257. C	258. D	259. D	260. D
261. A	262. D	263. A	264. D	265. C	266. D	267. A	268. B	269. C	270. D
271. D	272. C	273. D	274. C	275. C	276. C	277. C	278. D	279. D	280. C
281. B	282. A	283. D	284. D	285. D	286. D	287. D	288. D	289. C	290. D
291. C	292. A	293. D	294. D	295. D	296. D	297. D	298. D	299. D	300. D
301. D	302. C	303. D	304. B	305. C	306. C	307. D	308. A	309. B	310. C
311. A	312. D	313. C	314. A	315. D	316. D	317. D	318. C	319. B	320. D
321. B	322. C	323. C	324. C	325. D	326. C	327. C	328. C	329. D	330. D
331. C	332. C	333. C	334. D	335. B	336. B	337. C	338. D	339. B	340. A
341. D	342. D	343. D	344. A	345. D	346. A	347. D	348. B	349. C	350. D
351. C	352. B	353. A	354. D	355. C	356. C	357. A	358. D	359. D	360. D
361. A	362. D	363. B	364. C	365. C	366. D	367. B	368. A	369. D	370. D
371. C	372. A	373. B	374. A	375. B	376. D	377. B	378. D	379. B	380. D
381. B	382. B	383. D	384. D	385. B	386. D	387. B	388. D	389. D	390. D
391. D	392. B	393. D	394. C	395. B	396. B	397. B	398. B	399. D	400. B
401. D	402. A	403. D	404. B	405. D	406. B	407. C	408. B	409. B	410. C
411. D	412. B	413. C	414. C	415. C	416. B	417. C	418. B	419. A	420. A
421. D	422. C	423. A	424. C	425. A	426. C	427. C	428. C	429. A	430. D
431. A	432. B	433. C	434. A	435. C	436. C	437. D	438. B	439. D	440. B
441. D	442. C	443. A	444. C	445. B	446. D	447. C	448. B	449. B	450. D
451. C	452. C	453. D	454. A	455. C	456. B	457. B	458. A	459. A	460. B
461. B	462. C	463. D	464. B	465. C	466. D	467. D	468. A	469. C	470. B
471. C	472. D	473. C	474. B	475. A	476. B	477. A	478. D	479. A	480. D
481. D	482. D	483. D	484. B	485. C	486. D	487. D	488. D	489. A	490. C
491. C	492. C	493. C	494. C	495. A	496. B	497. C	498. A	499. C	500. A
501. C	502. A	503. C	504. A	505. D	506. D	507. B	508. A	509. C	510. A
511. D	512. D	513. A	514. A	515. A	516. B	517. B	518. A	519. B	520. C
521. B	522. B	523. C	524. A	525. C	526. D	527. C	528. C	529. A	530. D
531. C	532. B	533. D	534. D	535. D	536. D	537. B	538. C	539. C	540. B
541. D	542. C	543. D	544. C	545. D	546. A	547. C	548. C	549. A	550. D
551. A	552. B	553. C	554. A	555. C	556. A	557. A	558. C	559. B	560. B

561. D	562. D	563. B	564. B	565. C	566. A	567. B	568. B	569. D	570. B
571. D	572. C	573. A	574. B	575. C	576. C	577. D	578. B	579. D	580. B
581. B	582. B	583. C	584. D	585. B	586. D	587. A	588. D	589. C	590. C
591. B	592. B	593. C	594. B	595. B	596. A	597. C	598. C	599. D	600. C
601. C	602. B	603. C	604. B	605. D	606. D	607. C	608. A	609. B	610. A
611. D	612. B	613. A	614. C	615. A	616. C	617. C	618. B	619. A	620. A
621. A	622. A	623. B	624. B	625. A	626. B	627. A	628. A	629. B	630. A
631. B	632. A	633. C	634. A	635. A	636. B	637. D	638. A	639. C	640. A
641. A	642. C	643. B	644. B	645. D	646. C	647. D	648. B	649. A	650. D
651. C	652. C	653. B	654. D	655. A	656. A	657. B	658. B	659. B	660. C
661. C	662. A	663. C	664. B	665. C	666. B	667. C	668. B	669. B	670. B
671. C	672. A	673. C	674. B	675. B	676. D	677. B	678. B	679. A	680. C
681. A	682. D	683. B	684. A	685. D	686. B	687. C	688. C	689. B	690. C
691. D	692. B	693. D	694. C	695. A	696. C	697. C	698. B	699. C	700. C
701. B	702. D	703. D	704. D	705. C	706. C	707. C	708. D	709. C	

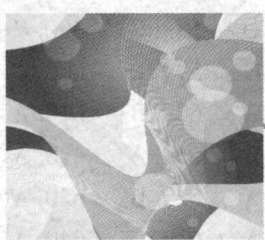

第四章
辅助机械自动控制

第一节　制冷与空调系统

1. 船舶的伙食冷库自动控制系统中,一般不包括_____。
   A. 库温自动控制系统　　　　　　B. 冷库自动融霜控制系统
   C. 制冷压缩机启停及能量调节系统　D. 冷库加热控制系统

2. 船舶伙食冷库的库温调节系统的工作原理是_____。
   A. 利用库温控制制冷剂电磁阀的开关,实现双位控制
   B. 利用入口压力控制制冷压缩机的负荷,实现定值控制
   C. 利用入口压力控制制冷压缩机的启停,实现双位控制
   D. 利用库温控制热力膨胀阀的开度,实现定值控制

3. 在船舶冷库制冷系统正常制冷工作中,和供液电磁阀同步受温度继电器控制的
   是_____。
   A. 蒸发器　　　　　　　　　　　B. 压缩机
   C. 冷凝器　　　　　　　　　　　D. 蒸发器对流风机

4. 船舶冷库制冷装置的四大件正确的连接顺序是_____。
   A. 压缩机—冷凝器—膨胀阀—蒸发器　B. 蒸发器—滑油分油器—冷凝器—膨胀阀
   C. 储液器—膨胀阀—蒸发器—压缩机　D. 膨胀阀—冷凝器—储液器—压缩机

5. 尼龙式湿度变送器的工作原理是_____。
   A. 利用尼龙随相对湿度的改变引起的长度的变化
   B. 利用尼龙随相对湿度的改变引起的质量的变化
   C. 利用尼龙随相对湿度的改变引起的弹性系数的变化
   D. 利用尼龙随相对湿度的改变引起的电阻值的变化

6. 在下列对氯化锂电阻式湿度变送器的描述中,不正确的是_____。
   A. 由于电阻值同时受温度影响,故变送器上设有专用调整旋钮
   B. 反应速度较之尼龙式传感器慢
   C. 氯化锂涂层的电阻值随环境湿度的变化而改变
   D. 元件简单、体积小、灵敏度高

7. 量程最宽的湿度传感器是_____。

A. 毛发式湿度传感器　　　　　　B. 干湿球式湿度传感器

C. 电容式湿度传感器　　　　　　D. 电阻式湿度传感器

8. 在船舶中央空调取暖工况湿度自动调节的各方案中,对控制送风的相对湿度不正确的叙述是_____。

A. 根据湿度偏差确定加湿蒸汽阀的开度

B. 湿度传感器探测空调的送风

C. 采用比例调节

D. 采用喷水加湿

9. 船舶空调装置的空气处理柜采用控制回风相对湿度方式实现湿度调节时,可采用_____。

A. 比例积分调节　　　　　　　　B. 比例或双位调节

C. 双位调节　　　　　　　　　　D. 比例调节

10. 船舶空调装置的空气处理柜控制送风的相对湿度方式实现湿度调节只采用_____。

A. 比例微分调节　　　　　　　　B. 比例积分微分调节

C. 比例调节　　　　　　　　　　D. 双位调节

11. 干湿球式湿度控制器依据干湿温度差效应原理所制成,其温度差反映了空气的_____。

A. 相对湿度　　　　　　　　　　B. 露点

C. 水蒸气分压　　　　　　　　　D. 含湿量

12. 不能进行空调的湿度调节方法是_____。

A. 控制送风的露点　　　　　　　B. 控制回风的露点

C. 控制送风的相对湿度　　　　　D. 控制典型舱室的相对湿度

13. 在下列对干湿球式湿度控制器的叙述中,不正确的是_____。

A. 将湿度变化为感温包的压力差或热电阻的电阻差

B. 两感温元件同时置于测量点,其中一个包以湿纱布

C. 测量结果精确,且受环境影响小

D. 感温元件可以是感温包或热电阻

14. 氯化锂电动湿度调节器的信号继电器触头开闭是利用_____特性控制的。

A. 氯化锂丝随着湿度变化长度增加

B. 金属丝的导电性能随湿度变化

C. 氯化锂丝随着湿度变化膨胀性能不同

D. 金属丝外氯化锂层随湿度变化而导电性能也变化

15. _____,重启压缩机前需手动复位。

A. 排气管高压情况下自动停机和报警　B. 吸气管低压情况下自动停机和报警

C. 排气管低压情况下自动停机和报警　D. 吸气管高压情况下自动停机和报警

16. 在下列船舶伙食冰库控制系统使用的控制元件中,动作之后一般不需要手动进行复位的是_____。

A. 高压继电器　　　　　　　　　B. 低压继电器

C. 热继电器　　　　　　　　　　D. 油压差继电器

17. 在组合式高低压开关的调整机构中，一般不包括_____。
    A. 低压幅差调整旋钮
    B. 高压动作值调整旋钮
    C. 低压动作值调整旋钮
    D. 高压幅差调整旋钮

18. 关于制冷压缩机滑油低压保护的说法，正确的是_____。
    A. 制冷系统启动初期滑油压力低会造成无法启动
    B. 正常运行中一旦出现滑油低压，压缩机立即停车保护
    C. 压缩机因滑油低压保护停车后，重新启动需手动复位
    D. 滑油压差继电器手动复位应在报警后立即进行，以免损伤压缩机

19. 为保证制冷压缩机运动摩擦面的润滑，控制系统中应设置滑油压力保护装置，其形式是_____。
    A. 滑油压差继电器，输入为滑油泵出口压力及压缩机出口压力
    B. 滑油压差继电器，输入为滑油泵入口压力及压缩机入口压力
    C. 滑油压力继电器
    D. 滑油压差继电器，输入为滑油泵出口压力及压缩机入口压力

20. 下列关于油压差继电器的说法，不正确的是_____。
    A. 正常油压建立时间不超过 40 s
    B. 油压差继电器可不带延时功能
    C. 油压差继电器用于检测滑油泵进出口压差
    D. 油压差继电器的感压元件接在油泵出口端和吸入端之间

21. 下列不属于船舶伙食冰库的库温调节系统的元器件的是_____。
    A. 电子式温度开关
    B. 机械式温度继电器
    C. 差压式油压开关
    D. 电子式膨胀阀

22. 制冷系统油压差继电器的测试按钮在测试时需按_____s。
    A. 10
    B. 20
    C. 40
    D. 60

23. 制冷装置蒸发器结霜，则热力膨胀阀通过制冷剂流量_____。
    A. 增加
    B. 减少
    C. 不变
    D. 如何变化视制冷剂而定

24. 制冷装置蒸发器结霜，则压缩机实际轴功率_____。
    A. 增大
    B. 减小
    C. 不变
    D. 如何变化视制冷剂而定

25. 制冷装置蒸发器结霜不会导致_____。
    A. 蒸发压力和蒸发温度降低
    B. 制冷量减小
    C. 制冷系数减小
    D. 轴功率增大

26. 在关于制冷蒸发器结霜的以下说法中，错误的是_____。
    A. 空调制冷装置无须融霜设备
    B. 冷风机结霜比盘管式蒸发器结霜的危害更大

C. 蒸发盘管结霜厚度超过 3 mm 一般认为应融霜

D. 高温库蒸发器不会结霜

27. 会造成制冷压缩机吸气管和缸头结霜的是_____。

A. 蒸发温度太低　　　　　　　　B. 冷却水温度太低

C. 膨胀阀感温包破裂　　　　　　D. 肉库膨胀阀感温包错放菜库回气管上

28. 不会造成制冷压缩机吸气管和缸头结霜的是_____。

A. 肉库膨胀阀感温包错放菜库回气管上

B. 菜库膨胀阀感温包错放肉库回气管上

C. 膨胀阀感温包脱离回气管

D. 外平衡热膨胀阀顶杆填料泄漏

29. 制冷装置蒸发器结霜,则蒸发压力和蒸发温度_____。

A. 升高　　　　　　　　　　　　B. 降低

C. 不变　　　　　　　　　　　　D. 如何变化视制冷剂而定

30. 制冷装置蒸发器结霜,则制冷系数_____。

A. 增大　　　　　　　　　　　　B. 减小

C. 不变　　　　　　　　　　　　D. 如何变化视制冷剂而定

31. 关于蒸发器结霜,说法正确的是_____。

A. 结霜不会导致吸气压力降低　　B. 结霜不会导致风机阻力增加

C. 结霜不会导致过热度减小　　　D. 结霜不会使得膨胀阀开度增加

32. 船舶低温冷库采用冷风机时,通常用_____的方法融霜。

A. 淋水　　　　　　　　　　　　B. 热气

C. 电加热　　　　　　　　　　　D. 停冷风机运转

33. 船舶低温冷库采用蒸发盘管时,通常用_____的方法融霜。

A. 淋水　　　　　　　　　　　　B. 热气

C. 电加热　　　　　　　　　　　D. 停冷风机运转

34. 全自动的电热融霜定时器可以控制融霜的_____。

①时刻;②时间长短;③间隔时间

A. ①　　　　　　　　　　　　　B. ②

C. ③　　　　　　　　　　　　　D. ①②③

35. 在关于电热融霜的以下说法中,_____是不对的。

A. 易实现自动化　　　　　　　　B. 不适用于蒸发盘管

C. 经济性较好　　　　　　　　　D. 不需增加管路系统

36. 制冷装置热气融霜是利用_____来融霜。

A. 低压水蒸气　　　　　　　　　B. 热空气

C. 制冷压缩机吸口过热蒸气　　　D. 制冷压缩机排气

37. 顺流式热气融霜热气管是通到蒸发器的_____。

A. 膨胀阀前　　　　　　　　　　B. 膨胀阀后

C. 回气阀前   D. 回气阀后

38. 热气融霜系统如不设通冷凝器进口的回液管,融霜后期应注意防止压缩机_____。

  A. 排气压力太低   B. 排气压力太高

  C. 吸气压力太低   D. 吸气压力太高

39. 热气融霜系统如不设通冷凝器进口的回液管,融霜后期如排气压力太高应_____。

  A. 稍开冷凝器进口阀   B. 稍关压缩机排出阀

  C. 稍开冷凝器出口阀   D. 稍开压缩机吸入阀

40. 为加快制冷装置热气融霜速度,可_____。

  A. 停用该装置全部蒸发器   B. 压缩机减缸工作

  C. 压缩机加缸工作   D. 尽可能多地启用各库蒸发器

41. 下图为制冷系统热气融霜系统原理图。制冷系统热气融霜结束后要求缓慢开大回气阀8的原因是_____。

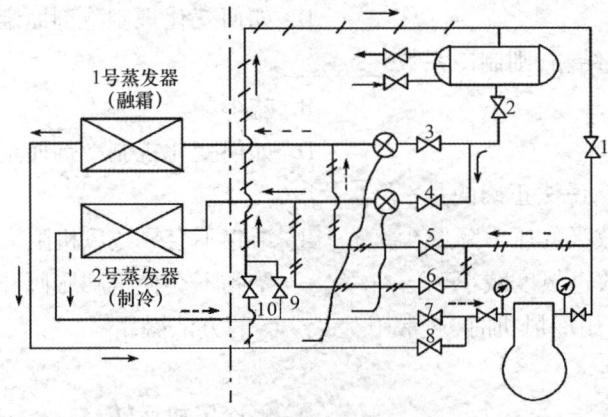

制冷系统热气融霜系统原理图

1—冷凝器进口阀;2—冷凝器出口阀;3、4—供液阀;5、6—融霜热气阀;7、8—回气阀;9、10—融霜回液阀

  A. 控制蒸发温度   B. 防止压缩机液击

  C. 防止压缩机过载   D. 调节压缩机能量

42. 下图为制冷系统热气融霜系统原理图,据此可判断该热气融霜装置的类型是_____。

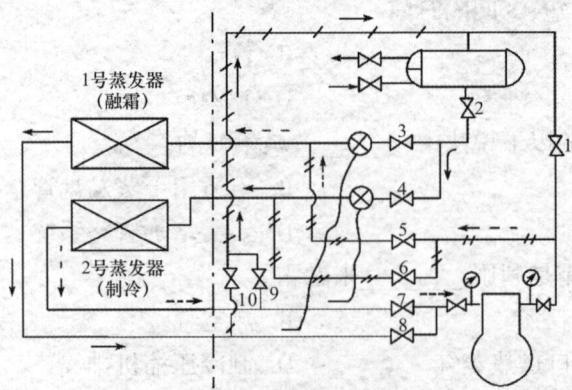

制冷系统热气融霜系统原理图

1—冷凝器进口阀;2—冷凝器出口阀;3、4—供液阀;5、6—融霜热气阀;7、8—回气阀;9、10—融霜回液阀

A. 顺流式　　　　　　　　　　　B. 逆流式

C. 混合式　　　　　　　　　　　D. 不能确定

43. 下图为制冷系统热气融霜系统原理图。热气融霜系统如不设通冷凝器进口的回液管,融霜后期如排气压力太高,应_____。

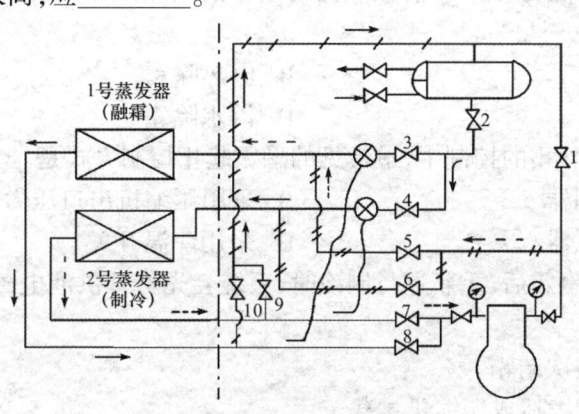

制冷系统热气融霜系统原理图

1—冷凝器进口阀;2—冷凝器出口阀;3、4—供液阀;5、6—融霜热气阀;7、8—回气阀;9、10—融霜回液阀

A. 稍开阀件 1　　　　　　　　　B. 稍开阀件 2

C. 稍开阀件 3　　　　　　　　　D. 稍开阀件 8

44. 下图为制冷系统热气融霜系统原理图。开始融霜时,让压缩机排气进入融霜蒸发器在其中冷凝放热,应先打开阀件_____,然后关闭阀件_____。

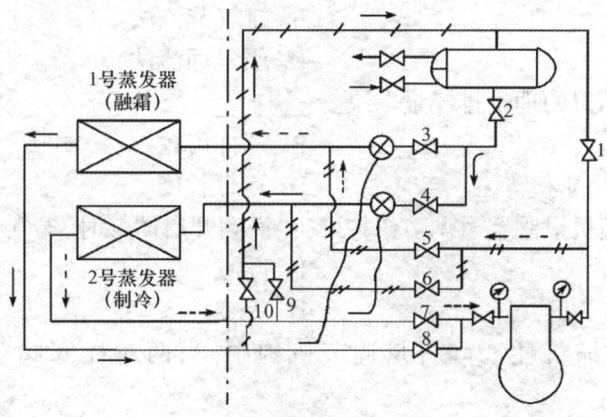

制冷系统热气融霜系统原理图

1—冷凝器进口阀;2—冷凝器出口阀;3、4—供液阀;5、6—融霜热气阀;7、8—回气阀;9、10—融霜回液阀

A. 1;5　　　　　　　　　　　　B. 5;1

C. 3;8　　　　　　　　　　　　D. 8;3

45. 热气融霜的速度,主要取决于_____。

A. 压缩机的转速和出口压力　　　B. 融霜库的库温和热负荷

C. 工作库制冷剂蒸发量的大小　　D. 顺流还是逆流

46. 对于单机单库制冷系统,蒸发器开始电热融霜时,下列部件工作状态正确的是_____。
    A. 压缩机停止　　　　　　　　　　B. 风机运转
    C. 供液电磁阀开启　　　　　　　　D. 压缩机运转

47. 为保证制冷的效果,必须及时清除蒸发器表面的结霜或冰,在船舶冷库中,目前最常见的除霜方法是_____。
    A. 热气除霜　　　　　　　　　　　B. 电热除霜
    C. 超声波除霜　　　　　　　　　　D. 淋水除霜

48. 冷库蒸发器自动除霜的控制中,最常见的融霜起止控制方式是_____。
    A. 采用结冰探测器　　　　　　　　B. 采用压缩机出口压力开关
    C. 采用除霜定时器　　　　　　　　D. 采用库温开关

49. 在冰库系统电热融霜后,重新进行制冷时,系统会先打开供液电磁阀,后启动冷风机,其目的是_____。
    A. 防止蒸发器再次结霜
    B. 防止制冷量过大造成压缩机过载
    C. 防止蒸发器出现冰塞
    D. 用冷剂冷却蒸发器,防止热空气被风机吹到库内各处

50. 活塞式制冷压缩机容量调节以_____作为调节依据。
    A. 排气压力　　　　　　　　　　　B. 输气量
    C. 吸气压力　　　　　　　　　　　D. 制冷量

51. 下列不属于活塞式制冷压缩机容量调节方法的是_____。
    A. 吸气节流法　　　　　　　　　　B. 排气节流法
    C. 排气回流法　　　　　　　　　　D. 吸气回流法

52. 螺杆式制冷压缩机的理论排气量取决于_____。
    A. 进气量　　　　　　　　　　　　B. 螺杆齿轮
    C. 转子的几何尺寸和转速　　　　　D. 连杆长度

53. 螺杆式制冷压缩机滑阀容量调节机构中,当滑阀开启回气时,输气量理论上_____。
    A. 增加　　　　　　　　　　　　　B. 陡减
    C. 微减　　　　　　　　　　　　　D. 不变

54. 螺杆式制冷压缩机柱塞阀容量调节机构中,当两对柱塞阀全部开启时,输气量降为_____。
    A. 30%　　　　　　　　　　　　　B. 50%
    C. 75%　　　　　　　　　　　　　D. 80%

55. 空调制冷压缩机进行能量调节的控制信号及方式是_____。
    A. 压缩机出口压力,当此压力下降到设定值时降负荷运行
    B. 压缩机入口压力,当此压力下降到设定值时降负荷运行
    C. 压缩机出口压力,当此压力上升到设定值时降负荷运行
    D. 压缩机入口压力,当此压力上升到设定值时降负荷运行

56. 在下列制冷压缩机进行能量调节的实施方法中,正确的是_____。
　　A. 利用制冷剂电磁阀的开关
　　B. 利用冷凝器中冷却水流量的调节
　　C. 利用热力膨胀阀控制蒸发器中制冷剂流量
　　D. 利用电磁阀,进行压缩机的增减缸操作

57. 在下列对制冷压缩机进行能量调节的叙述中,不正确的是_____。
　　A. 若无能量调节,负荷大时易造成压缩机频繁启动
　　B. 实质就是制冷压缩机工作时排送制冷剂的调节
　　C. 利用制冷压缩机低压侧蒸气压力进行控制
　　D. 若无能量调节,负荷小时易造成压缩机频繁启动

58. 在制冷压缩机进行能量调节的实施方法中,正确的是_____。
　　A. 利用供液电磁阀的开关
　　B. 利用驱动电机的调速
　　C. 利用热力膨胀阀控制蒸发器中制冷剂流量
　　D. 利用冷凝器中冷却水流量的调节

59. 制冷压缩机控制系统中能起到卸载启动作用的是_____。
　　A. 膨胀阀　　　　　　　　　　B. 低压继电器
　　C. 能量调节装置　　　　　　　D. 高压继电器

60. 下列关于制冷压缩机能量调节的说法,正确的是_____。
　　A. 供液电磁阀通电卸载
　　B. 通过控制热力膨胀阀开度大小
　　C. 不能通过压缩机变速的方法来实现压缩机能量调节
　　D. 增减缸电磁阀受吸气压力的控制

61. 空调装置取暖工况湿度调节可以用双位调节直接控制_____的相对湿度。
　　A. 送风　　　　　　　　　　　B. 回风
　　C. 典型舱室　　　　　　　　　D. 回风或典型舱室

62. 取暖工况用控制送风露点来控制舱室内相对湿度,不正确的是_____。
　　A. 能控制送风含湿量
　　B. 需要控制空气预热器后的温度恒定
　　C. 往空气预热器后过量喷水
　　D. 往空气预热器后过量喷汽

63. 有的湿度调节器带有干、湿感温元件,其温度差反映了空气的_____。
　　A. 相对湿度　　　　　　　　　B. 含湿量
　　C. 露点　　　　　　　　　　　D. 水蒸气分压力

64. 以下精度最高的是_____感湿元件。
　　A. 电阻式　　　　　　　　　　B. 电容式
　　C. 毛发式　　　　　　　　　　D. 尼龙薄膜式

65. 电容式感湿元件的优点不包括_____。
　　A. 精度高、反应快　　　　　　B. 无须维护

C. 使用寿命长   D. 价格低

66. 当空气_____变化时,电容式感湿元件的电容发生变化。

A. 含湿量   B. 相对湿度

C. 露点   D. 水蒸气分压力

67. 下图所示是集中式(吸入式)单风管空调系统降温工况空气参数在湿空气焓湿图的变化过程,新风是状态点1,回风是状态点2,舱室是状态点7。如图所示,空调器单位除湿量是_____。

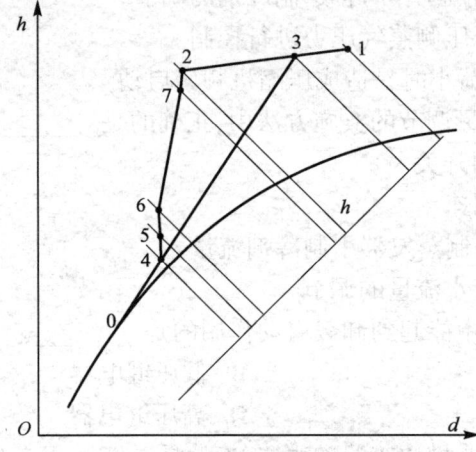

集中式(吸入式)单风管空调系统降温工况空气参数变化过程

A. d_1-d_2 B. d_3-d_4

C. d_7-d_6 D. d_1-d_3

68. 下图所示是集中式(吸入式)单风管空调系统降温工况空气参数在湿空气焓湿图的变化过程,新风是状态点1,回风是状态点2,舱室是状态点7。如图所示,回风的含湿量与新风的含湿量相比_____。

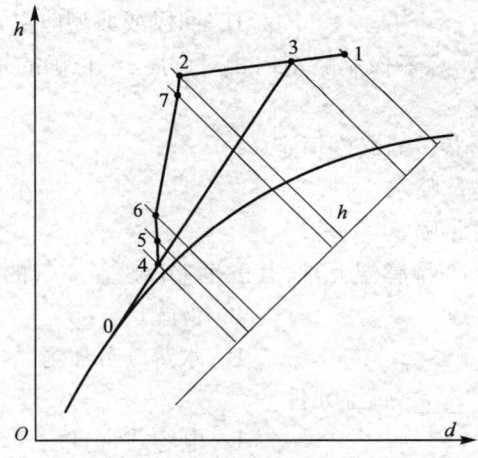

集中式(吸入式)单风管空调系统降温工况空气参数变化过程

A. 大   B. 小

C. 一样   D. 无法确定

69. 在船舶空调中,调节室内湿度是调节_____。
    A. 相对湿度
    B. 干球温度
    C. 湿球温度
    D. 绝对湿度

70. 船舶空调装置冬季需加温加湿,确保舱室有合适的相对湿度。下列不属于空调湿度控制方式的是控制_____。
    A. 供风湿度
    B. 回风湿度
    C. 典型舱室的湿度
    D. 风机出口相对湿度

71. 船舶住舱空调加热系统的蒸汽喷雾由_____控制。
    A. 新风温度调节器
    B. 湿度调节器
    C. 回风温度调节器
    D. 供风温度调节器

72. 大型船舶中央空调取暖工况需要进行加湿,其最常用的方式是_____。
    A. 喷蒸汽加湿
    B. 电热加湿
    C. 超声波加湿
    D. 喷水加湿

73. 在下列船舶中央空调取暖工况的湿度自动调节方案中,不正确的是_____。
    A. 控制回风或典型舱室的相对湿度
    B. 控制新风的相对湿度
    C. 控制送风的相对湿度
    D. 控制送风的含湿量(露点)

74. 受温度影响最大的湿度传感器是_____。
    A. 干湿球式湿度传感器
    B. 电容式湿度传感器
    C. 氯化锂湿度传感器
    D. 电阻式湿度传感器

75. 空调热风的双脉冲信号采集的是_____。
    A. 蒸汽压力、回风温度
    B. 回风温度、送风温度
    C. 新风温度、回风温度
    D. 新风温度、送风温度

76. 使用盐水作为载冷剂时,盐水溶液的_____一般比蒸发温度低 5~10 ℃。
    A. 共晶温度
    B. 凝固温度
    C. 蒸发温度
    D. 冷凝温度

77. 对于采用盐水作为载冷剂的制冷系统,以下说法正确的是_____。
    A. 常用的防腐剂是重铬酸盐($Na_2Cr_2O_7$)与氯化钠的混合物
    B. 应定时用密度计检查盐水浓度,当浓度下降时要提高盐水温度
    C. 常用的防腐剂是重铬酸盐($Na_2Cr_2O_7$)与氢氧化钠的混合物
    D. 采用闭式盐水循环系统,应使盐水同空气的接触,保持浓度

78. 关于船舶空调,下列说法不正确的是_____。
    A. 室内降温慢,可能是二次回风过小
    B. 直布式布风器出口风速低、噪声小,但送风温差不宜过大
    C. 实际风量小于设计值,可能是系统堵塞、漏风、风机皮带打蜡等原因
    D. 室内噪声过大,可能是风速过大

79. 在采用盐水作为载冷剂的冷却系统中,下列关于盐水溶液浓度的描述不正确的是_____。
    A. 盐水浓度越大,比热越小
    B. 盐水浓度和制冷温度无关
    C. 盐水浓度越大,流动阻力越大
    D. 盐水溶液的凝固温度不能选择太高,防止在蒸发器中冻结

80. 下列关于空调的说法,正确的是_____。
    A. 冬季室外气温下降时空气吸湿能力降低,加湿阀应关小
    B. 空气滤清器应定期清洗
    C. 送风温差越大越好,因为送风量可因此减小
    D. 加湿器后设有挡水板,故加湿量一般不会过大

81. 制冷装置中高低压继电器通常用来防止_____压力过低。
    A. 制冷压缩机的吸气
    B. 制冷压缩机的滑油
    C. 制冷压缩机的排气
    D. 冷凝器的冷却水

82. 螺杆式压缩机的能量调节通常都不进行全卸载,其原因是_____。
    A. 防止螺杆轴向推力过大
    B. 防止滑阀过度后移
    C. 防止滑阀卡住
    D. 为了防止排气腔高压气体倒流至吸气腔

83. 日用水自动控制系统通过压力继电器控制,原理是根据船舶日用淡水压力柜_____。
    A. 液体压力
    B. 液位高低或压差
    C. 液体温度
    D. 液位高度

84. F10系列压缩机卸载能量调节装置,当压缩机启动时,_____。
    A. 顶杆下端处于转动环凹槽内,卸载活塞没有压力油进入
    B. 顶杆下端处于转动环上端面,卸载活塞有压力油进入
    C. 顶杆下端处于转动环上端面,卸载活塞没有压力油进入
    D. 顶杆下端处于转动环凹槽内,卸载活塞有压力油进入

85. 带卸载机构的活塞式制冷压缩机,卸载机构的顶杆在安装时,_____安装。
    A. 顶杆将排气调片顶起
    B. 不讲究位置即可
    C. 顶杆的下端在转动环凹槽中安装
    D. 顶杆将吸气阀片顶起

86. 如下所示的油压差控制器原理图中,压差大于给定值时,下列说法正确的是_____。

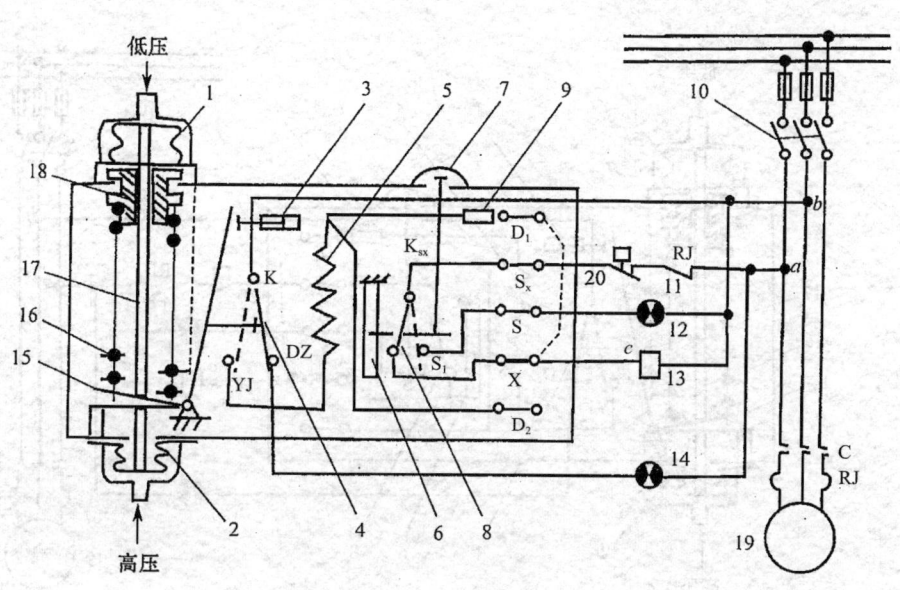

1—低压波纹管;2—高压波纹管;3—试验按钮;4—压力差开关;5—加热器;6—双金属片;7—手动复位按钮;8—延时开关;
9—降压电阻(380 V电源用);10—压缩机电源开关;11—热继电器;12—事故信号灯;13—交流接触器线圈;
14—正常工作信号灯;15—杠杆;16—主弹簧;17—顶杆;18—压差调节螺钉;19—压缩机电机;20—高低压继电器

A. 开关 K 与 DZ 接通,信号灯 12 灭、14 亮,热继电器 11、高低压继电器 20 及接触线圈 13
接通电源,压缩机运转

B. 开关 K 与 DZ 接通,信号灯 12 亮、14 灭,热继电器 11、高低压继电器 20 及接触线圈 13
接通电源,压缩机运转

C. 开关 K 与 DZ 断开,信号灯 12 灭、14 亮,热继电器 11、高低压继电器 20 及接触线圈 13
接通电源,压缩机运转

D. 开关 K 与 DZ 断开,信号灯 12 灭、14 亮,热继电器 11、高低压继电器 20 断电,接触线圈
13 接通电源,压缩机运转

87. 下列会造成制冷压缩机在运行中由于排出压力过高而引启停车的是_____。

A. 油分离器进口滤网堵塞　　　　　　B. 冷凝器出口阀未开

C. 干燥过滤器堵塞　　　　　　　　　D. 膨胀阀脏堵

88. 关于降温工况如何保持室内相对湿度合适,以下说法中正确的是_____。

A. 进风含湿量一般都合适,无须处理

B. 只要保持空气冷却器壁温足够低即可

C. 测取回风或典型舱室的相对湿度,决定如何处理

D. 测取送风的相对湿度,决定如何处理

89. 空调装置取暖工况用双脉冲送风温度调节时_____。

A. 室外气温变化,送风温度不变　　　　B. 舱室隔热差,则温度补偿率高

C. 双风管系统温度补偿率较小　　　　　D. 室外气温高,则温度补偿率低

90. 油压差控制器原理图中,压差大于给定值时,_____处于实线位置,将开关 K 与 DZ
接通。

307

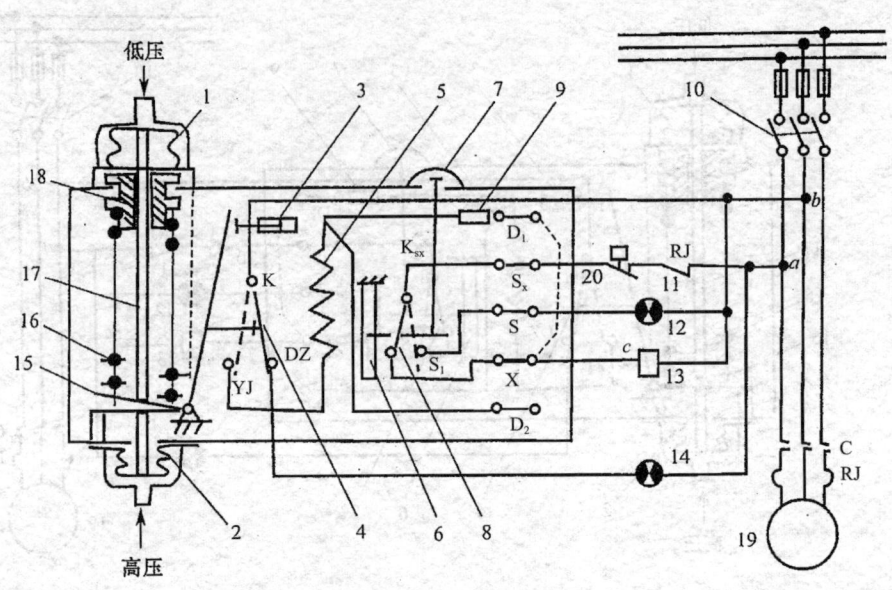

1—低压波纹管；2—高压波纹管；3—试验按钮；4—压力差开关；5—加热器；6—双金属片；7—手动复位按钮；8—延时开关；
9—降压电阻（380 V电源用）；10—压缩机电源开关；11—热继电器；12—事故信号灯；13—交流接触器线圈；
14—正常工作信号灯；15—杠杆；16—主弹簧；17—顶杆；18—压差调节螺钉；19—压缩机电机；20—高低压继电器

A. 杠杆 15　　　　　　　　　　　　B. 顶杆 17

C. 主弹簧 16　　　　　　　　　　　D. 双金属片 6

91. 空调舱室的全热负荷是指单位时间内加入舱室的_____。
①舱壁传入的全部热量；②水蒸气的焓值；③能引起室温变化的热量

A. ①　　　　　　　　　　　　　　B. ②

C. ①②　　　　　　　　　　　　　D. ②③

92. 空调调节器的感湿元件放置在空调出口的分配室内,用以感受送风的空气参数是_____。

A. 含湿量/相对湿度　　　　　　　　B. 绝对湿度/相对湿度

C. 绝对湿度/绝对湿度　　　　　　　D. 相对湿度/相对湿度

93. 电动差压变送器将被测量的物理量转化为标准_____输出,用于调整零点和量程。

A. 电压　　　　　　　　　　　　　B. 电流

C. 功率　　　　　　　　　　　　　D. 频率

94. 活塞式制冷压缩机能量调节的目的是_____。

A. 根据制冷装置负荷的变化调节压缩机的制冷量

B. 调节冷凝压力

C. 调节吸气压力和滑油压力

D. 调节排气温度

95. 采用压缩机抽空制冷系统时,低压控制器触头应_____,压差控制器触头应_____。

A. 闭合;闭合　　　　　　　　　　　B. 闭合;断开

C. 断开;断开　　　　　　　　　　　D. 断开;闭合

96. 如下图所示,离心泵的定速特性曲线 P-Q,管路①的特性曲线,管路②的特性曲线,管路③的特性曲线,效率特性曲线 η-Q,发挥该离心泵的最佳性能,选配管系时,应该选用_____。

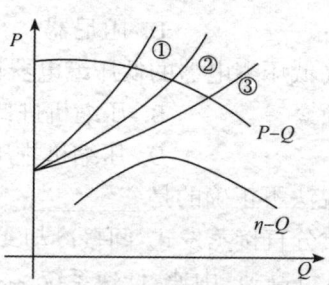

    A. ①
                 B. ③

    C. ②
                 D. ①或③

97. 制冷装置中的_____感受的是油泵出口和吸气压力之差。
    A. 高压继电器
                 B. 高低压继电器
    C. 低压继电器
                 D. 压差继电器

98. 根据经验判断,手摸运行制冷压缩机气缸盖,发现未加载工作的气缸盖比正加载工作的气缸盖温度低,原因是_____。
    A. 制冷压缩机容量调解(节)机构故障
    B. 未加载缸吸入冷剂过少
    C. 未加载缸冷却过好
    D. 吸入冷剂过多

99. 当冷库热负荷下降时,下列说法正确的是_____。
    A. 吸气压力上升,压力油进入卸载油缸,气缸增缸运行
    B. 吸气压力下降,压力油不能进入卸载油缸,气缸卸载
    C. 吸气压力下降,压力油进入卸载油缸,气缸增缸运行
    D. 吸气压力上升,压力油不能卸载油缸,气缸卸载

100. 多缸制冷机的能量调节机构失效的原因有_____。
    ①油压不足;②冷剂不足;③膨胀阀异常;④能量调节机构卸载机构回油路堵塞;⑤油活塞卡阻;⑥推杆位置不妥;⑦能量调节阀弹簧调节不当
    A. ①④⑤⑥⑦
                 B. ①②④⑤⑥
    C. ①③④⑥⑦
                 D. ②③④⑤⑦

101. 船舶空调装置在冬季为控制舱内湿度适宜,以下各项中说法正确的是_____。
    A. 舱室湿度控制在 30%~40%
        B. 气温越高加湿量应越大
    C. 气温低于 5 ℃一般不加湿
        D. 送风湿度控制在 40%~50%

102. 气动压力继电器一般是通过调整_____弹簧进行参数调整。
    A. 幅差
                 B. 高位
    C. 低位
                 D. 调零

103. 如果船舶制冷系统混入较多的空气,将可能导致_____故障。
    A. 制冷压缩机排气压力过低
        B. 蒸发器中的蒸发压力变低

C. 蒸发器中的蒸发压力变高　　　　　D. 制冷压缩机排气压力过高

104. 在船舶制冷装置中,油压差控制器延时动作是由_____实现的。

  A. 时间继电器　　　　　　　　　　B. 双金属片

  C. 节流阀　　　　　　　　　　　　D. 阻尼器

105. 在船舶制冷装置中,如果高低压继电器的低压继电器幅差太小将导致_____。

  A. 压缩机可能启停过于频繁　　　　B. 压缩机进口压力太低

  C. 压缩机无法启动　　　　　　　　D. 压缩机排压太低

106. 在船舶空调系统中,下列说法不正确的是_____。

  A. 按冷却盘管中冷却介质分直接蒸发式、间接冷却式

  B. 按风管内空气流速高低分高速、中速、低速系统

  C. 按空气处理设备设置分为集中式、半集中式、全分散式系统

  D. 锥形扩散式单风管直布式布风器对室内空气无诱导作用

第二节　泵和管路系统

1. 运行泵电动机过载时备用泵自动启动,故障排除后复位热继电器,_____。

  A. 原运行泵自动启动,备用泵停止

  B. 原运行泵自动启动,备用泵停止,重新作为备用泵

  C. 原运行泵自动启动,备用泵手动停止后作为备用泵

  D. 原运行泵成为备用泵

2. 在船用泵的切换过程中,_____。

  A. 先停止运行泵,延时启动备用泵

  B. 先启动备用泵,延时停止运行泵

  C. 运行泵停止和备用泵启动同时进行

  D. 泵的启动和停止顺序由压力继电器决定

3. 在_____的情况下,备用泵将会自动启动。

  ①运行泵电动机过载;②运行泵电动机失电;③运行泵出口压力下降

  A. ①　　　　　　　　　　　　　　B.①②

  C.②③　　　　　　　　　　　　　D.①②③

4. 为主机服务的燃油泵、滑油泵等重要泵,为保证其工作可靠,均设置两台机组,其运行及控制特点是_____。

  ①当一台运行时,另一台处于备用状态;②两台机组始终同时运行,以确保可靠;③在自动运行方式时,当运行泵发生故障,经延时确认备用泵能自动启动替换故障机组;④在手动方式时,当运行泵发生故障,经延时确认备用泵也能自动启动替换故障机组;⑤在遥控方式时,不允许在集控室对各组泵进行遥控手动启动或停止;⑥具有压力波动确认,防止频繁误动作功能

  A.②④⑤　　　　　　　　　　　　B.①③④

  C.①③⑥　　　　　　　　　　　　D.③④⑥

5. 下列关于船舶机舱重要泵的互为备用控制功能的叙述,错误的是_____。

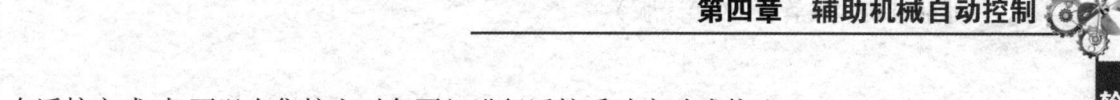

A. 在遥控方式时,可以在集控室对各泵组进行遥控手动启动或停止

B. 因某种原因电网失电后,所有运行泵都停止运行,电网恢复供电后,各组原来运行的泵依据事先设定好的时间顺序逐台重新自动启动

C. 在自动运行方式时,当运行泵发生故障,经延时确认备用泵能自动启动替换故障机组

D. 在手动方式时,当运行泵发生故障,经延时确认备用泵也能自动启动替换故障机组

6. 下列关于船舶机舱重要泵的互为备用控制功能,叙述不正确的是_____。

　　A. 为确保切换的快速性,一旦监控压力不正常则无须确认,备用机组应立即启动进行切换

　　B. 一般设置为一台运行,另一台处于自动备用状态

　　C. 在自动运行方式时,经延时确认备用泵能自动启动替换故障机组,实现自动切换,并发出故障报警

　　D. 具有启动延时压力监控投入及启动失败自动切换功能

7. 下列关于船舶机舱重要泵互为备用的控制与报警功能的叙述,正确的是_____。

　　A. 短时故障报警与长时故障报警都可以

　　B. 在自动运行方式时,经延时确认备用泵能自动启动替换故障机组,实现自动切换,并发出短时故障报警

　　C. 在自动运行方式时,经延时确认备用泵能自动启动替换故障机组,实现自动切换,并发出长时故障报警

　　D. 运行机启动投入失败,则备用泵能自动启动替换故障机组,实现自动切换,并发出长时故障报警

8. 下列关于船舶机舱重要泵互为备用的控制与报警功能的叙述,不正确的是_____。

　　A. 在自动运行方式时,经延时确认备用泵能自动启动替换故障机组,实现自动切换,并发出短时故障报警

　　B. 运行机启动投入失败,则备用泵能自动启动替换故障机组,实现自动切换,并发出短时故障报警

　　C. 在自动运行方式时,经延时确认备用泵能自动启动替换故障机组,实现自动切换,并发出长时故障报警

　　D. 短时故障报警的状态特点是:声响报警,报警红灯由快闪变慢闪;确认后,消声、灯灭

9. 船舶淡水压力柜供水泵的自动启停控制信号是_____。

　　A. 淡水压力柜内的压力　　　　　　　B. 淡水压力柜内的液位

　　C. 淡水压力柜内的温度　　　　　　　D. 供水泵的出口压力

10. 控制船舶淡水压力柜供水泵启停的压力继电器检测的是_____压力。

　　A. 供水泵的出口　　　　　　　　　　B. 淡水压力柜的进口

　　C. 淡水压力柜的出口　　　　　　　　D. 淡水压力柜内

11. 船舶压力水柜的供水泵的控制方式为_____。

　　A. 双位液位高度控制　　　　　　　　B. 双位液体压力控制

　　C. 双位液体温度控制　　　　　　　　D. 液位高度比例控制

12. 船舶压力水柜的供水泵启停频繁的原因是_____。

　　A. 压力水柜内的液位过低　　　　　　B. 压力水柜内的液位过高

　　C. 压力水柜气空间体积过小　　　　　D. 压力水柜气空间体积过大

13. 船舶压力水柜的供水泵启停频繁的原因包括_____。

①压力继电器幅差过小；②压力继电器幅差过大；③压力水柜气空间体积过小；④压力水柜气空间体积过大

    A. ①②   B. ①③

    C. ②③   D. ②④

14. 在被控对象对控制要求不高时，如淡水压力水柜，保证柜内水位在 1/2~3/4 的柜高即可，因而常采用的最简单易行的控制方法是_____。

    A. 手动控制   B. 随动控制

    C. 连续控制   D. 双位控制

15. 空压机的启停自动控制是用_____元件来控制的。

    A. 行程开关   B. 热继电器

    C. 时间继电器   D. 双位压力继电器

16. 在空压机的自动启停控制线路中，用组合式高低压压力继电器以实现在设定的高压值时_____，而在设定的低压值时_____。

    A. 启动；停止   B. 启动；启动

    C. 停止；停止   D. 停止；启动

17. 减摇水舱可以减轻船舶_____。

    A. 横摇   B. 纵摇

    C. 艏摇   D. 横荡

18. 减摇水舱中的装水量约等于舱容的_____。

    A. 1/3   B. 1/2

    C. 2/3   D. 3/4

19. 船舶横倾时，水在减摇水舱中流动产生的水柱振荡滞后于波浪振荡_____相位角，所产生的减摇力矩与波浪的侧倾力矩正好相反。

    A. 90°   B. 135°

    C. 180°   D. 270°

20. _____减摇水舱通过水泵或风机强迫水在水舱间流动，减摇效果好。

    A. 主动式   B. 被动式

    C. 开式   D. 闭式

21. 控制系统通过自动调节两封闭水舱空气连通管上的阀门来控制舱中水的流速，使水的流动周期在较大范围内与横摇周期一致，这属于_____。

    A. 不可控被动式减摇水舱   B. 可控被动式减摇水舱

    C. 不可控主动式减摇水舱   D. 可控主动式减摇水舱

22. 压力继电器调整时先调节_____螺丝，再调节_____螺丝。

    A. 压差；断开压力   B. 断开压力；压差

    C. 复位压力；压差   D. 压差；复位压力

23. 主机淡水冷却系统中，当_____低于设定值时，备用泵会自动启动。

    A. 电流   B. 流量

    C. 压力   D. 温度

24. 减摇装置利用_____的作用产生稳定力矩。
    ①流体的重力;②流体的动力;③回转力;④摩擦力
    A. ①②③
    B. ②③④
    C. ①②④
    D. ①③④

25. 各货油泵的吸入端应装设_____。
    A. 真空泵
    B. 气液分离器
    C. 吸入调节阀
    D. 压力传感器

26. 主机燃油系统中,备用燃油泵自动启动的控制元器件是_____。
    A. 压力继电器
    B. 流量计
    C. 黏度计
    D. 温度继电器

27. 船舶纵横倾调节系统中_____的作用是可以根据横倾角继续调驳的需求。
    A. 自动按钮
    B. 越控按钮
    C. 平衡按钮
    D. 紧急按钮

28. 下图为离心泵的实测性能曲线图,该泵输送清水,吸排液面敞开,高度差为 20 m,管路阻力
    为 18 m,泵的流量大约在_____ L/s。

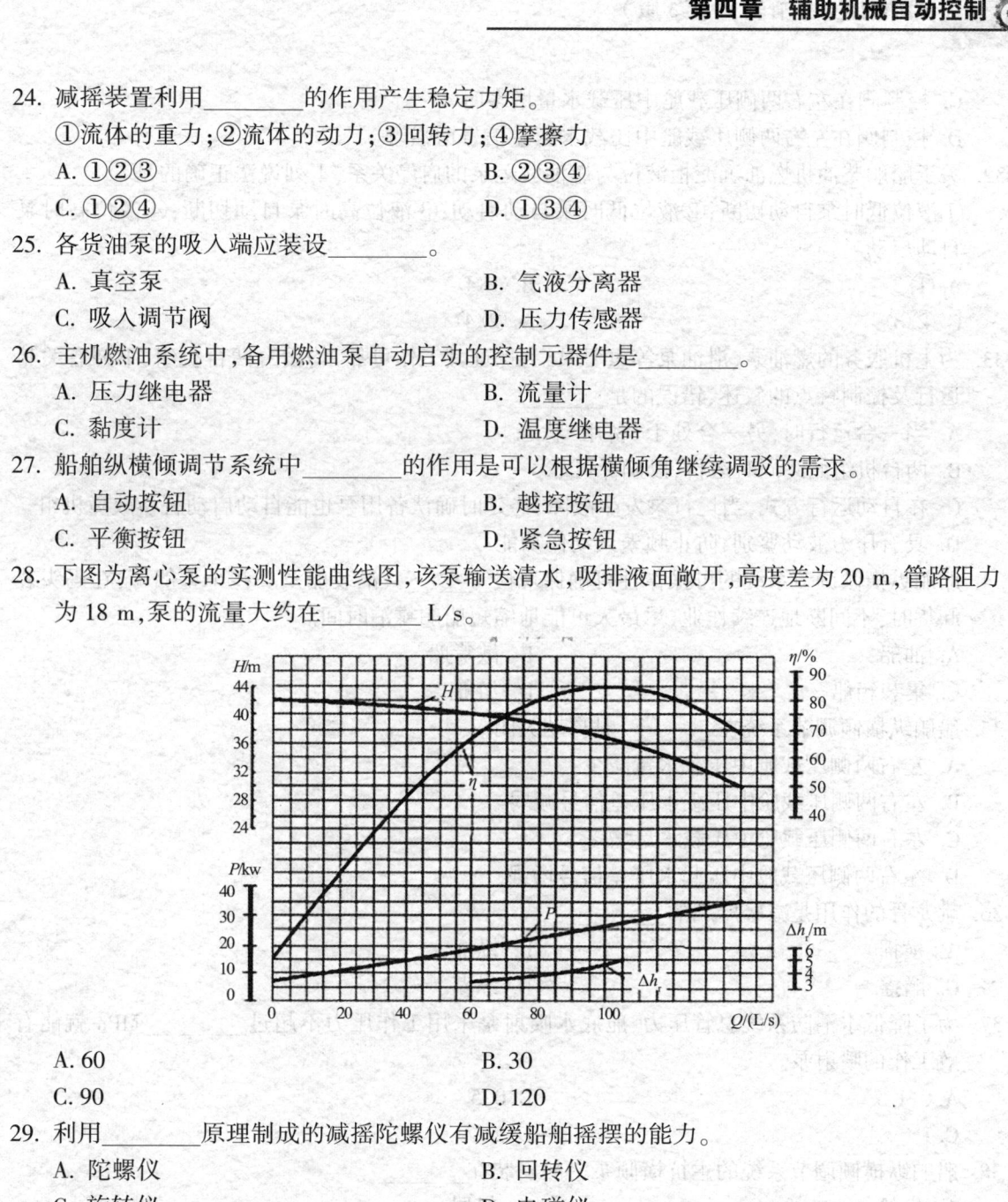

    A. 60
    B. 30
    C. 90
    D. 120

29. 利用_____原理制成的减摇陀螺仪有减缓船舶摇摆的能力。
    A. 陀螺仪
    B. 回转仪
    C. 旋转仪
    D. 电磁仪

30. _____具有自动切换功能的泵。
    ①主机燃油供给泵;②冷却水泵;③主机滑油泵;④锅炉给水泵;⑤锅炉水循环泵
    A. ①②③④⑤
    B. ①②③
    C. ③④⑤
    D. ①②④⑤

31. 船舶纵横倾调节系统的控制阀动作,并可控制压载水流量,_____排出阀被触发动作并
    控制压载水流向。
    A. 主抗横倾泵在左右两侧压载舱中压载水量增多时
    B. 主抗横倾泵在左右两侧压载舱中压载水压差信号增强时

C. 控制阀在左右两侧压载舱中压载水量增多时

D. 控制阀在左右两侧压载舱中压载水压差信号增强时

32. 关于船舶柴油机燃油沉淀柜液位与燃油驳运泵的启停关系，下列说法正确的是_____。①液位低时泵自动切断；②液位低时泵自动启动；③液位高时泵自动切断；④液位高时泵自动启动

    A. ①③   B. ①④

    C. ②③   D. ②④

33. 为主机服务的燃油泵、滑油泵等重要泵，为保证其工作可靠，均设置两台机组，下列有关其运行及控制特点的叙述，错误的是_____。

    A. 当一台运行时，另一合处于"备用"状态

    B. 两台机组始终同时运行，以确保可靠

    C. 在自动运行方式，当运行泵发生故障，经延时确认备用泵也能自动启动替换故障机组

    D. 具有压力波动鉴别，防止频繁误动作功能

34. 船舶纵横倾调节系统的可操作性可确保现代_____、滚装船及一些小型船等，在码头装卸货时，不间断地连续作业，尽最大可能地缩短船舶靠泊时间。

    A. 油船   B. 散货船

    C. 集装箱船   D. 游艇

35. 船舶纵横倾调节系统在_____时自动关闭。

    A. 左右两侧压载舱中压载水量减少

    B. 左右两侧压载舱中压载水压差信号减弱

    C. 左右两侧压载舱中压载水量增多

    D. 左右两侧压载舱中压载水压差信号增强

36. 舭龙骨的作用是减轻船舶的_____。

    A. 横摇   B. 纵摇

    C. 艏摇   D. 纵荡

37. 为了降低水消防系统总管压力，舱底水喷射泵采用工作压力不超过_____MPa 就能有效工作的喷射泵。

    A. 0.1   B. 0.5

    C. 1   D. 2

38. 船舶纵横倾调节系统的主抗横倾泵一般安装在_____。

    A. 机舱   B. 船尾

    C. 船舶中央   D. 船首

39. 在船上，_____广泛用在低压、大流量的部位，如各种冷却系统、压载系统、消防系统等。

    A. 止回阀   B. 蝶阀

    C. 截止阀   D. 闸阀

40. 下图为离心泵的实测性能曲线图，该泵输送清水，压力水柜液面表压为 0.1MPa，吸排液面高度差 20 m，管路阻力损失为 10 m，泵的轴功率大约在_____kW。

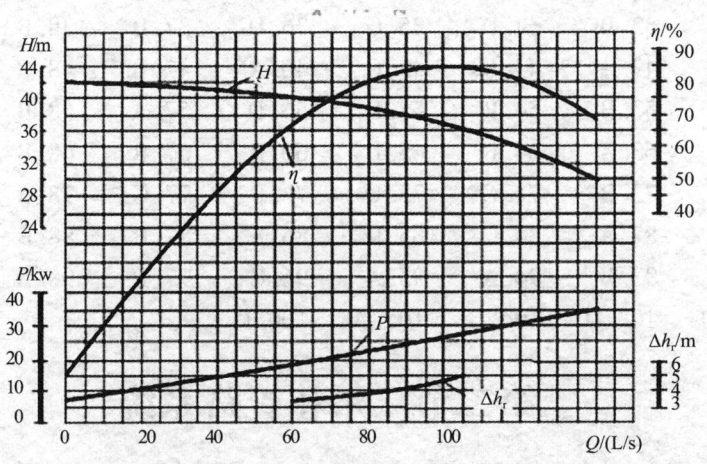

A. 18   B. 9

C. 27   D. 36

41. 下列关于压载水管系和舱底水管系的互用性，_____是正确的。

A. 压载水泵不可代舱底水泵，压载水管也不可代舱底水管

B. 压载水泵可代舱底水泵，压载水管不可代舱底水管

C. 压载水泵不可代舱底水泵，压载水管可代舱底水管

D. 压载水泵可代舱底水泵，压载水管也可代舱底水管

42. 船舶压力水柜的供水泵会因_____出现启停频繁的现象。

A. 压力水柜补气太少，气空间体积过小

B. 压力水柜补气太多，气空间体积过大

C. 压力继电器幅差过大

D. 压力继电器设定值偏高

43. 船舶纵横倾调节系统通过_____，感受船舶吃水的位置。

A. 压力传感器   B. 温度传感器

C. 流量传感器   D. 液位传感器

44. 船舶纵横倾调节系统通过传感器输出的模拟器信号送至 PLC，经过 PLC 计算可以显示当前船舶的_____。

A. 吃水与横倾角度   B. 吃水与纵倾角度

C. 横倾与纵倾角度   D. 吃水、横倾与纵倾角度

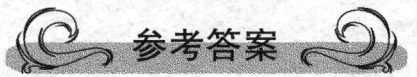 参考答案

 解析

第一节　制冷与空调系统

1. D	2. A	3. D	4. A	5. A	6. B	7. C	8. D	9. B	10. C
11. A	12. B	13. C	14. D	15. A	16. B	17. D	18. C	19. B	20. B
21. C	22. D	23. B	24. B	25. D	26. D	27. D	28. B	29. B	30. B

31. D	32. C	33. B	34. D	35. C	36. D	37. B	38. B	39. A	40. D
41. B	42. A	43. A	44. B	45. C	46. A	47. B	48. C	49. D	50. C
51. B	52. C	53. B	54. B	55. B	56. D	57. A	58. B	59. C	60. D
61. D	62. D	63. A	64. B	65. D	66. D	67. B	68. B	69. A	70. D
71. B	72. A	73. B	74. C	75. D	76. B	77. C	78. A	79. B	80. B
81. A	82. D	83. B	84. C	85. D	86. A	87. B	88. B	89. B	90. A
91. D	92. A	93. B	94. A	95. A	96. C	97. D	98. A	99. B	100. A
101. A	102. D	103. D	104. B	105. A	106. D				

第二节　泵和管路系统

1. D	2. B	3. D	4. C	5. D	6. A	7. B	8. C	9. A	10. D
11. B	12. C	13. B	14. D	15. D	16. D	17. A	18. B	19. C	20. A
21. B	22. C	23. C	24. B	25. B	26. A	27. A	28. C	29. B	30. A
31. D	32. C	33. B	34. C	35. B	36. A	37. C	38. A	39. B	40. A
41. B	42. A	43. D	44. D						

第五章

操作管理

第一节 泵、喷射器和抽水系统

1. 以下不能用作舱底水泵的是_____。
   A. 往复泵
   B. 喷射泵
   C. 带自吸的离心泵
   D. 叶片泵

2. 可以用作舱底水泵的是_____。
   A. 水环泵
   B. 喷射泵
   C. 旋涡泵
   D. 叶片泵

3. 可以用作应急舱底水泵的是_____。
   A. 自吸离心泵
   B. 旋涡泵
   C. 往复泵
   D. 叶片泵

4. 喷射泵可以用作扫舱泵的原因主要是_____。
   A. 自身没有运动部件
   B. 自吸能力强
   C. 结构简单,布置方便
   D. 压力高,流量大

5. 喷射泵引射能力变差的原因可能是_____。
   A. 工作流体压力降低
   B. 工作流体压力升高
   C. 排出压力降低
   D. 工作流体温度升高

6. 影响喷射泵效率的原因主要是_____。
   ①泄漏损失;②机械损失;③水力损失
   A. ②③
   B. ①③
   C. ③
   D. ②

7. 下列图中的图(a)为采用离心泵的水输送管路系统,当阀1、阀2全开,阀3关闭,泵的装置特性如图(b)所示。如果开大阀3,泵的装置特性变化应趋向_____。

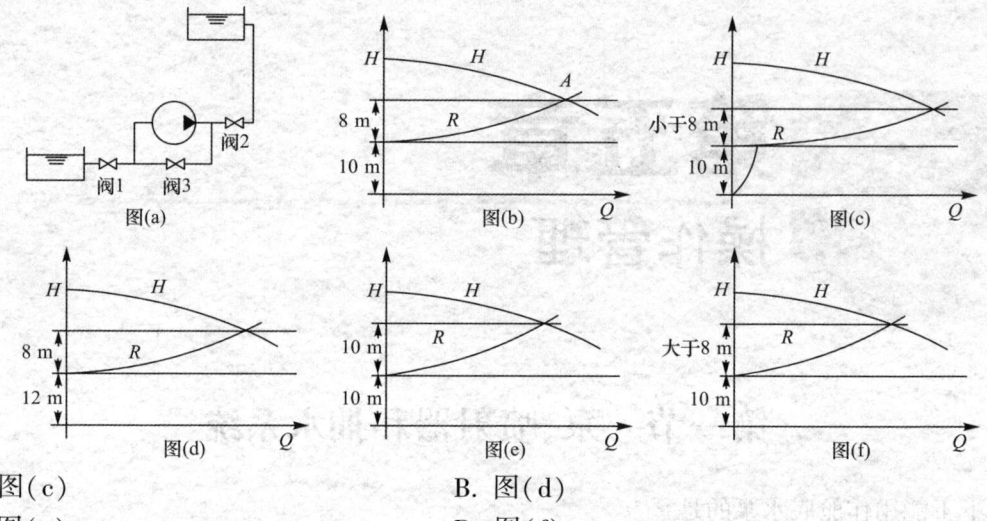

A. 图（c）   B. 图（d）

C. 图（e）   D. 图（f）

8. 下列图中的图（a）为采用离心泵的水输送管路系统，当阀 1、阀 2 全开，阀 3 关闭，泵的装置特性如图（b）所示。如果吸入液面降低 2 m，泵的装置特性变化应趋向_____。

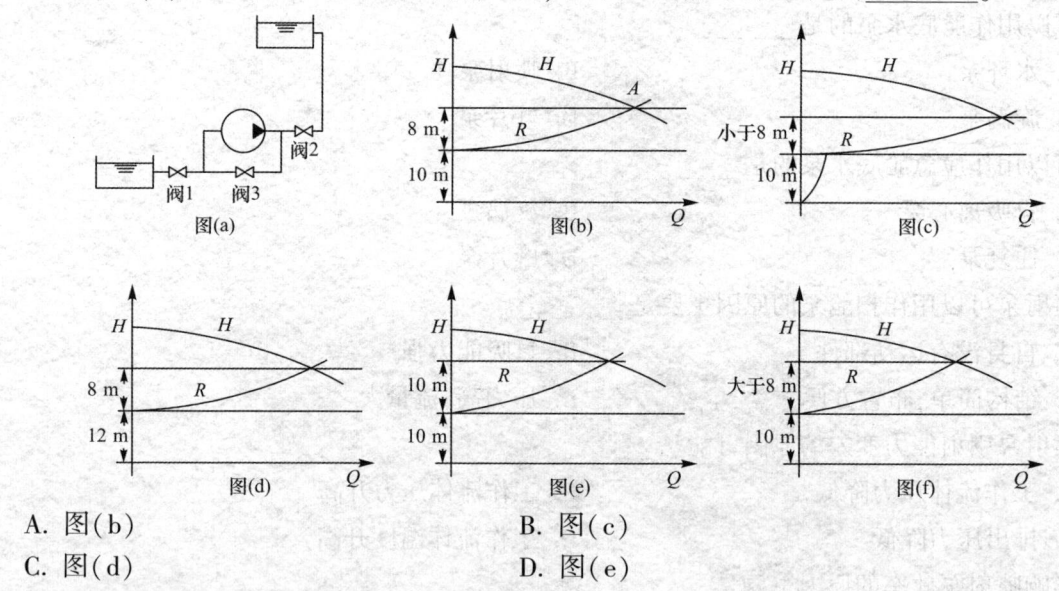

A. 图（b）   B. 图（c）

C. 图（d）   D. 图（e）

9. 较大的离心泵停泵的合理步骤是_____。

  A. 停止原动机→关闭排出阀→关闭吸入阀

  B. 关闭吸入阀→停止原动机→关闭排出阀

  C. 关闭排出阀→停止原动机→关闭吸入阀

  D. 停止原动机→关闭吸入阀→关闭排出阀

10. 关于离心泵管理的以下说法中，错误的是_____。

  A. 用润滑脂润滑的轴承应定期加满润滑脂

  B. 关闭排出阀运行时间不宜过长

  C. 运转时轴承温升应不超过 35 ℃

  D. 关闭排出阀启停对电网冲击最小

11. 离心泵提倡关闭排出阀启动是因为这时泵的_____。
  A. 扬程最低　　B. 效率最高
  C. 启动功率最小　　D. 工作噪声最低

12. 关小离心泵的排出阀后,泵本身的工作扬程_____,管路中的有效扬程将_____。
  A. 升高;降低　　B. 降低;降低
  C. 不变;降低　　D. 降低;升高

13. 对离心泵,关闭排出阀启动时_____。
  A. 扬程最高、轴功率最小、效率最高
  B. 扬程最高、轴功率最小、效率最低
  C. 扬程最低、轴功率最大、效率最低
  D. 扬程最低、轴功率最小、效率最高

14. 离心泵采用封闭启动的目的是_____。
  A. 减轻启动时的振动
  B. 降低启动噪声
  C. 减小电动机的启动电流
  D. 提高泵的自吸能力

15. 电动离心泵三相电相序接错,泵会_____。
  A. 发生气蚀　　B. 电机过载
  C. 流量不足　　D. 安全阀开启

16. 下列说法正确的是_____。
  A. 离心泵可通过调节吸入阀开度来调节其流量
  B. 节流调节在所有调节方式中经济性最差
  C. 节流调节会使电机功率变大
  D. 离心泵可封闭启动

17. 有流注吸高的离心泵运行时,封闭排压不足的原因不会是_____。
  A. 叶轮松脱或淤塞、破损　　B. 转速低或转向反
  C. 进入泵内液体含气多　　D. 吸入滤器部分脏堵

18. 不会使离心泵排压不足的是_____。
  A. 泵反转　　B. 密封环间隙大
  C. 引水中含气多　　D. 转速过高

19. 不会使锅炉给水泵吸入压力降低的是_____。
  A. 热水井滤层严重堵塞　　B. 吸入阀未开足
  C. 泵转速增大　　D. 排出阀未开足

20. 离心泵电动机过载的原因分析中,错误的结论是_____。
  A. 叶轮与泵壳摩擦　　B. 填料压得太紧
  C. 排出阀开得太小　　D. 电压过低

21. 有正吸高的自吸离心泵工作时吸入真空度较大,但不能正常排水,不可能是因为_____。
  A. 吸高太大　　B. 吸入滤器堵塞
  C. 排出阀未开足　　D. 吸入阀未开足

22. 自吸式离心泵吸不上水的原因不包括_____。
  A. 没有初灌　　B. 吸入管漏气
  C. 轴封填料老化　　D. 底阀关不严

319

23. 自吸式离心泵吸入真空度过大而不能排水,可能是_____。
    A. 轴封填料老化
    B. 密封环间隙大
    C. 叶轮破损
    D. 吸入滤器堵塞

24. 离心泵输水时流量和扬程正常,但电机电流过大,不会是因为_____。
    A. 电压过低
    B. 填料太紧
    C. 电流频率太高
    D. 叶轮碰撞泵壳

25. 离心泵输送冷水时工作正常,输送热水时发生频率较高的振动和噪声,最可能的原因是发生了_____现象。
    A. 共振
    B. 气蚀
    C. 喘振
    D. 轴承磨损

26. 离心泵输油时流量和扬程正常,电机电流过大,不会是因为_____。
    A. 电压过低
    B. 填料太紧
    C. 叶轮碰擦泵壳
    D. 油黏度太大

27. 会使离心泵电流降低的是_____。
    A. 关小排出阀
    B. 流量增加
    C. 转速增加
    D. 排出管破裂

28. 离心泵电流过大的原因不包括_____。
    A. 填料压得太紧
    B. 泵轴弯曲或对中不良
    C. 排出管路堵塞
    D. 排出管脱开敞口运转

29. 可能使离心泵电流过大的是_____。
    A. 关排出阀启动
    B. 转速提高
    C. 排出液面升高
    D. 排出容器压力升高

30. 会使离心泵流量减小的是_____。
    A. 排出容器液面升高
    B. 排出管路阻力降低
    C. 排出压力降低
    D. 泵转速提高

31. 离心泵吸排容器和管路状况未变,流量降低,原因不包括_____。
    A. 滤器脏堵
    B. 电机反转
    C. 密封环间隙过大
    D. 双吸式叶轮装反

32. 离心泵电流过大的原因是_____。
    A. 关排出阀启动
    B. 排出液面升高
    C. 填料压得太紧
    D. 排出容器压力升高

33. 离心泵电动机过载的原因可能是_____。
    ①电压过低;②叶轮与泵壳摩擦;③双吸式叶轮装反
    A. ①或③
    B. ①或②
    C. ②或③
    D. ①或②或③

34. 不会使离心泵流量减小的是_____。
    A. 排出压力降低
    B. 排出管路阻力增加
    C. 排出容器液面升高
    D. 泵转速降低

35. 离心泵排出阀全开时,排出压力很低且流量较小;而关闭排出截止阀时,排压基本正常,最可能的原因是_____。

  A. 排出管路不畅   B. 轴承间隙过大

  C. 轴线对中不良   D. 叶轮流道有淤塞

36. 不会使离心泵流量过小的是_____。

  A. 排出管路破损   B. 吸入截止阀开度不足

  C. 叶轮因气蚀而减小   D. 液体黏度较大

37. 关于离心泵轴承的以下说法,错误的是_____。

  A. 轴承安装前可加热至 150 ℃左右再装入轴上

  B. 轴承外圈与安装处通常为过盈配合

  C. 立式泵若有两只止推轴承通常背靠背安装

  D. 水润滑轴承功率损失小,但承载能力低

38.《钢质海船入级规范》规定离心泵水压试验的压力为设计压力的_____倍,时间不少于_____ min,铸件表面不渗漏。

  A. 1. 5;5   B. 1. 7;5

  C. 1. 5;10   D. 1. 7;10

39. 离心泵部件出现以下情况不能修复必须换新的是_____。

  A. 泵体出现裂纹   B. 叶轮的叶片因锈蚀而缺损

  C. 小型泵轴有少量弯曲   D. 叶轮有轻微裂纹

40. 离心泵部件以下情况可以考虑设法修复的是_____。

  A. 泵轴出现裂纹   B. 叶轮的叶片因锈蚀而缺损

  C. 泵体出现裂纹   D. 叶轮盖板及叶片因冲刷而显著变薄

41. 离心泵叶轮必需换新的是_____。

  ①叶片变薄,不能保证足够的强度;②进口靠近密封环处严重偏磨;③裂纹无法焊补

  A. ①   B. ②

  C. ③   D. ①②③

42. 离心泵叶轮用黄铜补焊后,应_____。

  A. 立即进行机械加工   B. 立即冷却回火

  C. 缓慢冷却回火   D. 没有特别要求

43. 关于离心泵的说法,正确的是_____。

  A. 轴承外圈与安装处通常为过盈配合

  B. 轴承安装前可加热至 250 ℃左右再装入轴上

  C. 叶轮补焊加工后如静平衡试验不合格可再次补焊

  D. 叶轮补焊后待缓慢冷却后机械加工

44. 在将离心泵轴承安装到泵轴上时,较好的方法是_____。

  A. 将轴承用热油煮到足够温度后安装 B. 用专用工具敲打轴承外座圈

  C. 用专用工具敲打轴承内座圈 D. 用专用工具同时敲打轴承内外座圈

45. 在检修离心泵时,需要记录的测量数据是_____。

  A. 轴线对中数据   B. 密封环尺寸与间隙

  C. 滚动轴承间隙   D. 叶轮外径

46. 关于螺杆泵,不正确的说法是_____。
    A. 长时间小流量工作,应将旁通调压阀调松
    B. 切断电源而泵未完全停转时,不宜先关吸入阀
    C. 可以关吸、排阀并松调压阀,卸压启动
    D. 初次使用或拆修后装复使用前应向泵内灌油

47. 螺杆泵工作噪声过大的原因不包括_____。
    A. 吸油温度低   B. 联轴器对中不好
    C. 吸入管漏气   D. 排出压力高

48. 螺杆泵调节流量通常采用_____调节。
    A. 节流   B. 回流
    C. 变速   D. 容积

49. 调节螺杆泵流量或工作压力的方法一般是调节_____。
    A. 排出阀   B. 吸入阀
    C. 旁通阀   D. 吸入或排出阀

50. 安装螺杆泵机械轴封时,应在_____涂上滑油。
    A. 静环与静环密封圈之间   B. 动环与静环之间
    C. 动环与动环密封圈之间   D. 轴或轴套上

51. 船用螺杆泵,当主泵运行时,备用泵产生缓慢转动,最可能的原因是_____。
    A. 备用泵接线不正确   B. 螺杆轴承松动
    C. 备用泵出口止回阀损坏   D. 泵内吸排腔相通

52. _____不是螺杆泵工作噪声过大的原因。
    A. 吸油温度低   B. 吸入管漏气
    C. 吸入管滤器堵塞   D. 转速降低

53. 如果螺杆泵反转会导致_____。
    A. 吸排方向不变,推力平衡装置不会失去作用
    B. 吸排方向不变,推力平衡装置会失去作用
    C. 吸排方向改变,推力平衡装置不会失去作用
    D. 吸排方向改变,推力平衡装置会失去作用

54. 为实现轻载启动,螺杆泵应_____。
    A. 全开吸入阀,关闭排出阀
    B. 全开吸入阀,全开排出阀
    C. 全开吸入阀,全开排出阀,调松安全阀
    D. 全开吸入阀,关闭排出阀,调松安全阀

55. 螺杆泵转动方向改变,_____改变吸排方向,_____无法平衡,导致泵的严重损坏。
    A. 会;径向力   B. 不会;径向力
    C. 会;轴向力   D. 不会;轴向力

56. 不会使水喷射泵引射流量降低的是_____。
    A. 工作水压降低   B. 喉嘴距减小
    C. 排出压力降低   D. 吸入液面降低

57. 喷射泵的喉嘴距过大将导致_____。
    A. 工作水耗量增加
    B. 工作水耗量减少
    C. 引射流量过多,效率下降
    D. 引射流量过少,效率下降

58. 喷射泵的喉嘴距过小将导致_____。
    A. 工作水耗量增加
    B. 工作水耗量减少
    C. 引射流量过多,效率下降
    D. 引射流量过少,效率下降

59. 水喷射泵在未达临界流量比之前,若其他条件不变,则_____。
    A. 排出压力增加,则引射流量增加
    B. 吸入压力增加,则引射流量减少
    C. 工作水压增加,则引射流量增加
    D. 排出压力减少,则引射流量减少

60. 喷射泵使用时间长后最容易磨损的是_____。
    A. 喷嘴
    B. 吸入室
    C. 混合室
    D. 扩压室

61. 水喷射泵工作液体或引射液体温度过高最容易在_____处产生"气穴"现象。
    A. 喷嘴出口
    B. 吸入室进口
    C. 混合室喉部
    D. 扩压室出口

62. _____不是使喷射泵工作能力降低的原因。
    A. 喷嘴和混合室不同心
    B. 喷嘴口径过度磨损
    C. 工作水温太高
    D. 工作水温太低

63. 水喷射泵安装时_____。
    ①应保持合适的喉嘴距;②应保持喷嘴、混合室和扩压室三者的同心度;③应保持排出管路的清洁
    A.①②
    B.①③
    C.②③
    D.①②③

64. 喷射泵_____的同心度对其正常工作尤为重要。
    A. 喷嘴与吸入室
    B. 喷嘴与混合室
    C. 喷嘴与扩压室
    D. 混合室与扩压室

65. 喷射泵的喉嘴距过大不会导致_____。
    A. 引射流量过多,效率下降
    B. 混合室中靠外周部分液体出现倒流
    C. 排出压力达不到要求
    D. 工作水耗量增加

66. 喷射泵喷嘴口径因磨损而过分增大,将直接导致_____。
    A. 工作流体流量减少
    B. 喷射泵排出压力升高
    C. 泵工作效率下降
    D. 吸入压力下降

67. 下列关于水喷射泵的描述,错误的是_____。
    A. 水喷射泵的工作流体的压力越高,引射流量越小
    B. 水喷射泵具有很强的自吸能力
    C. 水喷射泵可用作扫舱泵
    D. 水喷射泵可用于真空沸腾式造水机

68. 往复泵吸入滤器清洗后(洗前尚未发生"气穴"现象)_____。
    A. 流量减小
    B. 排出压力减小

    C. 吸入真空度增大　　　　　　　　　D. 吸入真空度减小

69. 提高往复泵的_____可避免产生"气穴"现象。
    A. 转速　　　　　　　　　　　　　　B. 功率
    C. 吸入压力　　　　　　　　　　　　D. 排出压力

70. 改变往复泵的流量可以用改变_____开度的方法。
    A. 吸入阀　　　　　　　　　　　　　B. 排出阀
    C. 回流阀　　　　　　　　　　　　　D. 吸入阀和排出阀

71. 带空气室的往复泵若排出压力波动幅度大,应该_____。
    A. 向吸入空气室补气　　　　　　　　B. 关小排出阀
    C. 向排出空气室补气　　　　　　　　D. 关小吸入阀

72. 下列关于往复泵的说法,正确的是_____。
    ①吸入空气室中的空气会逐渐增加;②排出空气室中的空气会逐渐增加
    A. 只有①正确　　　　　　　　　　　B. 只有②正确
    C. ①和②都正确　　　　　　　　　　D. ①和②都不正确

73. 往复泵排出空气室必要时应_____。
    A. 补气　　　　　　　　　　　　　　B. 放气
    C. 补水　　　　　　　　　　　　　　D. 补油

74. 随着往复泵工作时间的增加,吸入空气室的空气量会_____。
    A. 增加　　　　　　　　　　　　　　B. 减少
    C. 不变　　　　　　　　　　　　　　D. 随液体性质而变

75. 随着往复泵工作时间的增加,排出空气室的空气量会_____。
    A. 增加　　　　　　　　　　　　　　B. 减少
    C. 不变　　　　　　　　　　　　　　D. 随液体性质而变

76. 关于往复泵填料的以下说法,错误的是_____。
    A. 均匀上紧压盖,不让液体滴漏　　　B. 排出压力越高,填料圈数应越多
    C. 油纱盘根仅适用低压、非高温　　　D. 允许泄漏量不超过额定流量的 0.01%

77. 小型往复水泵常用夹布胶木作活塞环,它在安装前必须用_____。
    A. 冷水浸泡　　　　　　　　　　　　B. 热水浸泡
    C. 滑油浸泡　　　　　　　　　　　　D. 砂纸打磨

78. 往复泵转速增加,以下说法错误的是_____。
    A. 泵阀升程提高　　　　　　　　　　B. 泵阀升程降低
    C. 泵阀敲击可能性增加　　　　　　　D. 容积效率降低

79. 关于往复泵的以下说法中,正确的是_____。
    A. 作用次数越多流量越均匀　　　　　B. 反转后吸、排方向不变
    C. 泵阀弹簧越硬,敲击越严重　　　　D. 吸排空气室都要定期补气

80. 关小电动往复泵排出阀不会导致_____。
    A. 排出压力升高　　　　　　　　　　B. 电机过载
    C. 流量明显减少　　　　　　　　　　D. 安全阀开启

81. 关小电动往复泵排出阀可能导致_____。

A. 流量明显减小   B. 发生"气穴"现象

C. 泵内发生液击   D. 电机过载

82. 电动往复泵反转的主要危害是_____。

    A. 吸排方向相反   B. 润滑不良

    C. 电机过载   D. 安全阀开启

83. 往复泵的正确启动程序是_____。

    A. 先将出、入口阀打开,再启动往复泵电源

    B. 先将出、入口阀关闭,再启动往复泵电源

    C. 先将入口阀关闭,再启动往复泵电源

    D. 先将出口阀关闭,再启动往复泵电源

84. 关于往复泵的启动顺序,表述正确的是_____。

    A. 检查→开排出阀→开吸入阀→接通电源→启动泵

    B. 检查→开吸入阀→接通电源→启动泵→开排出阀

    C. 接通电源→启动泵→开吸入阀→检查→开排出阀

    D. 接通电源→启动泵→开排出阀→检查→开吸入阀

85. 电动往复泵吸入真空度很小,吸不上水,不可能是因为_____。

    A. 泵阀泄漏严重   B. 吸入管漏气

    C. 活塞环失去弹性   D. 吸入滤器堵塞

86. 往复泵泵阀敲击声大的原因可能是_____。

    A. 阀太重   B. 阀弹簧太硬

    C. 泵阀升程太大   D. 阀严重泄漏

87. 往复式舱底水泵阀泄漏,最有害的影响是_____。

    A. 容积效率降低   B. 水力效率降低

    C. 自吸能力降低   D. 轴功率提高

88. 泵吸水温度过高时致使工作失常主要是因为_____。

    A. 泄漏严重   B. 滑油性能变差

    C. 产生"气穴"现象   D. 密封填料变质

89. 往复泵排压、流量正常,但电机过载,可能是_____。

    A. 转速过高   B. 排出滤器堵塞

    C. 安全阀不能开启   D. 活塞环或填料过紧

90. 往复泵过载的原因不包括_____。

    A. 排出阀未开足   B. 转速过高

    C. 排出容器中气压过高   D. 吸入阀未开足

91. 下述情况会使泵的吸入压力升高的是_____。

    A. 吸入滤网堵塞   B. 吸入阀关小

    C. 吸高增大   D. 流注高度增大

92. 泵吸入压力过低时导致工作失常的根本原因是_____。

    A. 工作效率太低   B. 工作电流过大

    C. 运动件承受压差太大   D. 产生"气穴"现象

93. 电动往复泵排出压力过高不会导致_____。
    A. 轴承负荷加大
    B. 泵阀敲击严重
    C. 容积效率降低
    D. 电机过载

94. 电动往复泵未开排出阀启动,安全阀因故未开,不会导致_____。
    A. 轴承负荷加重
    B. 电机过载
    C. 排出压力表指针顶弯
    D. 泵阀升程过大

95. 电动往复水泵吸入压力过低不会导致_____。
    A. 缸内液击
    B. 流量显著降低
    C. 排出压力波动
    D. 电流过大而停车

96. 电动往复泵交流电机相序接反可能会导致_____。
    A. 电机过载
    B. 不能排液
    C. 润滑不良
    D. 产生"气穴"现象

97. 为了防止活塞式水泵泵缸内发生水击现象,在以下措施中无效的是_____。
    A. 清洗吸入滤器
    B. 降低排出压力
    C. 降低转速
    D. 降低吸水温度

98. 往复泵自吸能力降低时,常用的补救办法是_____。
    A. 关小排出阀
    B. 加大转速
    C. 启动前向泵缸内灌液
    D. 调松安全阀

99. 往复泵自吸能力降低时,修理方法不包括_____。
    A. 研磨泵阀
    B. 更换弹性差的活塞环
    C. 更换失效的活塞杆填料
    D. 调整安全阀

100. 往复式舱底水泵吸入滤器堵塞不会发生_____。
    A. 过载
    B. 缸内液击
    C. 流量明显减少
    D. 吸入真空度过大

101. 往复泵发生"气穴"现象的原因不包括_____。
    A. 液温过高
    B. 吸高过大
    C. 吸入滤器脏堵
    D. 排出阀未开足

102. 有可能使往复泵过载的是_____。
    A. 吸入阀未开足
    B. 吸入滤器脏堵
    C. 排出阀未开足
    D. 发生"气穴"现象

103. _____、油温过低或吸入空气将大大降低螺杆泵的排量,并往往是产生噪声和振动的原因。
    A. 安全阀设定压力过低
    B. 安全阀设定压力过高
    C. 排出管路脏堵
    D. 吸入滤器堵塞

104. 会发生喘振现象的离心泵是_____。
    A. 具有平坦形 $Q-H$ 曲线
    B. 具有驼峰形 $Q-H$ 曲线的离心泵在特定管路中
    C. 具有陡降形 $Q-H$ 曲线
    D. 具有驼峰形 $Q-H$ 曲线的离心泵在大流量范围内

105. 关于往复泵流量不足的原因,下列说法正确的是_____。
   A. 液位过高
   B. 电压过高
   C. 安全阀设定压力过高
   D. 吸入液体温度过高

106. 在清扫货舱污水井过程中,机舱舱底水喷射泵吸入真空度(不)高,原因是_____。
   A. 消防水工作压力偏低
   B. 其他货舱污水井舱底阀未关或漏气
   C. 货舱污水井堵塞
   D. 货舱污水井管路漏气

107. 关于螺杆泵维护管理,下列说法正确的是_____。
   A. 允许螺杆泵长时间在排出阀全关、靠调压阀回流的工况下运转
   B. 螺杆泵在拆修后必须向泵内灌入所排送的液体
   C. 允许通过调节调压阀增大螺杆泵回流的方法达到小排量的目的
   D. 螺杆泵吸排方向可以改变

108. 螺杆泵一般都有固定的转向,反转会使吸排方向改变,_____装置就会失去作用。
   A. 密封
   B. 推力
   C. 平衡
   D. 固定

109. 水循环泵工作中,工作水会因_____等原因而减少,故应连续向泵内补水。
   ①汽化;②泄漏;③排所携带水;④冷凝
   A. ②③④
   B. ①②④
   C. ①③④
   D. ①②③

110. 下图所示为外啮合正齿轮泵,图中上方的齿轮泵以顺时针方向转动。为了解决困油现象,在泵的端盖上开设两个矩形槽,如下图中矩形所示,这个槽称为_____;为了更好地解决困油现象,这两个槽可以向_____侧移适当距离。

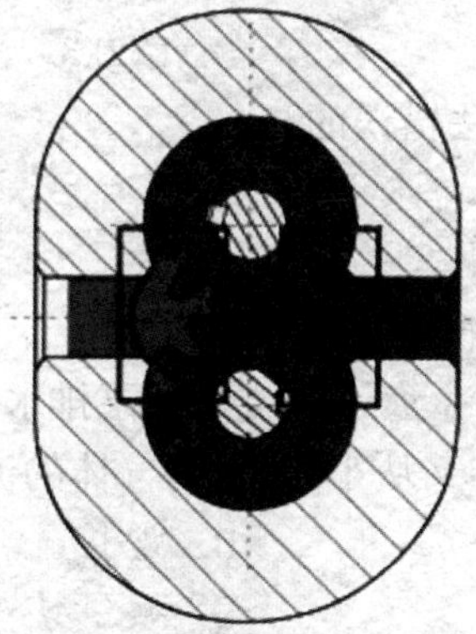

   A. 卸荷;左
   B. 均压;左
   C. 卸荷;右
   D. 均压;右

111. 喷射泵由_____组成。
   ①喷嘴;②混合室;③扩压室;④吸入室
   A. ①②③④
   B. ①②③
   C. ①②④
   D. ①③④

112. 泵的自吸能力由_____衡量,泵吸入性能高低由_____衡量。
   A. 密封性;密封性
   B. 吸高;吸高

C. 吸入压力;吸入压力

D. 自吸高度和吸上时间;允许吸上真空度

113. _____是离心泵常用的自吸装置。

①空气喷射器;②水环泵;③水喷射泵;④齿轮泵

A. ①②

B. ②③

C. ③④

D. ①③

114. 油船上驱动货油泵、压载泵的透平或电动机,一般位于_____。

A. 机舱,便于安装

B. 货油泵舱,便于安装

C. 机舱,防止引起火灾

D. 货油泵舱,防止引起火灾

115. 单螺杆泵的螺杆与传动轴的连接一般采用_____连接。

A. 刚性

B. 弹性

C. 摩擦离合器

D. 万向轴

116. 离心泵叶轮设半衡孔会降低_____。

A. 容积效率

B. 机械效率

C. 容积效率和水力效率

D. 水力效率

117. 当水环泵的叶轮带水一起旋转时,形成紧贴泵体内壁的_____,随着工作空间的变化吸排气体。

A. 气环

B. 水环

C. 密封环

D. 汽环

118. 为了保证不减小喷射泵的引射流量,应_____。

①防止排出止回阀卡阻;②防止排出截止阀未开足;③防止扬程比增大;④防止排出压力减小

A. ②③④

B. ①③④

C. ①②④

D. ①②③

119. 如果机舱大量进水,下列说法错误的是_____。

A. 通过污水井,启动通用泵排水

B. 可以启动油水分离器排水

C. 通过海底门启动消防泵排水

D. 通过应急舱底吸口,启动主海水泵或压载泵排水

120. 当喷管流道截面积从大变小又从小变大时,气体的流速_____。

A. 增大

B. 减小

C. 不变

D. 不一定

121. 关于单螺杆泵,螺杆轴线相对于泵缸轴线是_____。

A. 螺杆轴线和泵缸轴线重合同心

B. 与螺杆相反转向作圆周运动

C. 在最大偏心距范围内左右摆动

D. 与螺杆相同转向作圆周运动

122. 初次使用或拆检装复后,应向螺杆泵泵壳内灌入_____。

A. 淡水

B. 空气

C. 氮气

D. 所排送的液体

123. 泵供给单位重力水的能量用于_____。

①把水提升一定高度;②增大压强;③增加动能,提高速度头;④克服管路中各种能量

损失

A. ①②　　　　　　　　　　　B. ②③④

C. ①②③　　　　　　　　　　D. ①②③④

124. 当离心泵自吸成功并建立起相应的压力后,排压克服液压缸中的弹簧而推动活塞,使_____开脱,水环泵即停止运转。

A. 接触器　　　　　　　　　　B. 继电器

C. 摩擦离合器　　　　　　　　D. 联轴器

125. 卸荷槽对称的齿轮油泵限制反转使用的原因可能是_____。

A. 电机换向困难　　　　　　　B. 轴承等处泄油方向已定

C. 困油现象加重　　　　　　　D. 液压径向力不平衡

126. 如下图所示外啮合正齿轮泵,上面的齿轮顺时针,则其吸排方向_____,_____侧管路的直径较小。

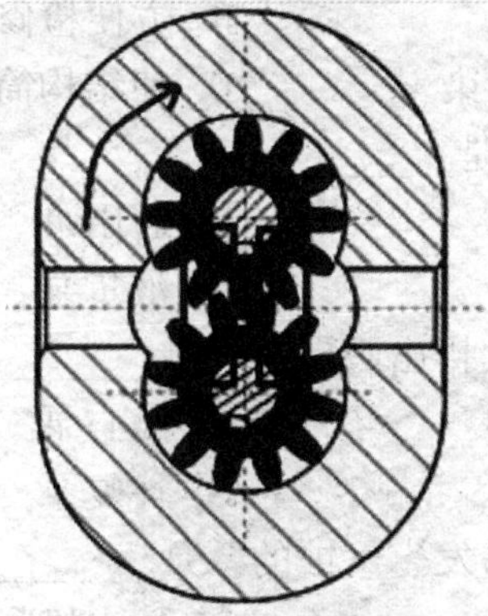

A. 左吸右排;左　　　　　　　B. 左吸右排;右

C. 右吸左排;右　　　　　　　D. 右吸左排;左

127. 船舱破损大量进水,可用于应急排水的泵有_____。

A. 压载水泵或主海水泵　　　　B. 淡水冷却泵或压载水泵

C. 淡水冷却泵或污水泵　　　　D. 应急消防泵或扫舱泵

128. 对容积式泵出口所装相应保护阀比较恰当的说法是_____。

A. 出口应装定压阀　　　　　　B. 出口应装节流阀

C. 出口应装安全阀　　　　　　D. 出口应装溢流阀

129. 属于机械密封辅助密封元件的是_____。

①动静环;②动环密封圈;③静环密封圈

A. ①　　　　　　　　　　　　B. ②③

C. ①②　　　　　　　　　　　D. ①②③

130. _____将导致螺杆泵发生"气穴"现象。

①油温太低;②油温太高;③吸入滤器堵塞;④黏度过高

A. ①②③　　　　　　　　　　B. ①③④

C. ②③④　　　　　　　　　　D. ①②④

第二节　压载舱或货泵布置的自吸系统

1. 对于带有空气喷射器自吸装置的离心泵,向喷射泵供压缩空气的电磁阀是由_____控制的。
   A. 时间继电器
   B. 压力继电器
   C. 温度继电器
   D. 流量计

2. 对于带有空气喷射器自吸装置的离心泵,如果泵在运行中吸入过多空气而导致排压下降,则_____。
   A. 离心泵停止
   B. 离心泵运行
   C. 离心泵运行,喷射泵再次抽气
   D. 离心泵停止,喷射泵再次抽气

3. 液压马达驱动的液货泵在马达与泵轴连接处设置干隔舱的用途是_____。
   A. 保护连接轴及轴封
   B. 方便检修
   C. 防止液货与液压油相互污染
   D. 使结构简单美观

4. 现代液货船上兼作扫舱泵的是_____。
   A. 压载泵
   B. 通用泵
   C. 喷射泵
   D. 液货泵

5. 为减少电网冲击,以下泵可关排出阀启动的是_____。
   A. 齿轮泵
   B. 离心泵
   C. 螺杆泵
   D. 往复泵

6. 在船用泵使用过程中,不容易发生气蚀的泵是_____。
   A. 锅炉给水泵
   B. 造水机凝水泵
   C. 液货泵
   D. 轴向柱塞泵

7. 对于空气喷射器的离心泵自吸装置,向喷射泵供压缩空气的电磁阀是由_____控制的。
   A. 时间继电器
   B. 压力继电器
   C. 温度继电器
   D. 流量计

8. 对于带空气喷射器的离心泵自吸装置,当时间继电器调定的延时时间到达后_____。
   A. 离心泵启动
   B. 电磁阀开启
   C. 离心泵停止
   D. 电磁阀关闭

9. 对于带空气喷射器的离心泵自吸装置,如果泵在运行中吸入过多空气而导致排压下降,则_____。
   A. 离心泵停止
   B. 离心泵运行
   C. 离心泵运行,喷射泵再次抽气
   D. 离心泵停止,喷射泵再次抽气

10. 对于带空气喷射器的离心泵自吸装置,如果泵启动后仍然能够听到压缩空气流过喷射器的"嘶嘶"声,则说明_____。
    A. 离心泵排压正常
    B. 离心泵排压过低
    C. 离心泵底阀泄漏
    D. 离心泵抽气管浮子开关卡住

11. 货油泵舱内安装的设备,不包括下列的_____。
    A. 扫舱泵
    B. 货油泵透平

C. 专用压载泵　　　　　　　　　　　　D. 洗舱加热器

12. 关于货油自动扫舱系统,真空泵的启停靠_____。
    A. 压力开关　　　　　　　　　　　　B. 液位传感器
    C. 控制气体电磁阀　　　　　　　　　D. 气体抽出阀

13. 应用最广泛的自动扫舱系统的形式是_____。
    A. 循环式　　　　　　　　　　　　　B. 置换式
    C. 喷射式　　　　　　　　　　　　　D. 真空式

14. 在油船的货油系统扫舱作业时,不会采用_____。
    A. 减小货油泵进口阀的开度　　　　　B. 降低货油泵的速度
    C. 调小排量调节阀的开度　　　　　　D. 调节船舶吃水

15. 关于压载水系统,下列说法不妥的是_____。
    A. 压载管不允许穿过艏艉防撞舱壁
    B. 压载泵要能在 6~8 h 内将全船所有压载舱排空或注满
    C. 压载水管必须通过饮水舱时,要加大壁厚
    D. 淡水舱作为压载舱时,压载水管要装设盲板

16. 属于船舶压载水系统总管式布置形式的是_____。
    ①单总管式;②四总管式;③环形总管式;④双总管式;⑤管隧式
    A. ②③　　　　　　　　　　　　　　B. ①②③⑤
    C. ②⑤　　　　　　　　　　　　　　D. ③④⑤

17. 自动扫舱系统的形式有_____自动扫舱系统。
    ①真空式;②喷射式;③循环式;④重力式
    A. ②③④　　　　　　　　　　　　　B. ①②③
    C. ①③④　　　　　　　　　　　　　D. ①②④

18. 自动扫舱系统适用于采用_____作为货油泵的大中型油船。
    A. 离心泵　　　　　　　　　　　　　B. 往复泵
    C. 齿轮泵　　　　　　　　　　　　　D. 螺杆泵

19. _____不是真空式自动扫舱系统的组成部件。
    A. 气液分离柜　　　　　　　　　　　B. 流量控制阀
    C. 止回阀　　　　　　　　　　　　　D. 旁通阀

20. 真空式自动扫舱系统中的真空泵一般采用_____。
    A. 喷射泵　　　　　　　　　　　　　B. 离心泵
    C. 水环泵　　　　　　　　　　　　　D. 往复泵

21. 货舱自动扫舱系统一般设置在_____。
    A. 油船　　　　　　　　　　　　　　B. 杂货船
    C. 散货船　　　　　　　　　　　　　D. 集装箱船

22. 船舶纵横倾调节系统执行器件主要包括_____和阀门。
    A. 自整角电机　　　　　　　　　　　B. 平衡电机
    C. 平衡水泵　　　　　　　　　　　　D. 空压机

23. 货舱卸完粮食后,通过舱底水喷射泵清扫货舱污水井最需注意的是_____。

A. 防止污水井管路漏气

B. 机舱污水管路防止漏气

C. 经常清洗污水井滤器,防止粮食遇水膨胀堵塞泵及管路

D. 防止污水井阀卡住

第三节　舱底水喷射泵

1. 机舱舱底水应急吸口通向_____。
   A. 主消防泵　　　　　　　　　　B. 应急消防泵
   C. 舱底水泵　　　　　　　　　　D. 主海水泵

2. 在内燃机船上,机舱舱底水应急吸口管路直径应_____。
   A. 至少为主海水泵吸口直径的 2/3
   B. 至少为主海水泵吸口直径的 1/2
   C. 与主海水泵吸口直径相同
   D. 大于主海水泵吸口直径

3. 对于喷射泵来说,引射液体温度过高会导致_____。
   A. 泵体低压处产生"气穴"现象　　B. 自吸能力降低
   C. 损坏泵内密封　　　　　　　　D. 排出压力升高

4. 关于喷射泵喉嘴距,以下说法错误的是_____。
   A. 最佳距离一般由实验得出　　　B. 拆装时不可随意变动
   C. 保证喷嘴、混合室、扩压管同心　D. 适当调节喉嘴距可以提高泵体效率

5. 船上喷射泵的工作水一般由_____提供。
   A. 往复泵　　　　　　　　　　　B. 旋涡泵
   C. 离心泵　　　　　　　　　　　D. 螺杆泵

6. 水喷射泵存在的水力损失不包括_____。
   A. 压缩式损失　　　　　　　　　B. 混合室摩擦损失
   C. 混合室进口损失　　　　　　　D. 喷嘴损失

7. 舱底水喷射泵的目的是排除(出)舱底_____。
   A. 淡水　　　　　　　　　　　　B. 海水
   C. 蒸汽　　　　　　　　　　　　D. 积水

8. 机舱舱底水喷射泵工作水压力调节方法是_____。
   A. 调节喷射泵排出阀开度　　　　B. 调节消防泵出海阀开度
   C. 调节舱底水吸入阀开度　　　　D. 调节喷射泵出海阀开度

9. 当喷射泵吸入压力过低时会导致_____。
   ①扬程比减小;②扬程比增大;③引射流量增大;④引射流量减小
   A. ②④　　　　　　　　　　　　B. ①③
   C. ①④　　　　　　　　　　　　D. ①③④

10. 注意水喷射泵的工作液体或引射液体温度不要过高,防止泵内低压处产生_____现象。
    A. 腐蚀　　　　　　　　　　　　B. 摩擦

C. "气穴" D. 增压

11. 当喷射泵引射液体或工作液体温度过高时,会导致_____。

①效率降低;②扬程比增大;③引射流量减小

A. ①③ B. ①②

C. ②③ D. ①②③

12. 自动扫舱系统中的真空柜中有大量的货油,可能的故障是_____。

A. 货油泵的排出阀调节装置失灵 B. 真空泵故障

C. 货油泵的进口阀卡死 D. 气体抽出阀关闭不严

13. 当喷射泵喷嘴口径因磨损而过分增大时会导致_____。

①工作流体耗量增大;②扬程增大;③引射流量减小;④效率降低

A. ①②④ B. ②③④

C. ①②③ D. ①③④

14. _____是影响喷射泵性能的最重要尺寸参数。

A. 展舷比 B. 扬程比

C. 摩擦比 D. 喉嘴面积比

15. 检修水喷射泵时要注意保证_____的同心度。

①喷嘴;②混合室;③扩压管;④引射口

A. ②③④ B. ①②③

C. ①③④ D. ①②④

16. 船上舱底水扫舱泵的工作水通常来自_____,锚链冲洗水来自_____。

A. 通用泵;消防泵 B. 消防泵;通用泵

C. 消防泵;消防泵 D. 通用泵;通用泵

17. 自吸能力最强的泵是_____。

A. 往复泵 B. 喷射泵

C. 螺杆泵 D. 水环泵

第四节　海水系统和腐蚀

1. 如果船舶管系的金属存在化学成分或金属组织的不均匀性,在存在海水的条件下,金属的表面会构成许多微观电池而导致腐蚀,这种现象称为_____。

A. 化学腐蚀 B. 穴蚀

C. 电化学腐蚀 D. 电偶腐蚀

2. 船舶管系中局部的电化学腐蚀通常发生在_____。

A. 温度表(表座的金属与管路不同)的安装处

B. 高氧气浓度处

C. 管系中海水流速最大处

D. 管系中海水流速最小处

3. 一般情况下换热器的高温端比低温端腐蚀严重,原因是_____。

A. 氧浓差电池腐蚀 B. 盐浓差电池腐蚀

C. 温差电池腐蚀　　　　　　　　　D. 电偶腐蚀

4. 海船青铜螺旋桨可引起数十米远的钢质船体发生_____。
　　A. 选择性腐蚀　　　　　　　　　B. 腐蚀疲劳
　　C. 应力腐蚀　　　　　　　　　　D. 电偶腐蚀

5. 碳钢在海洋腐蚀环境的_____腐蚀最严重。
　　A. 海洋大气区　　　　　　　　　B. 海洋飞溅区
　　C. 海水潮差区　　　　　　　　　D. 海水全浸区

6. 关于海水系统的腐蚀，说法错误的是_____。
　　A. 海水是腐蚀性最强的天然腐蚀剂之一　B. 海水温度降低会加速海水腐蚀
　　C. 海水是导电性很强的电解质溶液　　　D. 海水腐蚀属于电化学腐蚀

7. 下列不属于电化学腐蚀的是_____。
　　A. 气体腐蚀　　　　　　　　　　B. 海水腐蚀
　　C. 氧浓差腐蚀　　　　　　　　　D. 电偶腐蚀

8. 空泡腐蚀，即_____，常常破坏金属表面的保护膜，加速腐蚀作用。
　　A. 应力作用　　　　　　　　　　B. 机械作用
　　C. 水锤作用　　　　　　　　　　D. 海水作用

9. 关于金属的腐蚀，下列说法错误的是_____。
　　A. 金属腐蚀可分为全面腐蚀和局部腐蚀
　　B. 化学腐蚀属于金属腐蚀中的一种类型
　　C. 金属腐蚀发生在零件表面，逐渐向内部扩散
　　D. 化学腐蚀过程会产生电流

10. 船舶上防止海水腐蚀的方法有_____。
　　①涂料防腐保护法；②金属热喷涂法；③牺牲阳极保护法；④外加电流阴极保护法
　　A. ①②④　　　　　　　　　　　B. ①②③
　　C. ①②③④　　　　　　　　　　D. ③④

11. 海水系统受冲击易发生腐蚀的部位有_____。
　　①分流处；②汇流处；③弯管处；④管径变化处；⑤管子连接处；⑥泵的出口处；⑦直管处
　　A. ①②④⑤⑥⑦　　　　　　　　B. ①③④⑥⑦
　　C. ②③⑤⑥⑦　　　　　　　　　D. ①②③④⑤⑥

12. 下列防止电化学腐蚀的措施中，错误的是_____。
　　A. 尽量选用酸性气缸油，以降低腐蚀
　　B. 机器零件的材料尽量选用电位相近的
　　C. 采用磷化、喷涂、电镀等工艺在零件表面形成金属膜或非金属膜
　　D. 在柴油机冷却水中添加乳化防锈油

13. 船舶海水系统发生腐蚀的主要原因是_____。
　　①海水中含有氧；②海水中含有氯离子；③海水具有导电性；④冷却水被加温
　　A. ①②③④　　　　　　　　　　B. ③④
　　C. ①②④　　　　　　　　　　　D. ①②③

14. _____腐蚀是两种不同的金属在海水电解质中直接接触形成的电池腐蚀。

A. 晶间
B. 积物

C. 缝隙
D. 电偶

15. 在采用盐水作为载冷剂的冷却系统中,盐水溶液凝固温度取决于_____。

A. 盐水的种类
B. 盐水的浓度

C. 盐水的压力
D. 配置的盐水的浓度和种类

16. 海水空泡腐蚀将产生_____状的麻孔。

A. 光亮
B. 暗色

C. 马蜂窝
D. 马蹄形

17. _____是船舶浸水部分最有效的、应用最广泛的防止腐蚀方法。

A. 牺牲阳极阴极保护法
B. 牺牲阳极外加电流保护法

C. 阳极保护法
D. 外加电流阴极保护法

18. 当漆膜有电解质透过后,发生了电化学腐蚀,会使漆膜下呈_____。

A. 酸性
B. 碱性

C. 强酸性
D. 中性

19. 由于不当操作产生的异常腐蚀包括_____。

A. 黄铜脱锌
B. 疲劳腐蚀

C. 电焊焊接的违规操作
D. 电偶腐蚀

20. 关于外加电流阴极保护,下列说法错误的是_____。

A. 通过海水构成回路

B. 在阳极和钢板之间加一电源

C. 通常电源直接来自主配电板

D. 整个系统使船体电位始终保持在保护电位范围内

21. _____腐蚀不属于动态环境中的腐蚀。

A. 疲劳
B. 冲击

C. 张力
D. 空泡

22. 锅炉冷凝器的黄铜管发生脱锌腐蚀后,其机械强度_____。

A. 明显降低
B. 稍微降低

C. 稍微提高
D. 没有变化

第五节 泵和管系的腐蚀及海洋生物防治系统

1. 电解海水时产生的能够防止海生物附着的强氧化剂是_____。

A. 氯气
B. 次氯酸钠

C. 次氯酸钙
D. 氯化镁

2. 船舶使用的牺牲阳极、阴极保护法中普遍采用_____作为阳极。

A. 镁基合金
B. 锌

C. 锌基合金
D. 铝基合金

3. 在外加电流阴极保护系统中,_____需要安装绝缘屏蔽层。

A. 恒电位仪
B. 辅助阳极

C. 辅助阴极   D. 参比电极

4. 下列防止电化学腐蚀的方法中，_____不属于表面覆盖保护膜法。

    A. 电镀   B. 喷涂或磷化

    C. 氧化处理   D. 在冷却水中添加乳化防锈油

5. 根据介质和使用条件尽量选用相同材料或电位相近的材料，这是为了防止_____。

    A. 化学腐蚀   B. 选择性腐蚀

    C. 电偶腐蚀   D. 剥层腐蚀

6. 关于阳极保护，说法错误的是_____。

    A. 阳极保护又称为钝化保护

    B. 阳极保护可通过外加电流的阳极极化作用，使电位升高来实施

    C. 若电位升得不足够高，未达到钝化区，也能减小腐蚀速率

    D. 在介质中添加某些氧化性物质，也能形成保护性钝化膜

7. 关于牺牲阳极保护系统，说法错误的是_____。

    A. 牺牲阳极的安装应坚固

    B. 牺牲阳极工作面应涂刷绝缘材料

    C. 必须保证牺牲阳极与被保护件之间有良好的电性连接

    D. 牺牲阳极的连接方式主要有焊接式和螺栓连接式

8. 船舶外加电流阴极保护系统组成部分包括_____。

    ①恒电位仪；②辅助阳极；③辅助阴极；④参比电极；⑤艉轴和舵的接地装置

    A. ①②③   B. ②③④

    C. ①②④⑤   D. ①②③④⑤

9. 应用防腐蚀监测技术不包括_____。

    A. 声呐探测器   B. 水下电视监测

    C. 超声波腐蚀测试仪   D. 船体电位监测

10. 采用合适的船舶涂料，使其覆盖在船舶的各个部位，使各部位的钢铁表面与外界腐蚀环境相隔离，以防止腐蚀的措施叫作_____。

    A. 介质保护   B. 涂层保护

    C. 阳极保护   D. 阴极保护

11. 为了减少海洋生物对金属结构件的腐蚀，不合适的预防措施是_____。

    A. 加入臭氧   B. 使用杀菌剂

    C. 使用表面涂层   D. 热水冲洗

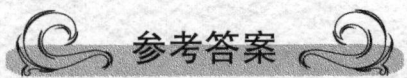

参考答案

解析

第一节　泵、喷射器和抽水系统

1. D	2. B	3. A	4. B	5. A	6. C	7. A	8. C	9. C	10. A
11. C	12. A	13. B	14. C	15. C	16. D	17. D	18. D	19. D	20. C
21. C	22. D	23. D	24. C	25. B	26. D	27. A	28. C	29. B	30. A

31. D	32. C	33. D	34. A	35. D	36. A	37. B	38. C	39. B	40. C
41. D	42. C	43. D	44. A	45. B	46. A	47. D	48. B	49. C	50. D
51. C	52. D	53. D	54. C	55. C	56. C	57. C	58. D	59. C	60. A
61. C	62. D	63. D	64. B	65. D	66. C	67. A	68. D	69. C	70. C
71. C	72. A	73. A	74. A	75. B	76. A	77. B	78. B	79. B	80. C
81. D	82. B	83. A	84. A	85. D	86. C	87. B	88. C	89. D	90. D
91. D	92. D	93. B	94. D	95. D	96. C	97. C	98. B	99. D	100. A
101. D	102. C	103. D	104. B	105. D	106. B	107. C	108. C	109. D	110. A
111. A	112. D	113. A	114. C	115. D	116. C	117. D	118. D	119. B	120. A
121. B	122. D	123. D	124. C	125. B	126. B	127. A	128. C	129. B	130. B

第二节　压载舱或货泵布置的自吸系统

1. B	2. C	3. C	4. D	5. B	6. D	7. B	8. A	9. C	10. B
11. B	12. B	13. D	14. A	15. A	16. B	17. B	18. A	19. D	20. A
21. A	22. C	23. C							

第三节　舱底水喷射泵

| 1. D | 2. C | 3. A | 4. D | 5. C | 6. A | 7. D | 8. D | 9. A | 10. C |
| 11. A | 12. A | 13. D | 14. D | 15. B | 16. A | 17. B | | | |

第四节　海水系统和腐蚀

1. C	2. A	3. C	4. D	5. B	6. B	7. C	8. C	9. C	10. C
11. D	12. A	13. D	14. D	15. D	16. C	17. A	18. B	19. C	20. C
21. C	22. A								

第五节　泵和管系的腐蚀及海洋生物防治系统

| 1. B | 2. C | 3. B | 4. D | 5. C | 6. C | 7. B | 8. C | 9. D | 10. B |
| 11. A | | | | | | | | | |